# MULTICULTURAL SOCIETY AND EXPOSITORY EDUCATION

JN427205

# 다문화사회와 교육 강해

저자 I 강 일 국

강현출판사

# 머 리 말

이 책은 우리 사회에서 일어나고 있는 '다문화'라고 하는 현상을 어떻게 이해할 수 있는가 하는 고민에서 시작되었다. 다문화라고 하면 그저 여러 가지의 문화를 의미하고, 세계의 다양한 문화를 이해하는 정도로 생각하는 경우가 종종 있다. 다양한 문화를 가진 사람들이 서로 이해하고 갈등 없이 살면 된다는 생각을 갖고 있는 것 같았다.

다문화 현상에 대해서 이런 평범한 생각을 갖고 있는 것과는 달리 다문화라고 불리는 이주민들에 대한 태도는 그리 평범하지 않은 경우가 많다. 우리 사회에서 다른 사람에 대한 거부감, 우리의 문화를 이해하지 못하는 사람에 대한 배타적인 태도 등에 의해서 다문화는 더 이상 더불어 살아가는 것을 의미하는 것이 아니었다.

우리와 행동도 다르고 생각도 다르고, 외모도 다른 외국 이주민에 대한 태도는 두 가지로 볼 수 있다. 하나는 극단적으로 거부하거나 차별하는 태도이고 또 하나는 약자에 대해 동정하는 태도이다. 대체로 다문화주의를 이해하는 학자들은 후자의 입장에서 다문화라 불리는 이주민의 입장을 대변하고자 하였다.

필자는 약자에 대한 동정적인 태도가 의로운 것임에도 불구하고 무엇인가 다문화 현상에 대한 '객관적'인 분석을 해야 한다는 갈증을 느끼고 있었다. 학문에서 특정 입장을 주관적 혹은 객관적이라고 평가하는 것은 위험한 일이지만, 우리 사회 체제 속에서, 특히 자본주의 사회 체제에서 소수 집단이 갖는 위치와 어려움을 드러내보고 싶었다.

이러한 생각을 글로 쓴다는 것은, 더구나 논리적으로 쓴다는 것은 거의 불가능한 일이었다. 이것을 위해서는 세계 이주민의 역사, 이주민에 대한 일반 정책이나 교육정책, 자본주의체제 내에서 특히 세계화라는 틀 속에서 나타난 이주노동자의 특징, 한국 사회에서 일어난 결혼 이주민의 특징 등 분석해야 할 것들이 너무 많았다. 이런 분석을 제대로 해서 글을 쓴다면 앞으로 오랫동안 연구를 해야 될 일이었다.

우연치 않게 다문화 교육과 관련된 강좌를 맡으면서 이런 연구를 시작해보면 어떨까 생각하고 강의안을 작성하기 시작했다. 정리되지 않은 생각들을 써 내려간다는 것이 무엇보다 견딜 수 없는 일이었지만, 앞으로 보완한다면 분명히 무언가 제대로 된 것을 찾을 수 있을 것이라는 낙천적인 생각으로 글을 쓰게 되었다. 옆에서 보면 그 낙천적인 태도가 때로는 부정적으로 보이기도 하지만, 그 낙천성 덕택에 그나마 이런 글을 쓸 수가 있게 되었다.

이 책은 하나의 시작이라고 본다. 설익은 논리 전개나 사실의 나열이 많지만 이런 생각이 수정되고 보완되어 점차 내실 있는 내용의 연구로 발전하리라 기대한다. 향후 독자 여러분의 가차 없지만 애정 어린 지적과 도움을 부탁드린다.

마지막으로 이 책을 쓰는 데 교정과 편집에 이르기까지 도움을 준 아내 권영재씨에게 고마운 마음을 전한다. 비문(非文)과 적절하지 못한 표현을 한자 한자 교정하면서 끝까지 집중력을 잃지 않은 그 정성과 인내심에 감탄할 뿐이다.

# 목 차

## 제 5 장 캐나다 사회와 다문화 교육 / 95



## 제 6 장 유럽 사회와 다문화 교육 / 119



## 제 7 장 독일 사회와 다문화 교육 /131



## 제 8 장 프랑스 다문화 사회와 정책의 특징 / 157



# 제 3 부 한국 다문화 사회와 교육 187

## 제 9 장 한국 다문화 사회의 특징 / 189

# 제 1 부

# 다문화 사회의 일반적 특징

# 제 1 장
# 들어가며

다문화 사회라는 말은 우리 사회에서 갑작스럽게 퍼져 나가더니 이제는 아주 익숙해질 만큼 많이 듣는 말이 되었다. 이주민들이 늘어나고 또 이들을 위한 홍보나 정책들이 늘어나면서 이들에 대해서 관심과 우려어린 눈으로 바라보게 되었다. 때로는 동정어린 눈으로 때로는 반감이 섞인 시각으로 바라보기도 한다. 우리 사회는 이주민들이 들어오게 되면서 대립과 갈등 그리고 상호 이해와 존중이라는 여러 가지 과정을 겪을 수밖에 없게 되었다.

우리 사회에서 다른 사람과 다르게 '튀는' 것은 늘 부담스런 일이다. 이런 점에서 외국 이주민들은 일상적으로 이런 부담을 느끼며 살아야 한다. 이들은 주류 집단과 다르다는 것만으로 뭔가 불이익을 당할지 모른다는 두려움을 갖고 있다. 우리 사회가 주류 집단과 다른 것을 인정하는데 익숙하지 않기 때문이다.

이런 문화가 있기 때문에 우리 사회에서 소수 집단을 따로 구별해서 다른 이름으로 부르는 것은 늘 부작용을 일으켜 왔다. 예를 들면, '새터민'이란 말은 북한에서 탈출한 사람들을 부르기 위하여 따로 만든 단어이다. 탈북자란 말보다 새로운 터전에 자리 잡은 사람들이라는 뜻에서 만든 새터민이라는 말이 훨씬 나을 것 같았기 때문이었다. 기대와는 반대로 새터민은 탈북자들을 비아냥거리는 신조어가 되어 버렸다. '다문화'라는 말도 마찬가지다. 외국인과 결혼하여 생긴 가정, 그 자녀들에게 보다 좋은 이름을 붙이려고 했지만, 실상 이 말은 이들을 비하할 수 있는 새로운 단어가 되어 버린 것이다.

이처럼 '튀는' 것을 싫어하는 우리나라에서는 외국인과 결혼하는 일이나 심지어 외국 사람 자체를 경시하는 경향이 있었다. 우리 민족의 순수혈통을 강조해왔기 때문에 다른 민족과 결혼하는 경우는 늘 정상에서 벗어난 것이었다. 그래서 외국인의 혈통을 갖는 경우는 '호로 자식'과 같이 문제가 있는 것을 암시했다. '호로 자식'이란 조선시대 병자호란 때 청에 끌려갔다가 온 여성이 낳은 자식을 말한다. 이 후 이 말은 버릇없는 나쁜 사람을 욕하는 말로 사용되었다.

현대에 와서도 외국인과 한국인 사이에서 태어난 사람들은 멸시의 대상이 되었다. 한국전쟁 이후 주둔한 미군 옆의 술집에서 일하다가 미군과 같이 살거나 결혼한 여성들을 양공주라고 하고, 이 때 태어난 아이들을 '혼혈', '튀기'라는 용어로 비아냥거렸다. 이런 말들은 순혈이 아니니 순수하지 못하다는 욕지거리와 다름없었다.

외국인과 결혼하여 낳은 자녀들에 대해서도 차별을 하여 왔다. 최근 이 자녀들을 보다 인간적으로 부르기 위하여 코시안(Kosian)이라고 칭하기도 하였다. 코리아와 아시안이라는 말을 합성한 것으로 한국이 아닌 다른 아시아 사람과 한국인이 결혼하여 태어난 아이를 뜻하는 것이다. 원래 아메라시안(AMERASIAN)이라는 말과 유사한 형태로 만든 것이다. 이 말은 아메리카와 아시안을 합성하여 만든 것이다. 미군이 필리핀 등지에서 주둔했는데, 그 때 미국인과 그 지역 여성들과의 사이에서 태어난 아이를 말한다. 코시안이라는 말은 아메라시안이라는 말을 연상하게 했기 때문에 그리 오래 사용되지는 못했다.

우리나라에 외국 이주민들이 늘어나면서 이들을 부르는 새로운 용어가 필요했다. 외국 이주민의 대다수를 차지하고 있는 외국인 이주 노동자나 그 가정의 경우에는 별로 관심의 대상이 되지 않은 반면, 외국이주민과 한국인이 결혼한 가정에 대해서는 특히 다른 용어가 필요했다. 그래서 만든 용어가 다문화이다. 주로 다문화라고 하는 것은 외국이주민과의 결혼을 의미하는 말로 쓰이게 되었다.

다문화가 주로 결혼 이주민을 중심으로 논의된 것은 우리나라가 혈통이나 가족을 중시하는 것을 보여준다. 우리나라에 있는 대부분의 외국 이주 집단이 외국인 노동자임에도 불구하고 외국 이주민 지원 정책은 결혼 이주민을 대상으로 하는 것이 대부분이기 때문이다.

외국인 노동자를 유입한 것은 부족한 저임금 노동력을 채우기 위한 것이었다. 1990년대 산업연수제와 같은 형태로 외국노동자들의 노동력을 활용하기 시작하면서 외국인 노동자들이 급증하기 시작했다. 이들은 일정한 기간이 지나면 모두 자국으로 돌아가야 하지만, 사실상 일자리를 잃으면서 돌아갈 수가 없었다. 많은 노동자들이 불법으로 체류하게 되었고, 결국 외국인 노동자들이 우리나라에서 취업할 수 있도록 제도가 바뀌었다.

외국인 노동자들은 노동력의 부족을 채우기 위해 온 사람들이기 때문에 특별히 우리 사회에 포함되는 같은 민족으로 생각할 필요를 강하게 느끼지 못했다. 이들은 안산과 같은 공업단지 근처의 일정한 지역에 모여 살면서 노동력을 제공하였다. 이미 이들은 외국에서 많은 이민 노동자들이 그랬던 것처럼 이들의 거주지가 점차 '게토(ghetto)화'[1]되는 길을 밟을 가능성이 커 보인다.

반면에 결혼 이주민들의 경우는 달랐다. 이들은 농촌에서 신부감을 구하지 못하는 총각들과 결혼하면서 이민을 온 사람들로서, 우리와 '혈연관계'를 맺게 된 사람들이었다. 우리 혈통에 포함되고, 특별한 지역이 아니라 우리 사회 곳곳에 정착한 사람들이라 더욱 관심의 대상이 되었다. '다문화'라고 하는 것은 주로 외국인결혼이민자들을 지칭하고, '다문화 정책', '다문화 교육'이 주로 이들을 대상으로 하는 것은 우리의 폐쇄적인 민족의식을 두고 보았을 때 자연스러운 일일 것이다.

탈북자의 경우는 또 다른 특징을 갖고 있다. 사회주의권 붕괴 이후 북한의 경제가 몰락하면서 많은 북한 주민들이 북한을 떠나게 되었고, 이때부터 탈북자의 숫자가 급속하게 늘어났다. 처음에는 남한에 정착할 수 있도록 거금의 정착금을 주고, 정치적 선전에 활용했지만, 점차 숫자가 늘어나면서 이런 일을 더 이상 할 수가 없게 되었다.

우선적으로 문제가 된 것은 이들이 남한에서 큰 문제없이 적응하는 것이었다. 남한에서는 '하나원'이라는 기관에서 일정기간(3개월간) 교육을 받아야 한다. 그 후에 이들은 남한 사회에서 살아남아야 한다. 우리 사회처럼 가족을 기반으로 하는 곳에서는 이 땅에 뿌리 내리고 살고 있는 가족

---

1) 게토(ghetto)란 미국의 흑인 빈민가를 일컫는 말이다.

이나 친척의 보호나 지원 없이 많지 않은 정착금으로 남한 사회에 살아남는 것은 거의 불가능한 일이었다. 이들에게 '새터민'이라는 새로운 이름을 붙여주고, 이들을 위한 지원을 한다고 했지만 적응하여 사는 것은 쉽지 않은 일이 되었다.

이처럼 우리나라에서 외국인결혼이주민이나 이 가정을 뜻하는 '다문화'는 사실 외국인 노동자, 탈북자를 모두 포함하는 말로 여러 가지 의미를 포함하고 있다. 이런 복잡한 양상이 나타나는 것은 우리 사회가 그만큼 복잡한 특징을 갖고 있기 때문이다.

다문화 사회 속에서 다문화 교육이라는 것을 생각하게 된다. 교육이라는 현상은 교사와 학생의 개인적인 만남을 통해서 이루어지는 것이기도 하지만 특정한 사회라는 조건 속에서 이루어지는 것이다. 사회가 교육에 미치는 영향이 지대함에도 교육이 사회적 현상이라는 것을 인식하는 경우가 드물다.

고대 노예제부터 봉건사회, 자본주의 사회체제에 이르기까지 사회가 어떤 특징을 갖느냐에 따라 교육은 달라진다. 지금 우리는 '국민이 국가'라고 외치며 전율을 느끼지만 불과 150년 전에 이런 말을 했다가는 능지처참을 당했을 것이다.

다문화 교육이라는 것도 마찬가지다. 특정 사회에서 주류 집단과 소수집단의 관계가 어떤 것인가에 따라 다문화 정책이 달라지고, 소수민족에 대한 이념이 달라진다. 이런 이념이나 정책에 따라 다문화 교육도 영향을 받는다. 사회마다 다른 특징을 가지고 있기 때문에 특정한 사회의 구성이나 조건을 파악한 후에 이 사회의 다문화 교육을 파악할 필요가 있다.

다음 장에서는 사회의 일반적인 특징을 살펴볼 것이다. 사회와 개인의 기본적인 관계를 파악한 이후에 사회의 구성이 어떤 형태로 이루어져왔는가를 살펴볼 것이다. 이런 관점에서 사회를 분석한 후에 다문화 사회의 구성과 다문화 교육의 특징을 살펴보고자 한다.

# 제 2 장
# 사회의 실체 · 특징

특정한 사회를 살펴보기 전에 우리가 말하고 있는 사회라는 것이 무엇인지 그 일반적 특징을 살펴보는 것이 필요할 것 같다. 사회라고 하는 것은 그저 막연하게 우리를 둘러싼 환경정도로 생각하고 있는데, 사실은 그것보다 훨씬 더 막강한 힘을 발휘하기 때문이다. 이 사실을 인식하는 게 중요하다고 생각하기 때문에 교육사회학 개론서 처음에 나오는 설명을 굳이 하려고 한다.

## 1. 뒤르껭과 사회

사회라는 것이 무엇이고 어떤 힘을 가지고 있는가에 대한 논의는 근대에 주된 논의 중의 하나였다. 사회가 변화하면서 우리의 삶에 커다란 변화가 올 뿐 아니라 사회가 변화하지 않고는 변화시킬 수 없는 부분이 있다는 것을 알게 된 것도 이 때였다.

사회란 것이 우리가 만든 하나의 개념이라고 생각하던 것에서 나아가 하나의 실체로 존재하면서 영향력을 발휘하고 있다고 생각한 사람 가운데 한 사람이 뒤르껭(E. Durkheim)이었다. 그는 사회가 봉건사회에서 산업사회로 변화하면서 엄청난 혼란을 경험하는 것을 보았고, 이를 극복하기 위해서 무엇을 할 것인가를 고민하면서 사회가 무엇인지 연구하기 시작하였다.

그는 개인의 행동을 제약하는 사회의 힘을 밝혀내기 위해서, 개인적인 결단에 의해서 이루어진다고 생각되는 자살의 원인을 분석하기 시작하였다. 일반적으로 자살률은 날씨나 기후가 좋지 않을 때 더 높을 것이라고 생각하기 쉽다. 날씨가 우중충하거나 을씨년스러울 때 마음이 심란해서 자살률이 더 높을까? 집단별로 각 지역별로 비교한 결과 상관이 없는 것으로 나타났다.

그럼 기후는 어떨까? 기후에는 우리나라처럼 대륙성기후도 있고, 서안해양성 기후, 지중해성 기후 등 다양한 기후가 있다. 유럽의 경우 대륙성 기후를 제외하면 다양한 기후가 있다. 기후별로 자살률을 비교해 본 결과 기후와 자살률은 상관이 없었다.

계절과는 관련이 있을까? 흔히 가을처럼 외로움을 느낄 때 자살률이 높을 것이라고 생각한다. 결과는 전혀 다르게 나왔다. 여름에 자살률이 가장 높았고, 그 다음이 봄·가을, 마지막이 겨울이었다. 여름에 가장 많고, 겨울에 가장 적은 것은 무엇일까? 답은 일조량이다. 월별로 따지면 일조량이 가장 많은 6월에 자살률이 가장 높았고, 일조량이 가장 적은 12월에 자살률이 가장 낮았다. 그럼 일조량이 자살의 원인일까? 햇빛이 사람을 죽인다고 생각해야 할까? 햇빛을 쐬면서 걸으면 비타민 D가 생겨서 우울증 치료에 도움이 된다고 하는데 어떻게 된 일일까? 어느 가수가 노래했듯이 태양을 피하는 방법을 알아봐야 하는 걸까? 이것이 의미하는 바는 조금 있다가 생각해 보기로 하자.

많은 사람들이 그 당시 19세기에 자살의 원이 정신병이라고 생각하였다. 그는 19세기 유럽의 자료를 활용하여 정신병 비율이 높은 곳과 자살의 비율이 높은 곳을 비교분석하였다.

정신병이 자살의 원인이라면 정신병이 많은 곳이나 집단일수록 자살률이 높아야 한다. 물론 정신병이 많을수록 자살률이 높다고 해서 정신병이 자살의 원인이라고 볼 수만은 없다. 둘은 원인과 결과인 인과관계가 아니라 상관관계일 수도 있기 때문이다.

예를 들어보자. 키가 클수록 몸무게가 많은 경향이 있다. 그러면 몸무게의 원인은 키라고 볼 수 있는가. 그렇지 않다. 여기서 생각해볼 것은 몸무게의 정의이다. 우리가 몸무게에 관심을 갖는 것은 몸무게가 몇 kg이냐 그 자체보다는 과체중이나 비만인가의 문제이다. 키와 몸무게가 비례하는 것은 키가 커질수록 몸이 커져서 몸무게가 많이 나가는 것일 뿐이지, 과체중과는 아무 상관이 없다. 이런 점에서 몸무게의 원인을 찾을 때는 키가 같은 경우라는 조건을 붙여야 할 것이다. 정신병과 자살이 상관관계일 때와 인과관계일 때를 그림으로 그려보면 아래와 같다.

정신병과 자살이 상관관계인 경우

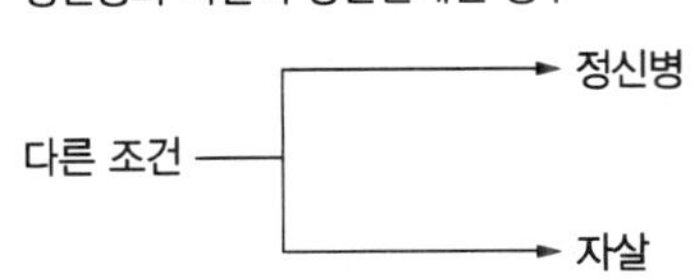

이 경우는 정신병이나 자살 이외의 다른 조건이 정신병과 자살에 공통으로 영향을 미칠 때이다. 둘 다에 영향을 미치기 때문에 정신병이 증가할수록 자살이 증가하지만 정신병과 자살은 서로 원인과 결과가 아니라 서로 상관이 있다고만 보아야 한다. 상관관계 이외에 정신병과의 관계는 세 가지 형태가 있을 수 있다. 그것을 그림으로 그려보면 다음과 같다.

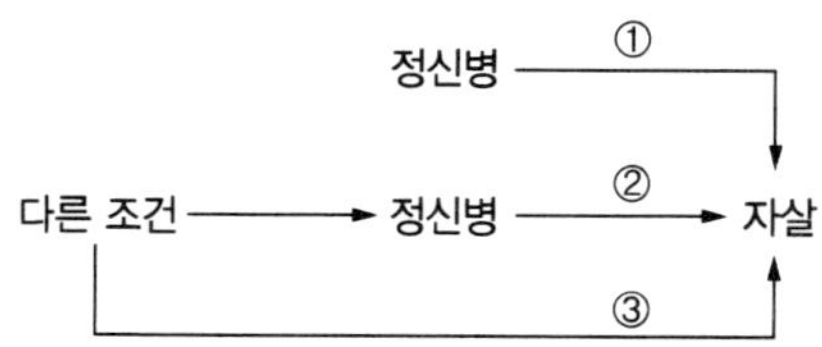


여기서 ① 번만이 자살과 정신병의 인과관계가 성립하는 것이다. ②, ③의 경우 자살의 원인은 사회적 조건이다. ②의 경우, 정신병은 사회적 조건의 영향을 매개하고 있는 것이고, 궁극적인 원인은 아니다. ③의 경우는 정신병과 상관없이 사회적 조건이 자살에만 영향을 미치는 것이다.

이왕 한 김에 통계와 관련된 이야기를 하나 더 해보자. 정신병과 자살의 인과관계를 찾기 위해서 자살자를 살펴볼 때 자살자 수, 자살률 어느 것을 봐야 할 까? 어느 것을 사용해도 괜찮을까?

이 이야기를 하기 전에 한 가지 예를 들어보자. 우리나라 이혼자 수를 학력별로 비교해본 자료를 보면 고졸자가 가장 많은 것으로 나타나있다. 대학 졸업자나 중학교 졸업자보다 유독 고등학교 졸업자들의 이혼자 수가 많은 것은 왜일까? 고등학교 교육이 유독 문제이기 때문일까? 중학교나 대학교가 상대적으로 문제가 적다고 볼 수 있는가? 왜 어느 수준의 학교를 졸업했다는 것이 이혼에 영향을 미치는 것일까?

이 질문에 대한 답은 엉뚱한 데 있다. 이혼자 중에 고등학교 졸업자가 가장 많은 이유는 우리나라 결혼 인구 중에 고등학교 졸업자가 가장 많을 가능성을 따져봐야 한다. 잘 알다시피 우리나라의 학력은 세대가 갈수록 높아졌다. 지금 노인인구들의 학력이 평균 초등학교 졸업 정도라면 현재 젊은 세대는 평균 학력이 대졸이다. 지금 결혼한 성인 인구 중에 고등학교 졸업자가 가장 많다면, 이혼자 중에서도 고등학교 졸업자가 가장 많을 가능성이 높다. 이것은 인과관계가 아니라 상관관계일 뿐이다. 앞에서 살펴보았듯이. 그렇다고 해서 고등학교 졸업자가 이혼을 더 많이 한다고 볼 수 없다. 이혼률을 살펴본다면 다르게 나올 수 있기 때문이다.

다시 자살자수로 돌아가 보자. 미혼자와 기혼자 중에 어디가 자살자수가 많을까? 당연히 기혼자가 많을 것이다. 18세 이상 성인은 대부분 결혼을 하기 때문이다. 자살자수가 많다고 자살률도 미혼자가 더 높을까? 반드시 그렇지는 않을 것이다. 이런 것이 통계의 함정이다.

뒤르껭은 정신병이 자살의 원인이라는 것을 확인하기 위하여 수많은 집단들을 구분하여 이를 비교해보았다. 그 결과 정신병의 비율이 높다고 해서 자살률이 높은 게 아니라는 것을 발견하게 되었다.

몇 가지 예를 들어보면, 먼저 남녀 집단의 경우 정신병 비율과 자살률을 비교해 보았다. 결과는 어땠을까? 여자집단의 정신병 비율이 남자 집단보다 높은 반면, 자살률은 여자 집단보다 남자 집단이 높았다.

연령별 집단의 경우, 정신병 비율이 높은 집단과 자살률이 높은 집단이 달랐다. 정신병 비율이 높은 집단은 30대 전후인 반면, 연령의 경우 연령이 많을수록 자살률이 높았다. 이 결과는 지금도 거의 비슷하게 나타나고 있다. 우리나라의 경우에 여자가 남자보다 자살률이 높은 경우는 한 번도 없는 것으로 보인다. 적어도 통계청 자료에서 제공하는 통계에서 최근 20년간 한 번도 없었다.

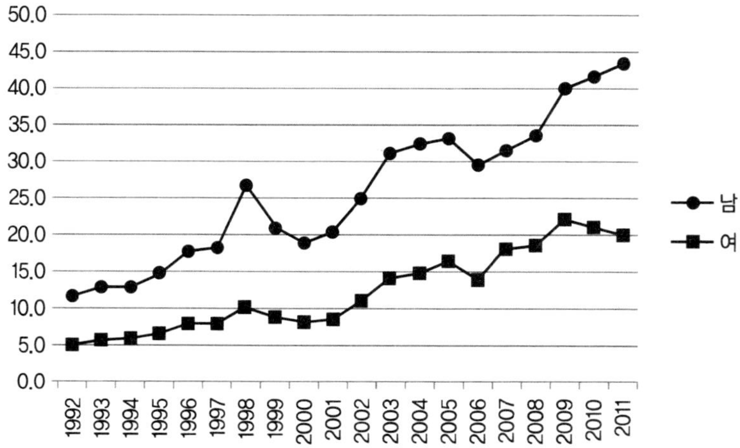


[그림 2-1] 우리나라 연도별 남녀 자살률 추이

출처: 통계청 사회통계국 인구동향과 '사망원인(103항목)/성/연령(5세)별 사망자수, 사망률'이 그래프는 필자가 10세 단위로 수정하여 그래프로 작성한 것임.

[그림 2-1]에서 나타난 바와 같이 남자의 자살률이 여자보다 거의 2배 정도 높은 경향을 보이고 있고 이러한 경향이 계속 유지되고 있는 것으로 보인다. 자살률은 전반적으로 증가하고 있지만 가끔 자살률이 큰 폭으로 감소하거나 증가한 경우가 있다. 1998년과 1999년, 2003년, 2009년이다. 1998년에 큰 폭으로 자살률이 증가되었다가 1999년 다시 큰 폭으로 떨어졌다. 1997년 시작된 외환위기로 많은 기업체가 도산하면서 IMF의 지배체제로 넘어가게 된 것이 1998년이다. 단순히 경제적으로 어려울 뿐 아니라 기업 도산, 대량 해고, 부동산 폭락, 환율 급락 등 사회전반이 큰

혼란에 빠져있을 때였다. 1998년 김대중 대통령이 당선되면서 금모으기 운동 등 사회적으로 단합을 찾아간 것이 1999년이라고 본다면, 대략 자살의 증감 이유를 짐작할 수 있을 것이다. 2003년과 2009년은 노무현 정권, 이명박 정권 초기인데, 이유가 있겠지만 이것은 독자들의 탐구력에 맡기기로 하고 넘어가야겠다.

우리나라 통계에 따르면 연령의 경우도 뒤르껭의 분석과 같이 연령이 높을수록 자살률이 높았다. 10살 간격으로 나누어 살펴보았을 때, 자살률은 연령과 놀라울 정도로 정확하게 비례하고 있다.

통계청 홈페이지에는 집단별 사망원인이 잘 정리되어 있다. 이를 활용하여 최근 20 년간 자살률의 통계표를 정리하면 [그림 2-2]와 같다.

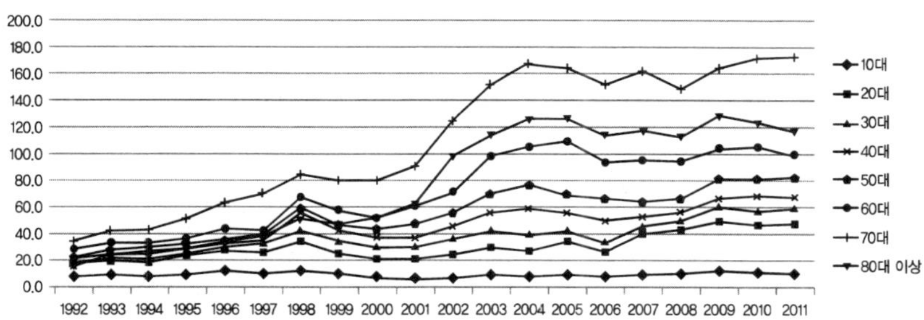


[그림 2-2] 우리나라 연도별 연령별 자살률

출처: 통계청 사회통계국 인구동향과 '사망원인(103항목)/성/연령(5세)별 사망자수, 사망률' 이 그래프는 필자가 10세 단위로 수정하여 그래프로 작성한 것임.

[그림 2-2]에 나타난 그래프를 보면, 정확하게 연령이 많을수록 자살률도 높아진다는 것을 볼 수 있다. 1992년부터 2011년까지 거의 예외가 없었다!

뒤르껭은 종교집단들을 분석해 보았다. 유태교 집단, 카톨릭교 집단,

개신교 집단의 정신병과 자살률을 살펴보았다. 정신병의 경우 유태교 신자들이 가장 많았다. 반면 자살률은 기독교 집단이 가장 높았다.

자살에 대한 각 종교의 입장이 다르기 때문일까. 정답은 그렇지 않다는 것이다. 자살에 대한 세 종교의 입장은 모두 동일하다. 자살은 절대 안 된다는 것이다. 자살을 하게 되면 모두 구원을 받지 못하고 지옥으로 떨어진다고 가르치고 있다. 세 종교는 모두 자살을 강력히 금지하고 있기 때문에 종교 교리 때문에 자살률이 달라질 것이라고 생각할 수 없다. 그럼 왜 기독교 집단에서 자살률이 가장 높게 나오는 것일까?

앞에서 일반적으로 자살의 가능성이 높은 것은 개인이 사회에서 얼마나 고립되어 있는가에 달려있다고 하였다. 여기서 고립이란 무엇이가를 좀 더 살펴볼 필요가 있다. 개인이 삶에서 의미를 느끼는 것은 사회 속에서이다. 자기가 속한 집단이 자신을 얼마나 필요로 하는가. 그리고 자기가 꼭 해야 할 일이 얼마나 많고, 중요한 가에 달려있다. 이런 일이 많을수록 자신의 의미와 역할이 분명해지고 강해지며, 자신의 고립정도는 낮아진다고 볼 수 있다.

고립정도라고 하는 것은 다른 편에서 보면 그만큼 자기가 꼭 해야 할 일이 적다는 것이며, 자신이 선택할 수 있는 여지가 크다는 것이다. 한편으로 이것은 자유롭다고 볼 수 있지만 다른 한편으로 보면 자신이 꼭 해야 할 일이 적은 것이니까 사회 속에서 자기의 역할이나 위치, 의미가 적다는 것을 의미한다.

예를 들어 가정에서 자기가 꼭 돈을 벌어야 한다면 그만큼 자기의 선택권은 줄어들지만, 자기의 역할이 크다는 것이다. 돈을 벌든지 말든지, 오늘 집에 들어오든지 말든지 자기가 선택할 수 있다면, 그만큼 자유롭다는 것을 의미하지만 가정에서의 자기 역할이나 위치, 의미가 적다는 것을 의미한다.

어느 사회에서 고립된 개인들, 소외된 개인들이 많으면 많을수록 자살률은 높아질 것이고, 고립된 개인들이 적으면 적을수록 자살률은 낮아질 것이다. 고립된 개인들이 적은 사회, 그런 사회는 어떤 사회인가. 각 개인에게 해야 할 일을 분명히 해주며, 어떤 의미를 갖고 있는지를 알려주고 그렇게 하도록 강제하는 힘이 큰 사회이다. 이런 사회를 뒤르껭은 고도로 통합된 사회라고 보았다. 고도로 통합된 사회일수록 자살률은 떨어지지만, 통합에 문제가 있을수록 자살률은 높아지게 되는 것이다.

이런 논리에 따르면 자살의 원인은 개인의 결단이 아니다. 어떤 사회에 속해있는가, 고도로 통합된 사회에 속해있는가 아니면 해체위기의 사회에 속해있는가가 자살률을 결정한다. 다시 말해 사회의 통합정도가 자살의 원인인 것이다.

그렇다면 아까 예로 든 집단들의 자살률을 설명해보자. 20년 동안 한 번도 변하지 않은 남녀 집단간의 자살률 순위는 각 집단의 특성 때문이다. 남자는 봉건사회나 지금이나 자신이 꼭 해야 하는 일이 여자에 비해서 적은 편이다. 남자는 평생 살아가면서 어떤 일을 할 것인지 선택을 할 수 있는 폭이  여성보다 넓다. 아직도 여성은 꼭 해야 하는 일이 많아서 선택의 폭이 남성에 비해 좁다. 결혼, 육아, 가정 살림, 손자 돌봄에 이르기까지 꼭 해야 할 일은 남성에 비해서 훨씬 많다. 꼭 해야 할 일이 많다는 것은 그만큼 역할과 정체성, 의미가 분명하다는 것이고, 그만큼 고립의 정도가 낮다는 것이다. 따라서, 자살률은 낮게 된다.

연령별 집단은 어떠한가. 어릴수록 꼭 해야 하는 일이 많은 반면에, 연령이 많아질수록 개인이 할 수 있는 선택의 범위가 넓어진다. 결혼 직후 자녀를 양육할 때는 생활비를 벌어오느냐 못 벌어 오느냐는 가족 구성원의 사활을 결정할 정도로 중요하다. 반면에 연로한 노인의 경우에 자녀들의 부양 덕분에 자신이 꼭 생활비를 벌어 와야 할 의무는 적어진다. 어떤 삶을 살 것인가 하는 선택권도 넓어지는 한편, 자신에게 부여되는 의미나 역할도 점차 약해진다. 고립의 정도는 점차 심해지고 자살률은 올라간다.

종교별 집단의 경우에도 이런 방식으로 설명할 수 있다. 유태교의 경우 각 개인이 해야 하는 의무가 너무나도 많다. 구약성경으로 불리는 유태교 경전에는 해야 할 것, 하지 말아야 할 것, 먹어야 할 것, 먹지 말아야 할 것이 너무나도 소상하게 명시되어 있다. 이것은 너무나 구체적이기 때문에 논란의 여지도 별로 없다.

이에 반해 기독교는 개인의 자유가 너무나 많다. 교회마다 목사마다 해석이 다르며, 각 신자마다 성경해석을 달리 할 수 있다. 그만큼 자유의 폭이 넓지만 기독교가 자신을 강제하는 부분이 적으며, 종교집단에서 자신의 의무와 역할, 의미는 상대적으로 약하다.

우리나라 1998년 IMF 때 자살률이 갑자기 증가한 것도 이런 이유 때문이다. 실직자가 늘어나고, 각 개인이 꼭 해야 하는 일, 할 수 있는 일이 갑자기 줄어들었다. 사회가 위기에 빠지면서 사회가 각 개인에게 명령하는 역할, 정체성, 의미가 갑자기 약해진 것이다.

우리는 각 개인이 어떤 집단에 속해있는가, 어떤 사회에 속해 있는가에 따라 그의 자살률을 예측해 볼 수 있다. 남자라면 당연히 여자보다 자살률이 높을 것이다. 미혼이라면 기혼보다 자살률이 높을 것이다. 가정에 자녀가 많을수록 부모의 자살률은 떨어진다.

봉건시대의 여성과 현대 여성의 자살률을 비교하면 어떨까. 상대적으로 현대 여성의 자살률이 높아졌음을 알 수 있을 것이다. 뒤르껭이 분석한 자료에서는 남자의 자살률이 여자의 자살률보다 4배가 높았다. 지금 우리나라의 자료에서는 앞에서 나타난 통계에 있듯이 약 2배 정도 높다. 이전에 비해 남자와 여자의 자살률의 차이가 그만큼 줄어들었다는 것이며, 여자의 자살률이 19세기에 비해 늘었음을 짐작할 수 있다. 물론 두 자료의 지역이 달라서 확정지을 수 없지만, 지금까지의 사례들로 봐서는 그런 결과가 나오리라고 생각해도 무방할 것이다.

우리가 속한 사회가 우리를 제약하는 힘이 얼마나 큰 지 알 수 있다. 우리 사회의 특징에 따라서 개인이나 집단의 행동이 변화하며, 교육적 현상도 달라진다. 다른 나라와 같이 다문화 집단이 증가한다고 하더라도 우리 사회의 특징에 따라서 다른 양상을 보여주게 된다. 이러한 사회의 중요성 때문에 다문화 사회, 다문화 교육을 논하기 전에 이 사회의 실체를 설명한 것이다.

## 2. 생각해 볼 문제

우리나라에서 강원도가 유독 자살률이 높은 이유는 무엇일까. 뒤르껭의 이론을 바탕으로 아래의 기사를 살펴보면 그 원인을 알 수 있을 것이다.

▶ 읽을 거리 ◀

**'휴가지, 강원도의 3가지 '비극''[2)]**

강원도는 일상에서 쉼과 치유를 필요로 사람들에게 어머니 품과 같은 휴식을 기대케하는 생명력 넘치는 본향과 같은 곳이다. 그런데 한국인들에게 휴식과 생명의 원천인 강원도가 한숨 쉬는 문제가 있다. 아이러니하게도 바로 '자살'이다.
통계청 자료에 따르면 2000년 강원도의 자살률은 당시 우리나라 자살률, 인구 십만 명당 13.6명보다 1.4배 높은 19.2명이었다. 10년 뒤 2011년도 강원도의 자살률은 인구 십만 명당 45.2명으로 11년 동안 약 2.4배 증가했으며, 전국에서 가장 자살률이 높은 지역이 되었다.

강원도 자살 문제를 들여다보는 중요한 이유는 단순히 자살률이 우리나라에서 가장 높아서가 아니다. 자살은 OECD 가입 국가나 전국에서 1위이면 문제가 되고, 10위면 안심해도 되는 그런 순위의 문제가 아니다. 자살은 한 명의 사망으로 종결되는 그런 '단순한 개인 사건'도 아니다.

**통계로 본 강원도의 자살 문제**

자살은 남겨진 가족은 물론 지역사회에까지 영향을 미치는 치명적인 문제이자, 한 사회 구성원들의 사회적 고통을 경제, 사회, 문화 등 여러 환경적인 요소들과 관련하여 측정하는 중요한 지표다. 자살 문제를 진솔하고 반성적으로 들여다보면서, 자살률 감소라는 과업적인 성과지향을 넘어 우리가 "어떻게 함께 살아갈 것인가"라는 생명 공존을 위한 대안 모색을 하는 게 중요하다.

---

2) 오마이뉴스(Ohmynews) 2003. 5.7. 시민기자: 박지영(상지대학교 사회복지학과 교수. 한국자살예방협회 학술위원장)

먼저 강원도의 자살문제에서 두드러진 특성과 그에 대한 과제들을 정리하면, 다음과 같이 세 가지 정도로 요약할 수 있다. 그 첫 번째는 앞서 살펴본 바와 같이 강원도 자살률이 쉼 없이 증가하고 있다는 점이다. 더욱이 이러한 자살 증가 추세가 모든 연령대에서 나타나는데, 최근 10년간 20~30대는 약 70%, 40~50대 49%, 65세 이상의 노인은 보다 심각해 111.3%의 높은 자살증가율을 보이고 있다.

모든 연령대에서 자살률이 증가하고 있다는 것은 무엇을 의미하는가? 이는 강원도민이 행복한 생활을 지속하는데 필요한 '그 어떤 요소들'의 안정성이 흔들리고 있다는 것이다. 다시 말하면 강원도민의 각 생애주기에 요구되는 교육, 문화, 고용, 복지 등 안전망을 다각적으로 점검하고, 다양한 문제들을 효과적으로 대처할 수 있도록 강원도 스스로의 역량과 기초체력을 정비할 시점이 되었다는 뜻이다.

강원도의 자살문제 두 번째 특성은 매우 심각한 수준의 노인자살이다. 강원도의 노인자살률은 비노인층(15-64세)에 비해 약 2.6배 높고, 특히 80세 이상의 고령 남녀 노인의 경우가 매우 심각한 수준으로 증가하고 있다.

노인인구비율 15%의 고령사회로 진입한 강원도에서 노인자살이 심각하다는 것은 우리나라 농어촌 지역, 고립 지역 노인들의 삶을 다시 돌아봐야 한다는 증거이기도 하다. 강원도에서 농사를 짓는 노인들은 매년 폭설과 냉해, 폭우를 반복적으로 겪는다. 하지만 농어촌 노인들의 사정이 적극적으로 고려되지 않은 중앙 중심의 노인보건복지정책은 그다지 공감을 얻지 못하고 있다.

지역은 개발되는데, 그 경제 발전이 노인들의 삶과는 무관하고, 지역이 개발될수록 노인들은 익숙한 사람과 공간이 사라져 더 이상 마을이 주는 재미조차 없어진다. 이런 상황을 두고 노인들은 한마디로 "낙이 없다"고 정의한다.

그들은 왜 죽음을 택했을까

이 '낙'은 단순한 재미나 즐거움을 의미하지 않는다. 그것은 삶의 기쁨, 보람, 그리고 내가 공동체에 필요한 존재라는 어떤 자아감 등이 함축된, 진정한 '나'에 대한 문제다. 아직 노년기를 경험하지 못한 강원도 구성원들(또 우리 사회 모두는)은 이런 노인의 심정을 이해해야 한다. 결국 노인들에게 삶을 지탱할 수 있는 원동력으로서의 '낙'을 명확히 규명하고 이를 찾아갈 수 있도록 돕는 것. 이게 강원도가 노인자살을 예방하기 위해 우선적으로 해결해야 할 과업이 아닐까 싶다.

마지막 세 번째 자살 문제의 특성은 바로 강원도의 '조용함'이다. 아니, 좀 더 정확히 표현하자면 '소리없는 아우성'이다. 필자의 관점에서 보자면 강원도는 지금 자살문제 를 대처하면서 여러 딜레마에 직면하고 있다.

▲ 노인 자살 문제가 심각하다. 사진은 영화 〈그대를 사랑 합니다〉의 한 장면.
(기사 내용과는 관련 없음)

일단, 자살률 높은 지역이라는 오명에 대한 주민들의 불편한 감정이 존재한다. 이 불편한 감정은 자칫 강원도가 자살 문제를 똑바로 응시하는 걸 어렵게 하는 장애물이 될 수도 있다. 그러나 현재의 자살률이 높은 것이 문제가 아니라 수년간 증가하고 있는 자살 문제에 적절한 대처 못하는 게 더 부끄러운 일일 것이다.

따라서 강원도의 첫 과제는 바로 이 자살에 대한 지역의 수치감, 그리고 주민들의 오해를 풀어내야하는 것이다. 여기에 문제를 해결하기 위해 강원도가 뭔가를 추진하고자 하더라도 이를 뒷받침할 지역의 재정상태나 전문가 확보수준이 취약하다. 이러한 면에서 강원도는 마치 손발이 묶인 것 같은 답답함이 있을 것이다.

강원도에서는 광역정신보건센터유치를 통해 도내 자살예방사업에 대해서도 박차를 가하고자 했겠지만, 광역센터와 파트너십을 갖고 사업을 전개할 지자체의 역량들이 각양각색이라 일관된 정책을 펴기도 어렵다.

그럼에도, 강원도는 의지를 갖고 결단을 내려야 한다. 사실 자살예방정책은 자살률을 기적처럼 떨어뜨려 "봐라!" 할 만한 성과를 내기도 어렵고, 주민들이 "반드시 나에게 도움이 되는 정책"으로 여겨 "내 세금을 쓰세요"라고 우선적으로 동의하기도 어려운 과제이다.

그러나 도민의 생명을 보호하고 지켜야하는 기본 의무와 책임에 대해 강원도가 조용해서는 안 된다. 굳이 '의지'와 '결단'이라는 힘 들어간 용어로 강원도에 부담을 주는 이유가 이 때문이다. 강원도의 의지와 결단에 도민 한 사람 한 사람의 생명이 걸려있고 더 나아가 강원도의 미래 생명이 걸려있기 때문이다.

**이웃, 이래서 중요하다**

이 글을 통해 필자는 자살예방을 위한 특별한 정책, 예산 배정, 시스템 구축과 같은 화려하고 꿈같은 대안만을 전개하자는 게 아니다. 물론 이러한 시스템이 만들어지면 좋다. 하지만 더 중요한 건 자살예방을 위해 주민 한 사람 한 사람이 참여하는 사회문화적 접근, 공동체적 접근이다. 즉 강원도민이 서로에게 기여할 수 있는 기회와 동력을 통해 '생명공동체 질서'를 만드는 게 필요하다.

강원도가 잃어가고 있는 본연의 이웃성(neighborhood)을 회복하고, 자살에 대한 두려움과 편견을 깨고 함께 "한 번 해보자"는 의지도 중요하다. 재정과 전문가 부족을 핑계대면 끝이 없다. 강원도 사람들을 통해, 강원도민이 공감할 수 있는 생명문화를 만드는 것. 이런 문화와 주민들의 공감이 형성되었을 때, 비로소 자살예방정책이 기능할 수 있고, 강원도민 누구라도 죽음을 생각할 때 주저 없이 도움을 요청할 수 있다. 누구나 타인에게 도움을 요청하고 제공할 수 있는 공동체 회복. 그럴 때 강원도가 다시 일어설 수 있다. 쉬러 강원도를 찾는 사람이든, 강원도민이든 지금이 바로 강원도의 탄식에 귀 기울이고 서로를 격려해야할 때임을 기억해야 한다.

## 3. 변화하는 사회[3)]

개인의 행동에 큰 영향을 미치는 사회는 고정된 것이 아니라 끊임없이 운동하며 일정한 단계로 변화하는 실체이다. 여기서 중요한 것은 사회 역시 운동한다는 것이다. 하나의 사회는 고유한 특징을 가지고 있지만 사회 안의 구성요소들은 끊임없이 운동하며, 이 운동으로 인한 변화가 어느 단계에 이르게 되면 이 사회는 질적으로 다른 사회로 변화하게 된다. 이러한 운동의 특징을 잘 설명하고 있는 것이 변증법적 유물론이다.

변증법적 유물론은 몇 가지 특징으로 설명될 수 있다. 가장 핵심적인

3) 조성오(2007). 철학 에세이. 동녘. 앞부분의 내용을 참고.

원칙은 모든 만물은 운동한다는 것이다. 만물이 운동한다는 것은 하나의 철학적 관점이 될 수도 있겠지만, 과학적으로 보더라도 설명할 수 있다. 지금 내 앞에 있는 책상이 운동하고 있을까. 아무리 봐도 그냥 그대로 움직이지 않고 꼼짝없이 가만히 있는데 운동하고 있다니 말이 되질 않아 보인다.

조금 더 큰 시각에서 바라보면 책상은 대단히 빠른 속도로 움직이고 있다는 것을 알 수 있다. 지구가 자전하면서 책상도 같이 움직이고 있기 때문이다. 지구가 자전한다는 사실은 우리가 거의 의식하지 못하고 살고 있지만 실제로 엄청난 속도로 움직이고 있다. 그러면, 이렇게 큰 물체가 그렇게 빠른 속도로 움직이는데 소리는 왜 안 들리는 것일까. 굉장한 소리가 난다고 한다. 다만 우리가 들을 수 있는 주파수가 한정 되어 있어서 느끼지 못할 뿐이라고 하니 우리가 보고 느끼는 것이 얼마나 한정되어 있는지 모른다.

또 한 가지는 모순의 법칙이다. 모순은 한자로 창과 방패라는 뜻이다. 이것은 잘 알려진 고사 성어에서 나온 말이다. 창과 방패를 파는 어떤 사람이 말하기를, 이 창은 모든 방패를 뚫을 수 있고, 이 방패는 모든 창을 막을 수 있다고 선전했다. 그러면 그 창으로 그 방패를 치면 어떻게 되겠는가 하는 것이다. 논리적으로 불가능한 사실을 일컫는 말이 '모순'의 의미이다.

이와 달리 변증법에서의 모순은 현실적으로 대립하는 물체 또는 주체를 말한다. 두 주체가 서로 대립하면서 서로에게 영향을 미치는 것을 말하는데, 이것을 상호 투쟁이라고 한다. 투쟁이라고 하면 왠지 싸움을 생각해서 부정적인 느낌을 주기 때문에 대립한다고 표현하는 것이 나을 것 같다. 예를 들어 남자와 여자는 서로 대립하며 영향을 미친다. 빛과 어둠, 음과 양, 따뜻함과 차가움, 양극과 음극 등 세상에는 이러한 대립물이 너무나 많다. 이런 대립물은 서로 다른 특성을 가지고 긴밀하게 연결되어 있기 때문에 때로는 적대적인 방향으로 때로는 도움을 주는 방향으로 영향을 미친다. 재미있는 것은 이 두 대립물이 서로에게 영향을 미칠 때 각자가 변화하며, 서로를 닮아간다는 것이다. 이것을 상호 침투의 법칙이라고 한다. 흔히 가장 많이 싸우는 가족을 가장 많이 닮는다고 한다. 이런 예도 상호 침투에 해당할 것이다. 처음 교직에 입문할 때 자기가 가장 싫어했던 교사를 닮는 경향이 있다고 하니 미워할 때도 잘 생각해 볼 일이다.

이런 운동이 양적으로 점점 확대되면 질적인 변화를 가져온다. 물의 온도가 올라가면 무한정으로 올라가는 것이 아니라 어느 수준에서 즉 100° C에서 수증기로 변화한다. 양적인 확대가 극도에 달하면 질적인 변화를 가져온다는 것이다. 이것이 양질 전환의 법칙이다.

봉건시대에도 상품을 생산하는 사람이 있었고, 상업이 있었고, 화폐가 있었다. 그렇다고 해서 이 사회를 자본주의 사회라고 볼 수는 없다. 모든 사람이 화폐로 상품을 살 수 있는 수준으로 자본주의 방식이 확대된 것이 아니기 때문이다. 상품 생산과 화폐를 통한 매매가 점점 확대 되어서 일정한 수준에 이르게 되면 봉건 사회는 무너지고 자본주의 사회가 되는 것이다. 특정한 생산 방식이나 사회적 특성이 양적으로 점점 확대되고 있다면 우리는 그저 확대 되고 있다고 보아서는 안 된다는 것을 알 수 있다. 그 양적 확대가 어느 수준에 이르면 사회 전체의 질적 변화를 가져올 수도 있기 때문이다.

마지막으로 '부정의 부정' 법칙이다. 모든 만물은 자신을 부정함으로써 다른 존재가 되고 이러한 부정을 지속하여 결국 발전을 이루게 된다. 이것은 종교적인 원리에서 도출되었다. 기독교에서 예수는 원래 하나님과 같은 위치에 있었던 신이었다. 천상에 있던 예수는 죄악에 빠진 인류를 구원하기 위해 이 땅으로 내려온 것이다. 자신의 신성을 부인하고 인간으로 육화한 사건 이것이 예수의 탄생이다. 예수는 여기에 머무르지 않고 인류를 위해 십자가에 매달려 죽는다. 자신을 인류를 위한 희생으로 바친 것이다. 그 결과 그는 부활하여 다시 신의 위치에 오르게 된다. 그의 인성을 부인하여 하나님 우편에 앉게 된 것이다. 이런 자기 부인의 과정을 통해서 인간에 대한 신의 사랑이 분명하게 나타나게 되었고, 인류의 구원이 완성되었다. 이것을 통하여 인류가 구원 받았을 뿐 아니라, 신의 사랑도 완성되어갔다고 볼 때 지속적인 부정을 통하여 완성이 이루어졌다고 볼 수 있다.

이것은 불교의 가르침으로도 설명될 수 있다. 일반인들은 모든 만물을 있는 그대로 본다. 산을 산이라고 보고, 물을 물이라고 본다. 그런데 깨달음을 위해서는 모든 것을 부정할 필요가 있다. 산을 산이 아니라고 보고, 강을 강이 아니라고 본다. 이것은 현실에 대한 부정이다. 이러한 반(反)현실적인 경험과 깨달음의 과정을 통해서 진정한 실체를 볼 수 있게 된다. 이렇게 보면 다시 산은 산으로 보이고 물은 물로 보인다. 깨달은 후의 인식은 깨닫기 전과 비슷해 보이지만 완전히 다른 차원으로 승화한 것이다.

인류의 역사도 이러한 운동 법칙에 따라 전개되었다. 원시적인 인류는 가족을 중심으로 작은 집단을 이루고 살았지만, 점차 대집단을 형성하면서 강한 계급이 약소 계급을 지배하고, 피지배계급은 이에 대해 저항하며 역사는 발전하여 왔다.

## 4. 지배 · 피지배 관계의 발전과 다문화 사회

### 1) 인류 역사 발전 단계

인류의 역사는 생산력과 생산기술을 가진 집단이 그렇지 않은 집단을 지배해 온 과정이라고 볼 수 있다. 생산기술에 무기가 포함된다는 것을 생각하면 쉽게 알 수 있을 것이다. 생산수단을 소유한 집단은 이를 통해서 힘을 키우고 다른 집단을 노예로 삼거나 자신을 위해 착취하여 온 것이다. 이러한 역사는 원시 공동체 사회에서, 노예제 사회, 봉건제 사회, 그리고 자본주의제 사회로 발전해왔다.

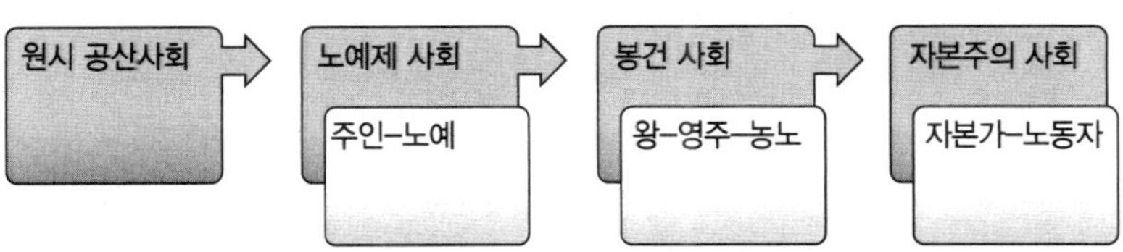


[그림 2-3] 인류 역사 발전의 단계

원시 공산사회는 아직 계급으로 집단이 분화되지 않고 가족 형태로 사회가 구성된 시대이다. 인류 초기의 시대라고 볼 수 있을 것이다. 가족이 집단으로 분화되지는 않았지만 여전히 지배 피지배 관계가 있었을 것이다. 가족 내에서 힘이 있는 구성원 예컨대, 가부장이 그렇지 않은 나머지 가족을 지배했다고 볼 수 있기 때문이다.

이 시기가 지나면 지배 계급이 형성되어서 주인-노예 관계로 혹은 영주-농노의 관계로 사회구성원 간의 지배 · 피지배 관계가 이루어졌다. 지금은 자본주의 하에서 자본가가 지배하는 사회가 되었다.

이들 사회가운데 하나를 예로 든다면 그리스 도시 국가 중 스파르타를 들 수 있을 것이다. 스파르타는 하나의 병영국가로 노예 계급을 토대로 이루어진 귀족 계급 국가였다. 스파르타의 귀족 계급의 남자는 왕을 포함하여 모두가 군인이었으며, 병영 생활을 하였다. 여자들도 군사훈련을 받았으며, 이들은 전쟁 준비를 위하여 조력을 하는 집단이었다.[4)]

[그림 2-4] 고대 스파르타 군인의 모습

그림 출처: ttp://cafe.daum.net/art501/5Vi5/238?docid=2CaZ|5Vi5|238|20100718230719&srchid=IIMu9ZyU300#A164644054C430A91B920B4&srchid=IIMu9ZyU300

4) 조경원 외(2004). 서양교육의 이해. 교육과학사. 참조.

스파르타 국가는 헬로트(Helot)라고 하는 노예 집단을 기초로 이루어졌는데 인구 구성이 무려 92%나 되었다. 시민으로 볼 수 있는 귀족 계급은 단 2%에 불과했다. 스파르타 지배계급은 훨씬 많은 수의 노예를 착취하기 위해서 군사력이 필요했고, 역사에 나타난 바와 같이 이 군사력을 이용하여 다른 국가와 전쟁을 치르게 된다. 6%를 구성하고 있는 페리오이코이 집단은 주변에서 사는 사람이라는 뜻으로 반자유민이었다. 재산소유권, 납세와 병역의 의무, 어느 정도의 자치권 등은 보유하고 있었으나 참정권은 없었다고 한다. 92%의 노예가 나머지 8%의 시민과 반자유민을 먹여 살리는 노예제 국가가 스파르타였다.

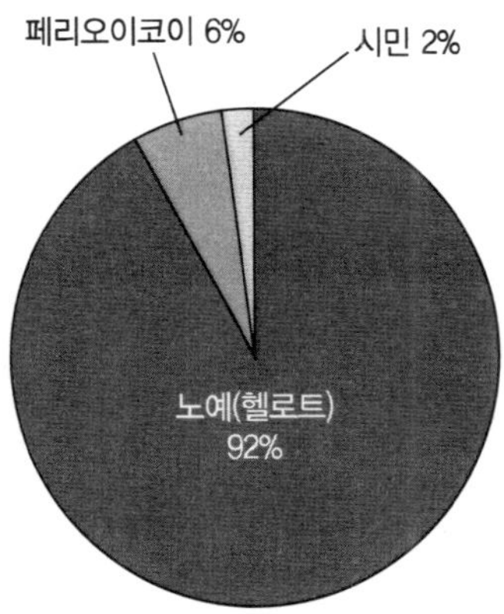


[그림 2-5] 스파르타의 인구 구성비

출처: http://blog.daum.net/sirius2375/1103

지배 집단과 피지배 집단의 구성이 이루어진 데는 지배 계급이 소유하게 된 생산수단이 기초가 되었다. 생산력이 발전하게 되면 이를 소유하게 된 집단과 그렇지 않은 집단이 생기게 되는 데 이를 소유한 집단이 지배

계급이 되는 것이다.

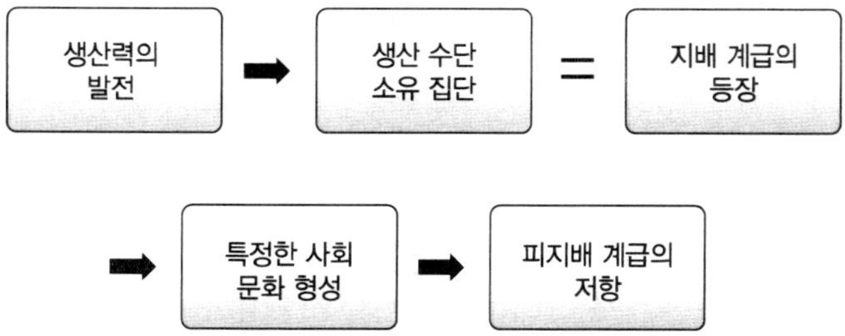


[그림 2-6] 사회의 구성의 특징

생산력이 발전하고 생산수단을 소유한 집단과 그렇지 않은 집단이 형성되면 지배 집단과 피지배 집단이 생겨서 특정한 계급 관계가 형성된다. 이러한 관계의 토대 하에 특정한 사회 문화가 형성되어 왔다. 인류의 역사는  피지배집단이 부당한 지배에 저항하여 발전해 왔다.[5)]

한 편으로 생각해보면 왜 사람이 생산수단을 소유하게 되면 그렇지 않은 집단을 지배하고 착취할까 의문을 갖게 된다. 생산력이 발전하면 그 생산력을 모든 사람을 위해 나누어 쓰면 좋을 텐데 말이다. 그러면 그 생산수단과 생산력은 인류발전을 위해 크게 공헌하게 될 것이다.

그러기 위해서는 자신의 욕망을 제어할 수 있을 정도로 정신적인 수준이 발전해야 하는데 그렇지 못했다. 자기가 소유하게 된 기술력, 생산수단, 이를 통해 얻게 된 부를 다른 사람에게 나누어 줄 정도의 정신적 수준이 되지 못했고, 지금도 그렇다. 인류가 이 정도의 정신적 수준으로 발전한다면 영원히 전쟁 걱정이 없는 평화로운 사회를 지속할 수 있을 텐

5) 김수행(2004). 청소년을 위한 자본론. 두리 미디어. 참조.

데 말이다.

다문화 사회도 이러한 역사 발전 속에서 이루어진 것이다. 다문화 사회라는 것을 일반적 의미에서 여러 개의 문화가 있는 사회라고 본다면 아주 오래전부터 있었다고 볼 수 있다. 같은 종족이나 민족이 아닌 경우 침략이나 정복, 전쟁 등을 통해서 맞부딪히게 된다. 다문화라고 하는 것은 늘 갈등과 지배, 피지배의 관계 속에서 이뤄져왔다.

오래 전부터 강한 민족은 약한 민족을 침탈하고 지배해 왔다. 특히 서양의 제국들이 기술력을 확보하면서 타민족을 침탈하여 식민지를 지배하였다. 나침반, 인쇄술의 발달로 인해 항해술이 발전하였고, 이를 통해 다른 대륙으로 항해하여 식민지를 침탈하였다. 서양의 역사는 이러한 침탈의 과정을 통하여 이민족과의 접촉이 이루어졌고, 이것이 다문화의 시작이었다고 볼 수 있을 것이다.

### 2) 근대사회의 등장

봉건주의 사회에서 생산력이 발전하고 시민의식이 성장하면서 더 이상 봉건사회 체제가 유지될 수 없게 되었다. 부르주아를 중심으로 한 새로운 시민계급은 이전의 억압적인 왕정체제를 타파하고 새로운 시대를 열어갔다. 우리는 이것을 근대 사회라고 한다.

근대화는 두 가지 측면에서 볼 수 있을 것이다. 하나는 시민이 권력을 장악한다는 점이고, 또 하나는 산업기술이 자본주의적인 특징을 갖는다는 것이다. 근대화된 사회는 이전의 봉건사회와는 다르게 왕이나 특수 신분이 권력을 장악하는 것이 아니라 모든 시민이 권력을 갖는다는 특징을 갖고 있다. 모든 인간의 권리가 신장되었고, 모든 인간이 최소한의 권리를 보장받는 사회이다.

이와 함께 산업 기술이 발전하면서 봉건제적 생산방식이 사라지고 상품생산을 중심으로 이루어지는 자본주의 사회가 나타나게 되었는데, 이것도 근대화된 사회의 특징이다. 자본주의 사회의 주된 집단은, 상품을 생산하는 수단을 소유한 자본가와 상품을 생산하는 노동자이다. 생산수단 즉 기계가 발전하면서 이를 소유한 자본가들은 노동자를 고용하여 상품을 생산하기 시작했다.

기계를 사용하여 상품을 생산하면서 몇 가지 잘못된 생각을 낳게 되었다. 하나는 상품의 가치를 생산하는 것이 기계이고, 노동자는 이를 돕는 보조 수단이라는 것이다. 생산력을 갖는 것은 기계이기 때문이다.

또 하나는 자본가가 노동자에게 노동할 수 있는 기회를 주었기 때문에 노동자에게 주는 임금은 자본가의 의지에 따라 결정되며, 노동자는 직장을 준 자본가에게 감사해야 한다는 것이다.

먼저 상품의 가치를 생산하는 것이 기계인가 하는 점을 살펴볼 필요가 있다. 자본가들은 이미 생산된 기계를 구입해야 하기 때문에 이에 대한 비용을 지불해야 한다. 기계는 그냥 공짜로 생긴 것이 아니라는 점에 유의해 보면, 매년 기계를 사용한다는 것은 매년 구입한 비용의 일정부분을 소비하고 있다는 것을 의미한다. 이를 감가상각이라고 하는데, 기계를 사용한다는 것은 고스란히 비용으로 계산되는 것이지 이 기계가 새로운 가치를 만들어내는 것이 아니라는 것을 알 수 있다.

이해가 잘 가지 않는다면, 이렇게 생각해 봐도 될 것이다. 만약 기계가 상품의 가치를 생산해서 이것을 통해서 이윤을 얻을 수 있다고 가정할 수 있다. 완전히 자동화된 사회, 인간의 힘이 하나도 들지 않는 기계로만 상품을 생산할 수 있는 사회가 되었다고 가정할 수 있다. 기계로만 생산했을 때 이윤이 남는가를 보면 노동이 가치를 생산하는지 기계가 가치를 생산하는지 알 수 있다. 기계를 제외하고 상품을 생산하는 데 들어가는 것은 원자재와 시설이나 기계를 움직이는데 드는 비용이 있다. 기계 이외에는 모두 비용이기 때문에 상품을 만들 때 이 비용 이상으로 무엇인가 이윤을 남기지 않는다. 예를 들어 원자재를 100만원 어치 투입했다고 해서 원자재가 새로운 이윤을 만드는 것이 아니다. 원자재를 가공하거나 새로운 물건을 만들 때 새로운 가치가 생기는 것이기 때문이다.

기계로 원자재를 가공하거나 이것을 활용하여 새로운 물건을 만들어내기 때문에 기계가 가치를 생산한다고 믿기 쉽다. 기계가 상품 가치를 생산하려면 기계를 구입한 비용보다 더 큰 가치를 만들어내야 한다. 예를 들어 100만원 주고 산 기계가 100만원 이상의 상품 가치를 만들어 내어야 한다는 말이다. 만일 이게 가능하다면 우리는 이 기계 덕분에 평생 이익을 얻을 수 있을 것이다.

기계가 이렇게 자기 혼자 상품가치를 창출하고 이윤을 만들어 낼 수 있다면 좋겠지만 안타깝게도(?) 기계는 그런 놀라운 일을 할 수가 없다. 잠깐 생각해 보면 알겠지만 기계는 도깨비 방망이처럼 상품가치를 창출하지 못한다. 이 기계를 구입하는 데 비용이 들고, 이 비용 만큼만 생산해 낼 수 있기 때문이다. 기계 수명이 다하면 새 기계를 사야 되기 때문에 감가상각비 형태로 새 기계를 구입할 비용을 마련해 놓아야 한다.

비용을 들였으면 그 만큼만 생산할 수 있다는 것은 당연한 이치이다. 비용보다 더 많은 가치가 어디서 창출되었을까. 일정한 비용을 들여 생산했는데 어디서 추가적인 이익, 즉 이윤이 생겼을까.

우리는 이윤을 아주 자연스럽게 생각하기 때문에 자본이나 투자한 곳에서 당연히 나오는 것으로 생각하지만, 그 근원을 따져보면 신기한 일이 아닐 수 없다.

이 마술 같은 신기함은 노동자의 임금에 있다. 노동자를 고용했을 때 정확하게 어느 정도의 가치를 생산했는지 그 자체로 계산할 수는 없다. 인간 노동력의 가치를 객관적으로 계산한다는 것이 어렵기 때문이다.

임금에 대한 객관적인 기준이 없기 때문에 자본가와 노동자와의 계약으로 결정된다. 자본가는 자기가 손해를 보지 않는 선에서 임금을 최소한으로 지급하게 된다. 노동자는 특별히 자기가 얼마를 받아야 하는지 알 수 없기 때문에 자기가 생활할 수 있는 정도의 임금이면 만족하게 된다.

자본가가 이윤을 얻을 수 있는 것은 노동자가 생산한 실제 가치와 노동자에게 주는 임금의 차이에서 나온다. 노동자는 실제로 훨씬 많은 가치를 생산하는데 이것을 다 지급하지 않고 일부만 지급하여 이익을 챙기는 것이다.

이것이 착취이다. 착취란 노동자가 생산한 가치에 대한 대가를 모두 받지 못하는 것이다. 노동자가 받는 임금이란 이것의 일부분에 불과하다. 나머지는 자본가가 갖는 것이며 이것으로 이윤이 남게 된다.

그렇다면 새로운 가치, 비용을 투입한 것 이상의 가치를 생산할 수 있는 것은 오직 노동자라는 것을 알 수 있다. 기계나 원료 등 다른 모든 것은 비용이 되지만 인간의 노동력은 상품 가치를 창출할 수가 있기 때문이다.

우리는 여기서 자본가의 역할에 대해서 생각해 볼 필요가 있다. 자본가가 노동자에게 일할 기회를 주고, 생계를 유지할 수 있도록 한다는 것이다. 자본가는 자신이 가진 자본으로 생산수단인 기계를 구입하고, 생산시설인 공장을 소유하며, 기계를 사용할 수 있는 부대비용을 지불한다. 이런 여건을 마련한 사람이 자본가이고 일할 수 있는 여건을 노동자에게 제공했기 때문에 노동자는 자본가에게 감사해야 한다는 생각이다.

착취라는 관점에서 보면 자본가가 이익을 창출하는 과정에서 노동자에게 일자리를 마련해 주는 것이 아니다. 오히려 자본가는 노동자에게 주어야 할 정당한 임금을 지급하지 않음으로써 이윤을 남기는 것이다. 기계와 원재료, 그리고 부대비용은 모두 비용이며 노동자만이 추가적인 가치를 창출하기 때문에 사실은 자본가가 노동자에게 감사해야 하는데 실제로는 거꾸로 되어 있다. 노동자는 자신이 정당한 대가를 받지 못하고 있다는 것도 모른 채, 자신에게 일자리를 만들어준 자본가에게 감사하게 되는 것이다.

여기서 기계의 역할에 대해서 잠시 생각해 보자. 기계는 그 자체로 좋은 것이다. 기계가 상품을 많이 만들어내면 많은 사람들이 더 편리한 물건을 사용할 수 있으니까 좋은 것이다. 기계를 발명하여 사람들을 이롭게 하는 것은 분명히 좋은 것이다.

문제는 이윤이다. 자본가가 이윤을 창출하기 위해서 기계를 사용할 경우 노동자를 더 많이 착취해야만 하며, 기계는 노동자를 착취하는 수단으로 사용된다. 더 빨리 더 많이 생산하기 위해서 기계를 더 빨리 돌리고, 더 효율적인 기계를 사용하기 때문에 기계가 노동자를 더 힘들게 하는 결과를 낳게 되는 것이다. 자본주의의 경쟁 사회가 아니라면 기계는 우리 생활에 편리함만을 주었을 텐데, 이윤 창출의 도구로 사용되면서 오히려 억압의 수단이 되어 버렸다.

앞에서 살펴보았듯이 상품의 가치는 노동자가 창출하는 것이다. 기계나 다른 생산여건이 만들어내는 것이 아니다. 상품을 만들면서 기존의 비용 이외에 가치를 추가하는 것은 오직 노동자뿐이다. 노동자가 없다면 자본가는 아무런 이윤을 얻을 수 없을 뿐 아니라 자기가 투자한 모든 비용은 그저 비용으로 처리되어 도산하게 될 것이다. 이런 점에서 본다면 감사해야 할 사람은 노동자가 아니라 자본가이다.

이윤의 유일한 원천이 노동력이기 때문에 자본가들은 노동자를 확보하는 것이 대단히 중요한 일이다. 노동자들의 임금은 저렴해야 하며, 이들의 노동시간은 길수록 좋다. 결국 자본가의 이윤이란 노동자가 가져가야 할 몫을 자신이 가져가는 것이기 때문에 노동자가 일하는 시간을 최대한 연장하고, 노동자의 임금을 최저로 할 때, 자본가는 자신의 이윤을 최대로 만들 수 있다.

초기 자본주의시대 그러니까 19세기 전후에 자본가들은 자신의 부를 확보하기 위해서 무자비하게 행동했다. 자신의 부를 합법적이든 불법적이든 수단을 가리지 않고 확보한 후에, 저임금 노동력을 확보하고자 하였다. 이들에게는 노동자의 권리에 대한 의식은 없었다고 해도 과언이 아니다. 자신의 부가 노동자가 생산하는 가치를 얼마나 빼앗느냐에 달려있기 때문에 최대한 '활용'[6]할 수 있는 방법을 찾는 데 총력을 기울여왔기 때문이다.

---

6) 자본가가 노동자를 착취하는 것은 노동자를 '활용','사용'하는 것과 비슷한 의미라고 볼 수 있다. 자본가를 사용자라고 하는 것과 같은 맥락이다. 착취라는 말을 들으면 부정적인 느낌을 갖게 되는데 이 말은 감정적인 것이 아니라 상품의 가치에 관한 설명에서 나온 용어이다. 필자는 사람을 '활용' 또는 '사용'한다는 게 비인간적인 의미라고 느껴서 인용부호를 달았다. 착취라는 것이 부정적인 의미가 너무 강해서 활용, 또는 '사용'이라는 말도 같이 사용하려고 한다.

### 3) 자본주의 전개와 세계화[7)]

자본주의 사회에서는 잉여가치가 노동에서 나오는데도 노동자가 그 몫을 갖지 못하고 극소수의 자본가들이 전횡한다. 앞에서 이것을 우리는 착취라고 불렀는데 일종의 합법적 횡령이라고 볼 수 있다.

문제는 자본가들이 노동자를 '활용'하는 것이 어느 정도 선에서 그치면 좋은 데 그 한계가 없다는 데 있다. 노동자에게 돌아갈 몫을 최소화하고 나머지는 모두 자본가가 가지려 한다. 초기 자본주의 사회에서 자본가들은 노동자들이 생존 가능한 수준에서만 임금을 지불하였고, 최대 시간 노동시켰기 때문에 많은 노동자가 희생되었다. 이런 노동자에는 유소년들도 큰 비중을 차지하였다.

노동자에게 돌아가는 임금이 적어지기 때문에 생산된 상품을 구매할 수 있는 구매력이 점점 떨어지게 되고, 경제 위축이 일어날 우려가 있다. 자본가들은 이 수준을 적절하게 맞춰 경기를 유지하려고 하지만, 계획대로 이룰 수 없기 때문에 문제가 발생하게 된다. 수요와 공급이 극단적으로 맞지 않아 경제가 정지하는 것을 공황이라고 하는데, 이 공황으로 세계 대전이 일어난 것은 잘 알려진 사실이다.

노동자에 대한 억압은 노동운동과 민주화 운동으로 제약을 받게 되었다. 일 년에 노동시킬 수 있는 기일이 정해지고, 하루에 노동시킬 수 있는 시간도 8시간으로 한정 되면서 자본가들은 무언가 대책을 세우지 않으면 안 되었다. 하나의 대책은 노동 강도를 높이는 것이다. 8시간에 한

7) 강수돌 역(2003). 한스 페터 마르틴・하랄드 슈만 저. 세계화의 덫. 영림카디널. 참조

번 시킬 일을 두 번, 세 번 시키는 것이다. 사람이 기계가 아닌 이상 이것도 한계에 달할 수밖에 없다. 기계라도 심하게 돌리면 고장이 나겠지만 말이다. 그래서 나온 것이 생산성 향상이다. 기술혁신을 통해서 같은 시간 안에 더 많은 상품을 생산하려는 것이다.

그런데 이런 혁신을 자기 회사만 하는 것이 아니라 경쟁사도 혁신을 하기 때문에 결국 이윤을 높일 수 있는 곳은 노동력 밖에 없다. 이미 자기 나라에서는 노동력을 '활용'하는 모든 방법을 강구했기 때문에 이제는 외국의 저임금 노동력에 관심을 갖게 되는 것이다. 저개발국가의 값싼 노동력을 활용하는 것은 이윤을 확대하는 데 없어서는 안 될 중요한 방안이다. 누구나 알 수 있는 대기업들이 노동력을 착취하는 이유가 무엇일까 의아해 할지 모르지만 이런 방법을 사용하지 않는다면 경쟁사에 비해 더 싼 상품을 생산할 수 없고, 더 큰 이윤을 얻을 수 없다는 것을 생각하면 자명한 일이다.

▶ 읽을 거리 ◀

**"전자산업 노동권 착취로 성장…하청노동자 조직화 시급"**

- 반올림 등 '삼성전자 사례로 본 전자산업 하청노동권 실태' 토론회 개최[8)]

전자산업 하청노동자들의 잇단 죽음을 막기 위해 이들을 조직화하는 노동계의 구조적 대응이 필요하다는 제안이 나왔다. 반올림 · 국제민주연대 · 금속노조 · 노동자운동연구소가 7일 오후 서울 중구 금속노조 회의실에서 공동주최한 '삼성전자 사례로 본 전자산업 하청노동권 실태' 토론회에서 이 같은 주장이 집중 제기됐다.

8) 매일노동뉴스. 2013년 8월 8일(목). kes04@labortoday.co.kr 정기훈 기자.

**◇ 삼성전자 국내서 잇단 산재사고 발생 =** 우선 이날 토론회에서 최근 삼성전자에서 잇달아 발생한 산재사고 문제가 집중적으로 나왔다. 공유정옥 한국노동안전보건연구소 직업환경 전문의에 따르면 지난해 기준으로 삼성전자는 매출액 200조원을 돌파하며 사상 최대 실적을 경신했다. 삼성전자가 실적을 올리는 동안 제품 생산 노동자들은 죽음으로 내몰렸다. 삼성전자 휴대폰 칩을 생산하는 하청업체 아모텍에서는 올해 6월 과로로 두 명의 노동자가 숨지고, 한 명이 뇌경색으로 쓰러졌다. 삼성전자 화성공장에서는 지난달 암모니아가스가 누출돼 하청노동자 4명이 검진을 받았다. 같은 달 삼성전자 반도체공장 출신 노동자 8명과 LCD공장 출신 노동자 2명은 산재인정을 위한 집단 산재를 신청했다. 반올림에 따르면 삼성 계열사 직업병 제보 노동자가 181명에 달한다. 올해 1월과 5월에는 삼성전자 화성공장에서 유해물질인 불산이 누출됐다.

공유정옥 직업환경 전문의는 "최근 제보에 따르면 불산이 두 번이나 누출돼도 삼성전자는 노동자들에게 '사고가 나면 노동자가 책임 진다'는 내용의 서약서를 강요했다는 의견이 접수됐다"며 "언론에 공개된 사례는 빙산의 일각으로 대부분의 하청업체 환경은 더 열악할 것"이라고 우려했다.

**◇ 삼성전자 해외서도 국내와 유사한 직업병 발병 =** 외국 상황은 더 열악하다. 국제민주연대가 2011년부터 2013년까지 필리핀 · 중국 · 인도 · 인도네시아 · 베트남 등 삼성전자가 진출한 아시아를 조사한 결과 적지 않은 노동자들이 고통을 받고 있는 것으로 전해졌다. 프랑스의 한 시민단체는 올해 2월 삼성전자의 중국 아동착취를 적발해 프랑스 법원에 제소했다. 그 밖에 화학물질 질식사 · 집단 유산 · 1급 발암물질 벤젠중독 등의 발병 사례가 잇따르고 있다. 인도네시아에서는 노조설립이 추진됐지만, 삼성의 무노조 경영전략으로 좌초됐다.

나현필 국제민주연대 사무차장은 "삼성전자는 노동권과 여성인권이 취약한 국가를 선택해 전략적으로 진출하고 있다"며 "이를 방치하는 해당 국가의 친자본적 행태가 삼성전자를 비롯한 전자산업 성장의 자양분이 되고 있다"고 비판했다.

**◇ "하청노동자 조직화로 원청 책임 강화 구조 만들어야" =** 그런 만큼 하청노동자의 조직화가 시급하다는 주장이다. 이유미 노동자운동연구소 연구원은 "삼성을 비롯한 한국 전자기업들이 직접 · 외주 생산을 조절하며 경쟁력을 확보할 수 있었던 것은 하청노동자를 위험하고 열악한 노동환경 속에서 착취할 수 있었기 때문"이라며 이같이 제안했다.

이 연구원은 "세계적으로 명성을 쌓은 한국 전자산업의 동력은 하청노동자를 착취한 결과임을 사회쟁점화해야 한다"며 "이는 하청노동자들의 집단 움직임을 통해 가능하다"고 강조했다.

> 박유순 금속노조 미비국장은 "후진적인 다단계 하도급이 세계 초일류 기술과 인프라를 가진 한국 전자산업의 성장동력이 되고 있다"며 "우회적인 신자유주의적 착취전략에 의해 하청노동자들이 희생양으로 내몰리고 있다"고 지적했다. 박 국장은 "하청노동자 고용주는 자본능력이 없고 재벌들의 슈퍼갑질에 시달리는 사용자로 이들이 고용한 노동자의 노동권 보장은 요원하다"며 "사회적 협약 마련 등 새로운 하청노동자 조직화 전략이 시급하다"고 주문했다.
>
> 공유정옥 직업환경전문의는 "직접적인 원청지배에 있는 사내 협력업체의 경우 언로가 막혀 있어 내부 실태를 제대로 드러내는 것조차 불가능하다"며 "삼성전자 등 재벌·원청의 선의에 기대기 보다 노동자들이 연대해 원청의 사회적 책임을 강화할 수 있도록 구조를 바꿔내는 싸움을 해야 한다"고 당부했다.

외국에 기업을 세우게 되면 문제가 되는 것이 자국에서 일자리가 줄어든다는 것이다. 대기업이 한국의 공장을 폐쇄하고 동남아시아 등 임금이 싼 국가에 공장을 신설할 경우 한국의 많은 노동자들이 대량 해고된다. 이런 문제 때문에 많은 노동자들이 자살을 하고, 그 가족들이 심각한 경제난에 몰리는 위기를 맞게 되었다.

외국에 공장을 설립할 수 없는 자본가들은 외국에 공장을 설립하는 대신 외국의 싼 노동력을 한국으로 유입하였다. 외국인 노동자의 유입으로 한국 기업들은 노동력을 얻기 힘든 분야, 예를 들어 3d 업종 즉, 더럽고(dirty), 위험하고(dangerous), 힘든(difficulty) 업종에서 노동력을 얻을 수 있다.

외국인 노동자들이 너무 많이 들어오는 경우 한국의 실업을 증가시키는 부정적 영향을 미칠 수 있기 때문에 적정한 수준에서 외국인 노동자 숫자를 관리하는 것이 중요하다. 이들이 만약 한국에 계속 거주할 경우 임금 수준이 다시 높아지기 때문에 일정한 기간만 고용하고 다시 돌려보내야 자본가들이 이익을 볼 수 있다.

이런 점 때문에 자본가들은 외국인 노동자들을 일정기간만 들여와서 고용한 후 다시 돌려보내고, 또 새 외국인 노동자들을 고용하려고 한다. 외국인 노동자들이 하나의 부품이 아닌 이상 이들이 들어오고 나가는 과정, 그리고 이곳에 거주하는 과정에서 비인간적인 측면이 나타날 수밖에 없다. 경제력이 강한 국가의 자본은 이러한 비인간적인 고용제도를 활용하게 되면서 외국인 노동자의 인권문제가 심각한 위협에 처하게 되었다.

타 민족 간 지배 · 피지배 관계는 자본주의 체제 이전에는 눈에 드러나게 이루어진 반면, 자본주의 체제 하에서는  공정한 것처럼 이루어지기 때문에 반 인권적인 방식으로 억압을 하더라도 해결이 되지 못하는 경우가 많다. 유감스럽게도 현대 자본주의 사회는 이런 여러 민족들이 이런 억압적인 상황에서 만나면서 다문화 사회가 나타나는 경향이 많다. 우리 사회도 그런 어려움에 직면해 있는 것이다.

## 5. 한국 자본주의의 특징

한국 사회는 일제의 억압에서 벗어나 해방된 이후에야 근대화를 이루어가게 된다. 다른 나라들이 100년 이상의 역사를 거치면서 발전시킨 근대화를 우리 사회는 불과 수십 년 만에 이루게 된다. 이를 압축적 근대화라고 한다.

한국 사회에서 근대화란 자본주의의 속성을 강화하는 과정이라고 볼 수 있다. 농촌의 몰락은 이미 일본 제국주의의 억압에서부터 진행되어 왔기 때문에 몰락한 농민들은 도시로 와서 빈민으로 살고 있었다. 이들은 자본주의에 필요한 노동력이 될 수 있는 자원이었다.

농촌의 희생을 기반으로 하였기 때문에 농촌을 떠나 도시로 이주하는 이촌향도 현상이 계속 되었고, 이들을 기반으로 하여 노동력을 확보하였다. 인구가 감소하는 농촌에 대한 지원보다는 도시를 중심으로 산업을 발전시켰기 때문에 농촌은 더욱 열악한 상태가 되었다.

농촌에서 일하는 남성들은 결혼하기 힘든 것이 다반사가 되어 농촌 총각 장가보내기 운동을 벌일 정도가 된 것이다. 1990년대 후반부터 일어난 국제결혼 이주 여성은 이러한 운동으로 우리나라로 이주하게 되었다.

한편 도시의 기업들은 농촌에서 유입된 저임금 노동력을 기반으로 산업을 발전시켰지만, 임금수준이 높아지고 학력이 높아지면서 더 이상 저임금을 기반으로 한 기업운영이 어렵게 되었다. 1980년대의 민주화 운동으로 노동조합이 제 목소리를 내면서 노동자의 인권을 확보하기 시작하였고, 자신의 몫을 찾기 시작했다. 극도로 열악한 환경에서 공장 노동자들을 착취하여 비약적인 '성장'을 이루었지만 이제는 더 이상 이런 이윤이 나올 데가 없어진 것이다.

이런 상황에서 돌파구를 찾은 것이 세계화이다. 세계화는 자본의 이동을 쉽게 해서 가장 이윤이 높은 곳에 투자하도록 하려는 전략이다. 자본의 이동이 쉽게 되면 임금이 비싼 지역의 공장을 폐쇄하고 임금이 싼 곳으로 옮겨 투자할 수 있게 되어 저임금 노동력 확보가 용이해진다. 또한 기존의 공장에서도 공장 폐쇄를 빌미로 임금협상에서 노동자의 요구를 축소시킬 수 있다.

세계화는 자본의 이동이 용이한 반면에 노동력의 이동은 제한하여 노동자가 높은 임금을 받을 수 있는 지역으로 이동하는 것을 막는다. 노동자의 이동을 허용할 때는 저임금 노동력이 필요할 때이다. 이것이 바로 외국인 노동자를 고용하게 되는 계기이다.

외국인 노동자를 유입하는 이유 가운데 하나는 국내에서 고용 인력을 찾지 못하는 분야가 있기 때문이다. 대표적인 것이 앞에서 말한 3d 업종이다. 우리나라에 실업이 만연함에도 불구하고 3d 업종에서 인력을 구하기 어려운 것은 왜 인지 의아할 때가 있다. 언론에서는 이것이 쉬운 일만 찾아서 하려고 하는 나태함 때문이라고 비판하는 것을 종종 볼 수 있다. 일자리는 얼마든지 있는데 힘든 일을 피한다는 것이다.

이런 주장이 얼마나 타당한지 살펴볼 필요가 있다. 우리나라 노동자수는 2005년에 약 1,250만 명이었다. 비정규직 노동자는 약 760만 명으로 약 58.5% 비율을 차지하고 있다. 우리나라 실업자는 2012년 약 93만 여 명인 것으로 추정된다. 실제 실업인구는 공식적인 실업인구보다 더 많을 것이다.

2005년 전체 중소기업 인원부족은 약 22만5천여 명이고, 중소제조업 부족인력 현황은 약 10만 명이다. 3d 업종은 주로 중소기업의 제조업에 집중되어 있고 중소 제조업 전체보다는 적은 비율이므로 3d업종에서 부족한 인력은 10만 명이 안 된다고 추정할 수 있다.

실업인구 전체는 90만 명이 넘는데 반해 3d 업종에서 부족한 수가 10만 명에 훨씬 못 미치는 것을 감안하면, 일자리는 많은데 정신상태가 나빠서 취업하지 않는다는 것이 얼마나 허구적인가 하는 것을 알 수 있다.

더구나 취업을 원하는 사람들이 대부분이 대졸자이기 때문에 노동 조건이 열악하고 사고의 위험도 높은 직장에서 일하기보다는 다른 직장을 구하려 하는 것은 자연스러운 일이다. 취업 하지 않는 실업자를 탓하기보다는 이들이 건강하고 행복하게 일 할 수 있는 여건을 만들어 주어야 하는 것이다.

지금처럼 대기업이 모든 이익을 독식하고 있고, 중소업체들이 불리한 여건에서 운영을 해야 한다면 중소업체에서 일하는 노동자들의 여건이 나아질 리가 없다. 이런 불공정 독점체제를 개선하고 노동자들의 노동조건을 개선해 나가지 않은 상태에서 3d 업종 인력난을 이야기하는 것은 잘못된 것이다.

### 1) 노동력 착취 방법 1: 노동의 유연화

문제는 대기업이 이익을 독점하는 지금의 체제가 변화하지 않는다는 것이다. 이 상태에서 해결할 수 있는 한 가지 방안은 열악한 노동환경에서 저임금으로 일하는 노동력을 외국에서 유입하는 길 뿐이다. 현재와 같은 열악한 여건 하에서도 불만을 표시하지 않고 일할 수 있는 노동력은 외국에서 구할 수밖에 없기 때문이다.

대기업이 이익을 독점하면서도 이익을 확대하려는 욕구는 줄어들지 않는다. 이들이 노동자들을 효율적으로 '사용'할 수 있는 방법은 이익을 확대할 필요가 있을 때마다 자유롭게 노동자들을 해고할 수 있도록 하는 것이다. 이것이 소위 '노동의 유연화'이다.

노동의 유연성이란 원래 효율적인 직업 배치를 위하여 고용과 해고를 쉽게 하려는 것이었다. 현대사회의 산업이 급속하게 변화하기 때문에 직업도 바뀌게 마련이다. 이럴 때 적절한 인력을 재배치하기 위해서는 '불필요한' 노동자를 '손쉽게' 해고하고 '필요한' 인력을 '자유롭게' 채용할 수 있어야 한다는 것이다.

이것은 전적으로 사업주의 입장에서 본 것이다. 노동자가 해고를 당했을 때 어떤 일이 일어나는지에 대해서는 전혀 관심을 두지 않은 비인간적인 경영 시각이다. 노동자는 한 번 해고당하면 다시 같은 수준의 일자리에 취업하기란 거의 불가능하다. 나이가 들수록 더욱 취업 가능성은 줄어든다.

뿐만 아니라 산업 변화에 따른 직종의 변화 때문에 노동자를 해고하고, 채용하는 것이 아니라 임금을 낮추기 위한 편법으로 이를 활용한다는 것이다. 해고된 노동자는 다른 일자리를 찾게 되는 것이 아니라 소위 대기업의 '협력업체'에 취업하여 이 업체가 알선하는 방식으로 다시 같은 대기업의 같은 일자리에 취업하게 된다. 불과 몇 달 전에 일하던 같은 자리에서 같은 일을 하는데 임금은 40%가 삭감된다. 정규직이 아닌 비정규직 노동자이기 때문이다. 임금에 불만을 이야기할 경우 대기업은 협력업체와의 계약을 해지하거나 협력업체에 이의를 제기해서 협력업체로 하여금 이 노동자를 해고하도록 만든다.

노동의 유연성이라는 멋진 이름으로 수많은 노동자는 비정규직 노동자가 되었고, 이 때문에 임금이 삭감되고 언제 해고될지 모르는 신세가 되었다. IMF 이후 대기업은 다시 살아나서 엄청난 이익을 보고 있지만, 이 이익을 노동자에게 나눠주지 않는다. 일단 경제를 키우고 나서 모든 국민이 나눠 갖자는 이론은 비현실적인 것이었다. 사람이 자기 욕심을 통제할 수 을 정도로 진화하지 않는 한 이것은 불가능하다. 아마 모든 사람이 간디 선생과 같은 수준이 된다면 가능할지 모르겠다.

이런 문제는 개인에게 맡겨서는 해결할 수 없다. 모든 사람들 특히 대기업,

재벌들은 어떤 일이 있어도 자신의 이익을 극대화하려하기 때문에 공정한 분배를 위해서는 제도의 개선이 필요한 것이다. 비정규직 노동자를 정규직으로 전환하고 이들이 노동자의 권리를 보장받을 수 있도록 개선해야 한다.

▶ 읽을 거리 ◀

**"비정규직 노동자의 비극"**

- 현대 · 기아차 비정규직 노동자 잇단 자살 · 분신
- 기아차 신규사원 '세습채용'에 정규직 전환 기다리다 '좌절감'
- 기아차 노조 특별교섭 요구 등 노동계 불법파견 대책 재개1

현대차 촉탁계약직 노동자의 자살 후 기아차 사내하청 노동자의 분신까지 비정규직 노동자들의 목숨을 건 극단적 선택이 잇따르고 있다. 현대 · 기아차가 법원과 행정당국의 사내하청 불법파견 판정을 인정하지 않고 정규직 전환에 전향적으로 나서지 않아 억눌린 사내하청 노동자들의 좌절과 분노가 터져 나오고 있는 것이다. 여기에 정규직 노조와의 갈등이 더해지면서 비정규직 노동자들의 입지는 더 좁아지고 있다.

기아차 광주공장의 갈등은 회사가 생산직을 신규 채용하면서 내부적으로 나이 제한을 둬 10년 넘게 일한 사내하청 노동자들이 배제되고, 정규직 자녀는 우선 채용키로 합의한 데서 비롯됐다. 기아차는 2월부터 진행해온 광주공장 신규채용 과정에서 공식적으로는 나이 제한을 두지 않았지만 내부적으로 서류심사에서 제한 연령을 만 35세로 한 것으로 알려졌다. 기아차 광주공장의 생산라인에서 일하는 사내하청 노동자 460명 중 35세 이상인 110여명(25%)은 아예 채용 기회조차 얻지 못한 것이다. 게다가 지난 12일 기아차 정규직 노동조합이 정년퇴직자와 장기근속자 자녀에게 채용 가산점을 부여하기로 합의하면서 비정규직의 박탈감은 커졌다.

▲ 17일 오후 광주 서구 내방동 기아자동차 2공장에서 사내하청분회 근로자들이 비정규직의 정규직화를 주장하며 집회를 갖고 있다. 광주 | 뉴시스

기아차 광주공장 사내하청 노동자 강모씨는 "지난 2월 채용공고가 나면서 많은 사내하청들이 정규직이 될 수 있는 절호의 기회라고 생각했지만 정규직이 비정규직 우선 채용보다는 장기근속자 자녀에게 혜택이 돌아가도록 사측과 합의했다"며 "비정규직이 정규직 자녀를 따돌리고 채용되기는 쉽지 않은 상황"이라고 말했다. 분신을 시도한 김모 비정규직 노조 조직부장이 "자식에게 비정규직을 물려줄 수 없다"고 외친 것도 '정규직 세습'에 대한 좌절감 때문으로 보인다. 박점규 비정규직없는세상만들기 집행위원은 "회사를 위해서 10년 넘게 일한 사내하청 노동자들이 정규직 전환에서 배제되고 있다는 게 문제의 핵심"이라고 말했다.

갈등의 발원점은 보다 구조적이다. 현대차에는 8000여명, 기아차에는 2700여명의 사내하청 노동자가 생산공정에서 일하고 있다. 최근 현대차와 한국지엠에 대한 대법원 판결에서 보듯 법원은 자동차 생산라인 전반에 대해 불법파견을 인정하고 있다. 그만큼 사내하청 노동자들의 정규직 전환 희망과 기대도 커졌다. 그러나 현실에서는 여전히 문제가 해결되지 않고 회사가 불법파견을 은폐하고 정규직 전환을 회피하는 데 골몰하고 있다.

정규직 노조가 사내하청 문제 해결에 적극 나서지 않았던 것도 갈등을 키우는 요인이다. 기아차 노조는 회사와 맺은 단체협약에서 사내하청, 장기근속자 자녀 등 우선채용을 원칙으로 한다는 조항을 넣었지만 사내하청의 경우 얼마의 가산점을 준다는 구체적 규정은 마련하지 않았다. 그러다 지난 12일 장기근속자 자녀에 대한 가산점 부여 조항에만 구체적으로 합의한 것이다. 현대차의 불법파견 특별교섭도 회사가 '3500명 신규채용안'을 고집하는 가운데 합의방식을 둘러싼 정규직 노조와 비정규직 노조 간의 의견충돌로 지난해 말 중단됐다.

권영국 민주사회를위한변호사모임 노동위원장은 "현대차가 불법파견을 인정하지 않고 법의 빈틈을 교묘하게 악용해 촉탁계약직을 이용하고, 불법파견을 계속하면서 다른 사업장에서 사내하청 문제가 개선 기미를 보이지 않는 것"이라며 "기아차의 경우 사내하청 노동자들을 우선 채용해야 함에도 불구하고 회사가 정규직과 사내하청의 이해관계를 교묘하게 악용하고 있다"고 말했다.

노광표 한국노동사회연구소장은 "현대차가 대법원 판결 후에도 사내하청 문제를 해결하지 않고 부분적으로 신규채용을 진행하면서 사내하청의 불만이 폭발한 상황"이라며 "자동차업계에 광범위한 사내하청의 구조적 문제를 해결하는 계기로 삼고 정규직노조가 노사협상에 적극 나서야 한다"고 말했다.

김 부장의 분신시도 후 기아차지부는 사내하청 정규직 전환을 위한 특별교섭을 요구하며 대책 마련에 들어갔다. 기아차지부 관계자는 "비정규직의 정규직화가 이뤄질 때까지 사측과 진행하던 증산 협의를 중단하고 18일까지 비정규직 정규직화를 위한 교섭창구를 마련하지 않으면 19일부터 광주공장 총파업을 단행하겠다"고 밝혔다. 중단됐던 현대차 특별교섭도 조만간 재개될 것으로 보인다. 금속노조, 현대차지부, 비정규직지회 3자는 다음주쯤 교섭단회의를 열고 불법파견 특별교섭 재개 일정을 논의키로 했다. 금속노조는 18일 기자회견을 열고 현대·기아차의 불법파견 문제에 대한 입장과 대책을 내놓을 방침이다.[9)]

## 2) 노동력 착취 방법 2: 외국인 노동자 유입

저임금 노동력을 확보하기 위한 방안으로 외국인 노동자를 유입하는 것이다. 특히 임금 수준이 높은 산업 국가들은 주변의 국가에서 노동력을 수입하면 저임금으로도 인력을 고용할 수 있게 된다. 이것은 세계화 이후 소득이 높은 여러 국가에서 나타나는 현상이다.

---

9) 〈이영경·광주 | 강현석 기자 samemind@kyunghyang.com〉 경향신문. 입력 : 2013-04-17 22:31:11 | 수정 : 2013-04-17 22:31:11. Copyright©The Kyunghyang Shinmun, All rights reserved.

우리나라에서도 저임금 노동력을 확보하기 위하여 외국인을 노동자로 고용하기 시작했다. 1990년 이전까지는 관광 비자로 들어온 외국인을 불법적으로 고용하다가 1991년부터 산업 연수제를 도입하여 저임금 노동력을 확보하기 시작하였다.

산업 연수제는 외국인이 노동자가 아니라 연수생의 신분으로 일하기 때문에 노동자의 권리를 박탈한 채 노동력만 억압하는 제도였다.

산업 연수제는 노동자의 인권을 억압하는 심각한 병폐를 낳게 되어 지속되지 못하였다. 산업연수제의 문제를 해결하기 위하여 외국인 노동자를 기업이 고용할 수 있도록 하는 고용허가제를 도입하였다. 2003년부터 고용허가제와 산업 연수제를 병행하다가 산업 연수제는 더 이상 시행하지 않게 되었다.

이후에 살펴보겠지만 저임금 노동력을 확보하기 위한 수단으로 외국인 노동자를 고용했기 때문에 제도를 바꾼다고 하더라도 새로운 방법을 모색하게 된다. 고용허가제에서도 일정기간만 노동할 수 있게 하고, 정주권을 주지 않음으로써 이들이 노동자의 권리를 주장할 수 없도록 하고 있다. 이들이 노동권을 인정받고 일반 한국 노동자와 같은 권리를 갖게 되면 저임금 노동력 확보라는 장점이 사라지기 때문이다.

앞에서도 살펴보았듯이 노동력 억압의 문제 해결을 개인에게 맡기는 것은 부당하며 불가능한 일이다. 이것은 국가가 제도적으로 해결해야 한다. 이와 같이 외국인 노동자를 부당하게 '활용'하여 저임금 노동력을 확보하고 있는 정책도 개선되어야 한다. 이러한 정책은 단기적으로 의미가 있을 뿐, 장기적으로는 우리 사회에 더 큰 손실을 줄 것이기 때문이다.

다문화 사회가 나타나게 된 계기는 세 가지  측면에서 이루어졌다고 볼 수 있다. 하나는 강한 민족이 약한 민족을 지배하는 과정에서 다문화 사회가 나타났다. 각 사회의 특징에 따라서 약소 민족을 노예로, 농노로 지배하였다. 또 하나는 자본주의 사회로 들어서면서 저임금 노동력을 확보하는 방안으로 외국인 노동자를 유입하면서 나타났다. 마지막으로는 각 사회의 특징에 따라 나타나는 여러 가지 형태가 있다. 해외로 나갔던 동포들이 그 나라 정부가 붕괴되어 다시 돌아온다든지, 노동자가 아닌 형태, 예를 들면 결혼 이주민이나 난민, 망명 등의 이유로 이민 오는 경우이다.

이와 같이 다문화의 유형은 각 사회의 역사나 특징에 따라서 다르게 나타난다. 이런 다양성 때문에 한두 가지 모델로 설명하기 보다는 각 사회의 특징을 구체적으로 분석하지 않으면 안 된다. 다음 장에서 다양한 다문화 사회의 특징을 검토할 것이다.

▶ 읽을 거리 ◀

**'헌재, 산업연수생 관리지침 위헌 판결[10]'**

30일 오후 헌법재판소 전원재판부(주심 목영준 재판관)는 '산업기술연수생 제도가 외국인노동자의 기본권을 침해한다'며 일부 위헌 판결을 내렸다. 2004년 8월 파키스탄 출신 산업연수생 바사라트 알리씨가 국내 인권단체와 민주사회를 위한 변호사 모임 경남지사의 도움을 받아 제기한 '산업기술연수생제도에 대한 위헌심판 제청' 사건에 대해서다.

헌법소원의 핵심 내용은 산업연수생제도가 법치주의 원리에 위배되고, 평등권에 위배되며, 직업선택의 자유를 침해하고, 시장경제원리에도 반한다는 것이다.

10) 출처: 일다 | 기사입력 2007-08-31 06:57. Copyrights © www.ildaro.com, 여성주의 저널 일다 부깽(bouquins) 기자. (네이버뉴스)

**이주노동자도 노동자로서 기본권 인정**

헌법재판소는 '외국인산업기술연수생의 보호 및 관리에 관한 지침(노동부 예규)' 중에서 4조와 8조 1항, 그리고 17조가 헌법에 위반된다고 선고했다. 이들 조항은 폭행과 강제근로 금지, 최저임금 보장 등의 내용을 담고 있지만, 근로기준법 핵심 사항인 퇴직금 제도, 임금채권 우선변제, 연차유급휴가, 임산부 보호 등에 대해서는 전혀 언급하지 않고 있다.

헌법재판소는 위 지침이 아무런 근거 없이 '근로기준법 일부만 적용'함으로써 '산업연수생에 대하여 내국인 노동자와 차별함으로써 평등권을 침해하였다'고 판단했다. 이 판결은 이주노동자도 내국인과 마찬가지로 노동자로서의 기본권을 인정해야 한다는 의미를 지니고 있어, 앞으로 이주노동자 정책에 영향을 끼칠 것으로 보인다.

그러나 헌법재판소는 사업장 이동을 제한한 중소기업협동조합중앙회(중기협)의 지침에 대해서는 '이를 국가 공권력 행사로 보기 어려워 헌법소원 대상이 아니다'라며 각하했다.

1992년부터 시행된 산업연수생제도에 대해 지난 10여 년간 외국인이주·노동운동협의회를 비롯한 많은 시민 단체과 국제 인권단체들은 한국의 산업연수생제도를 "현대판 노예제도"라 비판해왔다.

연수생제도가 지탄의 대상이 되자 정부는 지난 2004년 고용허가제 도입하고, 2007년 산업연수생제도를 고용허가제로 일원화함으로써 사실상 산업연수생 제도를 폐지했다. 그러나 지난해 12월 31일 이전에 산업연수생으로 입국한 이주노동자들은 1년간 산업연수생 신분을 유지하게 되므로, 일부 산업연수생들은 헌재 결정의 혜택을 받게 될 것으로 보인다.

"해외투자기업 연수생제도도 폐지해야"

현재 정부는 1991년 11월부터 '해외투자기업 연수생제도'를 시행하고 있다. '해외투자기업 연수생제도'는 해외투자업체의 '현지 고용 인력의 기능 향상과 산업 설비, 기술 수출업체 등의 해외 기술 이전'을 명목으로 현지 법인의 직원을 초청해 국내 기업에서 연수를 시키는 것이다.

해외투자기업 연수생은 산업연수의 체류자격을 소지하고 있어 노동관계법이 전면 적용되지 못하고 있는 실정이다. 산업연수생은 최저임금과 산업재해 등은 인정받았지만, 해외투자기업 연수생에겐 그마저도 인정하지 않고 있어 인권유린제도라는 지적을 받고 있다. 반면 정부는 이를 '순수한' 연수생제도라고 칭하며 계속 유지하고 있다.

2006년 11월 대법원은 "해외투자기업 연수생도 근로기준법을 전면 적용받아야 한다"는 판결을 내렸다. '실질적으로 대상 업체의 지시 감독을 받으면서 근로를 제공하고 금품을 수령해왔다면, 당해 외국인도 근로기준법 제14조 소정의 근로자에 해당 한다'는 것.

외국인이주노동.운동협의회 제공

외국인 이주 · 노동운동협의회는 헌법재판소의 판결을 환영하는 성명서를 통해, 이 해외투자기업 연수생제도가 "저개발국가의 노동자들을 한국에 데려와 편법으로 활용하면서 싼값으로 노동력을 착취하는 비열한 제도"라고 강하게 비판했다. 즉, '해외투자기업 연수생 제도' 역시 '이번 헌법재판소의 판결의 정신을 따라야' 하며, 즉각 "시행을 중단하고 모든 이주노동자들의 권리를 보장하는 합리적인 제도를 도입해야 한다"는 주장이다.

또한 "지난 15년간 반인권적인 산업연수생 제도를 운영해 온 정부가 즉각 사죄"해야 한다고 촉구하며, "인권 피해를 본 이주노동자들과 함께 손해배상을 청구하는 방안"을 검토하고 있다고 밝혔다. 나아가 인권침해 소지가 있는 연수생제도를 모두 폐지하고, 현행 고용허가제에서 노동권을 침해하는 독소 조항을 없애고, 이주노동자에 대한 차별금지법을 제정하는 등의 활동을 전개해나갈 계획이다.

# 제 3 장

# 다문화 사회의 특징

## 1. 다문화 사회의 다양한 형태

자본주의 체제하에서 일어나는 다문화 현상은 이전에 민족 간의 지배·피지배 관계로 일어난 갈등이나 대립 관계 위에 저임금 노동력 확보를 위한 노동력 유입으로 전개되고 있다. 기존에 있는 민족 간의 대립은 권력의 행사가 일방적이지 않기 때문에 다양한 형태로 나타난다. 어떤 경우는 일방적인 지배관계로 어떤 경우는 타협의 형태로 나타나기도 하고, 일정한 거리를 두면서도 기본적인 인권을 존중하는 형태를 갖기도 한다. 이런 다양성 때문에 다문화 사회를 몇 가지로 구분하는 것은 지나치게 단순화할 수 있는 가능성이 있다. 이런 점에 주의하면서 우리는 다문화주의와 관련된 논의를 시작해야 할 것이다.

서로 다른 민족이 만났을 경우 항상 지배·피지배의 관계에 있기 때문에 일차적으로는 억압적인 관계에 있게 된다. 고대 노예제 사회에서는 노예를 같은 인간으로 대접하지 않았고, 철저히 분리하여 통제하였다. 이때 문화는 하나 밖에 존재하지 않는다. 지배계급인 문화만이 인정되며, 피지배계급의 노예들은 문화를 갖고 있지 않는 것으로 규정한다. 피지배계급을 인간으로서도 인정하지 않을 때는 오로지 분리하여 통제할 뿐이다. 이들이 어떤 방식으로 살아가는지, 그들이 무엇을 중요시 하는지 알 필요도 없고, 인정되지도 않는다. 이 보다 정확하게 말하자면, 피지배계급의 문화를 인정하지 않는 것이 아니라 피지배계급에게는 문화가 없다.

피지배계급이 이러한 억압이 부당하다는 것을 인식하고 저항하면서 더 이상 이러한 통제가 어려운 상황이 되었을 때 이들을 인간으로 인정하게 된다. 인간으로 인정하지만 이들은 여전히 열등한 존재이며, 교화의 대상이다. 이럴 때 이들에게 가장 인간적인 처우는 이들이 진정한 문화로 동화되는 것이다. 이것을 우리는 동화주의라고 부른다. 이 때 동화라는 의미는 진보적인 의미를 가질 수 있다. 이전까지는 인간으로도 생각지 못했던 피지배계급을 인간으로 인정한 것이고, 그들에게도 '인간의 문화'를 줄 것이기 때문이다.

피지배계급을 동화할 때, 중심이 되는 문화는 당연히 지배계급의 문화이다. 피지배계급을 분리하여 통제할 때와 마찬가지로 피지배계급의 문화는 문화로 인정을 받지 못한다. 달라진 것은 피지배계급이 짐승이 아니라 같은 인간이라는 것을 인정했다는 점이다.

동화를 위한 수단은 시대에 따라 다양하다. 억압적인 방식으로 유명한 것은 호주나 캐나다의 경우이다. 소위 원주민들의 자녀들을 부모로부터 분리하여 학교라는 이름으로 강제 수용하였다. 이들은 자신의 문화를 철저하게 부정하도록 교육받았으며, 지배계급의 문화인 백인의 문화, 기독교 문화를 전적으로 수용하도록 강요받았다. 많은 아동들이 학대로 죽었고, 이들은 부모를 영원히 만나지 못한 채 세상을 떠났다.

인간적으로 동화하는 방식도 있다. 소수 민족의 자녀들이 지배계급의 언어를 배울 수 있도록 교육을 제공하는 등의 서비스를 제공하는 것이다. 이들에게 다양한 학습 프로그램을 제공하고, 학습 여건을 만들어준다. 이들이 주류 사회의 문화와 언어를 자연스럽게 습득하도록 장려한다. 독일의 경우 이보다 더 강력한 방식을 취하여 독일어를 습득하지 않으면 취학할 수 없도록 한다. 강한 통제이지만 이들이 더 효과적으로 주류 문화를 습득하는데 도움이 될 것이다.

동화주의와 같이 하나의 문화가 되도록 한다는 점에서는 동일하지만 동화해야 할 문화가 꼭 주류 문화가 아니라 더 선진적인 문화로 규정하는 경우도 있다. 미국의 용광로(melting pot) 모델은 이런 의미를 담고 있다. 꼭 백인 문화를 중심으로 동화를 하는 것이 아니라 더 선진적인 새로운 문화로 통일하자는 것이다. 물론 이런 미사여구와는 달리 결과는 항상 동화주의와 같다. 동화의 중심이 되는 문화는 늘 지배계급의 문화이기 때문이다.

이와 같이 지배·피지배 관계 속에 있는 집단들이 서로의 문화를 인정한다는 것은 파격적인 현상이다. 인류 역사상 지배계급이 피지배계급을 아무런 이유 없이 인격적으로 대한 전례가 없기 때문이다. 인간이 새로운 정신 수준으로 진화하지 않는다면 이것은 불가능하다. 지금도 인간이 이런 수준으로 발전했다고 보기는 어렵다. 일부 성인을 제외하면 말이다.

주류 집단이 소수 집단의 문화를 인정하고 자신의 문화와 동등하게 대우한다는 것은 거기에 어떤 힘이 작용했음을 알 수 있다. 피지배계급이 경제력이나 정치력을 가지게 되었을 때, 혹은 이런 분야에서 지원을 받았을 때 가능한 것이다. 지배 · 피지배 관계는 권력관계이기 때문에 민족 간의 문제는 상당부분 권력을 누가 장악하고 있는가 하는 데서 결정된다. 이런 분야에는 경제력, 정치력 뿐 아니라 문화와 관련된 힘도 있을 수 있지만, 경제력 · 정치력이 수반되지 않을 경우에는 한계에 부딪힐 수밖에 없다. 예를 들어, 1980년대에 제3세계 음악이 유행하여 이들의 문화가 전 세계에 퍼졌지만 제3세계 집단에 대한 실제적인 삶의 변화를 가져다 주지 못하였다.

두 민족이 지배 · 피지배 관계가 아니고 대등한 힘을 가지고 대립하는 경우에는 갈등과 대립이 극대화 되거나 타협하기도 한다. 캐나다의 경우 프랑스계와 영국계가 대립하면서 퀘벡(Quebec) 분리주의 운동이 심화되었다. 특히 미국이 독립한 이후 캐나다로 간 프랑스계는 프랑스에 대한 충성도가 강하여 자신의 문화와 권력을 포기하려고 하지 않았다. 영국계가 장악을 했지만, 프랑스계의 힘이 워낙 강했고, 퀘벡 분리주의가 상당한 힘을 얻게 되자 1970년대 두 문화를 다 인정함을 선포하면서 다문화주의로 전환하게 되었다. 기본적으로 두 집단의 권력이 대등하게 대립하였기 때문에 가능한 것이었다.

비극적으로 끝난 예도 있다. 유럽의 보스니아와 같은 경우 내전이 일어나 수많은 사람들을 학살하는 인종청소를 자행하였다. 민족 간의 분쟁은 악순환이 이루어져 양쪽 집단 모두 치명적인 피해를 입게 된다. 이런 최악의 사태를 막기 위해 다른 국가들은 극단적인 동화주의를 택할 수 없게 된다. 보스니아 내전의 전말은 다음 자료를 참고하면 자세하게 알 수 있을 것이다.

▶ 읽을 거리 ◀

## - 보스니아 내전의 전말 -

**# 배경**

- 1945년 빨치산 공산주의자들을 이끌고 승리했던 티토가 1980년에 사망한 뒤, 공산주의 유고슬라비아의 분열
- 1980년대 말, 악화된 경제로 공산당을 불신
- 공산당의 중간급 당직자였던 슬로보단 밀로셰비치가 극단적인 세르비아 민족주의를 표방하며 등장

**#. 역사적 배경**

1차대전 당시 독일 중심의 합스부르크 왕조세력권(크로아티아, 슬로베니아 등 구 오스트헝가리제국)과 로마노프 왕조 세력권이고 러시아의 지원을 받는 세르비아 등 슬라브족을 중심으로 한 세력권의 오래된 원한의 충돌

**#. 유고 국가의 특징**

1. 1 국가: 유고
2. 2개 언어: 슬라브어와 독일어
3. 3개의 종교: 카톨릭, 이슬람, 동방 정교
4. 4개의 인종: 슬라브족, 세르비아족, 이슬람족, 게르만족
5. 5개의 국가 연합체(크로아티아, 슬로베니아, 보스니아, 세르비아, 마케도니아, 몬테네그로)
6. 6개의 국가와 국경을 맞대고 있음

→ 1-6의 나라

**#. 밀로셰비치가 이끄는 세르비아의 확장**

- 밀로셰비치는 해묵은 인종 감정과 공포를 적극 활용하여 세르비아를 점령
- 연방군을 세르비아인들로 채웠으며, 코소바와 보이보디나의 자치권 박탈
- 유고슬라비아 전체를 세르비아가 지배하려는 시도
- 크로아티아와 슬로베니아의 저항

**#. 밀로세비치의 만행**

- 밀로셰비치는 크로아티아가 크로아티아에 거주하는 소수의 세르비아인들을 상대로 대량 학살을 계획하고 있다고 비난
- 전쟁 발발 후 크로아티아와 슬로베니아 즉각적인 독립 선언.
- 연방군은 슬로베니아에서 예상치 못한 패배를 당했지만, 크로아티아에서는 치열한 전쟁.

**#. 휴전후 세르비아의 재침략**

- 1992년 1월, 겨우 휴전에 들어갔지만 세르비아는 이번에는 보스니아-헤르체고비나로 시선을 돌렸다.
- 인종청소기라는 당시 세르비아대통령 밀로세비치가 보스니아 사람 30만명 학살
- 1995년 크로아티아가 예전의 자국 영토를 전부 되찾을 때까지 계속
- 데이턴 협정으로 보스니아 내전 종전

**#. 유고 연방 독립 순서**

1. 슬로베니아: 1991. 6
2. 크로아티아: 1991. 6
3. 마케도니아: 1991. 9
5. 몬테네그로; 2006, 6
6. 코소보; 2008. 2

(출전: 피터 퍼타도 외(2009). 죽기 전에 꼭 알아야 할 세계 역사 1001 Days, 마로니에북스)

(출처: http://jasanomc.co.kr/blog/C006-60502-119295034.html)

동화주의를 더 이상 유지할 수 없게 되어, 비극적인 탄압을 하는 대신 다문화주의로 전환한 경우도 있다. 이것은 미국의 경우에서 발견할 수 있다. 미국의 흑인들은 노예로 끌려와 짐승과 같은 학대를 받았지만 제2차 세계대전이후에 흑인들의 경제력과 지위가 상승하였다. 군수 공장에서 얻은 임금으로 경제력이 상승했고, 2차 세계대전 참전으로 인해 지위가 상

승한 것이다. 자신의 경제적 사회적 지위에 걸맞지 않는 학대를 받았을 때 더 이상 참지 못하고 터진 것이 1960년대 흑인 민권운동이다. 연약한 소녀였지만 저항의 불씨를 당긴 로자 파크스와 같은 인물이 등장하여 인권운동은 들불처럼 확대되어 나간 것이다.

미국은 더 이상 흑인들을 분리·차별하거나 동화의 대상으로 볼 수 없게 되자 다문화주의로 방향을 선회한다. 소수 집단들의 권리와 문화를 인정하고, 그 자체로 가치롭다고 평가하는 것이다. 더 이상 단일한 미국 문화를 주장하지 못하게 되었다. 만약 미국이 흑인과 같은 소수 집단에 대해서 계속적으로 폭력적으로 대응한다면 파국을 면치 못할 것이다. 나중에 다시 살펴보겠지만, 여전히 미국은 보수와 진보가 대립중이다. 하나의 미국이냐 다양한 미국이냐를 놓고 갈등하고 있는 것이다.

소수집단을 인정하려는 경향에 반발해서 보수적 집단이 극단적으로 반발하기도 한다. 주류 집단이 오히려 차별을 받고 있다고 생각하거나, 주류 집단이 갖고 있었던 옛 명성과 권력을 잃어 버렸다고 생각하기 때문이다. 이들은 주류 문화를 중심으로 한 하나의 문화, 하나의 체제를 요구한다. 소수 집단은 동화의 대상이거나 심지어 제거되어야 할 존재로 낙인찍기도 한다.

소수 집단의 권리와 문화를 그 자체로 인정해야 한다는 것은 실제적인 권력관계의 변화 없이는 하나의 낭만적 환상이 될 수밖에 없다. 지금까지 간략하게 언급한 바와 같이 권력관계가 변화되었을 때 소수집단에 대한 처우나 입장이 변화하였다. 이런 점에서 다문화사회 다문화 주의는 사회 체제가 어떻게 구성되어 있는가, 힘의 관계는 어떠한가를 살펴보지 않으면 안 된다. 이러한 관점에서 외국의 다문화 사례를 살펴볼 필요가 있다.

미국과 캐나다와 같은 북미의 사례와 프랑스, 독일과 같은 유럽의 사례를 살펴볼 것이다. 미국과 캐나다는 다문화주의 모델로 볼 수 있고, 프랑스와 독일은 동화주의나 분리주의로 볼 수 있을 것이다.

## 2. 다문화 사회의 변화 단계

기득권을 가진 주류 집단이 소수 집단을 억압하고 착취하는 방식은 저항에 부딪혀 변화를 거듭하여 왔다. 분리 · 차별주의는 동화주의로 동화주의는 다문화주의로 확대되어 왔다. 소수 집단의 권리 확대에 대한 반발로 신민족주의가 일어나기도 하였다.

이러한 변화의 원리는 인간의 권리 확대이다. 다시 말해 인간의 권리가 모든 사람에게 확대되는 방향으로 나아가야 한다는 원칙에서 나온 것이다. 분리 · 차별을 반대한 동화주의나 동화주의의 모순을 반대한 다문화주의 역시 이러한 가치를 내세우고 있다.

우리가 추구해야 할 이상적인 사회는 다문화주의적인 것인가 하는 질문을 던질 수 있다. 개념상으로 보면 다문화주의가 가장 민주적이고 다음이 동화주의, 마지막이 분리 · 차별주의가 된다.

동화주의의 경우 모든 사람이 동등한 시민적 권리를 갖게 한다는 점에서 이상적이지만 실제 일어나고 있는 불평등을 개선하지 못한다는 점에서 문제를 나타내고 있다. 특히 프랑스의 공화주의적 동화주의는 주의 깊게 살펴볼 필요가 있다. 모든 사람이 자신의 정체성과 문화를 인정받도록 해야 한다면 소수 집단으로 나누는 것은 또 다른 불평등이라는 이상에도 불구하고 실제로는 엄청난 불평등 현상이 일어나고 있기 때문이다. 모든 개인이 존중받아야 하는 것은 사실이지만 현실에서 집단적인 불이익을 받고 있다면, 개인은 배타적인 문화와 정체성을 가진 소수 집단속에서 피난처를 찾을 수 있어야 한다.

개인의 자유와 평등이 실제적으로 확대될수록 소수 집단으로 칸막이를 쳐서 보호하는 일은 줄어들 것이다. 반대로 개인의 자유와 평등이 줄어들수록 소수 집단으로 칸막이를 쳐서 이를 보호해야 한다.

문제는 이런 칸막이가 이상적인 것만은 아니라는 것이다. 소수 집단을 인정하고 보호할 경우, 이 소수 집단이 그 속의 개인을 억압하는 현상을 막을 수 없는 경우가 생긴다. 단적인 사례가 이슬람 사회에서 여성이 특정한 복장을 강요당하는 것이나 아프리카에서 여성에게 할례를 자행하는 것 등이다.

또한 소수 집단과 주류 집단 혹은 소수 집단 간의 갈등이 생길 수 있다는 것이다. 이러한 갈등은 전체 사회의 연대감을 약화시킬 수도 있다.

소수 집단으로 칸막이를 치고 개인을 보호하는 것이 절대적인 가치를 갖는 것은 아니라는 것을 인식할 필요가 있다. 우리가 추구해야 할 사회는 궁극적으로 모든 개인의 정체성과 문화를 존중하는 사회이다. 다문화주의에서 더 나아가야 할 방향은 소수 집단의 존중에서 나아가 모든 개인의 정체성과 고유한 문화를 존중하는 방향으로 나아가야 한다는 것이다.

우리 사회에서 이러한 논의는 시기상조인지 모른다. 아직도 분리·차별주의 또는 동화주의에 머무르는 수준이기 때문에 당장은 다문화주의로 나아가야 하기 때문이다. 소수 집단이라는 칸막이를 쳐서 그 안의 개인들을 보호해야 한다. 다문화주의에서 더 발전하는 것은 차후의 문제가 될 것이다.

그럼에도 우리는 개념적인 차원에서라도 이러한 틀을 생각해보는 것은 의미가 있는 일일 것이다. 장기적으로 다문화 사회에서 겪게 될 새로운 문제를 예상한다는 점에서도 의미가 있을 것이기 때문이다. 다문화 사회의 단계별 특징을 정리하면 [그림 3-1]과 같다.

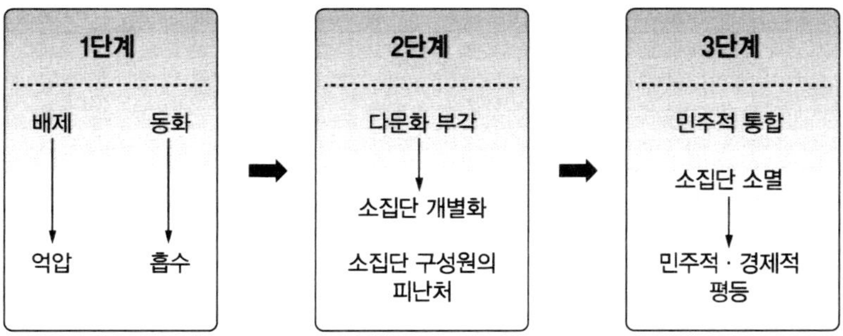


[그림 3-1] 다문화 사회의 단계별 특징

이상과 같이 다문화 사회의 일반적인 특징을 살펴보고 발전 단계에 관하여 논의해 보았다. 다문화 사회의 구체적인 특징을 살펴보기 위해서는 외국의 사례를 먼저 검토하는 것이 좋을 것이다. 모든 집단이 공존하는 다문화주의를 추구하는 사례로 미국과 캐나다를 들 수 있을 것이다. 미국과 캐나다는 모두 다문화주의를 추구하고 있지만 다른 구도를 가지고 있다.

다문화주의가 아닌 사례로 동화주의와 분리주의를 들 수 있을 것이다. 동화주의의 예로 프랑스를 들 수 있고, 분리주의의 예로 독일을 들 수 있을 것이다. 이 두 국가는 모두 일반적으로 생각되는 동화주의나 분리주의와는 차이가 있다. 동화주의하면 소수 집단의 문화를 인정하지 않고 주류집단의 문화만을 인정하는 것으로 생각하는데 프랑스는 이것과는 차이가 있다. 분리주의는 차별과 직결되는 것으로 생각되지만 독일의 다문화 정책은 이와 다른 특징을 가지고 있다.

다음 장에서는 외국 사례로 미국, 캐나다, 프랑스, 독일의 다문화 사회를 살펴볼 것이다. 각 국가가 다문화를 경험하게 된 역사를 되짚어보고 다문화 사회의 특징과 교육의 특징을 검토하도록 한다.

# 제 2 부

# 외국의 다문화 사회와 교육

# 제 4 장
# 미국 사회와 다문화 교육

## 1. 미국의 다문화 사회화 과정

### 1) 서양 세력의 북아메리카 진입

다문화 사회의 전형적인 사례로 든다면 미국과 캐나다가 있는 북아메리카를 들 수 있을 것이다. 아메리카 대륙 안에서도 여러 가지 형태로 다문화가 존재하고 있다.

아메리카 대륙은 포르투갈과 스페인 등 유럽인의 침략으로 이민족간의 갈등이 시작되었다고 해도 과언이 아니다. 남아메리카에 대한 설명을 보면 다음과 같다.

원래는 아시아에서 건너가 전 대륙에 분포한 아메리카인디언과 소수의 에스키모만이 거주하는 지역이었으나 11세기경 북(北)유럽의 바이킹이 그린란드에서 북아메리카 북 동안(北東岸) 지방에 도달하여 유럽인(人)에게 존재가 알려졌다. 바이킹의 식민지는 수세기 후에 소멸되고 유럽인에 의한 본격적인 탐험은 C.콜럼버스의 제1차 항해부터 시작되었다. 그는 1492년 10월 12일에 바하마제도의 산살바도르 섬에 상륙하였으나 그 곳의 원주민을 보고 인도에 도달한 것으로 생각하였다. 1498년 이후 제3차 항해에서 서인도제도(諸島)의 쿠바 ·자메이카 ·아이티를 비롯하여 남아메리카 북안의 오리노코강(江) 하구 부근과 중앙아메리카 대륙 동안(東岸) 일대를 탐험하였다. 그러나 그는 이곳이 신대륙이라는 것을 모르고 죽었다.

콜럼버스 이후 15세기 말부터 16세기 전반에 걸쳐 많은 유럽인이 신대륙을 탐험하였으나 중앙 ·남아메리카는 에스파냐인·포르투갈 인에 의하여, 북아메리카는 영국인 ·프랑스인에 의하여 탐험이 추진되었다. 라틴아메리카에서는 1499년 A.오헤다가 이탈리아인 탐험가 아메리고 베스푸치(1451~1512)를 동반하여 베네수엘라를 탐험하였다. 베스푸치가 쓴 《신세계》(1507 간행)가 유럽에서 널리 읽혀짐으로써 아메리카라는 지명이 생겼다고 한다. 1500년 P.A.카브랄이 브라질을 발견하였고, 1513년에는 V.N.발보아가 파나마지협을 통과하여 태평양안까지 도달하였다. 그 후 1519년 선주민인 인디오와의 싸움을 통하여 H.코르테스가 멕시코를, 1527년 F.피사로가 잉카제국(帝國)의 페루를 정복하였다. 포르투갈인 F.마젤란은 1520년 1월 남아메리카 남단의 마젤란해협을 통과하여 태평양으로 진출, 세계 일주 항해에 성공하였다.[11]

콜럼버스를 비롯한 서구인들이 남아메리카에서 저지른 만행은 천인공노(天人共怒)할만한 것이었다. 대부분의 원주민을 학살하고 나머지는 금과 은을 캐는 노예로 노역을 시켰다.

이런 비극적인 역사에도 불구하고 남아메리카는 원주민과 유럽인간의 인종적인 교류로 민족 간의 갈등이 완화되고 원주민 차별과 같은 문제가 거의 없어지게 되었다. 남아메리카의 민족구성은 아메리칸 인디언인 원주민과 포르투갈인, 스페인 등 백인, 그리고 백인과 원주민의 통혼으로 태

11) 네이버 두산백과

어난 메스티조(Mestizo)가 있다.

북아메리카의 경우 라틴 아메리카 만큼 유럽인의 탐험이 잘 알려져 있지 않은 편이다. 1497년 유럽인 존 캐벗(John Cabot)이 뉴펀들랜드를 발견하였고[12], 다음해에는 래브라도 해협에 도달하여 영국인에 의한 북아메리카 지배의 발판을 마련하였다. 1534년 이후 프랑스인 J. 카르티에를 비롯한 여러 사람이 세인트로렌스 강을 따라서 북아메리카 내륙을 탐험하였다. 러시아 황제의 명을 받고 탐험을 진행한 V.J.베링은 1728년 이후 알래스카 북부에 도달하였다.[13]

북부에 도착한 민족은 대부분 앵글로·색슨 족이기 때문에 앵글로 아메리카라고 한다. 앵글로 색슨족의 역사를 한번 살펴보자. 앵글로 색슨족은 서게르만 족의 일종이다. 유럽계 민족을 크게 나누면, 인종적으로는 아리안(Aryan)족, 인도, 이란계로 나눌 수 있는데 게르만 족은 아리안 족에 속한다. 아리안 족에는 라틴족, 켈트족, 슬라브족, 게르만족 등이 포함되는데, 게르만(German)족은 게르만 대이동 당시의 위치에 따라 동, 서, 북 게르만의 3종류로 나뉘게 되었다. 북 게르만(노르만)은 원래의 거주지에 그대로 남았고, 동게르만과 서게르만은 8세기에 이동을 시작하였다. 영국의 주체가 된 앵글로 색슨족도  독일 북부와 유틀란드(Jutland) 반도 남부에 자리를 잡았던 서게르만족의 일파인데 4세기 민족 대이동 당시에 영국으로 진출한 것이다.

영국에 주둔하고 있던 로마군이 본국으로 철수하면서 영국의 브리튼족

---

12) 존 캐벗은 이탈리아에서 태어나 영국 런던으로 이주하여 살았다. 이탈리아 이름은 지오반니 카보토(Giovani Caboto)이다.

13) 네이버 두산 백과

(켈트족의 일파)은 북방의 픽트족(켈트족의 일파)과 스코트족(켈트족의 일파)의 공격으로 어려움에 직면하여 대륙의 게르만족에게 도움을 요청했지만, 브리튼족의 요청을 받고 영국으로 건너온 게르만족(앵글족, 색슨족, 쥬트족)은 오히려 현재의 잉글랜드에 해당하는 브리튼족의 영토를 빼앗았다. 연대기에 따르면 449년부터 앵글족(the Angles), 색슨족(the Saxons), 쥬트족(the Juets)이 각각 영국의 동쪽지역 및 중북부지역(north Midlands), 영국의 남쪽 지역(Sussex, Wessex), 영국의 남동지역(Kent)에 본격적으로 정착하였다. 이 시기에 영국에 이주하여 정착하게 되는 과정을 대개 앵글로-색슨족의 이주로 보며, 앵글족이 거주하면서 잉글랜드(England)로 부르기 시작한 것이다.

영국의 청교도들이 신대륙을 찾아 아메리카에 온 것이 북 아메리카 유럽인의 시초라고 할 수 있다. 1620년대 북 유럽인들 미국생활의 시작하여 점차 아메리카 동부지역을 중심으로 점차 영역을 확대해 나갔다.

미국 이민에 가장 큰 부분을 차지하는 것은 아프리카계 미국인이다. 유럽인은 신대륙에 도착한지 얼마 되지 않아서 아프리카에서 인간사냥을 하기 시작하였고, 이들을 자신들의 노예로 삼았다. 17, 18세기에 걸쳐 미국에 끌려온 아프리카인 노예의 후손들이 아프리카계 미국인을 구성하게 되었다.

아프리카계 미국인은 시민이 아닌 사유재산으로 취급되었으며, 인간으로 인정받은 것은 노예해방전쟁인 남북 전쟁이 끝난 뒤부터였다.

[그림 4-1] 링컨이 노예해방 선언 초판을 내각
출처: http://blog.daum.net/007nis/15864468

남북전쟁(1861~1865)은 여러 가지로 중요한 의미를 갖고 있다. 미국 남부 지방의 노예가 해방되었다는 인권확대의 의미가 크지만, 흑인들이 북부 지방의 노동자가 되어 북부의 노동력 부족을 해결했다는 점도 큰 의미를 띄고 있다. 또한 남북이 연결되어 미국의 산업이 발전하는데 큰 크게 기여했다. 남북전쟁이 끝나면서 산업발전이 이루어지자 더 많은 노동력이 필요하게 되었다.

1870년대에 들면서 남유럽, 동유럽, 남미 이주자들이 유입하면서 유럽계  이민자들이 꾸준히 증가하였다. 중국인 이민자들도 늘어났으나 이들이 일자리를 잠식한다는 이유로 1882년 중국인 배척법(Chinese Exclusion Act)을 실시하였다. 1900년대 중반 이후 동양계와 히스패닉[14] 계 이민자

14) 여기서 히스패닉(hispanic)은 스페인어를 쓰는 중남미계 미국 이주민과 그 후손을 말한다. 라틴아메리카에서 왔다고 해서 라티노(latino)라고도 불린다. 히스패닉은 중남미 인디언들이나 흑인들과 섞이면서 많이 달라졌고, 미국에 이주하면서도 또 다른 독특한 문화를 형성해가고 있다. 출처: [네이버 지식백과] 히스패닉 [hispanic] (매일

가 꾸준히 증가하면서 '미국 시민의 형성'을 위한 교육의 필요성을 제기하게 되었다. 백인의 청교도 문화와 새로 이주해 온 소수 집단의 문화적 갈등이 심화되면서 동화주의가 등장하게 된다.

### 2) 동화주의 등장

엘우드 커벌리(Ellwood P. Cubberly)는 '앵글로 색슨의 정의, 법질서와 정부의 개념을 심어주고, 소수민족들로 하여금 미국제도의 존엄과 인간존중의 미국생활을 깨닫게 해야 한다'고 주장하였다. 엘우드의 주장은 진보적인 측면이 있었다. 당시 백인 우월주의로 다른 소수 민족과 동화하는 것이 어렵다고 생각하는 경향이 일반화되어 있었기 때문이다. 소수민족과 하나가 될 수 있다고 생각하는 것 자체가 이전에 멸시하는 태도를 버린 것이기 때문에 진보적인 측면이 있다고 볼 수 있다.

소위 백인·앵글로색슨·청교도라고 하는 주류 집단의 문화(WASP : white anglo-saxon protestant)를 중심으로 통합하여야 한다고 하는 생각은 소수 집단에 대해 어느 정도 열린 태도를 가지고 있었다고 볼 수도 있지만 여전히 소수민족의 고유한 문화는 포기해야 한다는 점에서 문제점을 내포하고 있었다. 소수 민족과 하나가 된다고 하면서도 그들의 문화를 경멸하는 태도는 여전히 버리지 않았기 때문이다.

동화주의에 대한 하나의 대안으로 나온 것이 끓는 도가니 즉 용광로(the melting pot) 개념이라고 볼 수 있다. 이것은 프레더릭 터너(Frederick J.

---

경제, 매경닷컴)

Turner)가 1893년에 주장 한 것이다. 여러 문화집단의 문화들을 녹여 영국문화도 유태인 문화도 동양 문화도 아닌 '하나의 종합적인 새로운 미국 특유의 동질 문화(Homogeneous culture)'를 형성해야 한다."는 것이다.

[그림 4-2] F.J. Turner의 모습

출처 : http://aggregat456.tumblr.com/post/112547495/the-98th-parallel

그 결과는 표방한 내용만큼 성공적인 것이 아니었다. 백인 문화를 넘어선 미국 전체의 문화로 통일한다는 주장은 현실가능성이 희박한 하나의 이상으로 백인문화 모형의 장식적 역할에 그쳤다. 각 인종간의 우열이 여전히 존재하였다.

### 3) 분리 · 차별주의의 와해

미국에서 소수 민족에 대해 가장 분명한 정책은 분리주의이다. 흑인들을 노예로 삼고 이들을 짐승처럼 취급한 것이 대표적인 분리·차별정책이지만, 흑인이 노예에서 해방된 후에도 분리주의는 노예제도보다는 완화된 형태로 유지되었다.

분리주의는 표방하는 대표적인 것이 미국 남부의 '짐 크로 법(Jim Crow laws)'이다. 짐 크로는 1828년 토머스 다트머스 라이스가 쓴 연극의 주인공 이름이다. 이 용어는 점차 흑인에 대한 모멸적인 말로 쓰이거나 흑인의 격리된 생활을 가리키는 말로 사용되었다. 1870년대 후반부터 미국 남부의 여러 주에서는 공공 운송수단에서 '유색인'으로부터 백인을 분리시키는 법률들을 통과시켰다. 이러한 법에서는 일반적으로 조상이 흑인으로 확인되거나 흑인 가계로 의심이 되는 사람이라면 누구나 '유색인'으로 간주되었다. 이와 같이 미국의 남부에서는 공공연하게 인종차별 정책을 취하고 있었다.

그 이후 인종차별을 극명하게 보여준 것이 1896년에 있었던 플레시 대 퍼거슨(Plessy v. Ferguson) 판결이다. '분리하되 평등하게'(separate but equal)'라는 표어로 요약할 수 있는 이 판결로 인해서 흑인은 학교에서, 군대에서, 열차·버스 좌석에서 백인과 분리되었다. 분리한다는 것이 불평등하다는 것을 의미하는 것은 아니라는 것이다. 이것은 불평등한 대우를 미사여구로 포장한 것으로 이후에 나타난 흑인의 민권운동을 통해서 무너지게 되었다.

### 4) 흑인들의 저항

1,2차 세계대전 이후 흑인들의 전쟁 참여와 취업증가로 사회적 인식이

제고되었다. 유럽의 전선에 나가서 싸운 흑인 병사들은 귀국해서 무상 대학교육을 이수하게 되어 학력이 상승하였다. 군수물자를 생산하던 공장에 취업한 흑인들은 소득이 증가하였고, 이를 통해 부를 쌓은 흑인들도 증가하게 되었다. 학력이 상승하고, 사회적 인식이 제고되었으며, 경제적인 부를 획득하기 시작한 흑인들은 미국 시민으로서 누려야 할 정당한 권리를 요구하기 시작하였다. 이들은 더 이상 비인간적이고 모멸적인 대우를 참을 수 없었다.

이들의 요구와는 달리 현실은 아직도 분리주의에 입각한 차별이 자행되고 있었다. 세계의 자유 수호를 위해 싸운 흑인이 귀국하여 미국 남부의 버스터미널에 내리면, 흑인 전용버스와 공공시설로 내몰리는 모멸감을 받아야했다. 여전한 차별에 반감을 갖게 된 흑인들은 저항을 시작하였다. 외국의 인종차별 뿐 아니라 국내의 인종 차별에서도 승리해야 한다는 '더블 V' 작전을 수립하게 된 것이다.

미국사회가 진보적인 방향으로 나아가는 데는 늘 사법부가 중요한 역할을 하였다. 인종차별을 철폐하는 데 획기적인 전환점을 마련한 것은 1954년 브라운 대 토페카 교육위원회 판결(Brown v. Board of Education of Topeka case)이었다.[15] 이 판결에서 흑인들에게도 학교 입학에서 평등한 기회를 부여해야 한다고 판결하였다. 아이러니 하게도 이 판결을 주도한 워렌(Earl Warren) 판사는 강력한 보수파였으나 2차 세계대전 이후 남부의 인종차별에 대해 묵과해 오던 연방정부의 정책을 더 이상 유지할 수 없다고 판단하여 이러한 판결을 내렸다고 한다.

15) Brown v. Board of Education, Wikipedia, the free encyclopedia. 참조

브라운 판결 이후 '비폭력 간접투쟁'이 일어나게 되었으며, 미국의 "견고화 조치"(Affirmative action)로 인해 미국 내 공공장소와 고용과 입학에 있어서 피부색과 인종에 따라 차별 받지 않는 법적 평등 실현되었다.

이런 판결에도 불구하고 인종차별의 관행은 사라지지 않았다. 버스 안에서 흑인과 백인의 자리를 구분하여 앉히는 것은 물론이고, 백인이 앉을 자리가 없으면 흑인들이 일어서도록 강요하였다. 버스 안에서 앉고 일어서는 것은 작은 일이라고 생각할지 몰라도, 이것이 집단적으로 행해질 때는 무서운 폭력의 한 단면이라고 볼 수 있다. 흑인들은 이에 대해 비폭력적으로 저항하기 시작하였다.

여기서 우리는 흑인 민권운동에 불을 붙인 로자 파크스(Rosa Parks)를 기억하지 않을 수 없다. 1955년 앨라배마 주 몽고메리 지역의 평범한 흑인 여성이었던 로자 파크스는 백화점에서 쇼핑을 하고 돌아오는 길에 버스를 탔다. 버스 앞자리는 백인이 타고 뒷자리는 흑인이 타도록 되어 있었고, 그 경계에 줄을 달아 놓았다. 백인들이 앞자리를 다 채우자 매달았던 줄을 뒤쪽으로 옮기며 흑인 좌석에 앉았던 흑인들에게 일어설 것을 요구했다. 늘 그렇듯 백인 자리가 다 차면 흑인들을 일으켜 세우고 백인을 앉히려 했던 것이다.

거기에 있던 로자 파크스는 일어서기를 거부했다. 자신의 자리에 앉아 있었던 승객을 흑인이라는 이유로 부당하게 대우하였기 때문이었다. 백인 운전사는 경찰을 불렀고, 로자 파크스는 체포되었다. 흑백분리법 위반혐의였다. 이 사건은 흑인들에게 큰 반향을 일으켰다. 연약한 한 여성이 불의에 대해 저항하였고, 부당하게 체포되자 전체 흑인들이 이에 대한 저항을 하기 시작한 것이다. 흑인들은 버스승차 거부 운동을 시작하여 모두 걷기 시작했다. 참여 인원은 10만 명에 달했다. 도시 외곽에 위치한 집에서 직장까지 먼 거리를 걸어서 가는 고통도 마다하지 않았다. 어떤 사람은 무려 30킬로미터를 걸어 출퇴근을 하였다고 하니 운동의 열기가 대단하였던 것이 분명하다. 버스 승차 거부운동은 11개월이 넘는 대 장정으로 이어졌고, 다른 지역에도 뜨거운 관심을 받는 가운데 대법원은 흑백 분리법이 위헌이라고 판결하였다.

[그림 4-3] 인종차별에 저항하는 로자 파크스
출처 : http://blog.amnesty.or.kr/files/2013/12/로자파크스1.jpg

## 2. 미국의 이민 정책

많은 사람들이 미국에 이민을 오게 되면서 미국의 이민정책도 변화하여 왔다[16]. 1776년 미국이 독립한 직후에는 이민법이 존재하지 않았다. 미국 의회는 귀화를 기본 정책으로 추진하였으나 미국 13개 주와 연방정부가 이민 통제권을 서로 가지려고 경쟁한 탓에 이민 통제가 제대로 되지 않았다. 그 결과 독립 후 초기에는 외국인의 문호가 개방되었고, 이민에 대한 자유방임적 태도가 생겨났다. 미국 헌법에도 이 부분이 명확하게 규정되지 않았다. 이민법이 최초로 통과한 것은 1864년이었다. 이 법으로 이민을 촉진하게 되었는데, 연방정부는 극빈자를 제한하는 것 이외에는 이민을 직접적으로 규제하지 않았다.

이민을 제한하는 것은 중국인이 대거 입국하면서 비롯되었다. 1848년 미국에 금이 대거 발견되면서 금 채굴 노동력으로 중국인이 대거 유입되었다. 이들이 늘어나자 미국은 1870년 중국인, 아프리카 출생 외국인과 그 후손은 미국 시민권자가 될 수 없도록 법적으로 규정하였다. 1875년에는 최초로 이민을 제한하는 법이 통과되었는데, 이 법은 범죄자와 매춘부는 입국을 금지하는 것이었다. 1882년 중국인 배척법(Chinese Exclusion Act)을 제정하여 향후 10년 동안 중국인 이민을 금지하였다. 이와는 달리 대법원에서는 각 주에서 이민을 규제하지 못하도록 제정하는 등 혼선을 빚고 있었다. 1890년대 미국의 경기가 침체되자 경제발전을 위해서 이민자를 더 받아들여야 한다는 주장이 제기 되기도 하였다.

16) 임형백(2011). 미국 이민정책 연구: 시기 구분과 특징.

이민에 대한 제한이 가장 극심했던 시기는 1917년부터 1941년까지 시기였다[17]. 1913년 캘리포니아 주에서는 귀화할 자격이 없는 사람들의 부동산 취득을 금지했고, 1917년 이민법('the Migration Act of 1917')에서는 특정 아시아 국가 출신의 이주민 입국을 금지하는 '입국제한 아시아 국가'를 정하기도 하였다. 1919년에는 적색공포증[18]과 함께 동유럽 출신 유태인 이민자에 대한 반감이 심화되어 급진주의자 수천 명이 체포되었고, 이중 수백 명이 러시아로 강제송환 되기도 하였다. 1921년 이민법에서는 서 유럽인들의 이민은 무제한적으로 허용하는 반면, '입국제한 아시아 국가'에 해당하는 국가에서는 이민을 받아들이지 못하도록 규정하였다. 1924년에는 아시아 국가의 사람들이 시민권을 취득하지 못하도록 하였고, 동유럽 국가의 이민 할당량을 축소하였다. 1930년대 제 2 차 세계대전이 발발하면서 외국인의 체제 전복 공포가 휩쓸었다. 이 결과 1940년대에는 외국인 지문등록과 거주지 등록법이 통과되기도 하였다.

2차 세계 대전이 끝난 후 흑인의 민권이 확대되면서 인종보다는 이념으로 차별하였고, 아시아 국가에 대한 차별이 심화 되었다. 1943년 미국과 중국이 동맹을 맺으면서 중국인 배척법은 폐지하게 되었지만, 중국의 공산화 이후 과거의 공산당원이나 파시스트 당원 및 가담자는 이민을 금지시켰다. 1952년에는 아시아 각 국가에 매년 100명씩 쿼터를 적용해서 이 이상은 이민을 할 수 없도록 하였다.

이러한 할당제는 1965년에 와서야 폐지되었다. 미국은 이민 국적법(the Immigration and Nationality Act of 1965)을 제정하여 각국에 대한 할

17) 임형백(2011). 미국 이민정책 연구: 시기 구분과 특징.
18) 레드 콤플렉스

당제를 폐지하였고 동유럽, 서유럽에서 각각 17만 명, 12만 명의 이민을 매년 허용하였다. 서유럽 이민자들에 대한 우선순위 적용은 더 이상 효력을 가질 수 없게 되었다.

공산주의 국가에서 탈출한 난민을 받아들이는 것도 이민의 중요한 근거가 되었다. 1958년에는 헝가리 난민을 3만 명 받아들였고, 이듬해 1959년에는 쿠바로부터 9만 명을 방문비자로 받아들였다. 쿠바 국민들이 방문비자로 들어왔지만 장기체류하는 것을 묵인하여 사실상 이민의 형태가 되었다.

유럽에서의 이민은 점차 줄어들고 멕시코에서 저임금 노동인구들이 증가하기 시작하였다. 멕시코 노동자를 활용하는 기업들은 멕시코 노동자들에게 주택, 교통, 식량, 임금을 보장하였다. 1956년부터 1959년까지 약 3년간 매년 40만 명의 멕시코 이민자기 입국할 정도로 멕시코 이민자가 증가하였다. 브라세로 프로그램이라는 정책은 멕시코 노동자를 유입하는 프로그램이었는데, 1942년부터 1964년까지 약 500만 명의 멕시코 노동자들을 받아들였다. 이 프로그램은 반발에 부딪혔다. 미국시민권을 가진 멕시코 노동자들이 자신의 임금을 감축한다는 이유로 반대했던 것이다.

미국의 이민자 증가율을 출신국 별로 보면 다음 표와 같다. 이 표는 1950년대부터 1980년대 까지 출신국 별 이민자들의 비율이 어떻게 변화하는가를 알 수 있다. 1955-64년의 경우 유럽에서 온 이민자 비율이 가장 컸다. 유럽은 50.2%의 비율을 차지하고 있는데, 북부·서부 유럽이 28.6%, 남부 및 동부 유럽이 21.6%로 북서부 유럽이 약간 더 큰 비중을 차지하고 있다. 다음으로는 북 아메리카의 비율이 36.0%로 높다. 북아메리카 내에서는 캐나다, 멕시코에 해당하는 북미, 기타 지역이 26.4%로 가장 높음을 알 수 있다. 요약하면 1955년부터 10년간은 유럽과 북미에서 온 백인 이민자 비율이 가장 높음을 알 수 있다.

이러한 추세는 점차 변화하게 되는데 1965년부터 10년간은 유럽 출신 이민자들이 대폭 줄고, 아시아 이민자 비율이 대폭 증가하였고 이러한 추세는 지속되었다. 1988년을 보면 유럽 출신 이민자는 10.1%에 불과하지만 아시아 출신 이민자는 41.1%로 팽창하였음을 볼 수 있다.

[표 4-1] 초기 미국 이민자의 출신지역과 비율(1955~1988)

| 출신지역 | 1955~64 | 1965~74 | 1975~84 | 1985 | 1986 | 1987 | 1988 |
|---|---|---|---|---|---|---|---|
| 유럽 | 50.2 | 29.8 | 13.4 | 11.1 | 10.4 | 10.2 | 10.1 |
| 북부 및 서부유럽 | 28.6 | 11.0 | 5.2 | 5.0 | 5.0 | 5.2 | 5.1 |
| 남부 및 동부유럽 | 21.6 | 18.7 | 8.1 | 6.0 | 5.4 | 5.0 | 5.0 |
| 아시아 | 7.7 | 22.4 | 43.3 | 46.4 | 44.6 | 42.8 | 41.1 |
| 아프리카 | 0.7 | 1.5 | 2.4 | 3.0 | 2.9 | 2.9 | 2.9 |
| 오세아니아 | 0.4 | 0.7 | 0.8 | 0.7 | 0.6 | 0.7 | 0.6 |
| 북미주 | 36.0 | 39.6 | 33.6 | 31.9 | 34.5 | 36.0 | 38.9 |
| 카리브해 지역 | 7.1 | 18.0 | 15.1 | 14.6 | 16.9 | 17.1 | 17.5 |
| 중미 | 2.5 | 2.6 | 3.7 | 4.6 | 4.7 | 4.9 | 4.8 |
| 북미, 기타 | 26.4 | 19.0 | 14.8 | 12.7 | 12.9 | 14.0 | 16.6 |
| 남미 | 5.0 | 6.0 | 6.6 | 6.9 | 7.0 | 7.4 | 6.4 |
| 계 | 100.0 | 100.0 | 100.0 | 100.0 | 100.0 | 100.0 | 100.0 |

출처: Annual report of the Immigration and National Service: 최협(1995) - 국제비교 15쪽 표-1

멕시코 출신 이민자는 급속도로 증가하여 1980년대에는 캐나다 출신 이민자의 10배가 넘었고, 불법 이민자도 증가하였다. 1980년대 이후에는 급속도로 증가하는 불법 체류자의 문제를 해결하는 것이 중요한 과제가 되었다. 불법체류자의 문제를 해결하기 위하여 1986년에는 이민법을 수정하였다. 1982년부터 거주해온 대부분의 이민자들에게 미국에서 거주할 수 있는 합법적 거주지 신청자격을 준다는 것과 함께, 불법체류자에게는 강력한 제재를 실시하였다. 1994년 캘리포니아 주에서는 불법이민자의 권리를 강력하게 제한하는 발의 안을 제출하였는데 그 내용은 다음과 같다.

- 불법 이민자의 자녀는 유치원부터 대학까지 모든 공교육체제를 이용할 수 없다.
- 직장을 구하려는 사람은 그들의 합법적 지위를 증명해야 한다.
- 모든 서비스 공급자는 불법 외국인으로 의심되는 사람을 캘리포니아 법무부나 NIS 에 신고하여, 경찰이 그들의 불법여부와 체포여부를 판단할 수 있도록 하여야 한다.
- 허위 증서의 작성과 사용은 중죄로 판단한다.

이와 같이 캘리포니아 주는 불법이민자가 모든 공교육을 받을 수 없도록 하는 등의 강력한 조치를 주장하였으나 반대자들의 저항으로 허위증서의 작성과 사용을 금지하는 내용만을 법적으로 인정받게 되었다. 이 외에도 1990년대 들어서 이민자들의 권리를 제약하는 법안들이 통과되었다.

불법이민자에 대한 공공부조를 비롯한 연방혜택을 금지하고, 소수 민족에 대한 특혜를 축소하였다(PRWORA 법안[19]). 또한 불법이민을 범죄 행위로 규정하고 강력하게 처벌하고, 불법이민자를 고용하는 고용주에 대한 처벌을 강화하는 법안(센센브레너 법안), 가족의 이민을 폐지하는 법안(케네디 킬 법안) 등을 통과시켰다.

미국의 이민 정책을 보면 소수 민족에 대해 개방적이었던 방향에서 보수적이고 폐쇄적인 방향으로 바뀌었음을 알 수 있다. 불법이민자들에 대

19) PRWORA 법안: Personal Responsibility and Work Opportunity Reconciliation Act

한 제재를 강화하면서 미국의 이익에 부합하는 방식으로만 이민을 허용하는 방향으로 선회하였다.

## 3. 1980년대 이후 다문화 논쟁

미국은 아직 다문화 정책에 관해서는 논쟁중이다.[20] 1980년대 이후 다문화주의에 대한 신보수주의자들의 비판이 제기되었다. 1987년 앨런 볼룸(Allan Bloom)은 '미국 이성의 종말'(Closing of the American Mind)이라는 작품에서 젊은이들의 시민의식 결려, 취미와 사유의 저속화 등 부적절한 대학교육을 비판하였다. 그는 젊은이들이 서양고전 대신 소수민족의 특수한 경험, 저변 층의 일상적 이야기와 같은 교육이 청년들의 정신적 진공과 해이를 부추긴다고 비판하였다. 이런 정서를 반영하여 한 공립학교 위원회가 흑인여성, 히스패닉 계 작가의 작품을 교과서에서 제거하기도 하였다.

1991년 제임스 헌터(James Davidson Hunter)는 '문화전쟁'(Culture Wars: The Struggle to Define America)이라는 문헌에서, 소위 용광로 이론(Melting Pot)에 대한 비판적인 시각을 제기하였다. 이러한 문제제기는 소수 집단에 대한 비판으로 이어졌다. 동성애 권리 보호 운동에 대한 반발로 콜로라도 주에서는 1992년 동성애자 보호법 무효화를 도입하였지만 1996년 위헌 판결을 받았다. 메이플스롭(Maplethrope)이 동성애를

20) 이하 내용은 김형인(2007). 미국의 다문화주의의 향방: 세계화와 9 · 11의 여파. 국제지역연구 11(2). 175-202. 참조.

테마로 찍은 '예수에게 오줌을 싸라(Piss Christ)'작품을 발표하여 보수진영의 반발을 사기도 하였다.

미국의 정치적 진영은 보수와 진보진영으로 대립한다고 볼 수 있다. 흔히들 보수 진영은 공화당의 색깔인 붉은 색으로 상징되고, 진보 진영은 민주당의 색인 푸른색으로 비치기도 한다. 이것을 빗대서 붉은 미국, 푸른 미국으로 나누기도 하였다. 보수 성향인 붉은 미국은 미국 중서부를 중심으로 나타나고, 2000년 대선 조지 부시 지지했다. 종교적, 도덕적, 애국적인 경향을 띠고, 남성적이고 교육수준 낮으며, 백인 주민이 사는 시골, 교외지역을 중심으로 나타난다.

이와 달리 진보 성향을 띠는 푸른 미국은 해안지대와 오대호 연안 지역에서 주로 나타난다. 2000년 대선에서 엘 고어를 지지했고, 세속적이며, 상대적, 국제적, 다문화적이다. 이들은 여성의 권리를 지지, 대졸의 학력을 갖고 있으며, 도시적인 세계주의자들이다.

미국 시민들이 전반적으로 보수적인 경향을 갖고 있는 것도 사실이지만, 미국 시민들을 이런 입장으로 나누어 보는 것은 큰 문제가 없을 것이다. 이런 입장에 따라 소수 민족에 대한 입장도 다르게 나타난다.

보수주의에서는 소수 민족에 대한 인정을 축소하거나 없애고, 하나의 문화를 기반으로 한 강력한 미국을 요구한다. 이에 반해 진보적인 입장을 가진 사람들은 소수 집단의 문화와 권리를 인정하여야 한다고 본다. 학교에서 이슬람 과목을 가르치고 이슬람 여학생들이 히잡(hijab)을 착용할 수 있도록 허용해야 한다고 주장한다. 동성애자들의 결혼을 합법화하고 1200만 명이나 되는 불법이민자들이 합법적으로 거주하게 해야 한다고 주장한다.

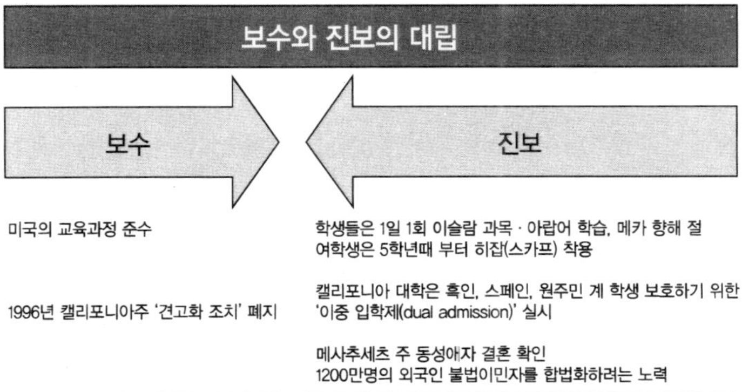


[그림 4-4] 미국의 정치성향에 따른 지지 정책 비교

미국 시민들의 정치적 성향에 따라 지지하는 다문화 정책이 다르게 나타나고 논쟁이 일어나고 있지만 단기적으로는 소수 집단의 권리를 제한하고 하나의 문화로 동화해야 한다는 입장이 더 강하게 나타나고 있는 것으로 볼 수 있다. 이러한 경향에도 불구하고 장기적으로 본다면 점진적이긴 하지만 소수 집단의 정체성과 문화를 인정하는 방향으로 나아가는 측면을 간과할 수 없다. 최근에 미국의 연방법원은, 동성애자 결혼을 인정하지 않는 것은 위헌이라고 판결했다. 미국의 역사에서 재미있는 것은 미국을 진보적으로 이끌어 나가는 강력한 세력이 사법부라는 것이다. 이번에도 성소수자 집단에 대해서  획기적인 판결을 내림으로써 하나의 전기를 마련하였다. 소수 집단에 대한 미국의 정책은 소수 집단이 어떤 정치 · 경제 · 사회적 위상을 갖는가, 그리고 이런 분야에서 얼마나 힘을 갖는가 하는데 달려 있을 것이다.

## 4. 미국의 다문화 교육

미국의 다문화 교육은 인종 차별 철폐운동을 기반으로 이루어진 것이었다. 다문화 교육의 목표는 인종 간 통합교육을 시작하고, 인종차별을 철폐하는 것이다. 또한, 소수인종의 인권과 시민으로서 갖는 권리를 보장하고, 이들의 문화적 다양성을 인정하고 존중하는 것이 교육의 중요한 목표로 설정되었다.

### 1) 문화 간 교육(inter-cultural education)

1940년대에는 인종 폭동 경험 이후에 '집단 간 교육(intergroup education)'이 등장하였다. 1960년대에는 흑인 민권운동으로 전 사회가 각성하여 소수 민족에 대한 논의가 이루어졌다. 처음 문화 간 교육은 소수집단에 필요한 연구를 하는 수준에 머물렀다. 즉, 아프리카계나 아시아계 등 소수집단 학생에게 필요한 연구를 하는데 국한하였다. 소수 집단 학생에게는 아시아 계 미국인에 관한 연구를 제시하는 수준이었다. 이 당시에는 특정인종집단을 대상으로 교육하였고, 백인이 유색인종집단을 억압한 사례를 교육하였다.

1972에는 '민족유산 연구령'을 제정하여 역사, 지리, 사회, 경제, 문학 등 소수 민족 집단의 일반적 문화와 관련된 교육과정 개발을 촉구하였다. 이와 함께 1975년 인디언 자기결정과 교육원조령을 제정하여 늦었지만 인디언에 대한 원조를 실시하였다. 1980년에는 '난민 원조령'을 제정하여 쿠바,

아이티(Haiti), 인도차이나 난민의 아이들에게 영어 습득을 위한 기금을 제공하였다.

이러한 정책은 문화결핍 모형에 근거하여 지원하는 것이었다. 문화 결핍 모형이란 소수 민족들이 특정한 문화 내용을 결핍하고 있다는 것인데, 소수 집단이 처한 문제는 소수 집단이 제대로 된 문화를 갖지 못하기 때문이라는 것이다. 여기서 말한 제대로 된 문화는 백인 문화이다. 다시 말해 백인 문화는 제대로 된 문화이고 소수 민족의 문화는 문화라고 할 만한 가치를 가지고 있지 않다는 생각이다.

문화 결핍 모형에서 보지 못하는 것은 소수 집단의 핵심적인 문제가 주류 집단에서 나오고 있다는 것이다. 소수 집단에 대한 편견이나 불공정 사례는 모두 주류 집단이 행하고 있는 것이다. 주류 집단이 다문화에 대한 인식을 갖지 못하기 때문에 소수 집단에 대한 차별과 같은 문제가 발생하는데, 문화 결핍 모형은 주류 집단이 부족한 인식을 소수 집단의 문화 결핍 탓으로 돌렸다. 이와 같아 초기 다문화 교육은 소수 집단이 갖고 있는 어려움을 소수 집단의 능력 부족으로 보았다는 점에서 한계를 가지고 있었다고 볼 수 있다.

유대계 미국인, 폴란드 계 미국인 등 백인인종집단을 포함하여 미국의 많은 인종집단들에 대한 별도의 강좌가 열렸다. 비교의 관점에서 인종집단의 경험과 문화에 초점을 맞추는 다인종 연구 강좌가 제공되기도 하였다. 이러한 강좌는 '소수 민족음악' '미국 소수 민족의 역사와 문화' 등을 단순하게 비교하는 것이었기 때문에 정치적 성향은 감소하는 면이 있었다.

학교 교육에서는 인종연구가 특정 인종집단의 학생들에게만 필요한 것이 아니라 모든 학생을 위해 계획되어야 함을 인식하였다. 기존 다문화 관점에서 확대된 다문화 인식이 필요하게 된 것이다. 다시 말해, 프로그램 수준의 인종 연구 강좌를 개설하는 것만으로는 효과적인 교육개혁과 교육평등을 이루는데 충분하지 않다는 것을 인식하게 되었다. 다문화 교육을 총체적인 학교 환경에 초점을 맞춤으로써 교육개혁의 차원에서 학교를 새롭게 보게 되어, 다인종 교육의 형태를 띠게 되었다. 이러한 다인종 교육은 생물학적 사회적 '인종' 집단에만 초점을 맞춘다는 점에서 한계를 가지고 있었다.

다문화 교육은 더욱 확대 되었다. 다문화를 생물학적 사회적 인종 간의 문제로 보는 관점에서에서 대상을 확대하였다. 여성, 장애우, 종교집단, 다양한 사회계층, 애팔래치아 백인과 같은 지역집단 등 다양한 문화집단에 관심을 갖게 되었다.

다문화에서 다양성을 존중하고 각 집단의 문화와 정체성을 존중하는 것은 대단히 중요한 일이다. 다만 문화의 차이에만 문제를 국한 할 것이 아니라 사회계층, 사회구조의 문제와 연결해야 한다는 것이다. 이 문제를 간과하게 되면 집단 간 평등을 허구적으로 선전하는데 그칠 우려가 있다. 대중 앞에서 서로 평등함을 과시하지만, 실제 삶에서는 극도의 불평등과 불공정이 개선되지 않을 수 있는 것이다.

### 2) 2000년대 다문화 교육 정책

다문화 교육을 어떤 방식으로 하느냐 것은 하는 것은 쟁점이 되고 있다. 소수 집단을 구분하여 지원할 것인가, 아니면 대부분 저소득층인 소수 집단을 따로 지원하는 것이 아니라 일반 저소득층을 지원함으로써 간접적으로 지원할 것인가 하는 것이다.

미국이 하위 계층의 학생들을 지원함으로써 소수 집단을 지원하는 간접적인 정책을 시행한 것이 부시 정부의 '전원성취법' NCLB(No Child Left Behind)이다. 어떤 학생도 뒤처져서는 안 된다는 의미의 전원성취법은 학생들을 주기적으로 평가한 뒤 성적을 의무적으로 공개하도록 하였다. 이에 따라 5000여 개 교육구는 NCLB 법안에 따라 평가 결과를 공개하고 있다. 시험 결과는 인종, 성별, 가정배경, 영어수준, 장애여부 등의 집단 특성에 따라 10개 하위 영역으로 분류하여 분석한다. 단 한 개의 하위 영역이라도 주에서 정한 학력기준에 이르지 못하면 이 학교는 '실패한' 학교로 판정 받고 그에 따라 재정적, 교육적으로 제재한다.

소수집단을 따로 구별하지 않는 것은 이들을 구분하였을 때 차별가능성을 배제하기 위한 것이다. 이들을 따로 지원하려면 이들을 구분해서 드러내야 하기 때문에 소수 집단인 것이 더 부각될 수 있다. 소수 집단을 부각한다는 것은 이들에 대한 차별이 더 커질 가능성을 높인다는 것을 의미한다. 따로 구별해서 지원하는 것은 이들을 단순히 부각한다는 결과를 낳을 뿐 아니라 공개적인 지원이 다른 사람에게 거부감을 줄 수도 있다. 이들에게만 지원하는 것이 불공정하다는 불평이 나올 수 있기 때문이다. 이러한 부작용을 막기 위해서 소수 집단을 따로 구별하지 않겠다는 것이다.

이러한 선의에도 불구하고 이들을 따로 지원하지 않을 경우 기존의 불평등을 재생산하는 결과를 낳을 가능성이 크다. 소수 집단을 부각하지 않더라도 주류 집단은 소수 집단이 누구인지 너무나 잘 알고 있기 때문이다. 따로 지원하지 않는다는 것은 기존의 불평등을 유지하겠다는 것을 의미하게 된다.

미국의 경우는 이보다 더 심각하다. 전원 성취법은 하위 성적의 학교를 지원하는 것이 아니라 처벌을 하는 것을 주요 방침으로 정하여 시행하고 있다. 하위 성적의 학교에는 많은 소수 집단 학생이 속해있는 저소득층 학생이 주류를 이루고 있다. 즉, 하위 성적의 학교들을 처벌하는 것은 소수 집단을 간접적인 형태로 지원하는 것이 아니라, 오히려 불이익을 준다는 것을 의미한다.

이것은 미국의 기본 정책을 살펴볼 때 그리 놀라운 것은 아니다. 미국 부시 정권이 추구하고 있는 신자유주의 정책은 하위 계층을 지원하는 것이 아니라 불공정한 현 상태에서 극단적인 경쟁을 조장함으로써 상층계층이 더욱 자신의 이익을 확대하도록 하기 때문이다. 이런 의미에서 미국의 부시 정권의 정책은 소수 집단에 우호적이 않다는 것을 알 수 있다.

미국 소수 집단 전체 학생의 비율을 보면 2006년 현재 43.1%에 해당할 만큼 큰 비중을 차지하고 있다. 전체 인구 비율에서 소수 민족의 비율이 49.9%로 절반을 차지하고 있는 것을 보면 학생의 비율도 이와 유사할 것이다. 먼저 미국 전체 인구비율을 보면 〈표 4-2〉와 같다.

〈표 4-2〉 미국 내 인종별 인구비중 추이

| 인종 | 1990년 | 2000년 | 2002년 | 2007년 | 2020년(E) | 2050년(E) |
|---|---|---|---|---|---|---|
| 백인계 | 74.8 | 69.4 | 68.5 | 66.3 | 61.3 | 50.1 |
| 소수인종 | 25.2 | 30.6 | 31.5 | 33.7 | 38.7 | 49.9 |
| -하이패닉계 | 9.0 | 12.6 | 13.3 | 14.9 | 17.8 | 24.4 |
| -흑인계 | 12.3 | 12.7 | 12.8 | 13.0 | 13.5 | 14.6 |
| -아시아계 | 3.0 | 3.8 | 4.0 | 4.4 | 5.4 | 8.0 |
| -기타(에스키모, 인디어, 원주민 등) | 0.9 | 1.5 | 1.6 | 1.4 | 2.0 | 2.9 |

출처: 박성혁(2008). 다문화교육정책 국제비교 연구. 교육과학기술부.에서 재인용

1990년만 하더라도 소수 인종 중에서 가장 큰 비율을 차지하는 것은 흑인계 즉 아프리카계 미국인이었고 다음으로 히스패닉 계 미국인이었다. 이러한 경향은 2002년부터 역전이 되어서 이런 경향이 유지되고 있다. 미국 인구조사국(US Census Bureau)은 향후 2050경 히스패닉 계 미국인이 미국 인구의 4분의 1이 될 정도로 증가할 것으로 내다보고 있다.

미국 공립학교에 재학 중인 학생들의 출신국을 비교해 보면 다음 〈표 4-3〉과 같다. 1985년에는 백인 계 학생이 69.6%로 가장 높은 비율을 차지하고 있었고 다음이 흑인으로 16.8%였다. 소수 인종 가운데 가장 높은 비율을 차지하고 있었던 흑인계 학생은 2002년부터 두 번째로 감소했고, 히스패닉 계 학생이 16.6%로 소수 인종가운데 가장 큰 비중을 차지하게 되었다.

〈표 4-3〉 미국 공립학교의 인종 · 민족별 등록학생 비율

| 년도 ('10월 기준) | 백인 | 소수인종 전체 | 흑인 | 히스패닉 | 아시안 | 태평양 제도 | 미국 인디언/알래스카 원주민 | 혼혈 | 기타 |
|---|---|---|---|---|---|---|---|---|---|
| 1985 | 69.6 | 30.4 | 16.8 | 10.1 | - | - | - | - | 3.5 |
| 1989 | 68.0 | 32.0 | 16.6 | 11.4 | 3.0 | (1) | 0.9 | - | 0.1 |
| 1990 | 67.6 | 32.4 | 16.5 | 11.7 | 3.0 | (1) | 0.9 | - | 0.3 |
| 1995 | 65.5 | 34.5 | 16.9 | 14.1 | 2.3 | (1) | 0.6 | 0.6 | 0.6 |
| 2000 | 61.3 | 38.7 | 16.6 | 16.6 | 4.2 | (1) | 1.3 | 1.3 | 0.6 |
| 2001 | 61.3 | 38.7 | 16.5 | 16.6 | 4.3 | (1) | 1.3 | 1.3 | 0.6 |
| 2002 | 60.7 | 39.3 | 16.5 | 17.6 | 4.0 | (1) | 1.2 | 1.2 | 0.6 |
| 2003 | 58.3 | 41.7 | 16.1 | 18.6 | 3.7 | 0.3 | 0.6 | 0.6 | 0.6 |
| 2004 | 57.4 | 42.6 | 15.0 | 19.3 | 3.9 | 0.2 | 0.8 | 0.8 | 0.6 |
| 2005 | 57.6 | 42.4 | 15.6 | 19.7 | 3.7 | 0.2 | 0.7 | 0.7 | 0.6 |
| 2006 | 56.9 | 43.1 | 15.6 | 20.2 | 3.8 | 0.2 | 0.7 | 0.7 | 0.6 |

출처: NCES, US Department of Education, 박성혁(2008). 다문화교육정책 국제비교 연구. 교육과학기술부.에서 재인용

2006년에는 소수 인종 전체가 43.1%의 비중을 차지하고 있고, 이중에서 히스패닉 계 학생들의 비중이 20.2%로 가장 큰 비중을 차지하고 있다. 히스패닉 계와 흑인계 학생의 차이는 점점 커지는 경향을 보이고 있다.

미국은 현재 다양한 문화를 있는 그대로 인정하는 샐러드 보울(salad bowl) 정책을 기본으로 하고 있다. 샐러드 보울이란 다양한 야채가 그 원형을 보존하면서 하나의 샐러드 그릇 속에서 더 맛있는 풍미를 풍기는 것처럼 다양한 민족문화가 용해되지 않고, 그 정체성을 유지하면서 미국 문화를 풍부하게 만들어간다는 것을 의미한다. 소수 집단의 문화와 정체성이 훼손되거나 억압받지 않으면서도 주류 집단과 조화를 이루어가도록 한다는 것이다.

미 연방교육부의 다문화가정 학생 관련 교육프로그램을 보면 〈표 4-4〉와 같다. 먼저 언어관련 프로그램이다. 영어 구사능력 제한학생들을 지원하는 프로그램을 실시하고 있다. 이는 주로 영어 습득국(Office of English Language Acquisition: OELA)이 담당하고 있다. 여기서는 영어 습득 뿐 아니라 이주 언어교육을 지원하여 소수 집단들이 영어와 함께 자신의 언어를 익힐 수 있도록 하고 있다.

〈표 4-4 〉 미연방 교육부 다문화가정 학생 교육프로그램

| 교육대상 | 내용 | 주관부처 | 프로그램명 |
|---|---|---|---|
| 영어구사능력 제한 학생 (LEP Students) | 이중언어교육, ESL 교육, 가정 및 학부모 교육지원 | 영어습득국 (OELA) | 이중언어교육을 위한 학교 지원: Bilingual Education Comprehensive School Grants |
| 영어구사능력 제한 학생 (LEP Students) | 영어구사능력 제한 학생에 대한 각 주의 영어능력 향상 및 학업성취 증진 프로그램 | 영어습득국 (OELA) | 영어습득교육을 위한 주 미지원: English Language Acquisition State Grants |
| 모든 교사 | 교사 대상의 이중언어 교육 능력 향상 프로그램 | 영어습득국 (OELA) | 교사를 위한 이중언어교육: Bilingual Education Training for All Teachers |
| 영어구사능력 제한 학생 | 미국 본토와 하와이, 알래스카 원주민, 태평양섬 출신의영어구사능력 제한 학생을 위한 영어 지원프로그램 | 영어습득국 (OELA) | 미국 원주민과 알래스카 원주민 아동을 위한 학교교육:Native American and Alaska Native Children in School |
| 인디언 아동 | 인디언 아동 교육지원을 위한 관련기관 및 단체지원 | 고등교육국 (OPE) | 미국 원주민 중심대학: American Tribally Controlled Colleges and University<br>인디언 아동 교육: Demonstration Grants for Indian Children<br>지방 인디언교육기관 지원: Indian Children-Formular Grants to Kocal Education Agencies<br>인디언 교육의 전문성을 위한 지원: Indian Children-Professional Development Grants |
| 이민자녀 | 이민자 교육을 위한 관련단체, 고등학교기관, 주 교육기관 지원 | 초중등교육국(OESE) | 이민자 교육 프로그램 Even Start<br>이민자 학생 교육을 위한 주의 기초재정 지원<br>고등교육을 받는 이민자학생의 재정 지원 프로그램<br>주별로 연계된 협동적 이민자녀 교육 프로그램 지원 |

출처: http://www.ed.gov/index.hjtml, 박성혁(2008). 다문화교육정책 국제비교 연구. 교육과학기술부.에서 재인용

다음으로 인디언 집단에 대한 교육지원이다. 이것은 고등교육국(Office of Post-secondary Education: OPE)이 담당한다. 미국 원주민 중심 대학이나 지방 인디언 교육기관을 지원하고, 인디언 아동 교육을 지원하거나 인디언 교육의 전문성을 신장하도록 지원한다.

마지막으로 이민 자녀에 대한 교육적 지원이다. 이것은 초등교육국(Office of Elementary and Secondary Education: OESE)에서 담당하는 것으로 이민자 자녀가 성공적으로 학습할 수 있도록 돕는다.

# 제 5 장
# 캐나다 사회와 다문화 교육

북미지역의 캐나다는 미국과 같이 다문화주의를 표방하는 나라이다. 미국과 캐나다는 전형적인 다문화주의 국가로 볼 수 있을 만큼 소수 민족의 정체성과 다양성을 인정해 주고 있다. 용광로 모형이 아닌 샐러드 보울(Salad Bowl) 모형, 그리고 모자이크 모형이라고 불리는 다문화주의를 시행하고 있다.

이와 달리 처음 유럽인들이 캐나다로 이주할 당시 이민족에 대한 침략과 억압은 크게 다르지 않았다. 오래전부터 거주하고 있었던 인디언과 이누이트[21]족에 대한 백인의 탄압은 미국과 별반 차이가 나지 않을 정도로 가혹한 것이었다.

지금은 인디언과 이누이트족 등 원주민들이 '퍼스트 네이션(the first nation)' 다시 말해 '제1민족' 또는 처음 거주하고 있었다는 점에서 '선주민'(先主民) 이라고 부르며 존중하려 하고 있지만[22] 유럽인이 처음 캐나

---

21) 영어는 Inuit, 이누크티투트어는 ᐃᓄᐃᑦ로 표기. 이누이트는 사람이라는 뜻임.

다에 이주할 당시에는 열등한 문화를 가진 민족으로 개화의 대상이었다.

백인들은 원주민들의 문화를 전부 유럽 기독교의 문화로 대체하고자 하였다. 원주민들의 자녀를 집단 수용소로 강제 이주하여 부모와 강제 격리시켰다. 원주민 아동들은 이 수용소에서 학대를 받으며 자신의 문화를 버리도록 강요받았다. 수많은 아동들이 이곳에서 목숨을 잃은 비극의 시대였다.

그 이후에도 캐나다는 원주민에 대한 차별을 지속하였지만 영국계와 프랑스계가 대립하면서 다수의 문화를 인정하는 다문화주의를 표방하게 되었다. 그것은 20세기 후반에서야 일어난 일이었다. 그럼 먼저 캐나다에 유럽인들이 이주하고 그 이후에 일어난 역사를 먼저 개괄하는 것이 좋을 것이다.

## 1. 캐나다 다문화 사회의 역사

원래 캐나다 지역에는 아메리카 인디언과 이누이트족 등 원주민 혹은 선주민(先主民)이 거주하고 있었다. 캐나다에서는 원주민을 가리키는 용어로 "퍼스트 피플"(First peoples) · "퍼스트 네이션"(First nations)을 사용한다.

퍼스트 네이션이라고 하는 선주민은 여러 가지 의미로 사용되고 있다. 선주민이라는 말은 넓게는 유럽인과의 혼혈인 '메티(Métis)'나 북극권에서 주로 생활하는 '이누이트'들을 가리킬 때에 사용하기도 하지만 메티와 이누이트는 별도로 사용되기도 한다. 다소 혼란스럽지만 선주민들을 살펴보기로 한다.

북극권의 선주민을 통틀어 에스키모(Eskimo)라고 부르는 것은 실제 민족 구분에 맞지 않은 용어이다. 시베리아 극동부에서 알레스카에 걸쳐 거

22) 이 책에서 First Nations을 '선주민(先主民)'이라고 서술하겠다.

주하는 '유픽'(Yupik)은 자신들이 이누이트와는 다른 종족이라고 생각한다. 이누이트와 유픽은 사용하는 언어도 다르다. 유픽은 이누이트와 달리 에스키모라는 명칭에 거부감이 없다고 한다.

이누이트(Inuit)는 사람이라는 뜻이다. 유럽인들이 이누이트들을 처음 볼 때 고기를 먹는 사람이라는 뜻으로 이들을 에스키모라고 불렀다. 이 이름은 이들 원주민들을 비하하는 의미를 담고 있는 것으로 유럽인들이 일방적으로 붙인 이름이다. 이누이트들은 에스키모라는 이름에 비하의 뜻이 담겨있다고 생각하여 자신들을 에스키모라고 부르지 말아달라고 하고 있다. 이들은 스스로를 이누이트라고 부르고 있다.

이누이트는 알래스카 주, 그린란드 캐나다 북부와 시베리아 극동에 사는 선주민이다. 미국에서는 알래스카의 극권에 사는 이누이트계 여러 부족들과, 유픽을 가리지 않고 에스키모라고 부르지만 캐나다에선 이누이트를 퍼스트 네이션, 메티와 함께 독립적인 캐나다 원주민의 하나로서 법적 지위를 부여하고 있으며 일반적으로 이누이트라는 명칭을 사용한다.[23] 이 때 퍼스트 네이션은 좁은 의미로 소위 캐나다 인디언에 해당된다.

캐나다 선주민의 등록과 캐나다 인디언 보호지의 관리를 위해 마련한 인디언 법에 따라 작성된 캐나다 인디언 보호지 목록에서는 퍼스트 네이션이란, '자신이 캐나다에 존재하는 여러 선주민에 속한다'고 생각하는 사람으로 규정하고 있다. 1982년 개정된 캐나다 헌법 35조에서는 "캐나다 선주민은 인디언, 이누이트, 메티 족을 말한다"고 정의하고 있다. 그러면 캐나다 지역 선주민들의 역사를 살펴본다.

---

23) 출처: http://ko.wikipedia.org/wiki/이누이트. 위키백과

선주민들이 살고 있던 캐나다 지역에 유럽인이 처음으로 도착한 것은 AD. 1000년경 스칸디나비아 탐험가들이 뉴펀들런드 등에 상륙한 것이었다. 그 이후 1500년대 초 영국인 · 프랑스인 · 스페인인 · 포르투갈인들은 뉴펀들랜드를 출발하는 어업 원정을 왔었다. 16세기부터 유럽인의 이주가 시작된 것이라고 볼 수 있다.

1534년 자크 카르티에(Jacques Cartier)가 세인트로렌스 만에 상륙했고 그 이후에 프랑스가 캐나다에 대해 영유권을 주장하기 시작하였다. 1604년에 아카디아에 정착지가 형성되었고, 1608년 사뮈엘 드 샹플랭(Samuel de Champlain)이 새로운 식민지 퀘벡을 건설하였다. 영국은 1670년이 되어서야 허드슨스 베이(Hudson's Bay)라는 회사를 설립하여 프랑스보다 느리게 자기 영역을 확장하기 시작했다.

북아메리카 북부 내륙지역에 대한 영국과 프랑스의 경쟁은 거의 한 세기 동안 지속되었다. 1713년 앤 여왕 전쟁(스페인 왕위계승전쟁)의 결과, 노바스코와 뉴펀들랜드가 영국에 귀속되었다. 프랑스가 처음으로 패배한 전쟁이었다. 그 이후 여러 전쟁 끝에 프렌치-인디언 전쟁으로 프랑스는 북아메리카 대륙에서 완전히 철수하게 되었다.

프렌치-인디언 전쟁(French and Indian War)은 영국과 프랑스가 치른 7년 전쟁(1756~1763)의 한 부분이었다.[24] 이름이 프렌치 인디언인 이유는 프랑스인과 캐나다인이 영국인에 대항하여 싸운 전쟁이기 때문이다. 전쟁의 이름이 패배한 국가의 이름인 경우가 종종 있는 것을 보면, 프랑스인과 캐나다 인디언이 패했음을 짐작할 수 있을 것이다.[25]

---

24) http://100.daum.net/encyclopedia/view.do?docid=b24p0205a. daum 백과 사전.

25) 전쟁의 이름을 짓는 데는 다양한 계기가 있겠지만, 고대 그리스 로마 시대 전쟁의

이 전쟁은 누가 방대한 북아메리카 영토를 통제할 것인가를 놓고 일어났다. 이 전쟁은 오하이오 강 상류 지역 버지니아인과 펜실베니아 인에게 교역과 정착의 기회를 열어줄 대영제국의 영토인지, 아니면 프랑스의 영토인지를 결정하는 국지적인 문제를 둘러싸고 시작되었다. 이 문제의 이면에는 어떤 민족 문화가 북아메리카의 심장부를 장악하게 될 것인가라는 훨씬 더 큰 쟁점이 숨어 있었다.

서로 탐내고 있던 이 지역에서 수적으로는 영국계 정착민들이 다수를 차지하고 있었지만, 탐험과 무역, 인디언과의 유대 면에서는 프랑스가 우세했다. 이미 1749년부터 뉴 프랑스(북아메리카의 프랑스 영토)의 총독은 영국인들의 정착지를 애팔래치아 산맥 동쪽 영토로 국한시킬 목적으로 그 지역의 모든 영국인들에게 추방 명령을 내렸다.

1754년 봄 프랑스군은 오하이오 강 여러 지류에서 버지니아 군대를 몰아냈고 이에 조지 워싱턴 대령이 응전하여 소규모 전투가 벌어졌다. 워싱턴의 부대는 개전 직후 펜실베이니아 주의 니세서티 요새(Fort Necessity)에서 포위되어 항복하지 않을 수 없었다. 결국 두 나라 중 어느 한쪽이 지배권을 갖고 있는 전 세계 모든 지역으로 전쟁이 확산되었다.

신대륙에서는 프랑스의 육군이 월등히 우세했기 때문에 개전 이후 4년 동안 영국 정규군과 아메리카 식민지군은 심각한 패배를 당했다. 식민지인들의 전쟁 지원 능력이 부족하여 영국의 고충은 배가되었다.

그러나 1757년 말 경부터 3가지 요인으로 인해 전쟁의 양상이 바뀌기

---

경우 그렇다. 펠레폰네소스 전쟁, 페르시아 전쟁, 포에니 전쟁의 이름은 모두 패배한 국가 또는 동맹의 이름이다. 승자가 역사를 썼을 테니까 전쟁 상대국의 이름을 전쟁명으로 붙였을 것이다. 패자는 말이 없었을 것이니...

시작했다. 그중 하나는 윌리엄 피트 영국 총리의 활기찬 지휘력이었다. 또한 실제로 그는 '제국의 대전'을 승리로 이끈 주역으로 평가받았다. 이어 영국이 재정 및 산업 자원, 식량 공급, 해군 장비 등에서 계속 우위를 보인 반면, 프랑스는 전국적 파산과 경제의 마비상태로 치닫고 있었다는 점과 영국군과 아메리카군은 점차 야전 전투에 익숙해지고 있었다는 점이다. 1758~59년 영국군은 프랑스 해안과 세인트로렌스 만의 효과적인 봉쇄에 힘입어 루이스버그, 프롱트나크 요새, 카리용 요새, 크라운포인트, 뒤켄(지금의 피츠버그), 나이애가라 요새 등지에서 중요한 승리를 거두었다.

결국 영국은 몬트리올과 캐나다의 전 지역을 함락시켰고, 파리 조약(1763. 2. 10)에 따라 프랑스는 북아메리카에서 모든 군사적 · 정치적 기득권을 포기했다. 영국은 전쟁에서 승리했지만 역설적으로 전쟁의 부채, 확장된 식민지 제국의 행정 및 정착과 같이 승리에서 생겨난 문제들을 안게 되었는데, 이러한 부담으로 인해 10년 후에 치른 미국 독립전쟁에서도 패배하게 되었다.

미국 독립전쟁 후에 미국에서 건너온 영국 지지파들로 인해 캐나다의 인구가 증가하게 되었다. 미국의 독립 후에 프랑스의 확장을 위해 캐나다로 온 프랑스인도 증가하였다. 캐나다는 영국인과 프랑스인의 대립이 잠복하고 있었다.

캐나다의 확장주의는 19세기 중반 캐나다를 통합하려는 운동으로 전개하였다. 1867년 노바스코샤, 뉴브런즈윅, 퀘벡, 온타리오를 포괄하는 캐나다 자치령이 탄생했다. 캐나다를 통합한 이후 캐나다 영토의 확장은 서쪽으로 향했다.

캐나다는 20세기에 들어설 때까지 계속된 번영을 이루었으나 영국계와 프랑스계 지역 공동체 사이의 끊임없는 갈등이 장애가 되었다. 그리고 영국령에 속해 있어 독립국으로서의 지위를 누리지 못했다.

1931년 웨스트민스터 법(Statutes of Westminster)이 제정되어, 캐나다는 대영제국과 대등한 지위를 갖는 동맹국으로 인정되었다. 1982년이 되어서야 영국이 캐나다 지역 통치권을 캐나다에 완전히 이양하는 캐나다 법을 제정하게 되었다.[26)]

캐나다에서 프랑스계는 여전히 캐나다가 자신의 국가가 아니며, 자신의 권리를 누리지 못하고 있다는 것에 대해 불만을 갖고 있었다. 프랑스계 캐나다인의 민족주의 운동은, 20세기 후반 퀘벡 분리주의 운동으로 성장하였다. 1970년 캐나다 분리독립을 주장한 야당이 큰 표를 얻게 되었다.

결정적인 분열의 위기를 맞게 된 캐나다는 영국계와 프랑스계의 권리를 모두 인정하는 다문화주의를 선포할 수밖에 없게 되었다. 영어와 불어를 모두 공용어로서 인정하고, 캐나다의 단일한 공식 문화를 완전히 포기하였다. 이와 함께 모든 소수 민족의 권리와 정체성이 인정되었다. 샐러드 보울이라고 하는 다문화주의가 정립된 것이다.

퀘벡의 분리·독립운동은 국민투표로 마무리되었다. 퀘벡의 정치적 자치권을 한층 확대하기 위해 실시한 1992년과 1995년의 국민투표는 기각되었다.

캐나다는 1880년대가 되어서 산업이 발전하게 되어 노동력의 확보를 위해 중국인 노동자를 유입하게 되었다. 캐나다서부지역의 인구확대를 위해 태평양까지 철도를 확장하게 되면서 많은 노동력이 필요하게 된 것이다.

외국인 노동자를 유입하는 것은 저임금 때문이다. 캐나다에 이주한 중

---

26) 출처: daum 백과사전

국인에게는 자신과 동일한 노동을 한 백인이나, 흑인 노동자들 급여의 3분의 1만을 지급하였다. 또한 철도 완공 후에는 중국인 노동자들을 불필요한 존재로 취급하였다.

1923년에는 중국인 귀화 촉구 및 신규 이주 금지법(The Chinese Immigration Act)을 제정하여 중국인 이주를 규제하였다. 이 법은 1947년에 폐지가 되었다.

중국의 홍콩 반환도 중요한 계기가 되었다. 1997년 영국령 홍콩을 중국에 반환하기 직전 5~6년 동안 홍콩계 중국인들 다수 캐나다로 이주하였다. 현재 캐나다 내 '가시적인 소수인종' 중 가장 많은 집단을 구성하고 있다.[27)]

캐나다의 인구증가율을 보면 처음에는 기존 시민의 자연증가율이 이민증가율보다 높은 경향이었으나, 2001년 이후부터는 이민자의 증가율이 높아지고 있다. 자연 증가율은 점점 감소할 것으로 예상되어 2020년 이후에는 자연증가율이 0% 이하로 떨어질 것으로 보고 있다.

캐나다는 이민자의 비율이 높기 때문에 이민자가 어떤 집단인지를 파악하는 것이  중요하다. 캐나다의 이민자를 출신 지역별로  보면 1960년대 이전에는 유럽 이민자가 가장 많았다. 이러한 경향에서 아시아와 중동지역의 이민자가 점점 늘어나 1970년대부터 유럽 이민자 비율을 추월하기 시작했다. 1990년대 이후에는 아시아와 중동 지역의 이민자 비율이 가장 높고 그 다음으로 유럽, 호주, 중부 · 남부 아메리카 순이다. 미국에서 온 이민자는 가장 적은 비율을 차지하고 있다.

---

27) 최혜양(2010). 캐나다의 이민과 다문화주의 이해. 다문화콘텐츠연구 4(9). 209-239.

캐나다의 종교는 가톨릭 인구 비율이 43%로 가장 높다. 다음으로 개신교가 29.2%이다. 무교는 16.2%, 나머지 불교 · 힌두고 · 이슬람교 등은 다 합해서 11% 정도이나 이들의 성장률이 뚜렷하여 주목된다.

## 2. 캐나다의 다문화 정책

### 1) 18세기 캐나다 선주민 동화정책

캐나다의 다문화 정책은 미국과 유사하게 분리 · 차별, 동화정책을 취하다가 다문화주의로 전환하였다. 18세기 캐나다 선주민 정책은 선주민을 정부차원에서 캐나다 주류 백인 문화에 동화하려는 것이었다.

19세기에는 선주민 동화정책이라는 명분으로 기숙학교(Residential Schools)를 설립하였다. 캐나다 정부는 1874년부터 1970년대까지 선주민 어린이 15만 명을 교회 기숙학교 132곳에 격리하는 정책을 실시했다.[28]

선주민 아이들을 부모로부터 떼어내어 강제로 수용하여, 주류문화를 가르치고 영어를 교육시켰다. 기숙학교에 선주민 자녀들을 강제로 모아놓고 유럽식 교육을 강제하였고, 가족으로부터 격리하여 선주민 전통문화를 습득할 기회를 박탈한 것이다. 이것은 'Killing the Indian in the child'정책으로 알려졌으며, 1990년대에야 완전히 소멸되었다.

이 학교에서는 선주민들에게 유럽식 민주주의나 인권 · 시민 교육을 포

28) "캐나다, 선주민 탄압 공식 사과", 서울신문. 2008-06-13 18면, 이순녀 기자.

함한 근대적 교육을 한 것이 아니었다. 인종차별의식이 강한 교원들은 학생들에게 정신적 · 육체적 · 성적 학대를 가하였고 학생들은 이러한 학대에 병들어갔다. 많은 선주민 어린이들이 이곳에서 어린 나이에 죽었고 이름 없는 무덤에 대거 파묻혔다. 20세기 초까지도 선주민의 땅을 강탈하였고, 이들을 보호구역에 분리하여 수용하였다. 그 후로도 많은 선주민들은 주류 세력에 편입되지 못하고 마약 · 폭력 · 성매매에 연루되는 결과를 낳았다.

**캐나다, 원주민 탄압 공식 사과 29)**

원주민 강제 동화정책을 펼쳤던 나라들이 잇따라 과거사 사죄에 나서고 있다. 호주에 이어 캐나다 정부가 11일(현지시간) 원주민 탄압 정책에 대해 공식 사과했다. 일본 의회도 최근 아이누족을 원주민으로 인정할 것을 촉구하는 결의문을 채택하는 등 전향적인 태도 변화를 보이고 있다.

▲ 캐나다 전국 원주민의회 의장인 필 폰테인(가운데) 추장이 11일(현지시간) 오타와 하원 의회에서 연설하는 동안 스티븐 하퍼 총리와 의원들이 박수를 치고 있다. 오타와 AFP 연합뉴스

29) 서울신문. 2008-06-13 18면. 이순녀 기자.

스티븐 하퍼 캐나다 연방총리는 이날 오후 오타와에서 열린 하원 의회에서 "정부가 지난 세기 원주민 어린이들을 부모에게서 떼어내 강제로 교회 기숙학교에 수용, 고유의 전통과 단절시키는 고통을 주었던 과거에 대해 용서를 구한다."고 말했다고 AP, AFP통신 등이 보도했다.

그는 "어린이들이 당한 아픔은 우리 역사의 슬픈 한 장면"이라는 표현으로 깊은 유감을 나타냈다. 하퍼 총리는 이어 "동화정책은 원주민의 문화와 사고가 열등하다는 전제에 기초해 어릴 때 민족 정체성을 말살하기 위한 것이었다."고 시인한 뒤 "정부는 이 정책이 원주민의 문화와 전통, 언어에 지속적이고 나쁜 영향을 끼쳤다는 사실을 인식하고 있다."고 덧붙였다. 이날 의회에는 최고령 생존자인 마거릿 와바노(104)를 비롯해 수백 명의 원주민 대표들이 참석해 총리의 사과를 경청했다.

캐나다 정부는 1874년부터 1970년대까지 원주민 어린이 15만명을 교회 기숙학교 132곳에 격리하는 정책을 실시했다. 이들은 학교에서 차별과 부당한 대우를 받았으며, 성적 학대를 당한 것으로 알려졌다. 이누이트, 메티스 등 캐나다의 원주민은 현재 전체 인구의 3.5%인 120만 명에 달한다.

앞서 호주의 케빈 러드 총리도 지난 2월 의회에서 1915~1969년 원주민 어린이 5만 명을 부모에게서 빼앗아 백인 가정에 입양시켰던 과거에 대해 사죄의 뜻을 표했다. 일본 의회는 지난 6일 정부가 아이누족을 원주민으로 인정하고, 종합지원 대책을 마련하라고 촉구하는 결의문을 채택했다. 일본 정부는 1871년 호적법을 공표하면서 홋카이도 원주민인 아이누 족에게 창씨개명과 일본어 사용을 의무화해 이들을 일본인으로 동화시키는 정책을 펴왔다.

원주민에 대한 이 같은 태도 변화는 지난해 9월 유엔에서 '원주민 권리선언'이 채택되는 등 세계적으로 원주민의 전통과 인권 보호에 대한 관심이 높아진 데 따른 것이다. 유엔에 따르면 전 세계 원주민 인구는 70개국 3억 7000만 명에 이른다. 원주민 부족은 5000개이며, 이들이 사용하는 언어는 4000여종이다.

하지만 일각에선 이들 국가가 원주민의 정체성을 인정하는 인식의 변화에도 불구하고 권리와 보상 문제에 대해선 여전히 미온적인 입장이어서 실질적인 원주민 권익 보호를 기대하기엔 미흡하다는 지적이 제기되고 있다.

호주 정부는 원주민들의 10억 호주달러(9700억원)보상금 요구를 거부하고 있으며, 일본 정부도 아이누 족을 원주민으로 인정할 경우 발생하게 될 토지 보상 등에 대해 부담스러워하는 것으로 알려졌다. (이순녀 기자 coral@seoul.co.kr)

캐나다는 20세기 중반이 되어서야 선주민들을 인정하기 시작했다. 1956년에 선주민에게 공식적인 시민권을 부여하였고, 1960년에 연방선거 투표권을 부여하였다.

### 2) 영국계와 프랑스계의 갈등과 다문화주의 정착과정

캐나다에서 가장 중요한 집단 간 갈등은 영국계와 프랑스계의 갈등이었다.[30] 1960년대 이후 영국계 우위의 사회체제에 대한 프랑스계의 이의제기와 불만이 표출되기 시작하였다. 이에 대해 캐나다 정부는 프랑스어를 공용어로 채택하였고, 1969년에는 '공용어법'을 제정하였다. 2언어 2문화주의를 선언한 것이다.

1970년대 퀘벡 주의 야권에서는 퀘벡 주의 분리·독립을 선언하여 선거에서 많은 표를 얻게 되었다. 퀘벡의 분리·독립 운동이 실제적인 힘을 얻게 된 것이다. 이러한 상황에서 캐나다는 2언어 2문화주의를 대체할 보다 평등하고 확대된 시민참여 모델이 필요하였다.

결국 1971년에 수상 튀르도(Pierre Trudeau)는 다문화주의를 선언하였다. 그는 "캐나다에 공식 언어는 두 가지가 존재하지만 공식문화는 존재하지 않는다."고 선언한 것이었다. 튀르도 수상의 다문화주의가 표방하는 실천 목표는 다음과 같았다.

• 문화의 공적 원조

30) 이용승(2009). 다문화주의 정책유형 결정요인 분석. 고려대학교 박사학위논문.

- 전체 사회참여시 문화적 장애 타파
- 국민통합을 목표로 한 민족 집단 간의 상호교류 촉진
- 전체 사회 참여를 위한 공용어 습득 장려

수정 헌법에서 다문화정책을 법으로 명시한 것은 1982년이었다. 1985년에는 다문화주의 프로그램 전담 '다문화주의 상임위원회' 발족하였고, 1988년에는 다문화주의법을 제정하였다. 다양성을 캐나다 사회의 근본적인 성격으로 인정한 것이다. 1991년에는 '다문화주의와 시민권부'를 설치하였고, 1986년에는 고용평등법령을 제정하였다. 소수 집단의 차별문제 중 작업장에서의 차별을 심각한 것으로 간주하여 이런 차별을 근절하고자 한 것이었다. 1988년에는 캐나다 다문화주의 법령(Canadian Muti-culturalism Act)을 제정하였다.

2009년 캐나다는 2월을 흑인의 달, 5월은 아시안 문화유산의 달로 제정하였다. 해당단체가 문화행사를 주관하고 있다. 2008~9년에는 폴 유직(Paul Yuzyk)상을 제정하였다. 20세기 중후반에 캐나다 상원의원이었던 유직(Yuzyk)씨는 우크라이나계로 다문화주의를 강력하게 주장하여 '다문화주의의 아버지'라고 불린다. 그는 당시 2대 문화 정책(Bi-culturalism)을 지향하던 정부를 비판하고 다문화주의를 주장하여 다문화주의를 확립하는데 큰 영향을 미쳤다.

### 3) 다문화 정책 목표와 세부 정책

캐나다 정부는 다문화 정책의 목표로 2가지와 7가지 세부 정책을 제시

하였다. 첫 번째 목표는 '캐나다와 세계 속에서 다양한 문화 경험을 공유하고 표현하는 캐나다인'이라고 정하였다. 이는 캐나다 내부의 소수 집단 간의 문제라기보다는 대외적인 목표에 해당한다. 캐나다 고유의 문화 컨텐츠를 형성하여 확산한다든지, 캐나다 문화유산을 보존한다든지 하는 세부 정책은 이러한 방향을 나타내고 있다. 다만, 캐나다 문화유산에 선주민의 문화를 포함시킨다는 점에서 다문화주의적인 입장을 반영하고 있다.

두 번째 목표는 문화 간 이해와 시민참여를 통한 통합적 캐나다 사회의 건설이다. 여기에 캐나다 내 집단 간 소통과 이해, 그리고 참여와 관련된 내용이 포함되어 있다. 문화 간 이해를 증진한다든지, 지역 및 공동체 사회에 더 많이 참여하도록 하게 한다든지 하는 세부 정책의 내용을 담고 있다. 이것을 정리한 것이 〈표 5-1〉이다.

〈표 5-1〉 캐나다 다문화 교육 세부 프로그램

| 정책 목표 | 세부정책 |
|---|---|
| 1. 캐나다와 세계 속에서 다양한 문화 경험을 공유하고 표현하는 캐나다인 | 1. Canadian content 형성 및 확산<br>2. 문화적 표현과 참여증진<br>3. 캐니다 문화유산 보존<br>4. 캐니다의 문화적 삶의 접근성과 참여증진 |
| 2. 문화간 이해와 시민참여를 통한 통합적 캐나다 사회 건설 | 5. 문화 간 이해증진<br>6. 지역 발전 증진<br>7. 지역 및 공동체사회 참여 증진 |

출처; Canadian heritage 2005-06 departmental performance report, p.35, 71. 박성혁(2008). 다문화교육정책 국제비교 연구. 교육과학기술부. 95쪽에서 재인용.

캐나다의 세부 교육프로그램은 캐나다 다문화 정책 세부 목표에 따라 구성되었다. 캐나다 국가 전체의 문화의 다양성과 우수성을 알린다는 취지에 따라서 세부 교육 목표가 설정되었다. 캐나다 고유문화 내용을 형성하고 캐나다 문화의 수월성을 증진하기 위해서 각 매체나 영화, 스포츠 등에서 문화적 다양성과 수월성을 증진하는 프로그램을 실시한다는 것이다.

문화적 표현과 참여를 증진 시키는 방안으로 인터넷, 디지털로 된 경제·문화 컨텐츠를 지원하고, 전통 문화 유산 유지 등의 산업을 지원하며, 국제 협력 네트워크를 추진하는 내용이다. 캐나다 문화유산의 보존을 위하여 캐나다 문화유산 보존 협회를 지원하고, 선주민의 언어·문화를 보존하고 유지하는 내용이 포함되어 있다. 이것은 선주민의 언어와 문화가 캐나다의 고유한 문화에 포함한다는 것을 의미한다. 소수 민족인 퍼스트 네이션의 가치와 의미를 인정한다는 점에서 다문화주의적인 특징을 갖고 있다고 볼 수 있다.

여기서 한 가지 생각해 볼 점은 다문화주의적인 입장에 따라 캐나다 내 각 집단의 고유성과 가치를 인정하고 존중할 경우, 하나의 캐나다로 단결하기 위한 연대의식은 어디서 찾을 수 있는가 하는 것이다.

필자가 캐나다에 갔을 때 이와 관련된 질문을 캐나다인에게 한 적이 있다. 각 문화가 자신의 정체성과 권리를 주장하게 된다면 하나의 캐나다로서 강력한 힘을 갖기가 힘들지 않겠는가 하는 것이다. 여기에 대해서 내게 질문을 받은 캐나다인이 한 대답은 민주적 공동체로서의 캐나다라는 것이었다. 마치 민주 사회에서 모든 개인이 각자의 고유성과 권리를 존중받지만 하나의 공동체로서 그 사회에 대해 애정을 갖고 헌신하는 것과 같다. 각 개인이 존중받는다고 해서 자기 자신의 이익만을 추구하지 않는 것과 같이 소수 집단도 존중받는다고 해서 자기 집단의 이익만을 추구하지 않는다는 것이다. 이런 정신으로 캐나다는 다문화주의를 추구하면서도 하나의 캐나다라고 하는 연대의식을 형성할 수 있다는 것이다. 다문화주의가 가질 수 있는 분열의 우려에 대한 해답을 이런 방향에서 찾을 수 있을 것이다.

다문화주의가 연대성에 대한 해답과 방향을 갖고 있더라도 여전히 다른 사회에 비해서 더 구체적인 방안을 갖지 않으면 안 될 것이다. 이런 점에서 다문화정책 세부 목표의 첫 번째 부분이 캐나다 고유문화의 개발과 강화라는 것이 그리 놀라운 것은 아닐 것이다.

두 번째 세부 목표는 캐나다 내 집단 간 이해 증진이다. 캐나다는 크게 영국계, 프랑스계로 나뉘어져 있어서 기본적으로 다중 언어 국가이다. 이중 모든 캐나다 국민은 이중 언어를 학습해야 한다. 소수 집단 뿐 아니라 주류 집단인 영국계, 프랑스계도 상호 언어를 학습해야 한다.

여기에도 미묘한 차이가 있다. 퀘벡의 경우 많은 사람들이 영어를 사용할 수 있지만, 그 이외의 지역에서 영어를 사용하는 캐나다인은 불어를 유창하게 사용하는 경우가  드물다. 캐나다인 사이에서 농담처럼 하는 말은 시민권을 부여받을 때, 해야 하는 말만 프랑스어로 할 수 있으면 된다는 것이다. 2중 언어정책을 실시하고 있다고 하더라도 영어가 우세한 경향은 크게 바뀌지 않고 있다. 퀘벡 주의 프랑스계에게는 이러한 현상이 늘 불만의 씨앗이 되고 있다.

소수 민족의 경우 등한시 되던 자기 집단의 언어를 배우게 된다. 이미 반 이상의 비율을 차지하는 이민자들은 자신의 모국어를 배우도록 장려를 받는다. 캐나다 정부는 소수 민족 사회가 발전할 수 있도록 협력하고 지원한다.

〈표 5-2 〉캐나다 다문화 교육 세부 프로그램

| 정책 | 구분 | 내용 |
|---|---|---|
| Canadian content 형성 및 수월성 증진 | 문화예술, 스포츠산업 | · TV, 음악, 영화, 스포츠 분야에서 문화적 다양성과 접근의 수월성을 증진하는 프로그램<br>· 스포츠산업 지원 강화 |
| 문화적 표현과 참여 증진 | 문화예술 산업, 문화유산, 국제망 형성 | · 인터넷, 디지털경제와 문화컨텐츠 지원<br>· Creating Canada together<br>· 전통 문화유산 유지, 보존 프로그램, 문화기구 후원 및 투자, 문화산업 지원<br>· 국제협력 네트워크 구축 |
| 캐나다 문화유산 보존 | 문화유산 | · 캐나다 문화유산보존 협력(CCI) 지원<br>· 원주민 언어 · 문화의 보존 및 유지 |
| 문화간 이해증진 | 공식언어, 이중언어교육 | · 이중언어 교육(영어, 불어증력 향상)<br>· 교육부, 주정부 및 각 지역단체와의 협력을 통한 공용어 교육 강화 |
| 지역 발전 증진 | 원주민 커뮤니티 지원, 문화 다양성 | · 원주민 커뮤니티의 발전을 위한 협력적 파트너쉽 강화<br>· 연방정부, 주정부, 민간단체 및 소수민족 커뮤니티 간의상호협력과 교류 강화<br>· 캐나다의 다양성과 문화, 역사의 성취, 캐니다적 가치를 함양하고 축하하는 프로그램 |
| 지역 및 공동체사회 참여 증진 | 다문화 주의 시민참여 기념행사 | · 다양한 소수집단의 적극적 사회참여를 위한 지원<br>· 모두를 위한 캐나다:반차별 Action Plan<br>· 원주민 여성, 청소년을 위한 문화정체성 프로그램<br>· 캐나다의 역사적 문화다양성과 캐나다적 가치를 환경하는 축하 행사, 학습 프로그램<br>· 해외국 주최 세계박람회 참여 |

### 4) 대상별 다문화 교육

#### 가) 선주민 대상 다문화교육

캐나다 다문화 교육정책은 선주민을 위한 교육, 이민자를 위한 교육 그리고 모든 학생들을 위한 교육으로 나누어 볼 수 있다. 먼저 선주민을 위한 교육은 선주민의 학업성취를 성장시키기 위한 것이 있다. 선주민과 비 선주민 학생간의 성취격차를 감소시키기 위하여 선주민 학생을 위한 교수 방법을 제공하고, 지역 교육위원회에 선주민을 배치하고 있다. 선주민 부모의 학교 참여를 확대하도록 장려하기도 한다. 여기서는 박성혁(2008)의 '다문화교육정책 국제비교 연구'에 정리된 보고서의 내용에서 발췌하여 캐나다 다문화 교육을 소개하도록 하겠다.

온타리오 주의 경우 교육과정을 지속적으로 개정하여 모든 학생들이 선주민 역사에 대한 지식을 가지고 자각하도록 장려한다. 선주민 학생들이 자신감을 갖고 건강한 정체감을 형성하도록 지원하고 있다. 지역교육위원회는 선주민의 학교 적응 및 학습 프로그램 정보를 제공하고 있다.

마니토바 주의 경우 선주민들이 고등학교에서 낙오되지 않도록 지원하고 있다. 고등학교 졸업률을 높이기 위하여 선주민 가정 학부모에게 자녀 학습 지원 가이드를 제작하여 배포하고, 고등학교 수준까지 선주민 언어와 문화를 교육과정에 반영하는 등의 정책을 실시하고 있다. 선주민 출신 학교 교사를 더 채용한다든가 필수 학습 기능의 교육을 강화한다.

마니토바 주에서는 선주민의 대학진학률을 높이기 위하여 UCN대학 학부과정에 북부 선주민 연구 과정을 개설하였고, 선주민 성인을 위한 성인 학습센터를 개설하여 선주민 성인들도 고등교육을 받을 수 있는 기회를 제공하고 있다. 이외에도 선주민들의 취업률 증대를 위하여 선주민 고용 훈련 서비스를 제공하고, 선주민 출신 교사 의무 제도를 실시하고 있다. 마니토바 주의 선주민 교육 정책을 정리하면 〈표 5-3〉과 같다.

〈표 5-3〉 선주민 교육 마니토바 주 사례-1

| 목표 | 세부 프로그램 |
|---|---|
| 고등학교 졸업률 증진 | • 원주민 가정의 부모를 위한 자녀학습 지원 가이드 및 CD 제작, 배포(2개의 원주민어로 녹음)<br>• 저소득층 지역사회의 학교, 유대단체, 지역사회 기관의 파트너쉽 형성을 통한 협력적 학교지원 프로그램(CSPI)<br>• $K_{-12}$까지 원주민 언어와 문화를 교육 과정에 반영<br>• 문화적 효능감 및 다양성 교육<br>•원주민 출신 교사 채용 증가 |
| 고등 교육의 접근성 증대 | • UCN 대학 학부과정에 북부 원주민연구 과정 개설<br>• 마니토바 학생 지원 프로그램(MSA)<br>• 원주민성인을 위한 성인학습센터(ALC) 개설, 고등교육의 접근기회 확대 |
| 노동시장 참여와 진입 강화 | • 원주민 대상 고용훈련 서비스 제공<br>• 원주민 고용훈련 센터 설치 |
| 원주민 교육과 고용 증진을 위한 연구 | • 원주민 출신 교사의 의무채용 비율 확정<br>• 원주민교육연구 단체 및 원주민 정체성 교육 지원 |

### 나) 이민자 대상 교육

캐나다에서는 이민자들을 위하여 영어교육을 강화하고, 다문화주의와 관련된 수업을 강화하고 있다. 이민자를 위한 영어교육 사례로는 알버타(Alberta)주에서 실시하는 영어교육 프로그램이 있다. 영어를 제2언어로 사용하는 사람들을 위해, 유료, 무료의 영어교육(ESL)을 제공하고 있다.

또한 학교와 각종 기관을 통하여 하루 5시간 전일제 또는 시간제로 영어 교육을 유료로 제공하고 있다.

이외에 이민자를 위한 무료 영어 수업(Language Instructions for New Comers:LINC)을 연방 정부 재정의 도움을 받아 무료로 제공하고 있다. 알버타 주정부의 기금으로 운영되는 프로그램으로 'Alberta Works'라는 프로그램이 있다.

다음으로 프린스 에드워드 섬에서 이민자협회가 제공하는 다문화 교육이 있다.[31] 이 프로그램은 다양성을 위한 지역 사회의 자료를 이용하여 인종주의 워크숍이나 문화다양성을 증진하고 있다. 교실에서는 이민 노동자와 함께 수업을 한다든지 교직원에게 다문화적 감수성을 높이기 위한 훈련을 실시하고 있다. 이 프로그램의 특징을 정리한 것이 〈표 5-4〉이다.

〈표 5-4〉 프린스 에드워드 섬 이민자협회의 다문화 교육

| 세부 프로그램 | 내용 |
|---|---|
| 정보제공<br>(information service) | 인종주의 워크숍, 문화다양성 증진, 다양성 교육을 위한 지역사회의 자료 이용 |
| 교실수업<br>(class presentation) | 이민 노동자와 함께 초·중·고등학교 및 고등교육기관에서 다문화주의 관련 수업 진행 |
| 문화적 감수성 훈련<br>(cultural sensitivity training) | 학교와 교직원, 정부기관 및 지역사회 서비스 기관의 직원을 대상으로 문화적 감수성 증진 교육 실시 |
| 각종 문화행사(cultural event planning) | 문화행사 개최 및 후원(예:세계 난민의 날, 국제적 인종차별 철폐의 날 행사 등) |

31) 박성혁(2008). 다문화교육정책 국제비교 연구. 교육과학기술부. 101쪽.

### 다) 모든 학생을 위한 다문화교육

이주민이나 소수 인종을 포함하여 모든 학생들에게 실시하고 있는 것이 반인종주의 교육이다. 모든 학생들이 소수 집단에 대한 관용성을 가지고 모든 차별을 반대하는 태도를 갖게 하기 위함이다. 반인종주의 교육의 사례로 반인종주의 교육(STOPRACISM.CA) 인터넷 사이트를 운영하는 것을 들 수 있다. 이것은 캐나다의 반 인종주의 교육 및 연구회(CAERS)의 후원으로 설립되었다. 이 사이트는 교육, 결속, 극복을 슬로건으로 반(反) 인종주의 교육프로그램 제공하고 있고, '인종주의적 상징에 대처하는 법', '미디어에 나타난 인종주의에 대체하는 법'등을 소개하고 있다. 이 사이트의 홈페이지는 [그림 5-1]과 같다.

[그림 5-1] 캐나다의 반인종주의 교육 홈페이지

출처: www.stopracism.ca

다양성 증진 콘테스트(The Mathieu Da Costa Challenge)라는 프로그램도 있다. 이것은 캐나다 문화유산부의 주관 하에 1996년부터 해마다 실시하고 있는 다문화 예술작품 경연대회이다. 이 대회의 목적은 캐나다가 역사적으로 형성해온 문화적 다양성을 통해 캐나다 사회의 다원주의의 중요성을 홍보하는 것으로 이 대회의 참가대상자는 9-18세 사이의 청소년이다. 이 대회를 통하여 '다양한 문화적 배경을 가진 사람들이 어떻게 창조적이고 응집력 있는 캐나다 사회를 구성할 수 있는가'에 대한 내용으로 글짓기나 예술작품을 구성하도록 하고 있다.

이상으로 북 아메리카 국가인 미국과 캐나다의 다문화 특징을 살펴보았다. 아메리카 대륙의 국가들은 선주민들이 살고 있는 상태에서 유럽인들이 이주했다는 공통점을 가지고 있다. 처음에 미국이나 캐나다는 모두 선주민 집단을 탄압하였다. 같은 수준의 사람이라는 생각을 거부하고 열등한 집단으로 분리하고 차별하였다.

좀 더 진전된 태도는 동화주의였다. 소수 집단인 선주민들을 '같은 인류'로 생각하고 주류 집단과 동화될 수 있다고 생각한 것이다. 한편으로는 비인간적인 생각이지만 한편으로 보면 주류 집단에서는 '자비롭고' '진보적'인 태도였다.

미국의 경우 아프리카계 미국인의 저항으로 이러한 억압이 지속될 수 없었고 다문화주의적인 입장을 취하게 되었다. 소수 집단의 저항이 있은 후에야 이들에 대한 대우가 달라진 것이다.

캐나다는 영국계와 프랑스계의 갈등에서 벗어나기 위해서 동화주의적 입장을 버리고 다문화주의를 채택하게 되었다. 두 주류 집단의 갈등을 해결하기 위해서는 공존의 길을 택할 수밖에 없었던 것이다. 인종주의를 철폐하려는 캐나다의 노력이 미국보다 더 강한 것 같다. 이들은 소수 집단을 퍼스트 네이션, 즉 제1민족이라 부르며 이들에 대한 처우를 개선하기 위한 노력을 기울이고 있다. 다른 소수 집단인 이주민들에 대한 관용도 더 큰 것으로 보인다. 캐나다는 이민자가 워낙 많고, 미국만큼 특정 주류 집단즉, 백인청교도집단인 WASP이 강한 권력을 갖고 있지 못하기 때문이라고 해석할 수 있을 것이다.

유럽은 북 아메리카 국가들의 다문화주의와는 다른 양태를 보이고 있다. 유럽은 백인이 선주민이고, 이주민이 소수 집단인 경우이다. 이 경우에는 분리정책 혹은 동화주의 정책을 취하는 경향이 있다. 독일은 이주민들을 주류 사회에 동화하지 않고 분리하지만 인권을 보장하는 정책을 취하였다. 독일은 최근에야 이주민들이 독일에 귀화하는 것을 용이하게 하는 정책을 실시하게 되었다. 프랑스는 소수 민족을 공화주의라는 이름으로 동화하려는 이념을 가지고 있다. 프랑스의 공화주의라는 이상이 현실에서는 잘 반영이 되지 않아서 현실 사회에서는 소수 집단이 차별을 받는 문제를 갖고 있다. 다음 장에서는 유럽 다문화 사회와 교육의 특징을 독일과 프랑스를 중심으로 살펴보기로 한다.

# 제 6 장 유럽 사회와 다문화 교육

## 1. 유럽 다문화 사회의 특징

유럽은 오래 전부터 여러 민족이 공존해온 지역이라고 볼 수 있다. 고대 그리스 때부터 다른 민족과의 교류와 전쟁은 끊임없이 있어왔다. 이 때문에 유럽의 다문화는 새로운 사실이 아니며 어느 지역이나 다민족 문제에 대한 대처를 할 수밖에 없었다.

소수 민족의 권리가 확대되면서 민족 간 대립은 심화되는 현상을 보여왔다. 또한 오랜 동안 반목이 있었던 지역의 경우도 타협을 하는 경우가 있는 반면 현대에 와서도 이런 갈등을 보이는 양상을 드러내는 곳도 있다.[32)]

1960~70년대의 경우 민족 간의 대립이 심화되는 사례가 있다. 벨기에

32) 마르티니엘로 저, 윤진 역(2008), 현대사회와 다문화주의. 한울

의 경우 플랑드르와 발론인의 대립이 있었다. 프랑스의 보도를 보면 그 내용을 알 수 있다.

> 프랑스 일간 르몽드는 29일 벨기에 플랑드르 지방 유력 인사들이 독립국가로 거듭나자는 성명을 채택했다고 보도했다. 서명자 중에는 전직 은행장, 벨기에 매킨지 사장, 플랑드르 최대 경제주간지 발행인, 벨기에 유력 일간지 논설위원, 경영자협회 전 회장 등이 포함됐다. 르몽드에 따르면 이들은 플랑드르가 지속적인 발전을 이루고 세계화의 도전을 헤쳐나가기 위해서는 벨기에라는 국가의 틀을 벗어버려야 한다고 주장했다. 그러는 것이 비용이 훨씬 적게 드는 일이라고 했다. 아울러 이들은 연방제도의 복잡함, 남부 발론 지역과의 정치적 타협의 어려움, 부유한 플랑드르 지역의 돈이 가난한 발론 지역으로 흘러가는 것에 대해서도 비판적 입장을 밝혔다. 이들의 성명서는 극단적인 민족주의 성향을 지닌 극우정당 블라암스 벨랑당의 주장과 흡사하다. 벨랑당도 국가 해체를 주장하고 있다. 최근 플랑드르 지역에서 실시된 여론조사에 따르면 플랑드르 지역 경영인 둘 중 하나는 벨랑당이 권력을 잡는 것을 지지하는 것으로 나타났다.[33)]

영연방의 경우에 민족 간의 갈등은 새로운 것은 아니지만 웨일즈인과 스코틀랜드인의 대립, 그리고 북아일랜드인과의 대립은 1960년대 와서 다시 문제가 되었다. 스페인의 경우 카탈로니아와 바스크인의 요구가 강화되었다. 프랑스의 경우 브르타뉴인 · 오크인이 문화 · 언어의 권리를 주장하였고, 코르시카인들은 자치권 심지어는 분리 · 독립까지 요구하였다. 이처럼 유럽의 민족 간 갈등은 그 연원이 길 뿐 아니라 아직도 내재하여 종종 그 모습을 드러내고 있다.

2차 세계대전 이후 유럽의 국가들이 경제 성장을 이루게 되면서 외국

---

33) 중앙일보. 2005.11.30. "국가틀 벗는 게 이익" "유럽에 분리주의 바람", 파리 = 박경덕 특파원. 출처: 박경덕 기자의 블로그

인 노동자를 필요로 하게 되었다. 무엇보다 외국인 노동자들의 장점은 저렴한 임금이다. 저렴한 임금이 유지되려면 외국인 노동자들이 장기 체류해서는 안 된다. 더욱이 이들이 영주권을 얻거나 자국의 국민이 되면 국내 노동자가 갖고 있는 권한과 혜택을 모두 지급해야 하기 때문에 외국인 노동자가 갖고 있는 장점은 모두 없어진다. 이 때문에 외국인 노동자를 유입하다가도 일정한 기간이 지나면 이들을 돌려보내려 하거나, 이들이 영주하지 못하게 하기 위한 방안을 강구하게 된다.

1970년대가 되면서 유럽 여러 나라들은 추가적인 이민을 중지시키거나 그들을 귀환시키려 하였다. 이민자들은 이미 이민국가에서 얻게 되는 이익을 경험했기 때문에 더 이상 돌아가려 하지 않았다. 유럽 국가들의 예상과는 달리 이민자들은 그 곳에 정착하게 된 것이다.

원래 초기 이민자들은 이민 온 유럽 국가들을 일종의 경제적 유배지라고 생각하기도 하였다. 이런 어려운 상황에서도 이민자들은 새로운 요구하기 시작했다. 자신의 문화를 포기하기보다는 간직하여 자녀들에게 전하려 하였다. 이민자 2세들은 이민국인 유럽 국가에서 태어나 국적도 가지고 있어서 유럽 국가 국민이 되었다. 이들이 이들 국가의 국민이지만 새 나라의 완전한 시민이 되길 거부하였다. 자기가 속한 집단의 문화와 정체성을 포기하지 않는 것이다.

이민자들이 이민 국가를 떠나지 않으면서도 자기 집단의 문화적 정체성을 포기하지 않으려 하자 이민 국가는 새로운 형태의 다문화사회가 되어 갔다. 전통적 민족 간 갈등의 문제가 아니라 저임금 노동 유입의 과정에서 들어온 이민자들의 문화가 주류 문화와 대립하게 된 것이다.

이민자들이 주류집단보다 더 자기 집단의 문화에 집착하는 것이 아니다. 그 보다는 주류 집단과 다르기 때문에 부각된 것이라고 보아야 할 것이다.

유럽 국가들의 문화적 풍경은 계속 변모하고 있다. 이미 1세대 이민자들의 시대를 지나 2세, 3세로 내려오고 있고, 그 이후에 또 다른 형태의 이민자들도 들어오고 있다. 예를 들어 유럽 연합이 하나의 국가를 지향하면서 유럽 연합 내 인구 이동이  활발해지고 있다. 이것은 유럽만이 겪는 새로운 현상이다.

### 1) 신민족주의의 등장[34)]

이민자들이 유럽 국가에서 소수 집단을 형성하고 자신들의 권리를 확보해 나가게 되면서 이에 대한 반발도 가시화되고 있다. 소위 신민족주의의 등장이 그것이다. 소수 집단에 대한 존중과 지원이 과하여 주류 집단이 피해를 보고 있다는 생각이다. 나아가 자국의 번영을 위해서는 이전에 있었던 강한 민족 국가를 재건해야 한다고 주장한다.

이탈리아 보시(Bossi) 동맹, 벨리에의 블람스 블록(Vlamms Blok), 프랑스의 프롱 나쇼날(Front National: 국민전선), 미국의 '생존주의'(survivaliste)'등이 그것이다. 이들은 백인 중심의 새로운 문화를 건설할 것을 주장하면서, 소수 민족에 대한 차별이나 추방을 주장하고 있다.

예를 들어 프랑스의 국민 전선(Front National)은 1972년 창당된 이래 프랑스뿐만 아니라 유럽 극우세력을 대표하는 상징적 존재로 자리매김해

34) 마르코 마르티니엘로 저, 윤진 옮김(2002). 현대사회와 다문화주의. 한울

왔다. 전 국민전선 당수였던 장 마리 르펜(Jean-Marie Le Pen)은 반(反) 드골 운동인 '68혁명' 이후 뿔뿔이 흩어졌던 다양한 우익 분파들을 끌어 모아 1972년 국민전선을 탄생시켰다.

초창기에는 정치적 시련을 겪었지만 1980년대 중반 이후 전국적으로 꾸준히 15%의 정도의 지지를 받으면서 프랑스 중앙 정당체계 안에 안착했다. 2002년 대선에는 르펜 당수가 리오넬 조스팽 사회당 후보를 누르고 사상 처음으로 결선 투표에 진출하면서 프랑스를 충격의 도가니로 몰고 가기도 했었다.

국민전선의 주요 정책은 이민자 유입 제한이다. 국민전선은 프랑스 정부가 이민자들과 외국인 유학생들에 관대한 정책을 펴는 것에 대해 줄곧 반대를 표시했다. 국민전선은 또 대놓고 인종주의를 드러낸다. 르펜 당수는 스스로 인종차별주의자, 파시스트라고 밝힌 바 있으며 친(親) 나치발언으로 6차례나 유죄판결을 받기도 했다. 르펜은 올 초 당수직에서 물러나고 딸인 마린 르펜에게 자리를 물려줬다. 딸 르펜은 아버지 보다 덜 강경한 것으로 알려졌지만 2011년 3월 "이슬람 신자들이 거리에서 기도하는 행위를 법으로 막겠다"고 발언해 국민전선의 인종차별주의와 고강도 이민 규제 정책은 지속될 것으로 전문가들은 전망하고 있다.[35]

이와 같이 신민족주의자들은 문화와 정체성에 있어서 사회가 다양화되는 것에 대해서 극단적으로 반대하고 있다. 구체적으로 확인할 수 있는 적(이민자, 회교도, 발론인, 유엔, 코즈모폴리턴적 자본주의)에 의해 자기

---

35) 출처: 시대의 흐름을 읽는 지식 사이트:
Knowledge coming together,
http://www.webtionary.co.kr/qfinder
Copyright © (주) 지식을 다함께 Corp. All Rights Reserved

들의 정체성과 문화가 피해를 입고 있다고 생각하기 때문이다. 필요한 경우 인종적 우월주의를 내세우며 문화적 동질성, 인종적 순수성이라는 논리를 내세우는 것이다.

블람스 블록, 보시동맹, 미국의 몇몇 민병대는 아예 분리주의를 주장하고 있다. 프랑스의 국민전선은 '진정한' 백인 프랑스인들의 나라를 이룩하려는 '복고'를 주장하고 있다.

이러한 극우적 집단의 출현은 '보스니아 화'의 위험을 안고 있다. 집단적인 폭력이 심해지고, 결국 전쟁이 발발하여 수많은 사람들을 학살하는 참혹한 결과를 낳을 위험이 도사리고 있는 것이다.

### 2) 행태상의 소수집단과 종교집단

이민 노동자들 외에 여러 형태의 소수 집단이 있다. 대표적인 집단 가운데 하나가 성 소수자 들이다. 동성애자들을 포함하여 성과 관련된 소수자들은 '퀴어 네이션'(queer nation), 트렌스젠더 네이션(transgender nation)등의 이름으로 자신들의 권리를 인정받으려는 운동을 펼치고 있다.

이에 대한 종교집단의 억압적 행태는 거세다. 동성애에 대한 기독교의 반대는 맹목적이라고 할 정도이다. 성경에 '남색(男色)하지 말라'라고 하는 구절을 그 근거로 들고 있다. 기독교에서 동성애를 금지한 것은 아주 오래전부터 있어온 일이다. 이들은 동성애가 선천적으로 피할 수 없는 성적 태도라고 생각하지 않는다. 기독교인이 보기에 동성애는 성적 쾌락을 추구하다 더 이상 만족하지 못해 가는 마지막 죄악의 단계이다.

이성애자들 뿐 아니라 동성애자들도 선천적으로 타고났다는 사실을 부인할 뿐 아니라 소수 집단으로서 동성애자들의 인권을 보호하는 것에도 반대한다. 인권을 보호한다는 명목 하에 이런 극단적인 쾌락을 일삼는 죄악을 묵인하게 된다는 것이다. 이럴 경우 동성애가 더욱 유행하여 이 세상이 성적 쾌락의 도가니로 빠지게 될 지도 모른다고 생각한다.

동성애자들에 대해 적대적인 입장을 취하지 않는 비교적 유연한 기독교인들은 동성애가 하나의 질병이라고 생각하기도 한다. 이들은 동성애자들이 어떤 불행한 경험, 예컨대 어렸을 때 당한 성폭행과 같은 경험으로 동성애자가 되었다고 생각하기도 한다. 이들은 동성애자가 이성애자가 되도록 정신과 치료를 하거나 호르몬 등 약물 치료를 해야 한다고 주장하기도 한다.

동성애자들에 대한 맹목적인 적대감은 이들이 사회에 어떤 악영향을 미치고 있지 않는데도 일어나고 있다는 점에서 하나의 이데올로기적 측면을 가지고 있다고 볼 수 있다. 지배 계급은 특정한 집단을 적으로 몰아서 모든 문제를 이들의 탓으로 돌림으로써 지배 · 피지배 구조의 모순을 은폐한다. 이전의 마녀 사냥이 그랬고, 빨갱이 · 종북주의자 사냥도 그랬다. 동성애자들은 지금 그런 역할을 하고 있는 것이다.

사실 성경의 '남색'의 원래 의미는 '소년 강간'을 뜻하는 것이라고 해석되기도 한다. 만약 남색이 소년 강간을 의미한다면 적어도 예수의 가르침 이후에는 동성애와 관련된 가르침이 없다고 보아야 한다. 이를 뒤집어 본다면 성경은 동성애에 대해서 암묵적으로 인정하고 있다고 볼 수 있는 것이다.

2012년 미국의 연방법원에서 동성 결혼을 금지하는 것은 위헌이라고 판결하였다. 이제 미국 여러 주에서 동성결혼을 허용하고 있듯이, 각 주에서는 동성 결혼을 법으로 허용해야 한다. 미국을 기독교 국가의 이상적 형태로 생각하는 한국 기독교에서는 이를 어떻게 받아들일지 사뭇 궁금해지는 대목이다.

기독교는 동성애 문제 이외에도 낙태와 같은 행위에 대해서 극단적으로 반대한다. 미국에서는 극단적 종교적 우파가 공화당 내에 침투하려는 시도를 하였다. 또한 낙태수술을 시행하는 의사들을 살해하여, 자신들의 배타성을 전체에 강요하기도 하였다.

한국에서는 동성애자를 포함하여 소수 집단에 대한 차별을 금지하는 법안을 입법하려 했지만 기독교의 반대로 무산되었다. 동성애는 북한을 맹목적으로 추종하는 종북주의라고 주장하고 있다. 이런 태도는 극단적 보수주의가 아닌 것은 모두 빨갱이라고 하는 레드 콤플렉스를 보여주는 것이다. 성 소수자들의 최소한의 인권조차도 용납하지 않으려는 성향을 보이며 극우적인 행태를 보이고 있다.

최근에 발의된 차별금지법에 대한 격렬한 반대로 입법을 무산시켰다. 차별금지법을 발의한 것은 우리 사회에서 부당한 대우를 받는 약소 집단을 보호하기 위한 것이었다. 차별금지법에 성적지향이나 성정체성으로 차별받아서는 안 된다는 내용이 있었기 때문이다. 발의된 차별금지법의 내용을 정리하면 다음과 같다.

▶ 읽을 거리 ◀

### 차별금지법안의 주요 내용

(김한길 의원 대표 발의 2013. 2. 12)

가. 차별의 사유가 될 수 있는 요소를 성별, 장애, 병력(病歷), 나이, 언어, 출신국가, 출신민족, 인종, 피부색, 출신지역, 용모 등 신체조건, 기혼 · 미혼 · 별거 · 이혼 · 사별 · 재혼 · 사실혼 등 혼인여부, 임신 또는 출산, 가족형태 또는 가족상황, 종교, 사상 또는 정치적 의견, 전과, 성적지향(性的指向), 성정체성, 학력(學歷), 고용형태, 사회적 신분 등으로 자세히 규정함(안 제3조제1항제1호).

나. 성별 등을 이유로 고용, 재화 · 용역 등의 공급이나 이용, 교육기관의 교육 및 직업훈련, 법령과 정책의 집행에서 분리 · 구별 · 제한 · 배제·거부 등 불리하게 대우하는 행위를 차별로 보아 금지하고, 직접차별 외에 간접차별, 특정 개인 및 집단에 대하여 신체적 · 정신적 고통을 주는 괴롭힘 행위 및 차별의 표시 · 조장 광고 행위 또한 차별로 보아 금지함(안 제3조제1항).

다. 차별 관련 정책을 체계적으로 추진하기 위하여 정부는 차별시정기본계획을 5년마다 수립하고, 국가인권위원회는 차별시정기본계획 권고안을 마련하여 차별시정기본계획을 수립하기 1년 전까지 대통령에게 제출하며, 중앙행정기관 등은 시부시행계획을 수립하고 그 이행결과를 공개하도록 함(안 제6조부터 제8조까지).

라. 고용, 재화·용역·교통수단·상업시설·토지·주거시설·의료서비스·문화 등의 공급이나 이용, 교육기회 및 교육내용, 참정권 등 행정서비스 및 수사 재판상의 차별예방을 위한 조치, 성별 등을 이유로 한 괴롭힘 금지 등 영역별 차별금지 유형을 구체화 함(안 제10조부터 제30조까지).

마. 차별행위의 피해자는 국가인권위원회에 진정을 제기할 수 있으며, 국가인권위원회는 시정권고를 받은 자가 정당한 사유 없이 권고를 이행하지 아니하는 경우 시정명령을 하고, 시정명령 불이행시 3천만원 이하의 이행강제금을 부과할 수 있도록 하여 구제조치의 실효성을 도모함(안 제31조부터 34조까지).

바. 법원은 피해자의 청구에 따라 차별의 중지 등 임시조치를 할 수 있으며, 차별행위 시정을 위한 적극적 조치 및 손해배상 등의 판결을 할 수 있도록 함(안 제38조).

사. 차별행위의 고의성, 지속성 및 반복성, 보복성, 피해의 규모 및 내용 등을 고려하여 판단한 결과 차별행위가 악의적인 것으로 인정되는 경우 통상적인 재산상 손해액 이외에 손해액의 2배 이상 5배 이하에 해당하는 배상금을 지급하도록 함(안 제39조).

아. 차별행위의 피해자는 정보에 대한 접근이 어려워 차별행위에 대한 입증이 곤란할 수 있으므로 차별을 받았다고 주장하는 자는 해당 차별행위가 있었다는 사실을 입증하도록 하고, 차별행위를 한 자가 그 행위가 차별행위가 아니라는 점을 입증하도록 함(안 제40조).[36]

차별을 막자는 것에 이의를 제기할 사람은 없겠지만 문제는 차별요소의 내용이다. 그것은 위 인용문의 '가'의 내용이다. 차별의 사유가 될 수 있는 요소로 성별, 장애, 병력(病歷), 나이, 언어, 출신국가, 출신민족, 인종, 피부색, 출신지역 등 다양한 내용을 열거하고 있다.

이중에 가장 큰 문제가 되는 것은 성적 지향과 성정체성이다. 성적 지향이라고 하면 동성애자를 의미할 것이고, 성정체성이라고 하면 트랜스젠더(trans-gender)에 해당할 것이다. 이들 성 소수자들이 차별받지 못하도록 보호하는 것은 있을 수 없는 일이라는 것이다. 동성애자 앞에서 기독교의 관용은 끝이 난다고 볼 수 있다.

이것은 백인 국가의 회복을 주장하며 소수 민족을 적대시하는 극우적 민족주의자와 상통한다. 같은 인간이지만 어느 선에 이르면 받아들일 수가 없다는 것이다.

우리 사회에서 동성애자만큼은 아니더라도 심각한 차별을 받고 있는 것이 이주 노동자들이다. 이주 노동자들을 차별하지 말아야 한다는 것을 반대하는 사람은 아무도 없지만 실제 생활에서는 이런 차별이 사라지지 않고 있다. 이주 노동자의 어려움을 담은 다음의 보도 내용을 보면 이들의 아픔을 조금이나마 짐작할 수 있을 것이다.

36) 출처: 김한길의원 홈페이지
http://www.hangillo.net/board_01_1/6098

▶ 읽을 거리 ◀

**'다문화 사회 점검' 차별금지법 마련 시급**

YTN. 2013-05-17 17:33

우즈베키스탄에서 한국으로 시집와 올해로 12년째 한국생활을 하는 구수진 씨. 구 씨는 지난 2011년 10월 피부색이 다르다는 이유로 대중목욕탕 업주로부터 출입 금지를 당했습니다. 이 사건이 알려지면서 인종차별금지법 등을 제정하자는 논의들이 활발해지기도 했습니다. 하지만 법 제정은 지지부진한 상태. 구 씨는 여전히 일상생활에서 인종차별을 당하는 경우가 많다고 토로합니다.

엘리베이터를 탈 때 황급히 내려버리는 한국인들을 접하기는 다반사. 특히 아이들이 커서 자신과 같은 처지에 놓일까 봐 가슴 아플 때가 한두 번이 아닙니다.

[인터뷰:구수진, 결혼이민여성]

"(아이들이 아파트에서 놀면) 여긴 외국인이 놀면 안 되는데 이렇게 할 때에는 제가 눈물이 나려고 하고요. 우리 아이들이 앞으로 어떻게 살아가야 할지 걱정입니다."

소수 집단에 대한 차별을 극복하기 위해서는 여러 가지 전략이 필요할 것이다. 소수집단에 대한 인식을 개선하려는 노력이 필요할 뿐 아니라 소수집단이 정치 · 경제 · 사회적 힘을 가질 수 있도록 지원해야 할 것이다. 유럽의 다양한 다문화 현상을 살펴보면서 다문화 정책의 나아가야 할 방향을 찾아보는 것이 좋을 것이다.

# 제 7 장

# 독일 사회와 다문화 교육

## 1. 독일 다문화 사회의 특징

독일은 순혈주의를 지향하는 나라이다. 프랑스나 미국, 영국이 모두 속지주의를 택하고 있는 반면, 독일은 속인주의이다. 자기 나라 안에서 태어나더라도 독일인의 혈통을 갖지 않으면 독일인이 될 수 없다는 것이다. 독일의 지방자치나 민주적 다양성을 생각한다면 언뜻 이해가 되지 않는 부분이다.

독일이 순혈주의를 지향하고 있기 때문에 외국 이주민들을 독일 국민으로 받아들이려 하지 않았다. 특히 외국인 노동자들의 경우 일정한 부분에서 노동력을 지원하는 역할을 하는 것 이상으로 나아가지 못하도록 하였다. 이러한 입장은 독일이 외국 이주민을 분리하며 동화하지 않으려했다는 것을 의미한다. 특이한 점은 외국 이주민을 분리하면서도 차별하지는 않았다는 점이다. 일찍이 외국인 노동자들에게 노동권을 보장한다든지, 이들이 정주할 수 있고, 자기 집단의 문화를 보유할 수 있도록 도와주었다.

다만 그 의도는 이들을 독일 국민으로부터 분리하자는 것이었다. 외국인 노동자들이 자신의 문화를 잘 유지한다면 결국 자신의 모국으로 돌아갈 것이라고 생각했기 때문이었다. 물론 그 결과는 독일의 의도와는 다르게 나타났다.

독일의 다문화 정책은 다른 나라와 다른 독특한 특징을 가지고 있다. 초기 백인 국가들이 취했듯이 분리·차별 정책을 취한 것도 아니고 현재의 미국, 캐나다와 같이 다문화주의를 지향하는 것도 아니다. 프랑스와 같이 동화주의적인 입장과도 다르다. 독일의 다문화 정책과 교육의 방향에 대해서 살펴보기로 한다.

### 1) 세계대전 이전 다문화 역사

근대 이전에 독일의 역사에서는 독일 지역 주민들이 외국으로 이주하기도 하고 외국의 주민들이 독일로 이주하기도 하였다. 먼저 독일인이 외국으로 이주한 경우를 보면, 12세기 독일의 '지벤뷔르거 작센(Siebenbürger Sachen)'주민들이 당시 헝가리 왕국으로 집단 이주하였고, 18세기 이후에는 독일인들이 중부유럽과 동부유럽으로 집단 이주하였다.

외국인이 독일로 이주한 사례는 17세기 칼뱅주의를 추종하여 프랑스를 탈출한 위그노파와 네덜란드인이 독일 프로이센 지역에 이주하여 통합한 것이다. 또한 1870년대 이후 20세기 넘어오면서 이전에 독일에서 러시아

제국으로 이민 갔던 사람들이 독일의 함부르크나 항구도시 브레머하펜을 거쳐 미국으로 이주한 경우가 있다.

소수 집단이 본격적으로 독일에 자리 잡게 된 때는 19세기였다. 1870년대 프로이센이 외국인 노동자를 모집하였고, 농업부문의 심각한 인력난을 해소하기 위해 폴란드 노동자를 대거 수입하였다. 1890년대 중반 이후에는 경제가 활발해지면서 공업부문에도 외국인 노동자를 모집하였다. 그리하여 농업부문에 50만 명, 공업부문에 70 만명의 이주 노동자가 독일에 체류하게 되었다.

1,2차 세계대전 시기 독일은 전쟁을 지속시키기 위하여 엄청난 노동력이 필요하였다. 독일은 노동력이 부족하여 외국인 노동자의 귀국을 금지하였고, 강제 노역을 강요하였다. 그리하여 1차 세계대전 말 외국인 노동자는 약 200만 명이 되었다.

2차 세계대전 중에는 약 800만 명의 전쟁포로와 외국인노동자 및 50만 명의 죄수들이 강제로 징용되었고, 전쟁 말에는 약 760만 명의 외국인 노동자가 강제 노동을 강요당하였다.

### 2) 2차 세계 대전 이후 다문화 정책

2차 세계대전이 끝나자 독일 밖으로 이주한 독일인들이 강제로 추방되어 독일로 돌아오기 시작했다. 히틀러의 동방팽창정책에 의해 구 소련연방 및 동유럽(폴란드, 체코슬로바키아, 헝가리, 유고슬라비아 등)으로 이주했던 독일인들이  추방되어 귀국하게 된 것이다. 이로 인해 전 독일지역에 약 1,200만 명의 이주자 발생하게 되었는데 이들을 독일동방이주민

(Aussiedler)이라고 부른다.

여기서 잠깐 2차 세계대전 이후에 전쟁 범죄에 대한 독일 정책을 살펴볼 필요가 있다. 600만 명의 유태인을 학살하는 등 독일 나치 정권이 저지른 잔혹한 범죄에 대해서 독일이 어느 정도 청산했는가에 대해서는 논란의 여지가 있다. 독일이 전범자들을 철저하게 숙청했다는 설도 있지만, 뉘른베르크 전범재판 등 전범자들을 재판한 사례에서 철저하지 못했다는 주장도 있다. 예를 들면 나치 하에서 나치 체제를 유지하는데 중요한 역할을 했던 판사나 검사들은 처벌 받은 사람이 없다고 한다. 많은 사람들이 나치 정권에 협조했지만 이들의 정상이 참작되어 오히려 서독 정권에 참여하는 경우가 많았다.

그럼에도 불구하고 독일의 태도가 다른 제국주의 국가, 예를 들어 일본과는 확연히 차이가 나는 점이 있다. 그것은 나치의 범죄에 대한 국가의 태도이다. 이후 서독은 주변 국가들에게 끊임없이 독일 나치체제가 잘못한 범죄에 대해 사죄를 표시했다. 독일은 유태인 학살 박물관을 세워 독일 국민들이 다시는 자기 민족이 저지른 범죄를 잊지 못하도록 교육하고 있다. 곳곳에 구조물을 세워 독일 민족의 죄악을 사죄한다는 것을 표시하고 있다.

교육방송에서 이러한 독일의 태도를 잘 그린 동영상을 제작하였다. 이 동영상은 2차 세계 대전 중에 유태인을 학살했던 범죄에 대해 잘못을 시인하고 용서를 구하는 독일의 태도를 잘 보여주고 있다. 잘못을 저지른 사람이 용서를 받으려면 자신의 잘못에 대해 회개하고 다시는 이런 범죄를 저지르지 않겠다는 태도를 보여야 한다. 자기 민족이 범한 죄악을 잊지 않고 기억하며 다시는 이런 잘못을 저지르지 않으려는 독일 민족의 태도를 본 사람이라면 그들을 용서하지 않을 수 없다. 이런 태도는 수많은 사람들을 잔인하게 학살한 전범자들을 숭배하는 일본의 태도와는 극단적으로 대비되는 것이다.

독일은 순혈주의를 내세우면서 외국 이주민들을 자기 민족으로 인정하지 않으려 하였다. 이들을 동화하기 보다는 자기 자신과 분명히 분리하였다. 이런 점에서 미국의 분리·차별주의와 유사한 점이 있지만 다른 점은 분리는 하되 차별하지 않았다는 점이다. 일찍이 독일은 1955년부터 법적으로 외국이 노동자가 독일인과 동등한 노동을 한다고 인정하였고, 사회보장제도를 보장하였다. 1960년대 말에는 외국인 노동자가 노동조합에 가입할 수 있는 권리를 부여하였다.

1960년대 제조업 분야에는 단순노동자 및 저임금 노동자를 필요로 하는 곳이 많아졌다. 이 때 외국인력 초청제도인 고용허가제를 통해 외국인 노동자('초청노동자')를 유입하였다. 외국인 노동자에게는 고용기간을 한정하여 장기 체류를 방지하였다. 1973년에는 외국인 노동자가 총 260만 명으로 증가하여 전체 피고용 인구의 10.5%에 이르렀다.

### 3) 1970년대 외국인노동자 정책

1970년대에는 오일쇼크가 일어났다. 오일 쇼크란 중동 국가들이 석유 가격을 급작스럽게 인상하여 다른 국가들의 경제에 큰 타격을 미친 사건을 말한다. 이 사건은 중동전쟁에서 중동 국가들이 패하자 이에 대한 보복으로 석유를 감산함으로써 석유 값을 폭등시켰기 때문에 일어난 것이었다. 이 사건에 대한 설명을 좀 더 구체적으로 살펴보면 다음과 같다.

제1차 석유파동은 1973년 10월 6일 발발한 제4차 중동전쟁이 10월 17일부터 석유전쟁으로 비화된 사건이다. 1973년 10월 16일 페르시아만의 6개 석유수출국들은 석유수출국기구(OPEC) 회의에서 원유 고시 가격을 17% 인상한다고 발표한 데 이어서, 17일 이스라엘이 아랍 점령지역에서부터 철수하고 팔레스타인의 권리가 회복될 때까지 매월 원유생산을 전월에 비해 5%씩 감산하기로 결정하였다고 발표하여 중동전쟁에서 석유를 정치적인 무기로 사용할 것을 선언하였다. 이에 따라 1973년 초 배럴당 2달러 59센트였던 중동산 기준원유 값은 1년 만에 11달러 65센트로 무려 4배 가까이 올랐다. 제1차 석유파동은 석유가 싼값으로, 필요한 양이 공급된다고 안이하게 믿어 왔던 석유수입국들에게 석유공황이라고 할 만한 사태를 초래하였다. 각국 정부는 여러 업종에 대한 전력·석유의 공급 삭감, 민간인에 대한 에너지 절감요청 등의 조치를 취하였다. 세계경제 전체의 경제성장률이 크게 떨어져 1975년에는 서방 선진국은 마이너스 성장을 하게 되었고 인플레이션이 가속화되었으며 국제수지도 각국은 대폭적인 적자를 기록하였다. 이 석유파동으로 인하여 OPEC는 국제석유자본(Oil Major)이 독점하고 있던 원유가격의 결정권을 장악하게 되었으며, 자원민족주의를 강화시키는 결과를 초래하였다.[37]

이런 오일 쇼크로 독일은 1973년 외국인 노동자의 유입을 중단하게 되었다. 외국인의 유입은 없었지만 외국인의 장기체류 현상은 본격화 되었다. 독일은 외국인 노동자들의 조속한 귀환 프로그램에 집중하여, 외국인 노동자들을 독일 사회에 통합하는 데는 소극적이었다.

외국인 노동자들이 모국으로 돌아가게 하기 위해서는 자신의 문화를 보존하고 자기들의 정체성을 지키게 하는 것이 필요하다고 보았다. 이를 위해서는 외국인 노동자들이 자기 가족과 함께 있는 것이 좋다고 보았다. 이 때 독일에 체류하고 있는 외국인들이 자신의 가족들을 독일로 불러들여 정주하게 되었다.

37) [네이버 지식백과] 오일쇼크 [oil shock] (시사상식사전, 박문각)

문제는 독일 정부의 의도한 대로 외국인 노동자들이 모국으로 돌아가지 않는다는 것이었다. 자기 문화를 보존하고 자신의 정체성을 유지하는 것이 곧 모국으로 돌아가는 것을 의미하지는 않았다. 자신의 정체성을 지키면서도 독일에 계속 정주할 수도 있기 때문이었다.

외국인 노동자가 독일에 장기 체류하게 되자 독일은 외국인 노동자와 그 가족이 독일 사회에 동화를 할 수 있게 하는 정책을 실시하기 시작했고, 1978년 이를 위한 기관을 설립하였다. 이민자 2,3세의 교육환경 개선을 통하여 사회적 지위가 상승할 수 있게 하는 등 장기적인 사회통합정책을 제안하기도 하였다.

이와 함께 외국 이주민들의 귀국을 촉진하는 정책도 병행하여 실시하였다. 1983년 귀환촉진법을 제정하고 출신 국으로 귀환을 희망하는 외국인들에게 귀환지원금을 지원했으나 효과는 미미하였다.

### 4) 1980년대 이후 다문화 정책

미국과 마찬가지로 1980년대가 되면서 독일도 보수 정권이 들어섰다. 독일 자유보수연합정권의 헬무트 콜 수상은 독일이 더 이상 외국인 이주국이 아님을 선포하였다. 그는 외국인 이주를 제한하려는 정책을 실시한 반면, 장기 체류하고 있는 외국인의 경우 국적 취득 가능성을 확대하였다.

1980년대 말에는 정치적인 구도가 크게 변화하였다. 동유럽의 공산권 국가들이 붕괴하기 시작한 것이다. 여기에 거주하던 독일인들이 대거 독일로 이주하기 시작하였다. 2차 세계대전 직후 유럽에 있던 독일인들이 대거 독일로 이주한 것과 대비하여 이들을 후기 독일동방이주민

(Spätausseidler)이라 부른다. 독일 정부는 이들을 대거 수용하였다.

1990년대에는 외국인 난민도 증가하여, 약 180만 명의 난민이 독일로 이주하였다. 유럽에서 망명에 대하여 가장 관대한 국가가 독일이었기 때문에 독일로 이주한 난민이 가장 많았던 것이다.

외국 이주민의 숫자가 증가하면서 독일은 더 이상 '다문화 사회로서의 독일'을 거부할 수 없는 현실로 인정하게 되었다. 독일은 이민법 등을 통하여 다문화사회의 사회통합을 추진하였다. 2000년 개정국적법에서 전통적 혈통주의를 개정하여 부분적으로 출생지주의를 적용하였다. 이 법으로 장기간 독일에 거주하던 외국인들의 국적취득이 이전보다 용이하게 되었다.

1990년대 이후 세계화가 가속되면서 일시적 이주와 완전한 이주구별이 어려운 경우가 생겼다. 유럽 연합이 강화되면서 다국적 이주가 늘었기 때문이다. 유럽 내에서는 다국적 관계망이 필요하게 되어 공동 유럽 참조기준, 유럽언어 포트폴리오, 유럽학점 교류제 등이 나타나게 되었다.

## 2. 독일 내 이민자 현황

독일 내 이민자들의 비율을 살펴보면 먼저 독일 전체인구는 8,179만 명이다. 이중 19.3%인 1,574만6천명이 이주민이다. 이민자 중 714만 여명은 독일국적 없이 체류하고 있는 사람들이다. 이민자 중에는 96.3%가 구 서독지역 및 베를린에 거주하고 있다. 대도시에 이민자 비율이 높은 편이다. 이민자 비율을 보면 이민자 비율이 가장 높은 도시는 브레멘(27.9%)이고, 다음으로〉 함부르크(27.4%), 베를린(24.3%) 순이다. 인구가 많은 지역일수록 이민자 비율도 높다.

전체 이민자들을 출신국 별로 살펴보면 가장 큰 비율을 차지하는 것이 터키 출신(15.8%)이다. 다음으로 폴란드 출신(8.3%), 러시아출신(6.7%), 이탈리아(4.7%), 카자흐스탄 (4.7%) 순이고 나머지가 49.4%이다.

독일 재외동포 중 독일로 귀국한 경우도 다수 있다. 가장 많은 지역이 러시아로 60만 여명이고, 다음이 폴란드 (58만 여명), 루마니아(22만 여명)순이다.

독일 내 거주하는 외국인들을 출신국으로 살펴보면 이민자들과는 차이가 난다. 가장 큰 비율을 차지하는 국가는 이민자와 같이 터키(24.1%)이지만, 다음은 이탈리아(7.7%), 폴란드(6.2%), 그리스(4.1%) 순이다. 이탈리아, 그리스, 폴란드를 제외한 유럽 연합국가에서 오는 비율이 18.2%로 유럽연합국가 전체를 합하면 36.2%에 이른다. 유럽연합 내 다국적 이주민들이 그만큼 늘고 있음을 알 수 있다.

독일 내 외국인의 19%(128만 여명)가 독일에서 출생한다. 외국 국적을 가진 이민자의 2세, 3세가 이에 해당하는데, 18세 미만 외국인의 70%가 독일에서 출생한다. 전체 외국인 중 20년 이상 독일에서 체류한 외국인은 39.2%이고, 10년 이상 독일 체류 외국인은 67.4%이다.

〈표 7-1〉 독일 내 출신국가별 외국인 수

(2010년, 단위%)

| 출신국가 | 인원수 | 비율 |
|---|---|---|
| 터키 | 1,629,480 | 24.1 |
| 이탈리아 | 517,546 | 7.7 |
| 폴란드 | 419,435 | 6.2 |
| 그리스 | 276,685 | 4.1 |
| 크로아티아 | 220,199 | 3.3 |
| 러시아 | 191,270 | 2.8 |
| 그리스, 폴란드를 제외한 EU 국가 | 1,229,664 | 18.2 |
| 기타 국가 | 2,269,642 | 33.6 |
| 합계 | 6,753,921 | 100.0 |

출처: 이종희(2012). 다문화사회와 사회통합: 독일사례를 중심으로. 한독사회과학논총 22(2). 53-83.

〈표 7-2〉 1996년 이후 실업자 수와 실업률(연평균 기준)

| 연도 | 총실업자수(명) | 실업자비율(%) | 외국인실업자(명) | 외국인실업률(%) |
|---|---|---|---|---|
| 2000 | 3,889,695 | 10.7 | 470,994 | 17.3 |
| 2001 | 3,852,564 | 10.3 | 464,739 | 17.4 |
| 2002 | 4,061,345 | 10.8 | 499,433 | 18.8 |
| 2003 | 4,376,795 | 11.6 | 542,966 | 20.2 |
| 2004 | 4,381,281 | 11.7 | 545,105 | 20.3 |
| 2005 | 4,860,685 | 13.0 | 672,903 | 25.2 |

출처: 한상우(2010). 독일의 다문화사회 통합정책과 시사점. 한국사회과학논총 20(3). 74-75쪽.

외국인들의 취업여건은 자국민에 비해서 열악할 수밖에 없다. 외국인 노동자들은 저임금 노동력을 보충하기 위해서 온 것이고, 일자리는 우선적으로 자국민에게 주어진 것이기 때문이다. 실업률을 보면 외국인 실업률이 자국민의 실업률에 비해 거의 두배에 달하는 것을 볼 수 있다. 2000년에는 외국인 노동자의 실업률이 자국민의 실업률에 비해 7% 정도 높았는데 2005년에는 12% 정도 높아졌다. 외국인 노동자의 취업여건이 더 열악해진 것이다.

외국인 노동자가 증가하게 되면서 외국인에 대한 적대감이 증가하는 현상이 생기게 되었다. 이들의 문화가 자국민의 문화와 다르며 열등하다고 생각할 뿐 아니라 이들이 일자리를 빼앗아간다고 하는 감정을 갖기도 한 것이다. 이들에 대해 소극적으로 거부하는 정도를 넘어서서 외국인 노동자를 포함한 소수 집단에 대한 증오 범죄에 까지 이르게 되는데 이것이 외국인 혐오증(Xenohpobia)이다.

1990년 독일 통일 이후 소수집단에 대한 과격한 폭력행위가 표면화되었다. 1982년 80건, 1990년 309건, 2000년에 998건으로 20년 사이 약 12배 이상 증가하였다. 소수 집단에 대한 이해와 관용, 그리고 이들과의 공존을 모색하는 일은 독일에서도 과제가 되고 있다.

## 3. 독일의 다문화 교육 여건

독일에서 다문화 학생들에 대한 교육원칙은 균등한 교육의 기회를 제공해야 한다는 것이다. 예를 들어 외국인 자녀들도 의무교육을 적용하고 있다. 독일 연방주의 교육부장관회의(KMK)는 '다문화 학습안'과 같은 규정 마련하여 이들이 불리한 여건에서 공부하지 않도록 지원하고 있다.

이런 지원에도 불구하고 이주 가정 자녀들의 성적은 일반 독일 학생들에 비해 저조하다. 2002년 KMK보고서에서는 이주가정 자녀들의 교육이 더 성공적으로 이루어져야 함을 강조하고 있다. 독일학생들 중 상대적으로 큰 비율을 차지하고 있는 외국인 학생들의 성적이 저조하기 때문에 PISA나 IGLU 평가에서 독일이 저조하게 평가를 받고 있다는 것이다. 이주 가정 학생들은 대체로 언어능력이 부족한데, 이 때문에 수학 및 자연과학 과목 성적이 저조하게 나타나고 있다.

이주 배경에 따른 성적을 비교하면 다음 표와 같다. 읽기, 수학, 자연과학 교과에서 모두 이주 배경이 없는 가정 출신의 학생들의 성적이 가장 높다. 그 다음이 혼혈 가정 출신 학생들이며, 가장 낮은 성적을 받는 집단이 외국인 가정 출신 학생들인 것으로 나타나고 있다. 이주 배경이 없는 가정출신 학생과 외국인 가정 출신 학생과의 성적이 세 과목 모두 10점 이상 차이가 날 정도로 외국인 가정 출신 학생들의 성적이 저조하였다.

〈표 7-3〉 이주 배경에 따른 성적 비교

| | 이주배경이 없는 가정 출신 | 혼혈 가정 출신 | 외국인 가정 출신 |
|---|---|---|---|
| 읽기 | 103 | 97 | 91 |
| 수학 | 103 | 98 | 93 |
| 자연과학 | 103 | 97 | 91 |

출처: 박성혁(2008). 다문화교육정책 국제비교 연구. 교육과학기술부. 237쪽.

### 1) 학생 성과 평가 기준

독일의 학교통계에서 외국 출신 가정 학생들은 국적을 규정할 때 '이주'라는 신분을 사용한다. 소수 집단을 이런 식으로 규정하는 것은 이들을 소외시킬 위험이 있다. 독일에서도 이러한 신분규정으로 인해 이주 가정 자녀가 소외된다는 보고가 있다. 또한 수준이 낮은 학교에서 교육적 후원을 제대로 받지 못하고 있다. 주요 학교(또는 기본학교, Haupt Schule)도 졸업을 하지 못하는 경우 다수가 직업교육도 제대로 받지 못하고 있다고 한다.

유치원의 경우 교육에서는 차별이 미미하다. 문제는 그 이후이다. 외국인 학생들은 상급학교 진학률이 저조하며, 특수학교로 진학하도록 과도하게 권유하고 있다. 뿐만 아니라 졸업율도 저조한 편이다. 직업의 선택 가능성이 낮으며 직업 교육율도 저하되고 있다.

국적 및 직업군에 따른 외국인 직업훈련생 현황은 〈표 7-4〉와 같다. 이 표에서 보면 독일 전체 학생의 직업훈련 비율은 대략 7~8% 수준이다. 전체 학생 수 중에 출신국가별로 학생 수가 얼마인지 살펴보면 출신국가별로 어느 정도 비율로 훈련을 받고 있는지 알 수 있다. 독일의 전체 학생 수가 2001년 현재 약 96만 명이고 이 중에 터키 출신 학생들은 약 42만 명(43.6%) 가량이고, 유럽연합 출신학생이 15만 여명(15.7%)이다. 이 숫자를 가지고 비교해 보면 터키의 경우 9.3% 학생이 직업훈련을 받았고, 유럽연합의 경우 약 14.0%가 직업 훈련을 받고 있다.

이를 통해 알 수 있는 것은 독일 전체 학생들보다 이주 학생들이 직업교육훈련을 더 많이  받고 있다는 것이다. 독일 전체 학생들보다 직업훈련교육을 받는 비율이 높다는 것을 볼 때 직업 훈련교육에 대한 지원이 이주 학생들에게는 상대적으로 많음을 알 수 있다. 다만 직업 훈련교육을 받는 이주민 학생 수가 점점 줄어들고 있다는 점은 문제라고 볼 수 있을 것이다.

〈표 7-4〉 1997-2001, 국적과 직업군에 따른 외국인 직업훈련생 현황

| 년도/직업훈련 분야 | 총계 | | 국적 | | | | | | |
|---|---|---|---|---|---|---|---|---|---|
| | | | 유럽연합국가 중에서 | | | | | | |
| | 숫자 | 훈련생 비율(%) | 유럽연합국가 | 그리스 | 이태리 | 스페인 | 터키 | 유고슬라비아 | 기타 |
| 1997 | 110,061 | 8.7 | 22,446 | 5,024 | 10,305 | 2,160 | 44,592 | 19,157 | 23,870 |
| 1998 | 104,250 | 8.0 | 22,263 | 4,850 | 10,495 | 2,053 | 42,764 | 12,222 | 27,001 |
| 1999 | 100,899 | 7.5 | 22,092 | 4,814 | 10,816 | 1,889 | 42,013 | 10,025 | 26,769 |
| 2000 | 96,928 | 7.1 | 21,692 | 4,784 | 10,802 | 1,750 | 39,866 | 8,085 | 27,285 |
| 2001 | 92,300 | 6.8 | 20,966 | 4,700 | 10,538 | 1,514 | 37,165 | 6,793 | 27,376 |
| 산업및상업 | 43,709 | 6.2 | 10,339 | 2,263 | 4,958 | 18,093 | 2,657 | 2,657 | 12,620 |
| 수공업 | 34,994 | 7.7 | 8,280 | 1,942 | 4,439 | 14,035 | 3,158 | 3,158 | 9,521 |
| 농업 | 313 | 1.2 | 102 | 8 | 20 | 57 | 11 | 11 | 143 |
| 공무원 | 984 | 2.7 | 219 | 40 | 119 | 382 | 64 | 64 | 319 |
| 자유직 | 11,730 | 8.8 | 1,912 | 431 | 926 | 4,352 | 873 | 873 | 4,593 |
| 가사일 | 569 | 6.2 | 114 | 18 | 76 | 246 | 30 | 30 | 179 |
| 선원 | 1 | 0.3 | | | | | | | |

출처: 박성혁(2008). 다문화교육정책 국제비교 연구. 교육과학기술부. 239쪽.

대학진학률의 경우 저조하여 외국 학생의 26.7%만이 대학 입학 자격을 취득하고 있다. 이것은 독일 전체 학생의 3.3%에 해당하는 것이다. 독일 전체 인구 중 19.3%가 외국 이주민이라는 것을 생각해보면 적은 비율만이 대학에 진학한다고 볼 수 있을 것이다.

## 2) 직업훈련 현황

외국인 직업훈련생의 숫자는 1997-2001년 5년간 약 3분의 1이 감소하였다고 한다. 독일인이나 외국인이나 모두 원칙적으로 같은 분야의 직업에 관심을 많이 갖고 있음에도 불구하고 이주가정 출신의 젊은이들에게

'수공업'분야는 더 중요한 역할을 하는 분야로 인식되고 있다. 즉 이주 가정 출신 학생들은 보다 단순한 형태의 직업, 낮은 수준의 기술직에 취업하고 있다고 볼 수 있다. 이들은 장기적으로 볼 때 직업상 발전가능성이 상대적으로 크지 않다고 볼 수 있다.

뿐만 아니라 젊은 이주 학생들은 직업교육을 제대로 받지 않은 채 같은 또래의 독일인보다 더 일찍 취업하고 있다. 이주 학생들은 빨리 돈을 벌어야 하는 부담이 있기 때문이다. 이 때문에 학업을 중단하는 경우도 상대적으로 많아서 이에 대한 적극적인 후원이 필요할 것으로 보인다.

### 3) 다문화 교육의 법적 조건

독일의 외국 이주민들은 2000년 이전에는 독일국적을 소유하지 못한 채 일정기간 체류허가를 보장받는 외국인 법을 적용받았다. 2000년 새 독일국적법이 발효된 후에 외국인 자녀들의 약 40%가 속지주의(ius soli) 원칙에 따라 독일국적을 취득하게 되었다. 독일의 모든 연방 주에서는 각 지역에 거주하고 합법적으로 체류하고 있는 모든 아동들이 의무교육을 받도록 하였다.

이민자격을 얻기 위해 전제되는 조건 중의 하나가 독일어 습득이다. 독일어를 습득하지 못하면 독일 사회에 적응할 수 없다고 보기 때문이다. 또한 사회통합을 위하여 독일 내 이민자들은 630시간의 사회통합 교육을 받도록 규정하고 있다. 이주자가 영주권을 획득하기 위해서는 어학강좌 및 시민교육강좌에의 '성공적인 참여'를 입증할 의무가 있다.

## 4. 독일 다문화 교육의 특징

### 1) 언어 교육 프로그램

이민자 자녀를 위하여 취학 전 예비코스를 개설하고 있다. 전국에 569개의 '취학 예비코스'가 개설되어 있다. 헤센 주의 경우 5천 여 명이 이수하였다. 예비코스를 이수하지 않은 경우 취학 전 독일어 능력 평가를 받아야 한다.

1990년대 까지는 이주가정 아동들이 독일어만 통용되는 학교 시스템에 통합하였다. 이때까지는 이주민들이 본국으로 귀환할 수 있는 능력을 유지하게 하는 것이 기본 정책이었다. 이를 위하여 이들의 문화정체성을 유지하고자 하였다. 아이러니하게도 이러한 정책은 오히려 이들이 안정되게 독일에서 정주하는 데 도움이 되었다. 독일에서 독일 교육을 받을 뿐 아니라 자신의 문화 정체성까지 유지할 수 있었기 때문에 자신의 권리를 인정받고 사는데 도움이 되었기 때문이다. 독일식의 배제전략, 즉 이들의 문화를 인정해주고 사회 · 경제적 권리를 존중하여 이들을 모국으로 돌려보내겠다는 것은 실패였다.

1990년대 이후 더 이상 귀환 가능성을 고려하지 않고 '이중 언어 및 다중언어'능력을 자원으로 이해하고 후원하는 '모국어 수업'을 개설하였다. 제2언어로서 독일어(Deutsch als Zwietsprache: DaZ)를 습득하고 제1언어로서 모국어를 습득하게 하여 초점을 모국어로 바꾸었다. 이 사례는 1997년 집행한 함부르크주의 학교법에서 볼 수 있다.

대부분 이주 가정 아동들은 이중 혹은 다중 언어를 사용하고 있다. 초등학생들 가운데는 약 100가지 언어가 통용될 정도로 많은 언어가 모국어로 사용되고 있다. 예전에는 대체로 2-3세대가 지난 후 주변의 주요 언어에 동화되는 것이 일반적인 패턴이었는데, 인구 · 기술 · 문화적 변화로 인해 다중 언어 사용경향이 새로운 패턴이 되었다. 이런 언어적 다양성 때문에 정규 교육과정을 시작할 때는 이주 가정 아동을 위한 '언어수준 평가'절차가 필요하게 되었다.

제1언어인 모국어 학습을 후원할 경우, 제2언어인 독일어 습득에 부정적인 영향을 미치지 않을까하는 우려를 할 수 있다. 독일에서는 이와 다른 연구결과가 나왔다. 분리해서 모국어로 추가 수업을 하는 것은 성적 향상에 도움이 되었고, 독일어 교육에는 긍정도 부정도 아닌 아무런 영향을 미치지 못한다는 것이었다.

우리나라에서도 이주 가정 아동에게 이중 언어교육을 하고 있다. 제1외국어를 조기에 습득하게 하는 것이 어떤 결과를 얻게 될 것인가에 대해서는 논란이 있을 수 있고, 사회적, 교육적 조건에 따라 달라질 것이다.

이중 언어 교육이 효과적인 경우는 이미 모국어를 사용하고 있는 청소년이 한국에 들어온 경우이다. 모국어를 이미 사용하고 있는 경우는 대부분 중도입국자녀들이다.

중도입국자녀란 외국에서 출생하여 외국에서 언어 및 기초적인 교육이 되어 있는 상태에서 부 또는 모가 한국에서 결혼하여 한국에 입국한 청소년을 말하는데, 이들은 아무런 한국어 지식 없이 한국에 입국하게 된다. 통합교육이라는 형태로 일반 학교에 입학하게 되지만, 이들이 학교에 적응하기가  어렵다. 이들이 한국 학교에 적응하기 위해서는 반드시 자신들의 모국어로 수업을 병행하여 진행하여야 한다.

이런 형태로 수업하는 학교 중 하나가 광주의 '새날 학교'이다. 이 학교는 일종의 다문화 대안학교이다. 이 학교에는 모두 중도입국 청소년들만 재학하고 있기 때문에 출신국이나 외모의 차이 때문에 차별받는 경우가 거의 없다. 모국어를 가르칠 수 있는 외국인 선생님들이 여럿 있어서 각종의 모국어로 학습할 수 있다. 처음 입학하면 한국어 수업에 집중하게 되는데, 한국어 수업은 한국 선생님과 모국어 통역 선생님이 같이 수업을 진행한다. 학생들은  적극적으로 학습하고 학습 효과도  높음을 알 수 있다.(이에 관련된 연구로 필자가 쓴 논문을 이 책 끝에 실어 놓았다.)

이와 달리 결혼 이주 가정에서 태어난 학생들에게 이중 언어 교육을 하는 것이 얼마나 효과가 있을지는 미지수이다. 일단 한국의 차별적 분위기가 워낙 강하기 때문에 이주가정 학생들은 어머니가 외국인이라는 것이 알려지는 것도 극도로 꺼린다. 이런 상태에서 어머니 모국의 언어와 문화를 배운다는 것은 정체성과 자존감을 높이기는커녕 자신을 따돌림의 가능성이 높은 존재로 노출하게 되는 결과를 낳을 수가 있는 것이다.

모국어 수업이나 외국 특히 아시아의 문화와 관련된 수업은 소위 선주민들에게 먼저 실시하여야 한다. 앞에서 밝힌 바와 같이 선주민(first nations)이란 원주민과 같은 의미이지만 원주민(aborigine)은 열등한 주민이라는 말로 고착되어 있기 때문에 먼저 살고 있던 사람이란 뜻으로 선주민(former inhabitant)이라는 말을 쓰는 것이 좋을 것이다.

선주민들인 주류 집단 즉 일반 한국인 한국학생들이 이주 집단에 대한 편견을 버리지 않는다면 차별과 편견은 없어지지 않을 것이다. 한국사회에서 이주민의 숫자는 고작 해야 3%정도이고 결혼이주여성의 경우 0.3%

를 조금 넘을 정도이다. 97%의 선주민들의 태도가 변화하지 않는다면 소수 집단에 대한 편견과 억압은 사라지지 않을 것이다. 따라서 이주민들 모국의 문화에 대한 교육이 선주민에게 선행되어야 하며, 이중 언어 교육은 그 이후에 생각해 볼 일이다.

독일에서 이중 언어 교육 특히 모국어 수업의 경우 적절한 기간 필요하다고 한다. 모국어 수업은 5-10년의 기간이 필요하며, 모국어 수업과 제2언어 수업(독일어)의 교수를 연관해서 가르칠 필요가 있다.

학교에서 이중 언어 프로그램을 통용화하여야 한다. 이주 가정 학생들의 특수한 언어 체험과 같은 본래 주어진 능력과 경험을 차별하지 않고 능력으로 인정하고 수용하여 이를 후원할 때 성공적인 경향이 있다.

고학년으로 올라갈수록 학교에서 다루는 추상적인 어휘, 복잡한 문장해독력을 요구한다. 학교의 일차적인 과제는 언어를 잘 해독할 수 있는 능력을 길러주어 고학년 수업에서 요구하는 언어능력 습득 필요하다고 한다.

독일에서 태어난 이주가정 자녀라 해도 독일가정의 자녀들과 비슷한 교육적 전제조건 하에서 정규교육과정에 진입하지 못하는 경우가 많다. 문화적, 언어적 배경에 상관없이 아동들이 학교에 다닐 수 있도록 하는 '통합의 원칙'이 중요하다. 독일의 몇 개 주의 경우 초등학교 1,2학년에는 이주가정 학생과 독일 가정 학생을 분리시키는 '준비반'을 개설하지 않도록 규정하고 있다. 분리하여 가르치는 것은 이들이 독일교육에 적응하는데 어려움을 줄 수 있기 때문이다.

### 2) 부모의 교육 지원

이주아동의 성공적인 교육에 영향을 미치는 것은 출신국가가 아니라 이주 가정의 경제적, 사회적, 문화적 능력이다. 가정이 이주 가정 아동의 학습에 영향을 미친다는 연구는 많이 있다. 이주가정 내 가족 간의 유대가 중요하다는 것을 알 수 있다. 특히 이주 1세대와 2세대는 문화차이가 나면서 대화에 어려움을 느끼게 된다.

우리나라의 결혼 이주 가정의 경우 대부분 아버지가 한국인이고 어머니가 결혼 이주 여성이다. 아버지와 어머니의 문화가  다른데, 여기에 자녀는 또 다른 문화를 갖게 된다. 아버지와 어머니, 그리고 자녀의 관계는 이중, 삼중의 어려움을 겪게 되며, 일반 한국 가정보다 더 많은 어려움을 갖게 된다. 이런 어려움을 극복하기 위한 전문 상담이 필요하며, 이주 가정에 적합한 세심한 지원이 필요하다.

독일 이주 가정의 부모들은 언어 소통의 어려움과 독일 문화에 대한 이해의 부족으로 교육과 관련된 정보가 일반 독일 부모들 보다 부족하기 마련이다. 이주 가정 부모들이 교육정보를 확보하는 데는 전략이 필요하다. 이주민 자치기구를 활용하는 것이 효과적일 것이다. 종교단체를 활용하는 것도 좋을 것이다. 독일의 이민자 중 가장 많은 비중을 차지하고 있는 터키는 이슬람교 단체를 활용한다면 많은 도움을 얻을 수 있을 것이다.

우리나라의 경우 이런 역할을 할 수 있는 것 가운데 하나가 다문화가정지원센터이다. 이 센터 프로그램에 활발하게 참여하는 이주 여성의 경우 교육과 관련된 많은 정보를 얻고 있음을 볼 수 있었다. 종교의 경우 과거에는 통일교도 들이 상당수 있어서 이 종교단체를 통한 지원을 받고 있었던 것 같다. 최근에 증가한 결혼 이주 여성의 경우 특정 종교와는 관련이 없기 때문에 특정 종교가 특별히 관련이 있는 것 같지는 않다. 최근에 이주민 지원을 활발하게 하고 있는 단체는 주로 이들을 도우려는 일부 종교 단체와 시민단체들이다. 이들을 통한 지원도 효과적일 것으로 보인다.

학교교육과정에서 중요한 것 가운데 하나가 '이행'단계의 상담이다. 취학 전 교육기관 입학, 초등학교 입학, 상급학교 진학, 직업준비교육, 직업훈련으로 이행 혹은 인문학교 진학, 전공 선택, 직업훈련에 이르는 이행기마다 적절한 교육이 필요하다.

특히 취학전 교육은  중요하다. 이것은 전적으로 가정에 의해서 이루어지기 때문에 일반 가정 아동과의 격차가 이 때 결정적으로 벌어진다고 해도 과언이 아니기 때문이다.

독일의 경우 내담자[38]는 독일에서 자란 이주자의 배우자로서 새로 입국한 사람과 새로 입국한 배우자, 취학 아동 부모(특히 어머니) 및 청소년이다. 상담자의 자격은 주로 이주민 관련 기관에 속해 있는 사람이거나, 종교단체에 속한 사람, 교육자, 교사 등이며, 상담기관은 직업 및 학교 정보센터, 노동청, 부모학교 등이다.

상담 프로그램은 상담자가 가정을 방문하는 형태와 이주자가 기관으로 찾아가 프로그램을 제공 받는 형태가 있다. 이외에 매체를 통해 상담 정보를 제공하는 것으로 인쇄물이나 비디오 외에 이주자를 위한 사설방송을

38) 내담자(來談者)는 상담을 받으러 오는 사람 즉 피 상담자를 말한다.

실시한다. 이런 방송으로는 물티쿨티(multi-culti: 다문화) 라디오, 메트로폴 라디오 등이 있다.

외국어 매체 중앙 자료실(Zentralarchiv Fremdsprachiger Medien (ZAFM)에서는 외국 여행 중인 사람들에게 정보를 제공한다. 이 자료실은 독일어권 지역인 독일 및 오스트리아, 룩셈부르크, 스위스에서 소수민족이나 이주민, 관광객 또는 사업차 여행 중인 사람들을 위해서 만들어진 2,800개 이상의 외국어로 된 출판물, 라디오 프로그램, TV 프로그램이 있는 기구로 1996년에 설립되었다.

### 3) 상급학교 진학 반 및 취업준비반 지원

이주 학생들을 위한 상급학교 진학반 개설 내용을 살펴보기 전에 독일의 학제를 살펴볼 필요가 있겠다. 독일의 초등학교는 공립으로 기초학교라는 뜻을 가진 그룬트 슐레(Grund Schule)이다. 초등학교를 졸업하고 나면 대학 진학 여부를 결정하게 된다. 소위 11+라는 시험제도이다. 만 11세가 지나서 치는 시험으로 이 시험에 통과해야만 대학진학 계열인 인문계 중등학교 즉 김나지움(Gymnasium)에 입학할 수 있다. 실업계는 주요학교(Haupt Schule)와 레알 슐레(Real Schule)가 있다. 레알 슐레는 주요학교 보다 성적이 우수한 학교로 실업계로 진학하는 학생들이 선호하는 학교이다.

만 11세라는 어린 나이에 시험을 치르기 때문에 가정배경이 좋은 학생들만 인문계열에 진학한다는 비판이 있어왔다. 이를 보완하기 위하여 설립한 학교가 통합학교(Gesamt Schule)이다. 이 학교에 입학하면 인문계로 갈 것인지 실업계로 갈 것인지 당장 결정하지 않아도 된다. 이 종합학교를 졸업하고 난 이후에 결정할 수 있기 때문이다.

이와 비슷한 예로 영국의 종합학교(영어로는 Comprehensive School)가 있다. 영국은 종합학교가 성공적으로 확대되어 학생들이 진로 결정을 사실상 16세 이후로 미룰 수 있게 되었다. 소위 16+ 시험을 치르게 된 것이다.

독일은 영국과는 달리 통합학교가 성공하지 못하였다. 모든 독일 학생들은 초등학교인 그룬트 슐레(Grund Schule)를 졸업하는 11세에 진로를 결정하여야 한다. 이 때 인문·실업계 진학 계열을 결정하여야 하며 이후에는 바꿀 수 없다고 볼 수 있다.

독일 이주민의 경우 다른 나라와 마찬가지로 학업 성적이 높은 편이 아니다. 독일처럼 11살이라는 조기에 계열을 결정해야 하는 경우 가정의 영향력이  크다고 볼 수 있는데, 이주민 가정의 경우 경제적·사회적 수준이 열악하기 때문이다. 독일 정부는 이주민 가정 학생들이 상급학교에 진학하는데 어려움을 겪지 않도록 지원하고 있다.

<table>
<tr><th>학년</th><th colspan="4">학교</th><th>나이</th><th>과정</th></tr>
<tr><td></td><td colspan="2">일반대학교 입학자격<br>(Allgemeine Hochschulreife)</td><td colspan="2">전문자격증 응시자격<br>전문대학 입학자격<br>(Berufliche Abschlusse)</td><td></td><td></td></tr>
<tr><td>13</td><td colspan="2" rowspan="3">상급 과정<br>(Gymnasiale Oberschule)</td><td colspan="2" rowspan="3">직업 교육 과정<br>(Berufskolleg)</td><td>19</td><td rowspan="3">중등교육 II<br>(Sekundar-stufe II)</td></tr>
<tr><td>12</td><td>18</td></tr>
<tr><td>11</td><td>17</td></tr>
<tr><td>10</td><td rowspan="6">인문계<br>중등학교<br>(Gymnasium)</td><td rowspan="6">통합<br>중등학교<br>(Gesamt-schule)</td><td rowspan="6">주요학교<br>(일반 중등학교)<br>(Haupt-schule)</td><td rowspan="6">실업계<br>중등학교<br>(Real-schule)</td><td>16</td><td rowspan="6">중등교육 I<br>(Sekundar-stufe I)</td></tr>
<tr><td>9</td><td>15</td></tr>
<tr><td>8</td><td>14</td></tr>
<tr><td>7</td><td>13</td></tr>
<tr><td>6</td><td>12</td></tr>
<tr><td>5</td><td>11</td></tr>
<tr><td>4</td><td colspan="4" rowspan="4">초등학교<br>(Grundschule)</td><td>10</td><td rowspan="4">초등교육<br>(Primarstufe)</td></tr>
<tr><td>3</td><td>9</td></tr>
<tr><td>2</td><td>8</td></tr>
<tr><td>1</td><td>7</td></tr>
</table>

[그림 7-1] 독일의 학제

출처: 베를린 독일어학원 홈페이지 http://blog.daum.net/spitzecha/6240010

이주가정 학생들이 상급학교에 진학을 하도록 돕는 상급학교 준비반 및 보충반은 일반적으로 중등 I과정을 위한 준비반 특히 주요학교(Haupt Schule)를 겨냥하여 개설했기 때문에 소수만이 실업학교 혹은 인문 중등학교(김나지움) 진학하고 있었다. 이를 개선하기 위해 통합학교를 위해서도 준비반을 개설했다. 예를 들면, 바덴-뷔템베르크주는 전문대학 입학허가를 받을 수 있는 특별코스와 보충반 개설하였다. 함부르크주의 경우 '실업계 중등학교 이행반'을 개설하여 실업계 중등학교 졸업 뿐 아니라 김나지움 상급반도 준비할 수 있도록 하였다.

1년 과정 직업 준비반은 의무교육을 받아야 하는 취학 연령을 넘긴 아동과 청소년을 위한 과정으로 종일 수업 과정이다. 함부르크의 경우 2년 과정의 '직업준비반(BVJM)'을 개설하여, 주요학교(Haupt Schule) 혹은 실업계 중등학교 졸업장을 취득할 수 있는 좋은 기회를 제공하고 있다.

또한 독일어 교육을 위한 2년 과정 '이주자를 위한 준비반'을 병행하고 있고, 특히 피난민 가정 청소년을 지원하고 있다.

### 4) 다문화 교육 커리큘럼

다문화적 커리큘럼을 위해서 먼저 '이주자를 위한 교사 양성교육'을 실시하고 있다. 최소한 5년간 학교에 재학했고, 독일어를 구사할 수 있으며, 탁아소 등에서 이미 일한 경험이 있는 이주 여성을 교사로 양성하는 프로그램이다.

이와 함께 이주민들을 교육할 수 있는 프로그램을 정규교사 양성교육 내에 설치할 필요가 있다. 이러한 프로그램을 이수하고 나서 추가 자격증을 부여할 필요가 있다. 독일에는 아직 이런 프로그램이 마련되어 있지 않다.

이와 관련하여 이주민에게 교육기회를 부여하는 주가 있다. 헤센 주의 경우 전직 교사 이주자를 위해 교사 자격증을 재취득할 수 있도록 하고 있다. 1998-2001년까지 출신국에서 이태리어와 그리스어를 수업했던 교사들에게 초등학교 수업자격 능력을 부여하는 재취득 조치도 시행하였다. 이것은 유럽연합이 주체가 되고 이태리와 그리스의 협력으로 진행된 것이다.

### 5) 지역 특성에 따른 교육지원

독일 이주민의 경우 대도시와 농촌지역에서 다른 양상을 보이고 있다. 대도시의 경우 이주자 밀집 지역이 형성되었다. 함부르크주의 경우, 전체

학교 가운데 2%만이 이주 가정 아동들이 없는 학교일 정도로 이주민 학생이 광범위하게 분포되어 있다. 초등학교에서는 100가지의 언어가 사용되고 있고, 초등학생의 약 93%가 가장 많이 쓰이는 20가지 언어 중 하나를 사용하고 있다.

이주민들이 밀집하게 되면 생기는 문제 가운데 하나가 소수 민족별로 분리된다는 것이다. 이러한 현상을 막을 수 있는 방안이 필요하다. 이를 위하여 집단 내, 집단 간 네트워크를 활용하여 원활한 소통을 할 수 있는 여건을 제공하여야 한다.

농촌의 경우 이주민이 몰려 있지 않고 분산되어 있다. 분산된 이주민을 위한 새로운 교육방법이 필요하다. 전자통신매체, 방송수업, 교사 방문과 같은 방법을 활용할 필요가 있다. 또한 이주 학생들이나 학부모들이 매체를 잘 활용할 수 있도록 하는 교육 방법을 강구하여야 한다.

# 제 8 장

# 프랑스 다문화 사회와 정책의 특징

프랑스는 프랑스 혁명의 이상, 즉 자유·평등·박애의 정신을 기반으로 이루어진 공화주의 국가이다. 프랑스가 추구하는 것은 이 시민 민주주의적 공화주의이며 이 이상의 이념이 있을 수 없다고 보고 있다. 어떤 이념도 개인의 권리를 침해할 수 없으며 개인의 불평등을 조장해서는 안 된다.

프랑스의 소수집단 정책은 이러한 이념에서 비롯되었다. 프랑스의 이상은 개인의 자유와 평등이다. 소수 집단의 권리와 정체성을 인정하고 이 집단들이 자신의 이익을 위해 행동한다면 이 집단으로 인해서 개인의 권리가 침해받을 수 있다는 것이 프랑스의 입장이다.

한 개인은 전체 프랑스의 공화주의의 원칙에 따라서 각 개인이 속한 집단의 문화와 정체성을 인정받을 뿐 아니라 그 집단 안에서도 각기 다른 개인의 문화와 정체성 또한 인정받아야 한다는 것이다. 여기서 소수 집단의 존재는 개인의 권리를 보호해 줄 수도 있지만 오히려 개인의 권리를 억압할 수도 있다는 점을 유념할 필요가 있다.

먼저 프랑스는 소수 집단이 구성원의 권리를 억압할 수 있기 때문에 소수 집단의 존재를 인정하는 것에 반대한다. 모든 시민은 한 개인으로서 인정되어야만 진정한 자유와 평등을 누릴 수 있기 때문이다.

두 번째로 프랑스는 소수 집단을 구별해서 지원할 경우 오히려 이들을 낙인찍고 이들이 차별받을 수 있다는 점에서 소수 집단을 공식적으로 인정하지 않는다. 인구센서스 조사에서도 자신이 어느 국가 출신인지 밝히지 못하도록 되어 있다.

다문화 사회에서 소수 집단의 권리와 문화를 인정하는 것은, 주류 집단으로부터 소수 집단의 구성원을 보호한다는 측면도 있지만, 이와 달리 소수 집단의 존재가 그 구성원들을 억압할 수도 있다는 점도 간과할 수 없다. 예를 들면 이슬람교에서 여성의 신체를 가리게 하는 복장이나 아프리카에서의 여성 할례를 강제하는 것은 문화의 다양성이 아니라 분명한 인권 유린이다.

이런 점을 막기 위해서 프랑스는 소수 집단을 공식적인 집단으로 인정하기 보다는 소수 집단의 불리한 점을 간접적으로 지원하겠다는 것이다. 대체로 소수 집단인 이주민들은 낮은 계층이다. 일반적인 저소득 계층이나 노동자들을 지원함으로써 이들을 구별하여 지원하지 않더라도 혜택이 돌아가게 하는 방식이다.

프랑스 공화주의의 이념이  이상적이고 우리가 추구해야 할 최후의 사회 이념임을 알 수 있지만, 실제로 이런 이상이 현실에서는 어떻게 나타나는가를 살펴보면 그 이념이 제대로 구현되지 못함을 알 수 있다.

하지만 현실적으로 이들을 지원하는 데 한계가 있다. 자본주의가 노동력의 착취를 기반으로 한다는 점을 생각해 볼 때 지배계급이 노동자들을 지원한다는 것 자체가 어울리지 않는 말이기 때문이다. 더구나 저임금 노동력을 보충하기 위해서 이주민들을 이주시켰다는 것을 생각해본다면 저임금에서 얻을 수 있는 이상의 지원을 한다는 것은 근본적으로 모순이다. 그런 자금이 있다면 차라리 현지의 노동력을 쓰는 게 나을 것이기 때문이다.

각 개인의 고유한 문화를 존중하는 이상을 가지고 있다고 할지라도 계급이 가지고 있는 집단 문화가 있음을 부인할 수는 없다. 프랑스는 특히 상층계급의 특정한 문화가 계급 재생산에 큰 이익을 주고 있다. 상층계급은 고전적 미술과 같은 예술을 즐기고 있는 데 이와 관련된 지식이 고급문화로 인정되고 있다. 이 고급문화를 객관적 지식으로 규정하여 이를 평가, 예를 들면 시험의 준거로 삼고 있다. 상층계급은 이런 지식을 가정의 문화로 이미 소유하고 있기 때문에 하나의 자본처럼 문화적 이윤을 남기게 된다. 예를 들어 상층계층의 학생들은 시험에서 우수한 성적을 받을 수 있게 된다. 이것을 문화자본이라고 한다. 이것이 프랑스 학자 브루디외(Pierre Bourdieu) 문화자본 이론이다.

모든 사람의 문화를 다 인정하는 것이 아니라 상층 계급의 문화 가치만을 인정하고 나머지는 가치 없는 것으로 치부하는 것이다. 하층 계층의 문화는 문화라고 부를 수도 없게 된다. 하물며 이민자들의 문화는 아예 고려의 대상도 되지 않을 것이다.

공식적으로는 공화주의라고 하는 하나의 이념만을 인정하지만, 그 아래에는 상층계급 지배계급의 특권적 문화가 있다. 이 특권적 문화 이외에는 저급한 것으로, 쓸 데 없는 것으로 치부하는 불평등이 숨어있다.

이런 모순 속에서 특정 집단의 문화, 특히 소수 집단의 문화를 따로 공인하지 않겠다는 것은 평등을 위한 것이 아니라 불평등을 조장하는 기존의 모순적 체제를 유지하겠다는 의미를 갖게 된다. 사회 구조적인 커다란 불평등이 존재하는 것을 인정하지도 않고, 개선할 의지도 없으면서 소수 집단이 갖게 될 권리가 어떤 불평등을 낳을 것이라고 우려하는 것은 자기기만이다.

주류 집단 · 지배계급은 사실상 자신의 문화만을 인정하겠다는 것을 평등주의로 포장하고 있는 것이다. 이러한 태도는 소수집단을 상층계급의 문화가 지배하는 사회 속으로 동화시키려는 입장과 같은 결과를 낳게 된다. 동화가 아니면 사실상 분리 · 차별의 입장이 될 것이다. 공화주의와 동화주의는 프랑스 다문화주의의 이상과 현실의 괴리를 나타내고 있다.

## 1. 프랑스 다문화 사회의 특징

### 1) 프랑스 이민의 역사

프랑스의 역사적 기원은 BC 58년 케사르의 로마군의 갈리아 지방 정복시기부터 시작되었다고 한다. 3세기 게르만족의 하나인 프랑크족이 갈리아 지방을 침입한 이후 반달족, 수에비족, 알란족 등이 프랑스로 이주하면서 주민을 구성하게 되었다.

476년 서로마 제국 멸망 후 481년 메로빙거 왕조가 프랑크 왕국을 건설하였다. 이름을 남긴 왕으로는 카롤링거 왕조의 샤를마뉴 대제(768-814년)를 꼽을 수 있을 것이다. 샤를마뉴 대제 이후 843년에 베르　조약에 의해 프랑크 왕국이 동 프랑크(현 독일), 서 프랑크(현재 프랑스), 중부 프랑크(현재 이탈리아 북부)로 분리되었다. 이로써 카롤링거 왕조가 끝나고 카페왕조가 시작되면서(987년) 프랑크 왕국이 멸망하고 프랑스 역사가 시작되었다.

프랑스 이민사에서 특이한 것은 르네상스 시대에 네오나르도 다빈치, 프리마티스 등 뛰어난 예술가들이 이른바 '기술이민'을 온 것이다. 16세기부터는 이탈리아, 스페인, 폴란드, 러시아 등지에서 많은 이민자들이 문화, 정치, 경제적인 이유로 프랑스에 유입하였다.

이와는 달리 18세기 후반 나폴레옹 전쟁 이후 인구 증가를 위해 이탈리아, 벨기에, 알제리, 에스파니아 등의 국가로부터 이민자를 유입시켰다. 반대로 다른 유럽 국가들은 제국주의 팽창을 위해 해외 이민을 권장하였다.

프랑스에 거주하던 외국인에 대한 태도는 배타적이었다. 몇 가지 사례를 통해 짐작할 수 있다. 먼저 19세기 말　전체 외국인의 절반에 이르렀던 벨기에인은 '싸구려 일꾼', '파업 훼방꾼' 등으로 불리며 프랑스 노동자들로부터 불신의 대상이 된 적이 있다. 이들 중 대부분이 결혼이나 귀화를 통해 정식으로 프랑스 사회의 일원이 되면서 프랑스 사회에 동화되었다.

이탈리아 인들도 불경기 때에는 메뚜기 떼 취급을 받기도 했지만 건설, 광산, 농촌 등지에서 좋은 이미지를 심으며 사회적 지위가 상승하여 프랑스 사회에 동화되었다.[39)]

프랑스 혁명이후 프랑스는 민주주의의 대명사가 되면서 정치 이민이 증가하였다. 시민혁명인 프랑스 대혁명 이후 여러 국가에서 자유를 찾아 프랑스에 정치적인 망명을 하는 사람이 증가한 것이다. 20세기 냉전체제 하에서는 소련, 유럽, 중국 등의 국가와 군사독재 국가들로부터 탈출해 망명하는 사례가 많았다.

이와는 달리 20세기 후반이 되어서는 경제 이민이 증가하였다. 알제리, 모로코, 튀니지에서 이민 온 마그레브(Maghreb)계 사람들과 사하라 이남 아프리카 국가들인 세네갈, 말리, 콩고, 아이보리코스트 등에서 이민 온 사람들이 증가하였다.

## 2) 프랑스 이민정책

프랑스 공화국의 기본이념은 프랑스 인권선언에 잘 정리되어 있다. '인간은 자유롭게, 그리고 권리에 있어 평등하게 태어나 존재한다. 사회적 차별은 공공 이익을 근거로 해서만 있을 수 있다.'는 것이다. 공공의 이익을 근거로 해서만 사회적 차별이 있을 수 있다는 말은 전체의 이익을 위한 것이 아니라면 차별하지 않겠다는 것으로 해석할 수 있을 것이다.

프랑스가 유태인에 대해 취한 정책을 보면 이런 정신을 엿볼 수 있다. 프랑스 대혁명 이후 클레르몽 토네르(Clermont Tonnerre)공작이 다음과 같이 말했다.

39) 서울대 불어문화연구소(2004). 프랑스 하나 그리고 여럿. 도서출판 강.

> "(문화적 공동체 의식을 가진) 민족으로서의 유태인들에게는 모든 것을 거부해야 하며, 개인으로서의 유태인들에게는 모든 것을 허가해야 한다. (중략) 이들은 국가 내에서 더 이상 정치단체나 협회를 만들어서는 안 되며, 개인적으로 시민이 되어야 한다."[40)]

이것은 프랑스 공화주의의 이념을 단적으로 요약하고 있다. 즉, 모든 사람은 프랑스 공화주의의 이념에 따라 평등하고 각 개인의 권리와 문화를 존중받는다는 것과 모든 사람은 공화주의의 이념을 따라야 하며 개인 이외에 어떤 소수 집단도 인정하지 않는다는 것이다. 개인을 기반으로 한 공화주의 이념을 갖고 있다. 이 공화주의의 이념은 모든 개인에게 적용되며 예외를 두지 않는다. 이런 특징은 프랑스 의무교육에서도 반영되어 있다.

프랑스는 시민혁명 직후인 1881~2년에 6-13세에 이르는 어린이들이 의무적이고 세속적인 초등교육을 무상으로 받게 하는 공교육제도를 확립하였다. 교육 언어는 프랑스어이고, 여타 지방언어 -브르타뉴어, 알자스어, 코르시카어 등 -의 사용을 금지하면서 프랑스어를 통한 교육을 강조하였다. 이것은 다양한 언어와 문화를 차단하고, 지방 자치주의를 부정하는 동화정책의 일환이 되었다.

프랑스는 초등학교를 국가의 구심점으로 삼고, 사투리와 소수 민족의 전통을 전통적으로 말소시키려 하였다. 프랑스의 동화정책은 이주자에게만 국한된 것이 아니라 프랑스 공화국의 전반적 특징이었다.

프랑스 공화주의의 동화정책은 이런 특징을 갖는다. 즉, 어떠한 인종적

---

40) 김정희(2008). 히잡사건을 통해 본 프랑스의 보편주의와 다문화주의. 불어불문학연구 76. 2008 겨울. p.541.에서 재인용

이고 문화적인 기반을 가진 사람이라 할지라도 프랑스에서의 교육을 통해서 프랑스 사회에 동화될 수 있기 때문에, 어떠한 문화적, 인종적, 종교적 특성도 동화에 장애가 되지 않는다는 것이다. 프랑스식 용광로라고 할 수 있다. 프랑스 사회 안에 무엇이 들어가든지 프랑스 공화국에 편입시켜 끓이면 프랑스인으로 태어난다는 이념이다.

이런 이념 때문에 프랑스는 속지주의 정책을 취하고 있다. 속지주의 이념은 프랑스 혁명부터 시작하였다. 1793년 프랑스 혁명 헌법 제 4조를 보면, '프랑스에 지속적으로 1년 이상 정주한 모든 성년 외국인들에게 국적과 동시에 피 선거권을 부여하여야 한다'고 규정하였다. 단 프랑스 공화주의 원칙에 적극적으로 동의하고 참여할 때라는 조건이 붙어있었다.

프랑스는 국적 법률 상 이민자 부모를 둔 아이라고 할지라도 출생지가 프랑스인 경우 자동적으로 프랑스 국적을 부여하였다. 프랑스의 과거 식민지였던 해외 영토(DOM-TOM, Départements d'Outre-Mer, Térritoires d'outre-Mer) 출신들은 반자동적으로 프랑스 국적을 소유하게 하였다.

### 3) 프랑스 이주민의 특징

프랑스 지역 이민자 숫자는 세계 1차 대전 직전부터 증가하여 1931년에는 전체 인구의 6.4%(박상영, 2011)에 이르게 되었다. 1차 세계 대전으로 인한 인명손실, 전후 복구 필요성으로 이민 노동자를 유입했기 때문이다. 당시 이민 수요량이 미국에 이어 세계 2위, 인구 대비 이민 노동자 비율 세계 1위일 정도로 이민자가 많았다.

2차 세계대전 이후에도 이민자 비율은 증가하여 1953~1973년 사이에 급증하였다. 이 시기에는 기업주의 요구에 따라 이민자들에게 프랑스 국적을 부여하는 이민 장려책을 실시하였다. 사회보장 제도를 확대하고, 유급휴가를 주었으며, 의료보험을 지원하였다.

2차 세계대전 이후 1960년대부터 유럽국가 출신의 이민자들이 아프리카와 아시아계 이민자들로 대체되었다. 3D 업종에 취업할 수 있는 건강하고 교육수준이 낮은 남자 노동력이 필요했기 때문이다. 이 때 소위 '마그레브' 노동력이 유입되었다. 이 당시에는 프랑스와 식민지 국가 간의 인구이동이 주류였다.

1970년대에는 이민 제한 정책을 실시하였다. 1973년 오일쇼크 여파로 경제공황이 생기면서 1974년 공식적으로 노동이민을 금지하게 된 것이다. 이 때 비인도적인 이주 노동자들의 처우에 분개한 프랑스 지식인들의 투쟁이 일어나게 되었고, 지스카르 데스텡 대통령은 인도적인 차원에서 이주 노동자들의 가족 합류를 허용하였다. 프랑스 정부는 1974년 이민자 가족 재결합과 정치적 망명의 경우에만 이민을 허용하고, 이민자들의 본국으로의 귀국을 권장하였다.

▶ 읽을 거리 ◀

**프랑스 이주민 마그레브(Maghreb)**

마그레브는 '서방(西方)'을 의미하는 아랍어이다. 이슬람 세계의 서단에 해당하는 북아프리카의 모로코, 알제리, 튀니지 등의 지방을 가리키는데 광의로는 스페인, 리비아 등도 포함한다. 주민은 베르베르(Berber) 혹은 무어인(Maur, Moor)이라 불렸다. B.C. 12세기경부터 주로 페니키아 인이 그 연안에 식민지나 항구를 만들고 B.C. 4세기경엔 베르베르 족의 마우레타니아 왕국이 성립되어 있었던 것 같다.

B.C. 146년부터 기원 40년에 걸쳐서 차례로 로마령에 편입되어, 직할령 아프리카(현재 튀니지), 누미디아(알제리 동부), 파우레타니아 카에사리엔시스(알제리의 대부분), 마우레타니아 틴기타나(모로코)라 불리우며 대부분의 로마 도시유적이 남아 있다.

670년 이후 이슬람화되어, 모로코를 중심으로 하는 서부에는 이드리스조(朝, 788~985), 아르모라비드 조(1056~1147, 무라비트 조라고도 함), 마린 조(1269~1465) 등이 홍망하고 또한 알제리, 튀니지 지방에서는 아그라브 조(800~909), 파티마 조(909~972)나 기타 한마도 조(1014~1152), 즈이얀 조(1236~1556), 하프스 조(1230~1574) 등의 왕조가 홍망함.

1556년 이후 모로코를 제외하고는 오스만 제국에 병합되었다. 이슬람 시대에는 11세기 경부터 독특한 예술을 발전시켜, 특히 타일이나 섬세한 스투코 부조를 구사한 화려한 아라베스크를 특색으로 하는 환상적인 건축장식은 무어 양식의 이름으로 잘 알려져 있으며, 스페인을 비롯해서 각지에 큰 영향을 주었다.[41)]

### 4) 1980년대 이후 프랑스 다문화 정책

1980년대에 들어오면서 프랑스 정부는 동화정책을 통합정책으로 변화시킬 것을 천명하였다. 이 때 '통합이란 개인에게 자기 자신을 한 그룹의 멤버로서 간주하는 능력을 획득하거나 재발견하는 것을 허용하는 것'을 의미하는 것이었다.[42)]

통합(L'intégratin)이라고 하는 것은 동화가 아니다. 통합은 그것의 모든 차이를 축소하는 것에 목표를 두지 않는다. 또한 통합은 편입이 아니다. 통합은 단순하게 도덕적 진행과정, 혹은 구제의 진행과정이 아니며,

---

41) 네이버 지식백과, 미술대사전(용어편), 1998.

42) Haut Conseil á un l'intégration(2006). Le bilan de la politique d'intégration 2002-2005, La Documentation française. p.18. 여기서는 이가야(2008). 프랑스의 다문화사회 - 동화에서 통합으로. 프랑스문화예술연구 28. p.263.에서 재인용

통합은 상호적인 노력과 풍요로움을 의미하는 다양성에 대한 개방, 그리고 보편적인 민주적 문화를 보장하고 구성하기 위한 책임 있는 의지와 동의를 요구한다.[43] 동화주의를 포기하는 데 영향을 미친 것은 1980년대에 일어난 인종주의 반대운동이었다. 1980년대 초반에 '평등을 위한 행진(Marche pour l'Egalité)'과 , 'SOS-인종주의, SOS-Racisme' 등의 여러 사회운동을 통해 인종주의 반대운동이 가시화되었다. 이주 노동자에 대한 편견과 차별을 버리고 그들도 프랑스 사회의 일원이라는 것, 그리고 프랑스는 그들의 사회이기도 하다는 각성이 일어나게 되었다.

1980년대 사회당 미테랑 대통령 정부 하에서는 13만 여명의 불법이민자들을 합법화하고 가족 합류에 대한 제한을 폐지하여 이민자 통합정책을 추진하였다. 이후에 기간 계약 노동 이주가 정착이 되었고 마그레브라는 소수 인종에 의한 다문화 사회가 형성되었다.[44] 1980년대 이후 좌·우파 정권이 실시한 이주민 정책을 살펴보면 다음 〈표 8-1〉과 같다.

43) 이가야(2008). 프랑스의 다문화사회 - 동화에서 통합으로. 프랑스문화예술연구 28.
44) 한승준(2008). 프랑스 다문화정책의 위기와 재편에 관한 연구. 한국행정학보 42(3). 463~486.

〈표 8-1〉 프랑스 집권정당에 따른 이주민정책 변화

| 집권당(시기) | 이주민 관련정책 |
|---|---|
| 사회당정부(1981~1986) | - 불법 이주민의 합법화조치<br>이주민 가족합류 제한 폐지 |
| 1차 동거정부(1986~1988) | - 입국 조건 강화<br>공공질서 위배 외국인에 대한 체류증 거부 권한 |
| 사회당정부(1988~1993) | 이주민 통합을 위한 고위통합위원회 설치 |
| 2차 동거정부(1993~1995) | 국적법 제정을 통한 통제 및 국적취득조건 강화 |
| 우파 정부(1995~1997) | 이민법(Loi Debré) 제정을 통해 외국인에 대한 경찰 감시 강화 및 외국인 장기체류 요건 강화 |
| 3차 동거정부(1997~2002) | 반소외법 제정을 통한 이주민 주거지역 개발 |
| 우파정부(2002 ~2007) | CESEDA법을 통한 이주민에 대한 법규 종합 및 강화 |

출처: 한승준(2008). 프랑스 동화주의 다문화정책의 위기와 재편에 관한 연구. 한국행정학보 42(3). 463-486.

1980년대 초 사회당 정부가 불법 이주민을 합법화 하는 등 허용적인 정책을 추진하였으나, 보수당이 정부에 합류하면서 이주민의 입국을 제한하는 등 이주민 배제 정책을 취하였다. 1990년대 전후로 사회당 정부가 재집권했을 때는 이주민 통합을 위한 고위통합위원회를 설치하였으나 이후 동거정부, 우파정부가 집권을 하면서 이주민의 국적취득조건 강화, 외국인에 대한 경찰 감시 강화 등 이주민에 대한 배제와 통제가 강화되었다.

## 2. 프랑스 통합정책의 특징

정부 주도 정책

형평성의 정책

총체적 정책

프랑스 통합정책의 특징은 정부주도 정책, 형평성의 정책, 총체적 정책이라는 세 가지 정책으로 요약된다. 형평성 정책에서의 통합은 단지 이민자들만을 위한 것은 아니며, 사회의 소외 계층 전체를 대상으로 하고 있다. 소외 계층을 지원함으로써 소외 계층에 포함된 이주 집단을 간접적으로 지원한다는 것이다. 앞에서 언급하였듯이 소수 민족을 구별하여 지원하는 것을 차별이라고 보기 때문이라는 것이다. 지원하는 분야는 총체적이어야 한다고 본다. 교육문화, 건강, 직업 등 모든 분야가 대상이 된다는 것이다.

프랑스의 공화주의는 동화주의라는 특징을 띠고 있다. 모든 문화는 공화주의라는 가치로 흡수되고 동화되어야 한다. 프랑스 공화주의는 소수 민족을 주류 사회로 통합하는 것을 의미하지는 않는다. 이런 점은 미국과 다른 특징을 나타내고 있다. 미국은 공공연하게 백인 문화를 주류 문화라고 주장하지만 프랑스는 프랑스 대혁명인 민주주의 이념, 공화주의의 이념을 지향하고 있다. 누구도 민주주의의 이념을 거부할 수는 없다고 보기 때문이다.

문제는 이러한 민주주의 이념으로 포장되어 있더라도 주류 백인 문화가 상층문화로 군림하고 있다는 데 있다. 표방하고 있는 내용은 우리가 향후 추구해야 할 사회에 시사점을 주고 있다고 볼 수 있을 것이다.

이와 같은 공화주의 이념 때문에 프랑스 공화주의는 국가 내에서 민족 등 특수한 집단적 정체성은 인정하지 않고 국가의 단위는 개인인 시민만을 인정한다. 인종적, 민족적 배경과 관계없이 모두를 동일하고 평등한 시민으로 간주하는 공화주의 그리고 민주주의의 사회적 이상에 기초하고 있기 때문이다.

프랑스 공화주의는 인종으로 정의되는 특수한 집단에게 혜택을 주거나 그들을 정식으로 인정하는 공공정책을 원칙적으로 시행하지 않는다. 프랑스 사회의 소외집단을 지원함으로써 간접적으로 지원한다. 예를 들면 사회복지투자 우선지역 정책과 같은 것이다. 이 정책의 내용은 일단 소외집단이 주로 거주하여 낙후된 지역을 선정하고 이 지역에 각종 부문을 총체적으로 지원하여 소외 계층이 지원을 받도록 한다는 것이다.

소외 계층을 지원함으로써 간접적으로 소수 집단인 이주민들을 지원하더라도 실제 소외 계층의 문제가 해결되지 않는 점이 많이 있다. 이를 보완하기 위하여 현실에서는 사회적 소수자들을 형성하는 이주민들을 위한 정책을 다양하게 실행하고 있다. 프랑스의 이주민 정책은 원칙적으로 모든 개인은 시민이라는 개념에 의거하지만 현실적으로 계층적 불평등과 사회적 소외가 존재할 수밖에 없기 때문에 실질적 평등을 구현하기 위해 보완적으로 다문화적 지원들을 실천하고 있다.[45)]

45) 허진영(2012). 프랑스 다문화정책과 다문화교육 사례 연구. 교육사상연구 26(3). 211-228.

## 3. 프랑스 인구 구성

프랑스는 전체 인구 6천 5백만 명중 약 4백만 명이 이민자이다. 비율로 보면 이민자는 전체 인구의 6.2%이고, 파리 인구의 13%이다. 가계 역사로 보면  프랑스인 중 25%는 부모 혹은 조부모 중 한명은 이민자이다.

아래의 그림은 2005년 자료에 나타난 인구수이다. 최근 자료와 인구수는 다르지만 이민자들의 대략적인 비율을 아는 데 도움이 된다. 프랑스에서 태어나 프랑스 국적을 가지고 있는 인구는 약 91%이다. 국적 취득과 상관없이 외국에서 태어나 프랑스로 온 이주민은 전체 인구의 9%이다. 프랑스에 사는 외국인은 약 5.7%이고, 이 중 약 86%가 프랑스 밖에서 태어난 사람들이다. 프랑스에서 태어난 사람은 외국인 가운데 14%이다. 프랑스 밖에서 출생하여 프랑스 국적을 취득한 사람은 전체 인구의 3.3%정도 된다.

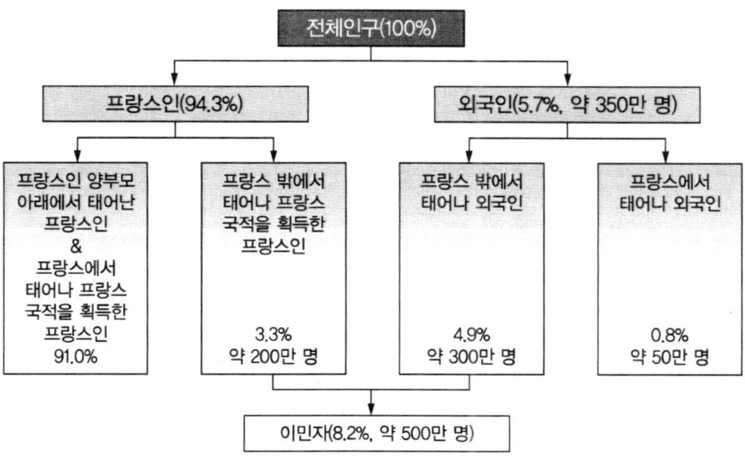


[그림 8-1] 프랑스에 거주하는 인구유형(2005년)

출처 : 전세화(2008). 프랑스 국적취득조건의 변화 -프랑스 공화주의 모델의 관점에서-. 연세대학교 석사학위논문. 8쪽.

### 1) 프랑스 내 출신국 별 이민자 분포

프랑스 이민자들의 연도별 추이를 출신국 별로 정리하면 아래 그래프와 같다. 1960년대만 하더라도 유럽의 백인들이 이주민 가운데 가장 큰 비율을 차지하고 있었다. 유럽 출신은 약 78.7%인 반면, 아프리카 출신은 14.9%에 그쳤고, 다른 지역은 4%도 안 되는 수준이었다.

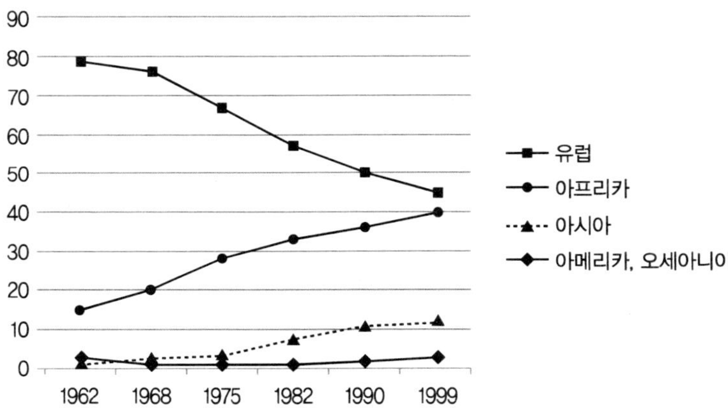


[그림 8-2] 프랑스 이민자 비율의 연도별 추이 (단위: %)

출처 : 박성혁(2008). 다문화교육정책 국제비교 연구. 교육과학기술부. 136쪽. 재인용. 이 그래프는 필자가 작성한 것임.

1968~1975년 시기 들어서 아프리카 출신 이민자들이 팽창하였다. 이때 마그레브를 비롯하여 아프리카 출신 이민자들이 늘어났고, 이들에 대한 부당한 처우에 저항한 인권운동이 일어난 것이 1980년대였다. 1999년에는 유럽 출신 이민자와 아프리카 출신 이민자가 거의 비슷한 비율로 접근하고 있고, 아시아 출신 이민자들도 10% 이상으로 늘어났다.

## 2) 부모 출생 국가별 취업률과 실업률

프랑스인 전체의 실업률은 평균 10% 정도 된다. 외국 이주민들의 실업률은 프랑스 전체의 평균보다 높다. 남자 가운데 실업률이 가장 높은 집단은 알제리로 약 23.2%가 취업을 하지 못하고 있다. 아시아·아프리카 출신 이민자들은 모두 20% 이상의 실업률을 보여 높은 편이다. 이에 비해 이탈리아, 스페인, 포르투갈 등 유럽 출신 이민자들의 실업률은 낮은 편으로 15% 이하의 수준이었다. 이 내용을 정리하면 다음 〈표 8-2〉와 같다.

〈표 8-2〉 프랑스 내 이민자들의 국적별 실업률

| 부모의 출생국가 | 성별 | 취업률(%) | 실업률(%) | 비 경제 호라동 인구비율(%) |
|---|---|---|---|---|
| 이탈리아-에스파냐 | 남 | 88.6 | 10.3 | 1.1 |
| | 여 | 75.2 | 13.4 | 11.3 |
| 포르투칼 | 남 | 83.8 | 14.3 | 1.9 |
| | 여 | 74.7 | 16.0 | 9.4 |
| 알제리 | 남 | 74.6 | 23.2 | 2.0 |
| | 여 | 64.6 | 22.3 | 13.1 |
| 모로코-튀니지 | 남 | 79.0 | 19.4 | 1.6 |
| | 여 | 66.4 | 21.7 | 11.9 |
| 사하라 이남아프리카 | 남 | 78.2 | 19.2 | 2.6 |
| | 여 | 71.4 | 18.8 | 9.8 |
| 터키 | 남 | 74.4 | 21.2 | 4.4 |
| | 여 | 39.4 | 29.4 | 31.2 |
| 아시아 | 남 | 76.0 | 22.7 | 1.3 |
| | 여 | 75.8 | 11.6 | 12.6 |
| 나티프 | 남 | 88.3 | 10.1 | 1.6 |
| | 여 | 74.3 | 13.5 | 12.2 |

출처: 박성혁(2008). 다문화교육정책 국제비교 연구. 교육과학기술부. 137쪽. 재인용

### 3) 인종 간 갈등

프랑스 내 인종간의 갈등은 심각한 사회 문제로 나타나고 있다. 이미 1980년대 이전 프랑스 내 인종 편견은 심각한 수준이었다. 1959년 프랑스 당국이 알제리인을 고문하여 사망케 하였다. 이에 대한 당시 프랑스 총리 드브레는 "알제리인, 심지어 학생들조차 자신들이 당한 것에 대하여 글을 쓸 능력이 있다고 믿지 않는다."고 하며 고문 사실을 부인하는 듯한 발언을 했다. 이것은 소수 민족인 알제리 인에 대한 인종적 편견을 나타낸 것이었다. 1980년대에는 무슬림에 대한 정책에서 인종 편견의 논쟁이 일어났다. 1989년 파리 근교에 위치한 한 학교에서 무슬림 여성 전통 복식 가운데 하나인 히잡(hijab)을 벗지 않으려는 여학생들에게 퇴학을 명령한 것이다.

[그림 8-2] 무슬림 여성이 착용하는 여러 가지 스카프 형태
출처: Daum 블로그 http://blog.daum.net/freeleeandkim/1109

가장 심각한 사건으로 2005년 무슬림 소요 사건을 들 수 있다. 2005년 - 파리근교에서 모리타니, 튀니지 출신의 두 소년(15,17세)이 귀가 중 불법 검문을 당하였다. 이들은 프랑스 경찰을 피해 변전소 담 너머로 몸을 숨기려했는데 잘못해서 변압기에 떨어져 감전사하게 된 것이다. 인종차별 정책에 항의하는 시위가 프랑스 파리 외곽에서 발생하여 200개 도시로 확대되었다. 그 결과 민간인 1명이 사망하고, 경찰 및 소방관 115명이 부상당하였으며, 차량 9,071대가 불탔다. 구타 경찰 5명이 정직 당하였고, 폭력 시위 사범으로 2,921명이 체포되었다.

이 사태로 프랑스의 다문화정책의 한계점이 제기되었다. 프랑스는 저소득층에 대한 일자리를 창출하고, 고용을 늘리기 위해 기업에 대한 세금감면을 실시하였다. 국제결혼과 가족재결합 관련 제도를 개선하였고, 교육과 고용에 있어서의 기회균등을 보장하고, 인종차별을 금지하는 법안을 강화하였다.

보다 근본적인 해결책은 이슬람혐오주의를 극복할 수 있는 사회적 합의를 도출하는 일일 것이다. 이를 위해서는 프랑스의 전통적 공화주의 사회통합 모델의 궤도를 수정해야 할 필요가 있다.

그럼에도 최근 우경화된 다문화 정책이 더 강화되고 있다. 외국인 불법 체류자를 강력하게 제재하게 되었고, 국적 취득 시 높은 언어 수준을 요구하고 있다. 언어수준이 미달할 경우 비자를 거부하거나 추방할 수도 있다. 2005년 추방자수가 2만2천명이고, 2006년에는 3만3천명이었다. 2008년 7월에는 불법이민을 강력하게 단속하려는 유럽회원간의 '이민협정'에 서명하였다. 이 협정에 따르면  불법이민자를 추방하고, 장기 불법체류자들 가운데 일정 심사를 거쳐 합법화하는 조치를 폐지하며, 노동허가증을 소지하지 않은 외국인 노동자 고용을 금지하는 규정을 강화하는 것이다.

프랑스의 공화주의적 모델이 프랑스 대혁명의 민주주의 이상을 대변하고 있다고 할지라도 현실에서 인종차별이 일어나고 있다는 점을 진지하게 인식할 필요가 있다. 인종 차별에서 소수 집단에 속한 개인을 보호하려면 소수 집단의 권리를 먼저 보호하여야 한다. 개인을 보호할 수 있도록 작은 울타리를 만들어주어야 하는 것이다. 소수 집단의 인정이 그 집단에 속한 개인의 권리를 제한하는 면이 있다고 하더라도 현재의 인종차별이 더 심각하다면 일차적으로 소수 집단의 권리와 정체성을 인정하는 쪽으로 나아가는 것이 프랑스 공화주의의 이상에 더 적합할 것이다.

## 4. 프랑스 다문화 교육

프랑스 다문화 교육은 소수자들을 위한 교육적, 사회적 기회를 제공하는 것과 동시에 다수자에게 사회적 차별과 편견의식을 비판적으로 성찰하게 하고, 다문화적 감수성을 갖도록 하는 것이다. 프랑스의 공교육제도는 공화주의적 다문화주의 이념에 따라 인종·종교를 고려하지 않는 평등의 원칙을 채택하고 있다.

다문화교육이라는 용어를 사용하는 대신 '상호문화교육' 또는 '문화 간 교육'이라는 용어를 사용한다. 상호문화교육은 문화적 다양성과 관련해서 제기되는 사회적·교육적 차원의 문제들의 이해를 쉽게 해주는 일종의 구조적 개념이라고 볼 수 있다. 이에 비해 다문화교육은 다양성을 인정하지만 집단 간의 충돌을 피하려는데 일차적 관심이 있다고 보는 입장이다. 다문화 집단과 같이 소수 집단을 분리하게 되면 집단 간 충돌을 피할 수 있지만 더 다양한 문화를 인정하지 않게 되고, 개인의 수준까지 내려가는 상호 이해가 부족해진다는 뜻이다. 다문화교육이 갈등을 피하려는 소극적인 것이라면, 상호문화교육은 모든 문화를 포함하고, 개인의 수준까지 이해할 수 있는 적극적인 것이라는 것이다.

### 1) 프랑스 다문화 정책 기구

1980년대 인종차별 반대운동이 심화된 이후 1989년 '고위 통합위원회'를 신설하였다. 그 이후 별다른 진전을 보이지 못하다가 2003년 고위통합위원회의 제안에 따라 2004년 '고용·노동·사회통합부'는 사회통합을 위한 새로운 프로그램 및 법 개정을 추진하여, 직업 관련 프로그램 11개, 거주 관련프로그램 3개, 기회균등(교육)관련 프로그램 6개 등을 실시하였다.

2006년 3월에는 '사회통합 및 기회균등국'이 출범하였다. 2005년 무슬림 소요 이후 이를 위한 대처로 신설된 것이다. 이것은 사회통합을 위한 총괄적인 프로그램 관리하는 부서로 설립되었고, '고용·노동·사회통합부'가 관장하던 정책을 이 부서로 이관하였다. 여기에 '통합과 차별반대 투쟁을 위한 행동과 지지기금'을 신설하였고, '정부부처 간 대표단의 도시 개입기금'을 통합하여 운영하였다. '사회통합 도시 계약'에 따라 우선교육지대 거주자들을 위한 지원책도 실행하고 있다.

### 2) 프랑스 교육 개혁정책의 모순

프랑스는 열악한 지역에 사는 빈민들을 위하여 재활 지역을 설정하고 이들을 집중 지원하는 정책을 실시하고 있다. 이런 지역을 '도시민감구역'(Zones Urbaines Sensibles)이라고 하는데 이 지역이 사회·경제 전반적 영역에서 활성화되도록 지원하는 정책이다.

이런 정책을 실시하게 된 배경이 있다. 1980년대부터 프랑스는 구조적 실업이 증가하고, 도시 거주 분화가 심화되며, 빈민지역의 폭력 증가 등 사회문제에 직면하게 되었다. 이런 사회문제 중 대부분은 도시 빈민들이 밀집한 열악한 거주 지역이었다. 이러한 문제를 해결하기 위하여 이미 1977년부터 1981년 사이에 주거 재활성화 프로젝트를 실시하였다.

1981년의 Vaux-en-Velinw 지역의 폭동사건을 계기로 정책이 본격화되어 도시재활성화법이 제정되었다. 이 법안을 바탕으로 시행된 정책 가운데 중요한 것이 '도시민감지역'(Zones Urbaines Sensibles, ZUS)선정 정책이었다. 이로 인해 프랑스 전역에 '대단지 서민아파트로 구성되어 있거나, 주거 환경이 열악하며 주거와 고용간의 불균형을 겪는' 751개 지역이 도시민감지역으로 선정되었다. 이 지역에서는 단순히 실업자 문제를 해결하는 것 뿐 아니라 외부 자본의 유입을 통하여 지역경제를 활성화하고 지역 이미지를 제고하는 것을 목적으로 한다.[46)]

도시 민감지역에 주거하는 학생들은 주거 환경이나 사회경제적 배경이 열악할 뿐 아니라 학업성적도 낮은 편이다. 중학교 입학 시 학업성취도가

---

46) 정인철·배미애(2007). 도시정책논리에 의한 사회공간적 배제: 프랑스 ZUS를 사례로. 대한지리학회 42(1). 68쪽.

2년 뒤처진 비율은 '도시 민감구역'의 학생들이 다른 구역보다 두 배나 높다. 직업 고등학교 진학률은 '도시민감구역' 학생들이 높은 반면, 졸업 후 국가 인증서 취득은 다른 구역에 비해 14% 저조하다.

교육부문에서도 이러한 정책이 실시되고 있는데 이것을 '우선교육지대'(ZEP: Zone d'Education Prioritaire)[47] 지원 정책이라고 한다. '우선교육지대'정책은 소외계층이 살고 있는 지역을 선정하여 빈곤율과 범죄율을 떨어뜨리기 위하여 교육적 지원을 하는 것을 말한다.[48] 1981년 처음으로 제정된 이 정책은 소수 민족별로 지원하는 것이 아니라 사회 · 경제적 소외 계층을 지원하는 정책이다. 소수 민족들이 대부분 하층이므로 우회적으로 지원하는 것이다.

이민자들이 모여 사는 지역은 대부분 경제적으로 열악한 지역이고 학교 수준도 열악하다. 열악한 지역에 지원을 함으로써 간접적인 방식으로 이민자들을 지원한다고하지만 실제로는 그렇지 않다. 프랑스 학교 교사들은  성과에 따라 학교를 배정 받는데, 성과가 좋은 교사는 대도시 좋은 환경의 학교로 배치, 경력이 없거나 성과가 낮은 교사들은 가난한 도시 외곽지역으로 배치된다. 이민자들이 모여 사는 지역은 성과가 낮은 교사들로 구성되는 것이다.

우선 교육지대를 선정하고 집중 지원한다고는 하지만 여전히 교육적 성과를 나타내지 못하고 있다. 학부모는 이 정책이 교육적으로 시행착오를 겪거나 문화적으로 소외될 것을 우려하고 있다. 학생들은 진로지도 과정상 실질적인 소외가 일어나고 있다고 주장하고 있다. 교사들은 긍지와

47) 우리나라에서는 '교육복지투자우선지역'이라고 번역하여 사용하였다.
48) 박상영(2011). 프랑스 다문화 학교교육 정책 분석. 전남대학교 박사학위논문.

자부심을 느끼고 있지만 업무과다로 부담을 느끼고 있으며 학부모와 원활한 관계 유지가 잘 되어야 할 필요를 느끼고 있다.

〈표 8-3〉 우선교육지대 및 기타지역 학생 비율 비교

| 구분 | 기타지역 | 우선교육지대 |
|---|---|---|
| 단순 노동자 · 실업자 자녀 | 35.2% | 75.0% |
| 사무직 · 교원 자녀 | 38.3% | 8.1% |
| 중학교 이전과정 유급학생 | 14.1% | 29.8% |

출처: 박상영(2011). 프랑스 다문화 학교교육정책 분석. 전남대학교 박사학위논문. 68쪽에서 재인용.

〈표 8-3〉을 보면 우선교육지대와 기타 지역 학생의 차이를 분명히 알 수 있다. 부모가 단순 노동자이거나 실업자인 경우, 기타지역은 35.2%인데 비해 우선교육지대는 75.0%로 우선교육지대가 두 배 이상 많다. 부모가 사무직이거나 교원인 경우는 기타지역의 경우 38.3% 이지만 우선교육지대는 거의 5분의 1수준에 불과하다. 중학교 이전과정 유급학생 비율을 보면 우선교육지대에 거주하는 학생이 기타지역 학생보다 2배 이상 많다. 우선교육지대에 대한 교육적 지원에도 불구하고 그 격차가 아직 크다는 것을 알 수 있다.

우선교육지대 사업을 보완하기 위한 사업들이 있다. 1997년에는 교육투자 우선 네트워크(REP: Réseau d'éducation prioritaire) 사업을 실시하였고, 이후에 교육열 우선 네트워크(RAR: Réseau ambition prioritaire) 사업을 실시하였다. 이 사업은 지역간 · 학교간 경쟁을 유도하여 필수교과 교육을 강화하기 위한 것이다. 이 외에 학교 성공사례네트워크(RRS: Réseau de Réussite Scolaire), 학업성공 프로젝트(Project Réussie Educative :

PRE) 도 있다.

이 중에 학업성공 프로젝트에 대해 알아보기로 한다. 이 프로젝트는 2005년 최고 통합위원회에서 제안하여 실시되었다. 학생 대상은 2~16세이고, 학업과 직·간접적으로 연관된 프로젝트가 53%로 가장 많다. 다음으로는 부모의 교육력을 높이기 위한 프로젝트가 15%로 많고, 정신적인 치료를 포함한 건강관련 프로젝트도 13% 정도 된다. 이 외에 야간(과외) 교육 9%, 여가활동 6%, 시민성 교육 3%, 문화 2%, 스포츠 1% 이다.

학업과 관련된 프로젝트의 예를 들면 벨포르 지역 오프몽 시의 사업을 들 수 있다. 학생들이 등교하지 않는 매주 수요일 오전에 수학과 프랑스어 과외수업을 한다. 교사 1명 당 2-3명 학생이 수업을 한다. 오후에는 몇 개 반으로 나누어, 컴퓨터 게임, 팀작업, 노래·춤, 격투기 등 다양한 강좌를 개설하여 진행한다. 마지막 시간에는 시민교육을 하고 있다.

두 번째로 유치원 수준에서 실시하는 학업성공 프로젝트 사례로 깡(Caen) 시에서 시행하는 '해수욕장에서의 책가방'이라는 프로그램이 있다. 프랑스에서는 유치원의 마지막 과정을 마친 아동들이 2달이 넘는 여름방학을 보내면서, 9월에 시작하는 초등학교 생활에 적응하는데 어려움을 겪고 있다고 한다. 특히 이중언어에 노출되어 있는 이주민 아동들은 더욱 심각하다. 이를 보완하기 위하여 방학 마지막 1주일간 교육을 하는 이 프로그램을 신설한 것이다. 초등학교 학업을 위한 기본적인 지식, 여가활동을 통해 학교생활을 위한 규칙들을 상기하는 프로그램이다.

세 번째로 부모에 대해 지원을 하는 학업성공 프로젝트이다. 아동의 학업능력을 향상시키는데 있어서 부모-자녀의 관계와 부모의 관심이 중요한 역할을 하기 때문에 이러한 프로그램을 실시하고 있다.

우선교육지대 사업으로 진로 발견과정 프로그램이 있다. 독일 국경지대의 소도시 일자흐 모덴하임(Illzach-Modenheim)에 위치한 안네 후랑크(Anne Frank) 중학교에서 실시하고 있는 프로그램으로 진로 발견과정이 필요한 학생들이 참여한다. 이 프로그램은 교육지역구의 진로상담과 정보센터 상담자와의 협조 하에 진행되며 견습체험이나 현장전문가들을 방문하기도 한다. 정보 통신에 관련된 첨단 기술이나, 지역 행정 서비스와 관련된 지식을 교육받는다.

이것은 이민자 2세들에게 현 실태를 인식하고 자기 현실에 맞에 취업하게 하려는 것이다. 이민자들이 처하고 있는 사회구조의 불평등을 개선하기 보다는 기존의 사회에 적응하게 함으로써 사회의 안정을 추구하는 정책이라고 볼 수 있을 것이다.

우선교육지대의 학생들은 상급학교 진학에도 어려움을 겪고 있다. 사회·경제적 지위가 높은 명문 고등학교 학생의 경우 고등학교 졸업시험인 바깔로레아 시험에 100% 합격한다. 최고 엘리트 코스 고등교육기관인 그랑제콜에 들어가기 위한 그랑제꼴 준비반(쁘레빠, Preprratoire') 합격률도 80-90%이른다.

이에 반해  변두리 저소득층 지역 학교 학생들의 상급학교 진학은 판이하게 다르다. 우선교육지대 지역 학생들은 그랑제꼴 준비반에 입학하는 경우가 거의 0%이고, 향후 30%안에 입학하는 것을 목표로 지원하고 있다. 저소득 계층과 상층계층의 차이가 얼마나 심각한지를 역설적으로 보여주고 있다.

여기서 잠깐 프랑스의 학제를 소개하기로 한다. 프랑스의 학제는 프랑스의 역사를 반영하고 있다. 중등학교인 리세(Lycée)와 꼴레쥐(Collége)는 이미 르네상스 시대에도 존재했다. 근대 이후에 학제를 정비하는 과정에서 꼴레쥐가 중학교, 리세가 고등학교가 되었다.

대학의 경우 이미 12세기에 생겼다. 대학이 생겨나게 된 배경은 자유로운 공간의 형성이다. 십자군 전쟁으로 동서간 교류가 활발해지면서 도시가 생겨났고 이 때 벌써 브루조아 들이 생겨나기 시작했다. 도시는 중세의 억압에서 벗어나 자유롭게 활동할 수 있는 공간을 제공해 주었다. '도시는 자유의 공기를 불어 넣는다'라는 말이 이런 자유로운 분위기를 말해준다.

당시 각 지역을 떠돌던 유랑학생들을 포함하여 자유로운 학문을 갈망하던 학생들이 학생 조합인 우니베르시타스[49)]가 대학[50)]의 원형이 되었다. 프랑스에서 유명한 대학은 빠리 대학으로 신학을 가르쳤다.

근대 이전의 대학은 상층계급이 독점하고 있었다. 프랑스 대혁명이 있은 후, 이에 대한 비판이 강하게 일어났다. 전통적 대학을 모두 폐지하고 그랑제꼴[51)]을 중심으로 새로운 대학 체제를 만들었다.

그랑제꼴은 상층계급의 전유물인 고등교육을 평민을 위한 교육기관으로 바꾸기 위해 생겨난 것이지만 나폴레옹은 이것을 최고의 관료 교육기관으로 바꾸었다. 혁명의 의도가 완전히 왜곡된 것이다.

이후에 전통적 대학도 다시 복구되었다. 1968년 유럽에서 일어난 68혁명 이후 프랑스 대학은 평준화되었다. 고등학교 졸업시험인 바깔로레아[52)]

---

49) Universitas
50) University
51) Grandes écoles
52) Baccalauréat

를 통과하면 누구든지 원하는 지역의 대학에 입학하여 원하는 학과를 졸업할 수 있다.

대학이 평준화되었지만 최상층을 교육하는 기관이 따로 있다. 그것이 그랑제꼴이다. 평민의 고등교육을 위한 것으로 만들려던 그랑제꼴이 최상층을 배출하는 교육기관이 되었으니 세월이 무상한 듯하다.

유럽의 학교들이 대체로 그렇지만 고등학교 입학 시에 인문 · 실업계열을 결정한다. 한 번 계열을 결정하고 나면 즉, 한 번 대학에 갈 것인지, 취업할 것인지를 결정하고 나면 되돌리기가 어렵다. 이것이 복선제이다.

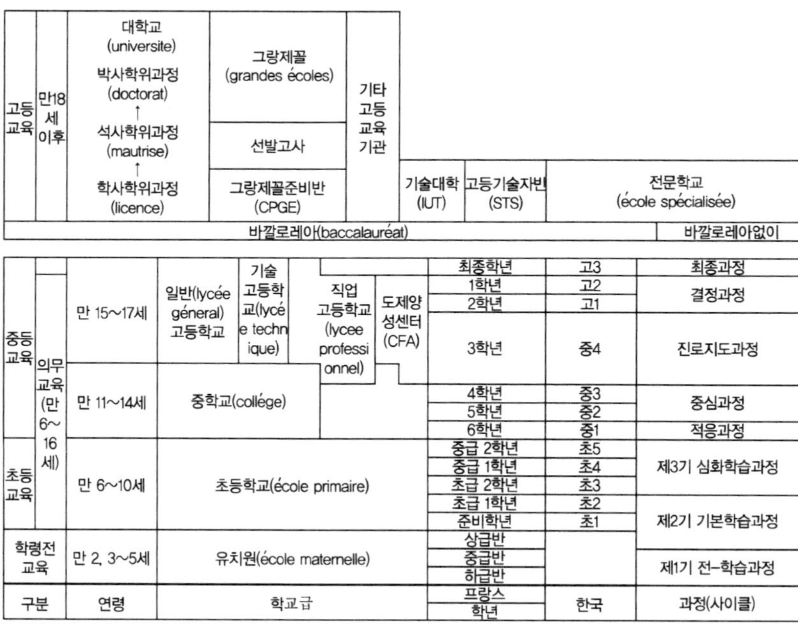


[그림 8-3] 프랑스의 학제

상층계급이 되고 싶으면 이 때 인문계 고등학교인 리쎄에 입학하여, 대학에 진학한 후 그랑제꼴에 입학해야 한다. 상층계급과 하층계급의 장벽이 높기 때문에 상층계급의 자녀가 이런 경로를 밟는 경향이 강하다.

프랑스의 소수 집단인 이주민 집단의 자녀들은 하층계급을 형성하고 있다. 앞에서 살펴보았듯이 이들이 그랑제꼴에 입학하는 비율은 0%이다. 대학에 들어가기 위해 입학해야 하는 인문계 고등학교인 리쎄에 입학하기도 쉽지 않다. 이주민 자녀들은 대체로 실업계 고등학교에 진학해서 취업을 한다. 하층 계급의 자녀가 다시 하층계급이 되는 계급 재생산이 일어나고 있는 것이다. 프랑스 학제를 그림으로 정리하면 [그림 8-3]과 같다.[53)]

이상으로 유럽의 두 국가인 독일과 프랑스의 다문화 사회와 교육의 특징을 살펴보았다. 두 국가는 역사적 배경의 차이에 따라 서로 다른 다문화 사회를 형성하고 있었고, 상이한 다문화 교육을 시행하고 있었다.

이제 우리나라의 다문화 사회와 교육이 어떤 특징을 갖는지 살펴보아야 할 것 같다. 우리 사회가 어떤 역사를 가지고 있고, 어떤 특징을 갖는지에 따라 다문화 사회의 특징이 다르게 나타남을 알 수 있을 것이다. 우리는 강한 순혈주의를 갖고 있고, 단일 민족주의라는 신념을 가지고 있다. 우리 사회가 이주민에 대한 배타적 태도를 나타낸다는 것이 그리 이상한 일은 아닐 것이다.

이런 배타적 태도가 우리 사회에 부정적인 영향을 미칠 것이라는 것은 쉽게 짐작할 수 있다. 다른 나라들은 소수 민족을 억압하고 분리 · 차별하다가 사회적 갈등이 야기되자 이에 대한 대책으로 다문화주의에 대한 관

53) 출처: 네이버 오픈백과 교육선진국 '프랑스, 한국과의 비교 - 학제(초등~중학교)'

심을 가지게 되었다. 우리가 이런 잘못을 되풀이 하지 않으려면 어떤 길로 나아가야 하는지 숙고할 필요가 있다. 이런 점에서 우리 사회 속의 소수 집단이 어떤 입장에 처해 있는지, 어떤 특징을 갖는지 살펴보고, 다문화 교육은 어떻게 이루어지는지 검토하는 것은 의미가 있는 일일 것이다.

다음 장에서는 우리 사회에서 증가하는 이주민들의 특징을 살펴보고 다문화 교육의 특징을 검토한다. 이와 함께 점차 증가하고 있는 중등 연령의 이주 가정 청소년들의 특징과 이에 대한 교육도 검토하고자 한다.

# 제 3 부

# 한국 다문화 사회와 교육

# 제 9 장

# 한국 다문화 사회의 특징

고대부터 한반도에 정착한 선주민들은 하나의 민족을 형성하며 지금까지 내려왔다고 믿고 있다. 단군 조선 이후에 국가를 형성하면서 살아온 한민족은 세계 유래 없는 단일 민족을 이루고 있다는 믿음이다. 단일 민족이라고 하는 신념은 우리의 생각에 강하게 뿌리 박혀 있어서 이에 대한 이의제기가 어렵다고 생각될 정도이다.

우리나라의 역사를 보면 단일 민족의 개념과는 달리 외부의 많은 민족들과 교류할 뿐만 아니라 여러 민족들이 한반도에 정착하여 살았다. 이런 역사적 사례는 우리가 생각하는 것보다 훨씬 많다.

고대부터 한반도 각지에는 다양한 종족이 살고 있었으며 장기간의 혼혈과정을 거친 끝에 한민족으로 통합되었다고 한다. 경상도에는 신시베리아 족, 충청도 · 전라도에는 구시베리아 족이 살았다. 함경도 · 평안도 · 황해도에는 퉁그 족이 대거 주거했고, 남해안에는 소수의 인도차이나 족과 왜 족이 섞여 있었다. 부족 국가 시대에는 부여 족, 예맥 족, 숙신(읍루) 족, 조선 족, 옥저 족, 예 족, 삼한 족, 고구려 족 등 9개 족속으로 구성되었다고 한다. 우리 민족이 처음부터 여러 개의 민족으로 구성되었던 것이다.

삼국시대에도 다양한 종족들이 흡수, 통합되는 과정이 있었다. 고구려는 영토를 확장하면서 주변 종족들을 새로 편입하였다. 구백제와 신라 주민들, 그리고 말갈족과 거란족, 옥저와 동예, 양맥, 부여인 등 실로 다양한 구성원들이 고구려 주민으로 편입됨으로써 다 종족 국가의 면모를 갖추게 되었다.[54]

이후에 언급하겠지만 고려시대에도 대규모의 타민족이 고려인으로 흡수되었다. 고려 초기 고구려인들과 함께 발해를 구성하였던 말갈족을 대거 받아들였고, 다른 종족들도 고려인으로 귀화시켰다. 이렇게 타민족을 적극적으로 받아들인 이유는  고려는 이들을 받아들여 인구를 증대시키고, 국가가 필요로 하는 각 분야에서 도움을 얻기 위함이었다.

조선시대에는 동방정책과 북방정책으로 세력을 확장하면서 여진족과 잦은 접촉이 있게 되었고, 많은 여진족 사람들을 조선인으로 귀화시켰다.

이처럼 우리 민족은 오래 전부터 여러 민족들로 구성되어 있었다. 고대 국가 형성 이후에도 한반도의 국가들은 타민족 사람들을 적극적으로 받아들여 귀화시켰다.

이런 점에서 우리나라가 단일민족이라는 것은 심각하게 다시 생각해볼 필요가 있다. 단일민족이라고 함으로써 강한 유대감을 형성할 수 있을지

54) 강창동(2010). 단일민족사관의 사회사적 형성과 다문화교육의 방향 탐색. 교육사회학연구 20(4). 10-11쪽.

는 몰라도 실제 역사에 기반한 사실이 아니며, 이런 허구적 단일민족주의로 인해 소수 집단이 피해를 볼 우려가 있기 때문이다.

여기서 민족이라는 단어를 다시 볼 필요가 있다. 민족이라는 단어가 사실은 일본에 의해 번역된 말로 그리 오래되지 않은 말이다. '민족'이라는 단어가 고대부터 내려온 전통적인 한자말이 아니다. 민족과 정확하게 일치하는 말이 이전에는 없었다.

단일 민족이라는 것도 그리 오래된 용어가 아니다. 이것이 보편화된 것은 해방 직후 하나라는 유대감을 갖기 위해서 정책적으로 사용된 말이었다. 지금 우리가 생각하는 단일민족은 고대부터 전해져 내려온 우리 고유의 말이 아니라, 근대 이후 국가가 국민들을 통합시키기 위해 만든 말이다. 다민족 국가로서 여러 민족들이 어울려 살았던 한민족이 현대에 들어오면서 단일민족의 이데올로기로 배타적 유대감을 형성하였다. 근대 이후 한국의 이민역사 사례를 몇 가지 살펴보고 한국에 있는 이주민들의 특징과 다문화 교육을 살펴보도록 하겠다.

## 1. 한반도 내 외국인 이주 과정

근대 이후 한국에 소수 집단을 형성한 최초의 집단은 화교일 것이다. 화교가 처음 한반도에 들어온 것은 19세기 후반이다. 이들은 1882년(고종 19년)경 임오군란 때 한국에 파견된 광둥성 수사제독(水師提督) 우창칭[吳長慶] 휘하 군대를 따라 40여 명의 상인이 입국하였다고 한다. 청나라는 같은 해 '상민수륙무역장정(商民水陸貿易章程)', 즉 통상조약을 강요하여 화교유입의 길을 터놓았다.

1883년에는 서울·인천·부산 등 주요도시에 이미 210명의 상인과 111명의 관리가 주재하였고, 1884년에는 서울 30명·인천 235명 등 화교수가 급증하였다. 이어 1884년 인천, 1887년 부산, 1889년 원산에 화상조계지(華商租界地)가 설치됨에 따라 화교 수는 인천에만도 1,000명을 넘어섰다.

이들은 상업을 천시하던 조선조의 상권을 장악하였다. 1923년 조선총독부 통계에 따르면 서울·인천의 화교 6,000명이 그간 본국에 송금한 액수가 당시의 일화 1000만 엔(현재의 100억 엔 상당)이었다.[55)]

해방 후 한국이 남한 정부를 수립한 후 많은 화교들이 한국을 떠났다. 1940년대 초에는 8만 명을 넘던 화교 숫자가 1950년대 초반에는 1만8천 명 가까이 줄었다. 그 이후 점점 화교 숫자가 증가하다가 본격적으로 탄압을 받기 시작한 것은 박정희 정부 때였다. 박정희 정권은 화교를 외국인, 이방인으로서 규제하여 참정권을 제한하였다. '주권은 국민에게 있다'는 원칙에 따라서 외국인들이 선거권, 피선거권, 및 공무 담당권 제한하였다. 뿐만  아니라 사회기본권도 제한하였다. 평등권, 자유권 등 기본권을 국가안보의 명의로 박탈하였다. 외국인들의 이사의 자유, 언론·출판의 자유 및 집회결사의 자유마저 박탈한 것이다. 이와 함께 직업 선택과 재산권 등도 제한하였다.[56)]

더욱 문제가 된 것은 화교들이 한국인으로 귀화하는 것도 어렵게 한

55) 중화민국 한국 연구학회(1983). 한국화교사화. 여한 60년 견문록(旅韓 60年 見聞錄). 여기서는 NAVER 지식백과, 두산백과에서 재인용.

56) 곽영초(2007). 한국의 화교정책과 한국화교의 사회적 적응에 대한 연구. 전남대학교 석사학위논문. 46쪽

것이다. 이들이 우리 사회에 정주하는 것도 허용하지 않으며, 한국인으로 동화되는 것도 허용하지 않겠다는 정책이다. 철저한 분리·차별의 정책이며, 배제의 정책이었다. 미국이 초기 중국인 노동자들을 억압한 것과 유사하고, 독일이 외국인 노동자의 동화를 거부한 것과 유사하다. 한국의 사례는 이 두 국가의 부정적인 측면만을 가지고 온 것이다.

화교를 억압한 법안 사례를 보면, 외국인 토지 취득 및 관리에 관한 법이 있다. 이 법안에 따르면 화교는 1가구당 1주택(200평 미만), 1점포(50평 미만)만을 소유할 수 있으며, 임대할 수 없다. 화교가 운영하는 중국집에서는 쌀밥 판매가 금지되어 중국집은 면 종류만 판매가 가능하도록 하였다. 서울시는 도심 재개발 사업을 실시하여 차이나타운(China town)을 해체하였다. 화교들이 한국 땅에 발을 붙이지 못하게 하겠다는 강력한 배제 정책을 실시한 것이다.

[그림 9-1] 화교촌 입구. 인천 중구 북성동
출처: NAVER 지식백과, 두산백과

이러한 과정을 통하여 1943년 약 8만3천명 가까이 늘었던 화교들의 숫자는 점점 줄어들어 2002년 이후에는 약 2만2천명 가까운 숫자를 유지하고 있다.

## 2. 한국의 다문화 과정

한국전쟁 이후 다문화 가정이라고 할 수 있는 사례는 한국 거주 미국인과 한국인과의 결혼 가정이 있었다. 미군 남성과 한국인 여성이 결혼하거나 가정을 가진 사례로 이들에 대한 시각은  부정적이었다. 이 가정에서 태어난 자녀들은 '혼혈아'라는 이름으로 낙인이 찍히는 수모를 감내해야 했다. 이 당시에는 다문화라는 개념조차 없었고, 부정적인 측면만 강조되었다. 다문화 가정을 이룬 미국인에 대해서는 아무런 비난도 못하면서도 미국인과 결혼한 여성과 그 자녀들을 철저하게 배제하고 차별하던 시기였다.

그 이후 많은 외국인 이주민이 한국에 거주하게 된다. 외국인 이주자의 가장 많은 부분을 차지하는 것이 이주민 노동자들이다. 이들은 1990년을 전후하여 유입되었는데 현재는 가장 큰 비중을 차지하고 있다.

외국인 노동자들이 유입하게 된 것은 1980년대 이후 산업발전이 지속적으로 이루어졌다는 점이다. 또 하나는 민주화운동의 성공으로 노동운동을 억압하는 것이 어렵게 되자 임금이 상승했다는 점이다. 이 때문에 저임금 노동력이 필요하게 되어 외국인 노동자들을 들여오게 되었다. 초기에는 외국인들이 관광 비자를 받고 입국한 후 불법적으로 노동을 하던 것에서 산업 연수생과 같은 단기간 노동력을 사용하는 형태로 진행되었다.

다음으로 많은 비중을 차지하는 것은 국제결혼이주여성들이다. 1990년대부터 농촌 남성과 결혼한 여성들이 점점 늘어났다. 이제는 이 가정의 자녀들이 초등학교에 입학하여 중등연령으로 점차 확대되고 있다. 다음으로 북한이탈 주민들이다. 1990년 구소련 붕괴 이후 북한의 사정도 어려워지면서 북한을 이탈하여 한국으로 온 북한주민도 늘어났다.

이들은 각각 다른 특성과 조건을 가지고 있다. 이들에 대한 정부의 정책도 다르다. 우리는 각 집단이 처한 조건과 특성을 집단별로 살펴보는 것이 좋을 것이다.

### 1) 1990년대 이주민 노동자 유입

정부가 소수의 전문가 집단 이외에 미숙련 외국인 노동자들을 다수 유입하기 시작한 것은 1990년 전후였다. 노동력을 유입하게 된 배경에는 1980년대 이후 국내 건설업계가 인력난을 겪게 되었다는 것이다. 주로 중소기업과 소규모 작업장의 인력난이 일어나 이주 노동자 수입이 불가피하다는 주장이 지속적으로 제기되었다.

1988년 이후 외국인들이 관광 비자를 받아 입국한 후 불법으로 한국에서 노동을 한 사례가 종종 있었다. 이 외국인들이 한국에서 부족한 노동력을 채우는 것을 정부는 묵인했다. 공식적으로 외국인이 노동력을 활용하기 시작한 것은 1991년이었다. 정부는 1991년 법무부 훈령 255호 '외국인산업기술연수사증발급등에관한업무처리지침'을 발표하였다. 이 지침에 근거하여 '외국인 산업기술연수 제도'를 실시하였다. 연수생의 체류기간은 6개월이며 1회 6개월까지 연장 가능하였다. 1993년 법무부 훈령 294호로. '산업연수생제도'를 도입한 것이다. 체류기간은 기존의 최장 1년에서 1년을 연장하였고, 연수생 관리를 민간에 위탁하였다.[57)]

### 2) 외국인 노동자 억압과 산업연수생 제도

산업 연수생제도는 저임금 노동력을 충당하기 위한 것이었다. 이들이 한국에 와서 기본적인 인권이나 혜택을 받지 못하도록 철저하게 억압받았다. 이러한 억압은 사용자들이 얻을 수 있는 이윤을 최대화하기 위한 것이었다. 당시 상황을 조사한 한 보고서에서는 외국인 노동자의 현실에 대해서 다음과 같이 서술하고 있다.

> "저개발국 출신의 미등록 노동자와 산업연수생이 한국에서 노예같이 착취당하고 인격적으로 짓밟히고 있었다."[58)]

산업연수제의 경우 사용자가 각자 외국인 노동자를 고용하는 것이라 현지의 브로커 업체를 이용할 수  밖에 없었다. 브로커 업체는 외국인 노동자들을 모집하면서 신청자들에게 불법적인 뇌물을 요구하는 경우가 다반사였다. 또한 사용자가 외국인 노동자를 일방적으로 해고하게 되면

57) 조현상(2009). 한국 다문화주의의 특징과 정책 방향에 관한 연구. 원광대학교 박사학위논문. 96쪽.
58) 설동훈(2001). 한국의 미등록외국인 노동자 실태와 대책. 한국신학연구소

바로 출국을 해야 했기 때문에 외국인 노동자들은 사용자의 불법적인 요구조차 거부할 수 없는 노예의 처지가 되었던 것이다.

이러한 문제점을 해결하기 위하여 1995년 노동부 '외국인산업기술연수생의보호및관리에관한지침'을 제정하였다. 산재보험, 건강보험 가입을 의무화하고, 근로기준법상 강제근로를 금지하는 것 등의 규정을 제정하였다. 또한 최저임금제를 적용하도록 하여 비인간적인 임금 착취를 하지 않도록 하였다.

정부는 이러한 미봉책에서 벗어나 외국인 노동자들의 처우를 개선할 수 있는 법안을 마련하고자 하였다. 일정 수의 외국인 노동자들을 국가가 모집하여 국내에 유입하면 고용주와 노동자가 계약을 맺고 노동을 하는 것이다. 이렇게 되면 외국인 노동자가 한 직장에서 일을 그만두더라도 다른 곳에 취업할 수 있게 되어 사용자의 전횡을 줄일 수 있게 된다. 이런 시도는 '근로자에 대한 고용허가제' 입법화 예고 후 중소기업 등 이익집단의 반대가 컸고, 1997년 IMF로 경제위기가 오면서 무산되었다.

1998년에는 개정 출입국관리법 시행령을 근거로 '연수취업제'를 도입하였다. 2년간 산업연수를 거친 후 소정의 시험에 합격하면 1년간 연수취업을 허용하였다. 이들의 지위는 연수생에서 노동자로 변경되어 한국인 노동자들과 마찬가지로 노동관계법의 적용을 받도록 하였다. 1998년 10월 15일부터는 모든 이주 노동자에게 근로기준법 적용을 받도록 하였다.

### 3) 고용 허가제 도입

연수 취업제 실시 이후에도 대부분의 노동자는 산업연수생이었다. 이들은 고용기간이 끝나도 출국하지 않고 불법체류자로 남았다. 한국에 오면서 브로커 업체에게 준 뇌물은 현지 즉, 외국인 노동자를 보내는 송출국에서는 어마어마한 금액이었기 때문에 이 돈을 마련하기 전에는 돌아갈 수 없었다.

이러한 문제점을 개선하기 위해서 2003년에 '고용 허가제'를 도입하게 된다. 2003년 '외국인 근로자고용등에 관한 법률'을 제정하여, 내국인을 고용할 수 없는 경우 노동부 장관의 허가를 받아 외국인 노동자를 고용할 수 있게 하였다. 고용계약기간은 1년이며, 최대 3년간 고용이 가능하였다. 고용허가제는 산업연수생 제도와 병행하다가 2007년 1월 1일부터 고용허가제로 일원화되었다.

고용허가제는 산업연수생제도 송출비리를 근절하기 위해서 국가와 국가간의 협의를 통해서 진행된다. 한국 정부는 먼저 수입할 외국인 노동자의 규모를 정한 후 송출국 정부에게 알리면, 송출국 정부가 신청자를 모아 한국으로 보내는 것이다. 송출국에서 브로커의 불법행위를 막을 수 있고, 한국 정부는 외국인 모집 분야와 규모를 통제할 수 있다는 장점이 있다. 또한 고용허가제는 내외국인간 균등대우를 통해 이주노동자에 대한 부당한 차별을 금지하였다.

고용허가제라 하더라도 문제가 완전히 해결된 것은 아니었다. 외국인 노동자가 해고·사직 등의 이유로 직장을 옮길 수 있는데 3번까지 밖에 허용이 안 된다. 3회를 초과할 경우 바로 출국해야 한다는 문제가 있다. 직장 이동의 제한에 걸려 있는 경우 외국인 노동자는 해직되지 않기 위해서 고용주가 임금을 체불하거나 부당한 대우를 하더라도 불만을 이야기할 수 없게 된다. 뿐만 아니라 고용주의 부당한 요구를 거부할 수 없다.

이명박 정부 들어서 이 고용허가제를 개악시킨 것은 외국인 노동자가 직접 직장을 알아볼 수 없도록 만든 것이다. 외국인 노동자가 직장을 그만두고 다른 직장으로 옮기려고 할 경우에는 자신이 원하는 직장을 스스로 찾아서는 안 된다. 외국인 노동자에게는 취업이 가능한 업체의 명단을 제공하지 않는다. 구직을 원하는 외국인 노동자는 고용센터 등에 구직을 요청하고 연락이 올 때까지 기다려야 한다.

취업을 결정하는 것은 고용주이다. 고용주는 구직을 원하는 외국인 노동자의 명단을 제공받게 되어 있다. 이것을 보고 어느 노동자를 고용할 것인가를 결정한다.

이직을 하고 싶은 외국인 노동자는 절대적으로 불리한 입장에 서게 된다. 자기가 직접 업체를 찾아보거나 지원할 수 없기 때문이다. 그나마 이러한 이직도 3번을 초과하면 바로 출국해야 한다. 여전히 고용허가제는 이들을 착취할 길을 열어 놓고 있는 것이다. 한국 이주노동자 제도의 변화를 정리하면 〈표 9-1〉과 같다.

〈표 9-1〉 한국 이주노동자 제도의 변화

| 시기 | 주요 콘텍스트 |
|---|---|
| 1991.11 | 외국인산업기술연수제도 실시:해외투자 기업에만 제한, 연수기간 1년(연수6월+연장6월) |
| 1993.12 | 산업연수생제도 실시:연수기간 연장(1년+1년), 도입 사업장 확대, 관리주체 민간위탁 |
| 1995. 3 | 외국인사업기술연수생의 보호 및 관리에 관한 지침제정:산업재해보상보험, 의료보험적용, 근로기준법일부조항 적용, 최저임금법 적용(7월1일) |
| 1998. 4 | 연수취업제 도입:체류자격 변경을 통한 연수 2년 후 취업 1년 가능 |
| 2000. 4 | '출입국관리법' 개정을 연수취업자격신설(E-8)하여 2000년 4월부터(1988년 4월 이후 입국한 연수생 대상) 1년간 연수취업제 실시 |
| 2002. 4 | 연수취업제 변경:연수1년+취업2년<br>영주자격제도 신설:영주자격제도의 도입으로 우수 외국인력 유치계기가 됨 |
| 2002.11 | 취업관리제 도입:외국국적동포에 노동자의 지위부여, 서비스업 취업허용 |
| 2003. 7 | '외국인글로자의고용등에관한법률'이 국회를 통화하여 2004년 8월부터 외국인고용허가제 실시 |
| 2004. 8 | 고용허가제 실시:이주노동자 3년까지 체류 가능, 재외동포취업특례제공 |
| 2007. 3 | 방문취업제도 시행:중국·구소련지역 동포들이 쉽게 고국을 방문하여 취업할 수 있는 기회 제공으로 동포간의 차별을 획기적으로 해소함 |
| 2007. 7 | 외국인 고용 인력제도의 일원화(고용허가제) |

출처: 조현상(2009). 한국다문화주의의 특징과 정책방향에 관한 연구. 원광대학교 박사학위논문. 103쪽.

한국 정부의 외국인 노동자 정책을 대체로 4단계로 구분하여 볼 수 있다. 1987년부터 1991년까지는 정책부재의 시기였다. 외국인이 관광비자로 입국하여 취업하는 것을 묵인하는 시기였다. 1991년부터는 산업연수제가 실시되었다. 고용주의 이익을 일방적으로 반영하는 시기로 외국인 노동자를 노예처럼 학대한 시기이다. 3단계는 고용허가제와 산업연수제를 병행하는 2006년까지이다. 산업연수생들의 문제가 일부만 해결된 시기이다. 4단계는 노무현정부가 다문화주의를 선언한 2006년부터이다. 다문화 통합정책을 시작하고, 외국인력 정책을 고용허가제로 단일화하였다.

〈표 9-2〉 외국인 노동자 정책의 단계별 특징

| 시기 | 1단계<br>1987~1991 | 2단계<br>1991~2003 | 3단계<br>2003~2006 | 4단계<br>2006~ |
|---|---|---|---|---|
| 특징 | 정책 부재 시기 | 산업연수제 시기 | 고용허가제와 산업연수제 병행 시기 | 이주노동정책에서 이민정책으로 |
| 내용 | 미등록 노동자로 정착하는 것을 방관 | 연수생에 대한 가혹한 시민·노동권적 배제, 연수생의 사업장 이탈, 미등록화 조장 | 고용허가제 시행, 중소기업중앙회의 반발로 산업연수제 존속 | 다문화 통합 정책, 고용허가제 단일화 |

출처: 오경석 외(2007). 한국에서의 다문화주의. 한울. 31쪽.

2006년은 다문화주의의 시작이라고 해도 과언이 아니다. 노무현 정부는 한국사회가 더 이상 단일민족이 아니고 다문화 사회로 진입했다고 선언하였다. 우리 사회가 추구해야 할 방향을 다문화주의로 정한 것이다.

2006년 이전과 이후의 외국인 정책은 패러다임이 변화했다고 볼 수 있다. 정책 기조는 국익 우선의 원칙에서 국익과 인권보장의 조화로 변했다. 외국인 처우에서는 통제·관리 중심에서 상호 이해와 존중으로 변화하였다고 볼 수 있다.[59] 이것은 우리 사회가 다문화주의를 받아들여야 함을 선언한 것이고 다문화주의를 우리 사회의 비전으로 제시한 것이었다.

59) 이혜경(2007). 이민정책과 다문화주의: 정부의 다문화정책 평가. 한국사회학회 동북아시아시대위원회 용역과제 7. 234쪽.

이러한 선언은 노무현 정부 이후에 변화를 가져왔다. 이명박 정부의 신자유주의적 기조에 의해 상호이해의 방향은 산업 효율성의 방향으로 회귀하였다.

### 4) 외국인 정책 기본계획의 주요 내용과 문제점[60)]

2012년 제시한 외국인 정책 기본계획에서 나타난 내용과 실제는 많은 차이를 드러내고 있다. 먼저 이 계획에서는 적극적인 개방을 통한 국가 경쟁력 강화를 선언하였다. 이것은 우수인재에 대한 문호확대의 구호와는 달리 저임금 노동력 확보에 국한하여 사용자의 이익을 확대하겠다는 의미를 담고 있다.

둘째, 질 높은 사회 통합을 선언하고 있지만, 동화위주의 사회통합정책을 실시하고 있다. 결혼 이민자들은 동화의 대상이고, 이주 노동자들은 배제하고 차별하는 이중 정책을 실시하고 있다.

셋째, 질서 있는 이민 행정을 구현하겠다고 하지만, 미등록자들로 일컬어지는 수많은 불법체류자에 대한 어떠한 대책마련이나 언급도 없다. 정부는 미등록 상태를 묵인함으로써 저임금으로 활용할 수 있는 여건을 암묵적으로 조성하는 이중적 태도를 보이고 있는 것이다.

넷째, 인권보장을 강화하겠다고 하지만, 재한 외국인의 기본적인 인권의 보호나 다문화주의의 이념은 보이지 않는다. 오로지 적응을 통한 한국 발전 기여라는 책임의식 혹은 부채의식만 존재하는 것으로 보인다.

60) 조현상(2009). 한국 다문화주의의 특징과 정책 방향에 관한 연구. 원광대학교 박사학위논문. 134쪽.

### 5) 다문화관련 주요 시민단체 활동조사 결과

외국인 노동자의 인권을 확보하는데 기여하고 있는 것이 관련 시민단체들이다. 이들은 사용자들의 부당한 행위와 정부의 이중적인 정책을 비판하며 외국인 노동자들이 정당한 권리를 확보하도록 돕고 있다. 주요 시민단체가 활동하고 있는 내용을 정리한 것이 〈표 9-3〉이다.

〈표 9-3〉 다문화관련 주요 시민단체 활동조사 결과

| 단체명 | 설립연도 | 주요활동 | | | | | 다문화 관련 활동 | 정부지원 | 불법체류자 합법자 | 외국인 고용 제도 | 외국인참정권부여 |
|---|---|---|---|---|---|---|---|---|---|---|---|
| | | 상담 | 한국어교육 | 문화행사 | 무료진료 | 쉼터 | | | | | |
| 외국인노동자상담소1 | 1997 | ○ | ○ | ○ | ○ | ○ | 다문화교실, 문화체험 | × | 전면적 | 노동허가제 | 의견없음 |
| 외국인노동자상담소2 | 1997 | ○ | ○ | ○ | ○ | ○ | 문화관련행사 | ○ | 단계적, 제한적 | 고용허가제 유지 | 사회적합의선행 |
| 외국인노동자센터 | 1997 | ○ | ○ | ○ | ○ | ○ | 한국문화교육, 외국문화교육 | ○ | 차등적 | 고동허가제, 노동허가제 병행 | 의견없음 |
| 외국인근로자센터 | 2007 | ○ | ○ | ○ | | ○ | 다문화캠프, 남편을 위한 다문화교실 | ○ | 제한적 | 노동허가제 | 의견없음 |
| 이주노동자여성센터 | 1997 | ○ | | ○ | | | 다문화공동체지원 | × | 전면 | 노동허가제 | 찬성 |
| 이주여성지원센터 | 2002 | ○ | ○ | ○ | | | 직업개발교육, 직능개발 | × | 차별적 | 고용허가제 개선 | 찬성 |
| 이주노동자연대 | 2005 | ○ | ○ | | | | 자녀를위한 한국어 교실 | × | 전면 | 노동허가제 | 의견없음 |
| 이주여성인권센터 | 2005 | ○ | ○ | ○ | | | 공예, 공동체지원, 문화체험 | × | 의견없음 | 의견없음 | 의견없음 |
| 이주노동자복지센터 | 2001 | ○ | ○ | ○ | | ○ | 문화행사 참여 및 개최 | × | 단계적 | 고용허가제 개선 | 찬성 |
| 외국인노동자센터 | 1996 | ○ | ○ | ○ | | ○ | 다문화체험 및 문화사업, 공동체 구성 및 지원 | ○ | 조건적 | 노동허가제 | 시기상조 |

출처: 조현상(2009). 한국 다문화주의의 특징과 정책 방향에 관한 연구. 원광대학교 박사학위논문. 133쪽.

10곳의 시민단체에 대해서 조사한 결과 이 단체들이 하는 주요활동은 대부분 노동문제 등에 관련된 상담활동이었다. 한국어 교육이나 문화 활동도 상당히 활발하였다. 이에 비해 쉼터활동은 다소 약했고, 무료진료는 3곳에 불과했다. 정부의 지원을 받는 곳은 4곳이었다.

뜨거운 쟁점이 될 수 있는 부분이 고용허가제와 노동허가제일 것이다. 고용허가제의 주체는 고용주인 반면 노동허가제의 주체는 외국인 노동자들이다. 노동허가제는 외국인 노동자가 직장을 구하고 사용자와 계약을 통해 일자리를 얻는 것이다. 이들은 노동자로서 누릴 수 있는 권리인 노동3권을 얻을 수 있게 하자는 것이 노동허가제이다. 노동허가제를 실시하자는 의견은 10곳의 시민단체 중 모두 5곳에서 제시하였다. 한 단체는 노동허가제와 고용허가제를 병행하자는 입장이었고, 3곳은 고용허가제 유지 또는 개선의 입장을 갖고 있었다. 외국인 노동자의 참정권 허용에 대해서는 3곳만이 찬성의 입장을 나타냈다.

앞에서 언급한 바와 같이 고용허가제가 브로커의 문제를 해결하고 노동자로서의 기본권을 인정한다는 점에서 산업연수제보다 일보 진전한 측면이 있지만 여전히 외국인 노동자가 직장 선택권을 가질 수 없다는 점에서 문제점을 나타내고 있다. 직장 이전도 3회로 제한되어 있어서 3회 이전을 하고 나면 이유를 불문하고 직장을 이전할 수 없고, 출국해야 한다. 이 때문에 여전히 노예 노동의 가능성이 사라지지 않고 있다. 또한 최대 노동 기간이 정해져 있어서 취업기간 연장을 빌미로 한 착취가 사라지지 않고 있다. 취업기간이 끝나도 돌아가지 않으려고 하기 때문에 계속 불법체류자를 양산하고 있다. 불법체류자들은 인권 사각지대에 있기 때문에 극단적인 문제를 낳을 가능성마저 있다.

이런 점에서 우리 사회는 노동허가제를 진지하게 고민할 필요가 있다. 이들이 자유롭게 직장을 선택할 수 있도록 하고, 이들에게 정당하게 노동자로서 가져야 할 권리를 인정해야 한다. 이들에게 정주권을 허락하여 한국에 들어온 이상 최소한의 인권을 보장해야 한다.

이렇게 되면 발생하는 문제가 있다. 저임금 노동력을 확보하기 위하여 들어온 외국인 노동자들이 한국 내 노동자와 경쟁하는 결과를 낳게 되어 오히려 노동여건을 악화시킬 우려가 있고, 취업 기회를 줄여 실업을 증가시킬 우려가 있다. 외국 사례에서도 보았듯이 이런 문제 때문에 처음에는 적극적으로 외국인 노동자를 유입하다가 외국인 노동자 유입을 금지하는 사태가 생겨나게 되는 것이다.

외국의 오류를 반복하지 않기 위해서는 나름대로 전략이 필요할 것이다. 노동자의 인권을 보장하고 노동권을 보장하는 전제하에서 한국의 경제가 활성화되는 방안을 마련해야 한다. 둘 중에 우선적인 것은 당연히 노동자의 인권과 노동권이다. 이를 보장하지 않으면 우리 사회는 단기적인 경제 활성화보다 훨씬 큰 대가를 치러야 할 것이기 때문이다.

## 3. 또 하나의 이주민, 국제 결혼이주 가정

또 하나의 이주민은 결혼이주민들이다. 외국의 경우 부모가 모두 외국인으로 외국인 이민 가정이지만, 우리나라에서는 한국인과 결혼하여 이주한 경우가 대부분이다. 결혼 이주 여성은 2007년 11만여 명에서 2012년 12월 현재 14만8천명으로 증가하였다.

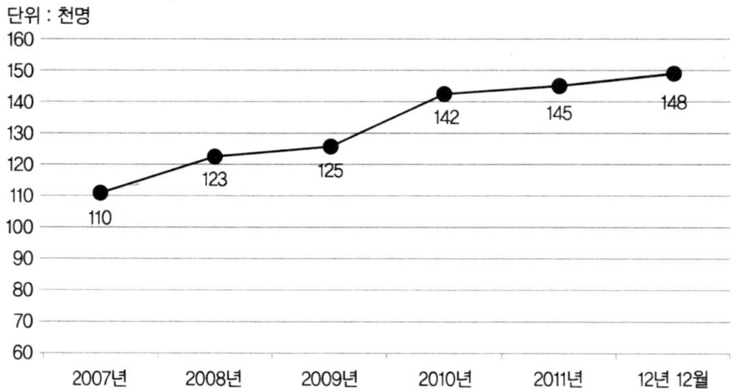


[그림 9-2] 국제 결혼 이주자 연도별 추이

(2012.12.31. 현재. 단위: 천명)

출처: 출입국 외국인 정책 본부. 통계 월보 2012년 12월호. 이 그래프는 필자가 작성한 것임.

결혼 이주자를 출신 국가별로 보면 조선족을 포함한 중국계가 가장 많다. 다음으로 베트남, 일본, 필리핀 순이다. 나중에 보면 알겠지만 일본의 경우 결혼 이주가 가장 먼저 시작되었다. 현재 많은 결혼 이주자들의 자녀들이 초등학교 재학 중이거나 중학교로 진학하고 있는 수준이기 때문에 자녀 중 재학생 수를 보면 일본이 가장 많다.

정부는 결혼이민자에 국한하지 않고 단순히 귀화했거나 다문화라고 인지한 사람을 포함해서 다문화가족이란 용어를 쓰고 있다. 2013년 1월 1일 현재 다문화가족은 281,295명이다. 이중 남성은 45,348명이고 여성은 235,947명이다. 다문화가족의 약 84%가 여성으로 대부분이 여성이라고 해도 과언이 아니다.

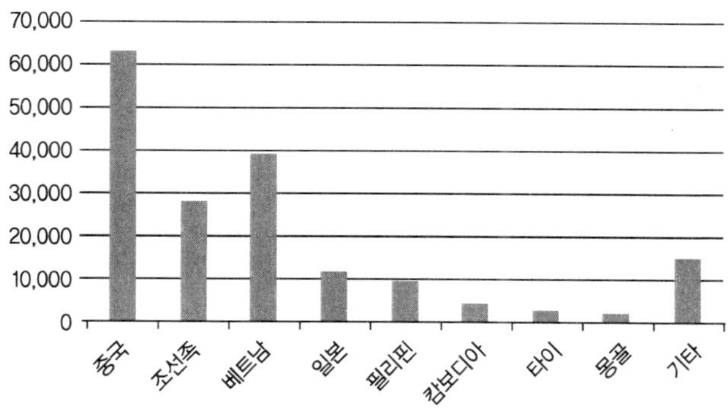


[그림 9-3] 국제결혼 이주자 국적별 현황

※ 출처: 출입국 외국인 정책 본부. 통계 월보 2012년 12월호. 필자가 그래프로 작성한 것임. 중국출신은 한국계를 포함하고 있음.

- 여성 86%, 남성 14%이며, 중국 출신은 42.5%, 베트남 26.5%, 일본 7.9%, 필리핀 6.4% 순임.

이 중 국적을 취득한 사람은 약 13만4천 명이고, 국적을 취득하지 못한 사람은 약 14만8천명이다. 국적을 취득하지 못한 사람이 더 많다. 국적을 취득하려면 3년을 지내야 하니까 최근 결혼한 사람들이 국적 미 취득자에 다수 포함될 것이라 예상할 수 있다.

출신국가별로 보면 가장 많은 숫자를 차지하고 있는 집단이 한국계 중국인, 즉 조선족(약 10만 명)이다. 다음으로 중국 한족이 약 7만 명으로 많고, 베트남(약 5만2천 명), 필리핀(약1만5천 명) 순으로 많다. 그 다음 순서는 일본, 캄보디아, 몽골, 태국이다. [61]

61) 출처: 결혼이민자 및 인지 · 귀화자 현황(2013년 기준, 안전행정부). 여기서는 다문화가족지원 포털, 다누리 홈페이지에서 재인용.
http://www.liveinkorea.kr/kr/contents/contents_view.asp?idx=10

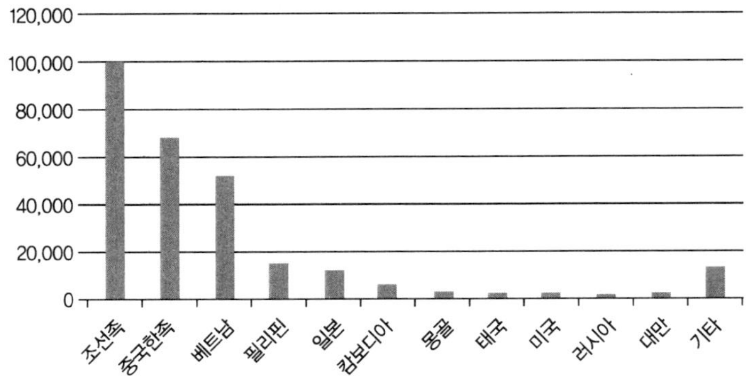


[그림 9-4] 출신국가별 한국 다문화 가족 수

(2012.12.31. 현재. 단위: 명)

출처: 출입국 외국인 정책 본부. 통계 월보 2012년 12월호.

국제결혼 숫자는 1990년 4710건에 불과하던 것이 2010년에는 3만4천여 건으로 늘어났다. 이에 따라 한국보건사회연구원은 다문화가족 인구가 계속 증가할 것으로 예상하고 있다. 2009년에는 27만여 명이던 것이 2020년에는 74만 여명으로 증가하고, 2050년에는 약 216만 여명까지 늘어날 것으로 추정하고 있다.[62)]

국제결혼이주 가정 역시 경제적 하층을 구성하고 있다. 외국인 여성과 결혼하는 농촌지역 남성들의 경제적 지위가 대부분 낮기 때문이다. 한 보도에 따르면 결혼이주여성들의 40%가 1주일에 2~3회 굶는다고 한다. 그 이유는 음식이 입맛에 맞지 않아서가 47.5%로 가장 많았고, 다음으로 기타(26.0%), 직장일 · 집안일이 바빠서(18.0%)라고 한다.

문화적인 차이로 가족과의 관계에서도 어려움을 느낀다. 가부장 의식이 강한 배우자는 그 가족과 의견이 달라 갈등을 겪는 경우도 많다.

62) 출처 : http://blog.naver.com/ehdals65?Redirect=Log&logNo=60188905555

한국어를 능숙하게 하지 못해서 생기는 부적응의 문제와 함께 봉착하게 되는 것이 자녀 교육이다. 한국어에 능숙하지 못한 학부모가 키운 자녀들 역시 한국어에 유창하지 못하기는 마찬가지다.  한국어에 미숙한 자녀들은 학교에서도 차별을 경험하게 된다. 특히 일반 한국인과 외모가 다른 자녀의 경우 따돌림이나 괴롭힘을 받는 비율이 일반 한국 학생의 평균치를 웃돈다.

동료 학생이나 교사와 의사소통을 원활하게 하지 못하는 경우 학업성취에도 영향을 미친다. 일상적인 대화는 가능하지만 학년이 올라갈수록 전문적인 용어를 습득해야 하기 때문에 학업에 어려움을 겪는 경우가 종종 있다.

정부는 결혼 이주 가정을 지원하기 위하여 다문화 가족 지원법을 제정하였다. 이 법은 다문화 가족을 결혼 이주 가정으로 한정하고 이들을 지원해야 한다는 원론적인 내용을 포함하고 있다.

**다문화가족 지원법**

제2조 정의

"다문화가족"이란 다음 각 목의 어느 하나에 해당하는 가족을 말한다.

가. 「재한외국인 처우 기본법」 제2조제3호의 결혼이민자와 「국적법」 제2조에 따라 출생 시부터 대한민국 국적을 취득한 자로 이루어진 가족

나. 「국적법」 제4조에 따라 귀화허가를 받은 자와 같은 법 제2조에 따라 출생 시부터 대한민국 국적을 취득한 자로 이루어진 가족

다문화 가족 지원법에서는 '다문화 가족'이란 한국국민이 반드시 포함된 다문화가족만을 지원 대상으로 하고 있다. 다문화가족의 또 다른 형태인 유학생 부부나 외국인 노동자 부부 등과 같이 '외국인만으로 이루어져 있지만 국내에 거주할 목적으로 존재하는 다문화 가족'은 법의 보호를 받

지 못하는 것이다. 국적법상 속인주의 원칙상 이들에게 태어난 아이도 마찬가지로 보호대상에서 제외된다.

이와 같이 다문화 가족 지원법에서 다문화 가족을 국제 결혼이주 가정으로만 한정하였기 때문에 다문화라는 개념에 혼란이 생기게 되었다. 다문화라고 하면 주류 집단이 아닌 소수 집단의 문화도 인정하는 것일 뿐 아니라, 그것이 이주 노동이든 결혼 이주든 모두 인정해야 한다. 이 법을 근거로 다문화가 결혼 이주와 같은 의미로 사용되면서 이주 노동자의 문제를 배제해버리는 결과를 낳았다.

이것이 의도한 결과인지 아닌지 분명하지 않지만, 이후 정책에서는 일관되게 다문화가정 즉 국제결혼이주가정에만 지원을 집중하였고, 외국인 노동자에 대해서는 철저히 외면하거나 차별하는 정책을 집행하였다. 이주자의 특성에 따라 관리방식이 다른 것이다. 국제결혼 이주 가정, 이주 노동자, 재외 동포를 각각 다른 방식으로 대우하고, 다른 방식으로 관리하였다. 이것을 정리하면 〈표 9-4〉와 같다.

〈표 9-4〉 한국에서 이주자 관리 메카니즘

| | 세부 구분 | 법적 지위 | 관리 기제 | 한국사회 통합여부 |
|---|---|---|---|---|
| 국제 결혼 | 국제결혼여성 | 합법 | 다문화주의 | 통합대상 |
| | 국제결혼 남성 | 합법 | - | - |
| 아동 | 국제결혼 가정 아동 | 한국인 | 다문화주의 | 통합대상 |
| | 이주 노동자 자녀 | 불법 | 최소 인권 | 귀환대상 |
| 이주노동자 | 등록 이주 노동자 | 합법 | 고용허가제 | 귀환대상 |
| | 미등록 이주 노동자 | 불법 | 단속, 강제추방, 의도적 묵인 | 귀환대상 |
| 재외동포(중국) | 동포 | 합법<br>불법 | 방문 취업제 | 통합 · 귀환대상 |

출처: 오경석 외(2007). 한국에서의 다문화주의. 한울. 102쪽. 필자가 일부 첨삭하였음.

한국의 소수 집단에 대한 정책은 철저하게 주류 집단의 이해관계에 따라 결정되었다고 해도 과언이 아니다. 2006년 다문화주의의 선포 자체가 대단히 이례적일 정도로 이후의 정책들은 보수화되었다. 결혼 이주여성은 철저히 동화의 대상으로 본 반면, 이주 노동자는 철저히 배제와 차별의 대상으로 보고 있다. 그 어느 것도 다문화주의는 아니다. 소수 집단의 권리와 정체성을 인정한다는 의미에서 다문화주의는 우리에게는 아직 먼 이야기인 듯하다.

## 4. 한국의 외국이주민 현황

국내에 체류하는 외국인은 2012년 통계청의 자료에 따르면 약 146만 명 정도이다. 이들 한국 거주 외국인은 빠른 속도로 증가하고 있다고 한다. 외국인 고용조사 자료에서 나타난 외국인 주민의 특성을 알아보면 다음과 같다. 146만 명의 외국인중 국내에 상주하는 외국인이 약 114만 명 정도이고, 이중 경제활동인구가 약 82만 명이다.

체류자격별로 보면 비전문 취업과 방문취업의 비율이 가장 높은 것을 알 수 있다. 외국인 노동자들이 들어오게 된 것이 단순 저임금 노동력을 확보하기 위한 것이었기 때문에 비전문 취업 인구가 많은 것은 당연하다. 방문 취업은 재외 동포에 해당하는 것이다. H2비자는 조선족과 같은 해외동포에게 부여되는 것으로 이들에게는 장기적인 취업을 허가하고 있다.

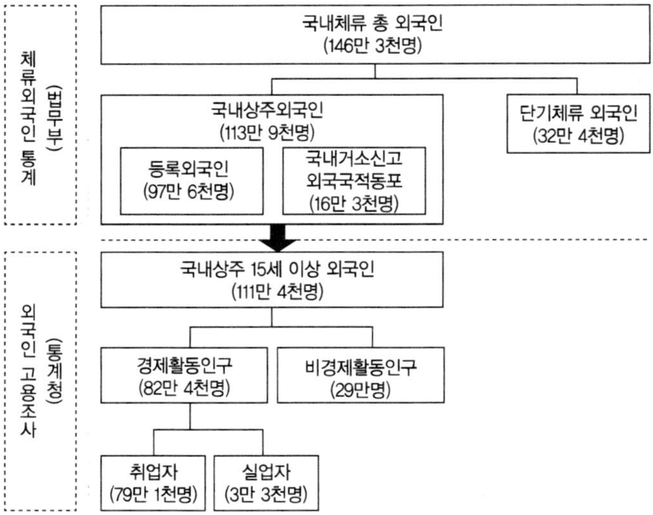


[그림 9-5] 한국 내 외국인 인구구성 현황

출처 : 통계청, 2012년 외국인고용조사 결과

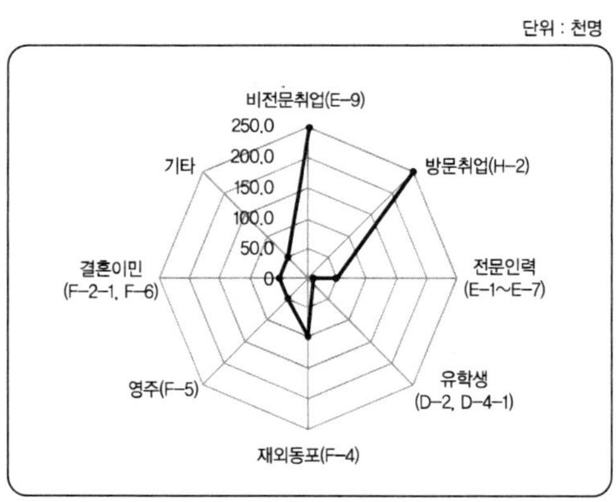


[그림 9-6] 체류자격별 외국인 취업자 현황

출처: 통계청 보도자료. 다문화인구동태 통계. 2011.11.3

외국인 노동자의 체류 자격별 외국인 고용률을 보면 비전문직 노동자와 전문 인력은 거의 100% 취업을 하게 된다. 고용 계획을 세운 상태에서 이들을 입국시키기 때문이다. 방문 취업의 경우 84.1%로 그 다음을 차지하고 있다. 방문취업 비자를 낸 사람은 대체로 중국 동포들인데 한국에 취업을 위해서 입국한 경우이다. 이들은 특별히 일자리를 보장 받고 온 것이 아니기 때문에 취업률은 비전문취업에 비하면 다소 낮은 편이다. 결혼 이민자들도 46.9% 가 취업을 하고 있다는 것을 볼 수 있다. 결혼 이민 가정의 경제적 수준이 매우 낮기 때문에 결혼 이주 여성들이 취업할 필요를 많이 느끼고 있다.

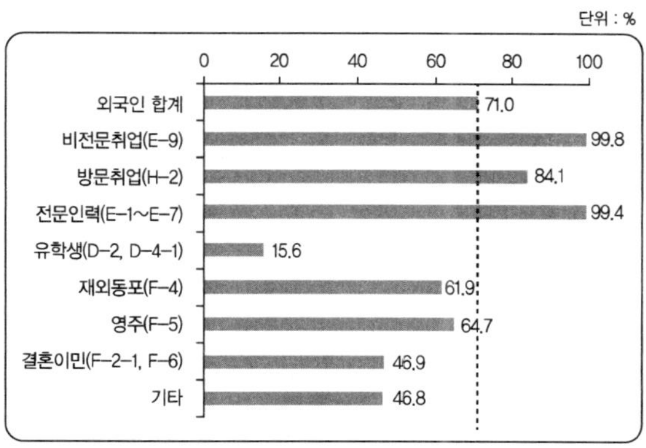


**[그림 9-7] 한국의 체류자격별 외국인 고용률**

출처: 통계청 보도자료. 다문화인구동태 통계. 2011.11.3

외국 이주민의 교육정도를 보면 고졸 학력이 가장 많고, 그 다음이 대졸, 중졸 순이다. 경제활동 인구를 보면 고졸이 약 38만 명이고 대졸은 약 21만 명, 중졸은 약 18만 명 정도 된다. 학력에 따른 외국 이주민의 숫자를 정리한 것이 〈표 9-5〉이다.

〈표 9-5〉 학력별 한국 거주 외국인 수

(단위 : 천명, %)

| 구분 | 15세 이상인구 | 경제활동 인구 | 취업자 | 비경제활동 인구 | 경제활동 참가율(%) | 고용률 (%) |
|---|---|---|---|---|---|---|
| 외국인 합계 | 1,114 | 824 | 791 | 290 | 74.0 | 71.0 |
| (교육정도) | | | | | | |
| 초졸이하 | 87 | 58 | 56 | 30 | 66.1 | 64.2 |
| 중졸 | 226 | 178 | 171 | 48 | 78.6 | 75.8 |
| 고졸 | 500 | 377 | 363 | 123 | 75.5 | 72.7 |
| 대졸이상(전문대 포함) | 301 | 212 | 201 | 89 | 70.4 | 66.8 |

출처: 통계청 보도자료. 다문화인구동태 통계. 2011.11.3

외국인 취업자의 직업별 분포를 보면 기능원, 기계조작 및 조립 종사자가 가장 많고, 다음으로 단순 노무 종사자이다. 이에 비해 관리전문가나 서비스·판매종사자는 적은 편이며 사무종사자나 농림어업 숙련 종사자는 적은 수를 나타내고 있다.

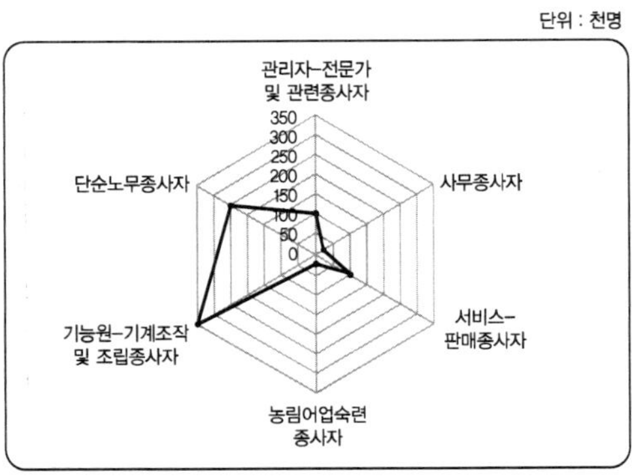


[그림 9-8] 외국인 취업자의 직업별 분포

출처: 통계청 보도자료. 다문화인구동태 통계. 2011.11.3.

이주 노동자의 연령별 분포를 살펴보면 10대에서 30대까지 고른 분포를 나타내고 있다. 4,50대는 상대적으로 적은 편이며 가장 적은 연령대는 60대이다.

단위 : 천명

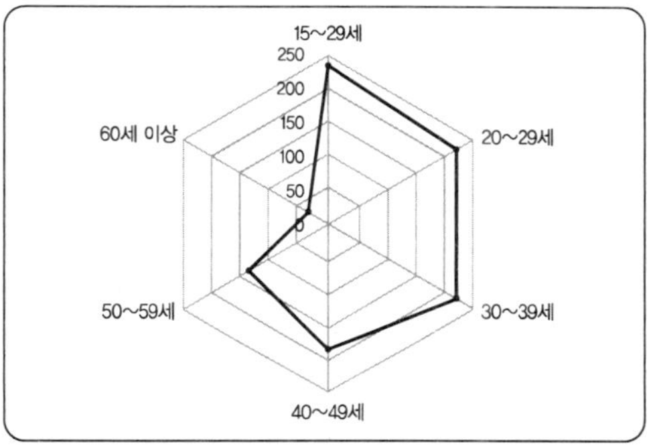


[그림 9-9] 외국인 취업자의 연령계층별 분포
출처: 통계청 보도자료. 다문화인구동태 통계. 2011.11.3

이주 노동자들의 지위를 보면 상용근로자가 46만여 명으로 가장 많고 그 다음이 임시·일용근로자로 29만여 명이다. 가장 적은 수는 비 임금 근로자로 나타나고 있다. 비 임금 근로자는 자영업자나 무급 가족 종사자이다. 이주 노동자 대부분이 사업장에 취업을 하고 있음을 알 수 있다.

단위 : 천명

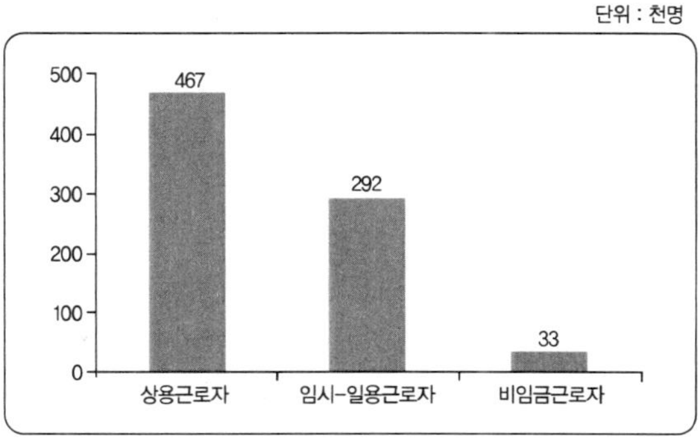


[그림 9-10] 외국인 취업자의 종사상 지위 분포
출처: 통계청 보도자료. 다문화인구동태 통계. 2011.11.3

사업체 규모별로 살펴보면 외국인 취업자 중 가장 많은 숫자가 취업하고 있는 사업장의 규모는 10~29인 정도의 사업장으로 소규모의 사업장임을 알 수 있다. 다음이 1~4인의 사업장이고, 5~9인, 50~299인 규모의 사업장 순으로 나타났다. 전체 외국인 취업자의 66.4%가 20인 이하 사업장에서 일하고 있어서 외국인 취업자 대부분이 소규모 사업장에서 일하고 있었다. 50인 이상의 사업장은 21.1%로 상대적으로 많지 않았다.

소규모의 사업장에서 일하는 노동자의 경우 오히려 억압이 심할 수가 있고, 노동조합을 만들기 어렵다는 문제점이 있다. 이들은 사업주에게 직접적으로 또 개인적으로 통제를 받게 된다. 불법적인 문제를 개인적으로 해결해야 하기 때문에 저항이 더 어려울 수 있다.

〈표 9-6〉 사업체의 종사자 규모별 외국인 취업자 현황

(단위 : 천원, %)

| 구분 | 외국인 취업자 | 1~4인 | 5~9인 | 10~29인 | 30~49인 | 50~299인 | 300인 이상 |
|---|---|---|---|---|---|---|---|
| 외국인 합계 | 791 | 163 | 150 | 213 | 99 | 137 | 29 |
| (종사자규모별 구성비) | (100.0) | (20.6) | (18.9) | (26.9) | (12.4) | (17.4) | (3.7) |
| 남자 | 518 | 67 | 96 | 159 | 76 | 99 | 20 |
| (종사자규모별 구성비) | (100.0) | (12.9) | (18.6) | (30.7) | (14.7) | (19.1) | (3.9) |
| (성별 구성비) | (65.4) | (40.9) | (64.4) | (74.7) | (77.3) | (72.0) | (69.3) |
| 여자 | 274 | 96 | 53 | 54 | 22 | 38 | 9 |
| (종사자규모별 구성비) | (100.0) | (35.3) | (19.5) | (19.7) | (8.2) | (14.1) | (3.3) |
| (성별 구성비) | (34.6) | (59.1) | (35.6) | (25.3) | (22.7) | (28.0) | (30.8) |

출처: 통계청 보도자료. 다문화인구동태 통계. 2011.11.3

외국인 취업자의 임금수준은 100~200만원 미만이 68.4%로 가장 많았다. 다음이 200~300만원 미만으로 18.9%였고, 100만원 미만이나 300만원 이상을 받는 숫자는 그리 많지 않았다. 현재 최저 임금이 120만원이

니까 최저 임금 이하로 받는 숫자가 최소한 7% 가까이 있다는 점은 문제이다. 이들은 불법적인 저임금에 시달리고 있다. 최근 여당의  사무총장인 한 국회의원이 불법적인 노예노동을 강요한 것으로 보도되어 세상을 떠들썩하게 한 적이 있다. 불법적인 노동 강요을 얼마나 서슴없이 하고 있는가를 알게 하는 대목이다.

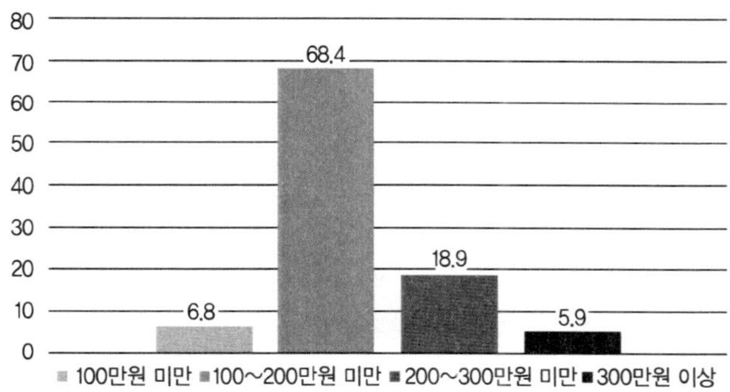


[그림 9-10] 월평균 임금수준별 외국인 취업자 현황
출처: 통계청 보도자료. 다문화인구동태 통계. 2011.11.3

▶ 읽을 거리 ◀

**홍 사무총장 운영 박물관에서 이주 노동자들 착취**

- '이주 노동조합' 기자회견 "인간다운 삶 보장" 촉구
- 박물관장 "문화시설을 운영하다 보니 매년 적자"

홍문종 새누리당 사무총장이 운영하는 박물관에서 이주노동자들이 최저임금의 절반도 되지 않는 임금을 지급받으며 착취당하고 있는 것으로 밝혀지면서, 비난 여론이 거세게 일고 있다.

민주노총 서울본부 서울경기인천 이주노동조합 10일 오전 서울 여의도 새누리당 당사 앞에서 '포천아프리카예술박물관 전통예술 공연단 및 조각가 노예노동 고발' 기자회견을 열어, 박물관 이사장을 맡고 있는 홍문종 새누리당 사무총장에게 이주노동자들을 더 이상 노예 취급하지 말고 그들에게 인간다운 삶을 보장하라고 촉구했다.

이주노동조합은 이날 기자회견에서 홍 사무총장이 2010년 사들여 이사장을 맡고 있는 포천아프리카예술박물관이 아프리카 짐바브웨 출신 조각가 4명과 부르키나파소에서 온 무용수, 악기연주자 8명 등 12명을 고용하며 2012년부터 최저임금에 크게 못 미치는 월 650달러(짐바브웨)와 600달러(부르키나파소)를 각각 지급하는 근로계약서를 작성하는 등 정당한 노동의 댓가를 지급하지 않았다고 밝혔다.

이들은 전부 자국에서 인정받은 전통예술 공연단이나 조각가 출신으로, 현 박물관장에게 오디션을 거쳐 발탁된 인재들이다. 그나마도 계약서와 달리 임의로 1달러당 한화 1000원으로 환율을 고정 적용해 각각 65만원과 60만원씩만 지급하도록 했다. 이를 계산해보면 시급 3000원이 넘지 않는다. 국내 최저임금은 2012년 4580원, 2013년은 4860원이었다. 여기에 박물관 쪽이 "귀국 비행기 표를 2년 전에 미리 사느라 1인당 130여만원을 이미 지급했다"며 매월 10여만원씩 공제하는 바람에, 실제 이들의 손에 쥐어지는 수령액은 월 50여만원에 불과한 것으로 나타났다.

이주노동조합은 또 이들에게 제공된 기숙사의 주거환경이 매우 열악한데다 1인당 1일 식비를 4000원으로 제한해 사실상 하루 3끼 식사가 불가능하며 일하다 다쳐도 치료비를 받기는커녕 쉬는 기간만큼의 급여가 깎인다고 주장했다. 이날 기자회견에 앞서 〈노컷뉴스〉가 보도한 르포 기사는 이들 이주노동자들이 머물었던 기숙사의 침실이 "영화 〈설국열차〉에 나오는 꼬리칸을 연상케" 한다고 전했다. "한두 명도 간신히 몸을 뉘일까 말까 한 작은 방에 4명씩 자는 건 기본이고 방을 가득 채운 2층 침대 곳곳에는 누추한 짐가지들이 주인 대신 자리를 차지하고 있었"으며 "그래도 자리가 부족해 남자들은 거실과 복도에 침대를 두는가 하면, 아예 건물밖 현관 옆에 돗자리로 간신히 외풍을 막아 방을 만들기도 했다"는 것이다.

그 뿐만 아니라 박물관 쪽은 이주노동자들이 이러한 처우를 못 견뎌 무단으로 이탈할 것을 우려해 여권을 직접 보관하는 것으로 알려졌다.

박물관의 이런 위법 행위는 지난달 말로 계약이 만료된 부르키나파소 공연가들이 새 계약서를 요구하면서 불거졌다. 박물관 쪽이 지난 4일 갑자기 "재계약을 할 수 없다"고 밝히고 나선 것이다. 결국 재계약을 믿고 다른 직장도 구하지 못한 이들은 체불임금조차 받지 못한 채, 비자가 만료되는 이달 말 고향으로 쫓겨날 위기에 몰리게 된 것이다.

이런 논란에 대해 박상순 박물관장은 "일반사업장도 아니고 문화시설을 운영하려니 매년 적자를 보고 있는 현실"이라며 "이 때문에 4000원의 하루 식비와 최저임금에 못 미치는 임금을 지급하는 사실 등은 인정한다"고 해명한 것으로 알려졌다. 또 "식대는 적지만 쌀은 무한정 제공하고 있고, 기숙사 사정도 지금은 열악하지만 조만간 방 3개짜리 기숙사를 마련할 계획"이라고 덧붙였다. 사실상 '압수'당한 여권과 관련해선, "상황을 고려해서 여권과 돈을 우리가 갖고 있다가 공항에서 줘도 된다"고 주장한 것으로 전해졌다.

홍문종 새누리당 사무총장이 이사장으로 있는 박물관에서 이주노동자들에게 사실상 "노예노동"을 시키고 있다는 사실이 알려지자 야권은 일제히 비판 성명을 내어 "새누리당은 홍 사무총장을 즉각 경질하고 고용노동부는 박물관에 대한 특별근로감독을 실시하라"고 촉구했다.

허영일 민주당 부대변인은 이날 논평에서 "대한민국의 위신을 떨어트리는 국제적 망신"이라며 "아프리카 예술가들에 대해 폭언과 협박을 일삼고, 여권까지 빼앗은 것은 명백한 인권탄압으로 실정법 위반의 소지까지 있다"고 비판했다. 허 부대변인은 또 "집권여당의 사무총장이라는 사람이 바람직한 노사관계와 인권존중의 모범이 되지 못하고 착취와 인권유린, 인종차별적 행태를 방치한 것은 입이 열 개라도 할 말이 없다"며 "홍문종 '아프리카예술박물관' 이사장은 아프리카 예술가들에게 사과하고 착취한 임금을 즉시 돌려줘야 한다. 또한 사태의 책임을 물어 박상순 박물관장의 사표를 수리해야 한다"고 말했다.

이기중 정의당 부대변인도 이날 서면브리핑을 통해 "홍 사무총장은 이미 숱한 설화로 국민들에게 심각한 스트레스를 안겨준 바 있는데 거기에 노동착취까지 더해진다면 그야말로 바닥까지 몽땅 드러난 셈 아니냐"며 "아프리카예술박물관의 처참한 현실은 반노동, 반인권정당인 새누리당의 현주소를 적나라하게 보여주는 것"이라고 말했다. 그는 "홍 사무총장과 같은 이가 집권여당의 사무총장을 맡고 있다는 것 자체가 대한민국의 비극"이라며 "홍 사무총장은 당장 모든 당직에서 사퇴하고, 노동자들과 국민에게 엎드려 사죄하라"고 촉구했다.

장하나 민주당 의원도 이날 개인명의의 성명을 내어 "홍 사무총장이 국회의원으로서, 또 집권여당의 사무총장으로서의 자격이 없다는 것을 증명한다. 새누리당이 만약 홍 사무총장을 경질하지 않는다면 그건 전체 노동자에 대한 모욕이고 국제적 비웃음거리가 될 것"이라고 비판했다.

(출처: 한겨레 신문. 2014.2.10. 이정애 기자 hongbyul@hani.co.kr)

## 5. 한국 내 이주민의 어려움

우리나라에 거주하는 외국인 숫자가 140만을 넘었다. 이중 등록 외국인이 97만 여명이고, 단기체류가 31만여 명, 국내거소신고[63]만을 한 외국인이 15만 여명이다. 이것을 정리하면 다음과 같다.

〈표 9-7〉 체류외국인 총괄현황

| 구분 | 총계 | 등록 | 단기체류 | 거소신고 |
|---|---|---|---|---|
| 인원수 | 1,438,671 | 974,593 | 311,564 | 152,514 |
| 구성비 | 100% | 67.7% | 21.7% | 10.6% |
| 전년대비 증가율 | 6.2% | 1.5% | 6.1% | 51.9% |

출처: 박병권(2012). 외국인 고용허가제의 문제점과 해결방안 연구. 고려대학교 석사학위논문. 연구자가 일부 첨삭하였음.

140여만 명의 외국인중 취업자격을 가지고 한국에 체류하고 있는 사람은 약 60만 명이다. 그 중 대부분인 55만 명 정도가 단순 기능인력이다. 이들 중 불법체류자는 약 6만여 명으로 보고되었다. 취업자격 체류 외국인 총괄현황은 아래 〈표 9-9〉와 같다.

〈표 9-8〉 취업자격 체류 외국인 총괄현황(2012.4.30. 단위: 명)

| 구분 | 총계 | 전문인력 | 단순기능인력 |
|---|---|---|---|
| 취업자격 총체류자 | 597,875 | 49,984 | 547,891 |
| 합법체류 | 538,696 | 46,822 | 491,874 |
| 불법체류 | 59,179 | 3,162 | 56,017 |

- 출처: 출입국·외국인 정책본부(2012)

63) 재외국민과 재외동포체류자격으로 입국한 외국국적동포가 대한민국 안에 거하는 장소를 정하여 그 장소를 관할하는 출입국관리사무소장 또는 출장소장에게 자신이 거주하는 곳을 신고하는 것을 말함.

일반 외국인 중에 불법으로 체류하는 사람은 훨씬 많다. 2002년에는 30만 명을 웃돌았지만 그 이후 불법체류자들을 합법화 하는 등 개선책을 마련하여 많이 줄어들었다. 현재는 약 17만여 명의 불법체류자들이 있고 이들 중 상당수는 취업자격을 갖고 있지 않다. 취업자격을 갖고 있는 사람 중에 만기를 넘긴 사람들이 약 6만 명이니까 11만 여명이 취업자격을 갖지 않고 불법으로 체류하고 있다고 볼 수 있다. 연도별 불법체류 외국인 총괄현황을 그래프로 나타낸 것이 [그림 9-11]이다.

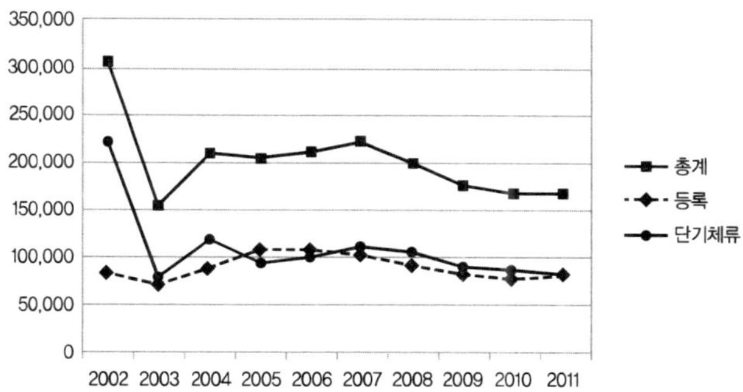


[그림 9-11] 연도별 불법체류 외국인 총괄현황

출처: 출입국 · 외국인 정책본부(2012). 여기서는 박병권(2012). 외국인 고용허가제의 문제점과 해결방안 연구. 고려대학교 석사학위논문. 에서 재인용

외국인 노동자가 한국에 체류하는 동안  중요한 것이 사회보험이다. 소위 4대 보험, 즉 건강보험, 국민연금, 고용보험, 산재보험은 외국인 노동자의 특징에 따라 다르게 적용된다.

건강보험은 외국인 등록을 하였거나 거소 신고를 한 경우에 적용이 되는 반면 불법체류자는 적용이 되지 않는다. 건강보험이 적용되지 않는 경우 사실상 병원 진료를 받을 수 없기 때문에 의료 사각지대에 놓이게 된다.

국민연금의 경우 국가가 맺은 사회보장협정과 체류 자격에 따라 결정된다. 사회보장협정이란 사회보험과 관련하여 국가 간 협약을 맺는 것인데, 자국민이 상대국가에 체류할 경우 사회보험을 상호 어떻게 적용할 것인가에 대해 협정을 맺는 것이다.

우리나라는 2011.12.31.현재 미국, 일본 등 24개국과 협정을 체결하여 시행중에 있으며 계속해서 체결국을 확대하고 있다.[64] 이미 발효된 협정 중에서 이란, 영국, 중국, 네덜란드, 이탈리아, 일본, 우즈베키스탄, 몽골의 8개국과는 보험료 면제 협정을, 캐나다, 미국, 독일, 헝가리, 프랑스, 호주, 체코, 아일랜드, 벨기에, 폴란드, 불가리아, 슬로바키아, 루마니아, 오스트리아, 덴마크, 인도의 16개국과는 가입기간 합산 협정을 체결하였다고 한다.

문제는 협정을 체결하지 못한 국가 출신들은 이 보험 적용을 받지 못한다는 것이다. 이들은 임금에서 국민연금을 포함시키지 못하여 불이익을 받게 된다. 건강보험 역시 불법체류자인 미등록자는 적용을 받지 못한다.

고용보험의 경우 원하는 사람에게만 적용이 된다. 원하지 않으면 적용이 안 된다는 것인데, 사실상 사업주의 결정에 달려있다고 보아야 할 것이다. 이주 노동자에게 혜택이 가지 않을 가능성이 상당히 있다고 볼 수 있다.

마지막으로 산재보험이다. 산재보험은 국적, 체류 자격과 상관없이 근

64) - 협정체결국: 이란, 캐나다, 영국, 미국, 독일, 네덜란드, 일본, 이탈리아, 우즈베키스탄, 몽골, 헝가리, 프랑스, 체코, 아일랜드, 벨기에, 폴란드, 슬로바키아, 불가리아, 루마니아, 오스트리아, 덴마크, 인도, 중국, 스페인
- 협정서명국: 필리핀, 터키, 브라질, 스웨덴, 스위스

로자로만 인정이 되면 보험 혜택을 받을 수 있다. 이것은 큰 진전이라고 볼 수 있을 것이다. 외국인 노동자들은 대체로 사고 위험이 높은 곳에서 일하고 있기 때문에 산재보험 적용을 받지 못한다면 엄청난 피해를 입을 수가 있기 때문이다.

4대 보험은 한국에 거주하는 모든 외국인 노동자에게 적용되어야 함에도 불구하고 각 노동자의 특성에 따라서 다르게 적용되고 있다. 뿐만 아니라 불법체류자인 미등록 노동자는 건강보험 혜택조차 받지 못하고 있다. 이것은 노동자가 가져야 할 최소한의 권리가 아직 보장되고 있지 못함을 의미한다. 외국인 노동자의 사회보험 적용현황을 정리한 것이 〈표 9-10〉이다.

〈표 9-9〉 외국인 노동자의 사회보험 적용 현황(2010)

| 사회보험 내역 | 적용 원칙 |
|---|---|
| 사회보장기본법(사회보험의 상위법) | - 상호주의 원칙<br>* 미국에 거주하는 한국인이 특정 사회보장제도에 적용받으면 한국에 거주하는 미국인도 적용하는 것 |
| 건강보험 | - 외국인등록(외국인) 또는 국내거소신고(재외동포 등)를 한 경우<br>- 사회보장협정이 체결된 경우 그에 따름<br>- 미등록이주노동자(불법체류)는 적용 안됨 |
| 국민연금 | - 상호주의(국적)+비자(체류자격)에 따라 적용<br>- 사회보장협정이 우선<br>- 미등록이주노동자(불법체류)는 적용 안됨 |
| 고용보험 | - 국내 취업비자가 있는 사람 중 가입을 희망하는 경우<br>- 미등록이주노동자(불법체류)는 적용 안됨 |
| 산재보험 | - 국적, 체류자격 등에 상관없이 근로자로 인정받으면 적용 |

출처: daum 블로그 http://blog.daum.net/huni7189/25

## 6. 결혼 이주 가정 현황 및 다문화 정책

결혼 이주 가정이 늘어나고 그들의 자녀도 성장하면서 다문화 학생 수도 점차 증가하기 시작했다. 2006년도에는 약 8천여 명이던 결혼이주 가정 학생 수가 2012년에는 약 3만4천명까지 증가하였다. 중학교의 경우 2006년에는 1,139명이 2012년에는 9,647명으로 증가하였다. 고등학교도 적은 수이지만 상당히 큰 폭으로 증가하고 있다. 결혼 이주 가정 학생 수의 추이를 정리한 것이 〈표 9-11〉이다.

〈표 9-10〉 전체 학생 대비 다문화가정 학생 수

(단위: 명,%)

| | 다문화가정 학생수 | | | | | | | | | | | |
|---|---|---|---|---|---|---|---|---|---|---|---|---|
| | 초등학교 | | | 중학교 | | | 고등학교 | | | 합계 | | |
| | 학생수 | A | B | 학생수 | A | B | 학생수 | A | B | 학생수 | A | B |
| 2012 | 33,792 | 17.5 | 1.14 | 9,647 | 24.7 | 0.52 | 3,515 | 46.0 | 0.18 | 46,954 | 20.7 | 0.70 |
| 2011 | 28,748 | 16.4 | 0.92 | 7,735 | 47.1 | 0.40 | 2,407 | 31.7 | 0.12 | 38,890 | 22.3 | 0.56 |
| 2010 | 24,701 | 15.1 | 0.75 | 5,260 | 59.7 | 0.27 | 1,827 | 45.6 | 0.09 | 31,788 | 22.2 | 0.44 |
| 2009 | 21,466 | 27.9 | 0.68 | 3,294 | 30.4 | 0.16 | 1,255 | 44.6 | 0.06 | 25,015 | 28.9 | 0.36 |
| 2008 | 16,785 | 37.6 | 0.46 | 2,527 | 27.7 | 0.12 | 868 | 82.4 | 0.05 | 20,180 | 37.7 | 0.26 |
| 2007 | 12,199 | 54.2 | 0.32 | 1,979 | 73.7 | 0.10 | 476 | 40.0 | 0.03 | 14,654 | 56.1 | 0.19 |
| 2006 | 7,910 | | 0.20 | 1,139 | | 0.05 | 340 | | 0.02 | 9,389 | | 0.12 |

- A: 학교급별 다문화 가정 학생의 전년 대비 증가율, B: 전체 학생 수 대비 다문화 가정 학생 수 비율
- 2012년 다문화 학생 수에는 각종 학교 학생 수가 포함됨
- 자료: 교육과학기술부(2006~2012). 다문화 가정 학생 현황, 교육과학기술부(2012). 교육기본통계
- 출처: 류방란 · 강일국 · 김경애 · 송혜정 · 이재분(2012). 중등교육 학령기 다문화가정 자녀 교육실태 및 지원방안. 한국교육개발원. 에서 인용.

최근 2012년의 통계를 보면 조선족을 포함하여 중국 출신이 33.21%로 가장 많다. 다음은 일본 28.61%, 필리핀 16.88%, 베트남 7.59% 순이다.

결혼 이주 가정 학부모의 출신국 현황을 정리하면 〈표 9-12〉와 같다.

〈표 9-11〉 결혼 이주 가정 학생의 부모 출신국 현황

(단위 : 천명)

| | 구분 | 중국 | | 일본 | 필리핀 | 베트남 | 태국 | 몽골 | 기타 | 계 |
|---|---|---|---|---|---|---|---|---|---|---|
| | | 전체 | (조선족) | | | | | | | |
| 2012 | 학생수(명) | 14,721 | 7,568 | 12,683 | 7,483 | 3,364 | 1,124 | 697 | 4,256 | 44,328 |
| | 비율(%) | 33.21 | 17.07 | 28.61 | 16.88 | 7.59 | 2.54 | 1.57 | 9.60 | 100.00 |
| 2009 | 학생수(명) | 6,486 | 2,892 | 10,057 | 4,206 | 1,095 | 510 | 260 | 1,966 | 24,580 |
| | 비율(%) | 26.39 | 11.77 | 40.92 | 17.11 | 4.45 | 2.07 | 1.06 | 8.00 | 100.00 |

- 해당년도 교육과학기술부 통계 자료. 2009년 자료에 부모 출신국이 국제결혼 가정 자녀에 한정되어 제시되어 있어 전체 다문화 가정 자녀가 아닌 국제결혼 가정 학생에 한정하여 제시하였음
- 중국 출신의 경우, 전체에는 조선족도 포함되어 있음 (한국계 조선족 규모를 참고하기 위해 별도로 제시한 것임)
- 출처: 류방란·강일국·김경애·송혜정·이재분(2012). 중등교육 학령기 다문화가정 자녀 교육실태 및 지원방안. 한국교육개발원. 에서 인용.

결혼 이주 가정 학생의 학부모 출신 국가를 살펴보면 2009년 가장 숫자가 많았던 국가는 일본이었다. 일본 출신 이민자의 경우 우리 사회에 결혼 이주 가정이 널리 퍼지기 전부터 한국에 왔기 때문에 그들의 자녀들은 이미 성장하여 학교에 진학하였다. 점차 다른 국가에서 온 결혼 이주민들이 늘어나면서 일본 출신 이주 가정 학생의 비율은 줄어들고 있다.

## 7. 결혼 이주 가정 자녀 재학률 추정

결혼 이주 가정 학생들이 학교생활이 일반 한국 학생들에 비해 쉽지 않다는 연구가 많이 있다. 결혼 이주 가정 학생들은 한국어를 유창하게

하는 것이 쉽지 않다. 특히 일상적인 말보다 세밀한 표현이나 전문적인 표현을 하지 못하는 경우가 많다. 언어적인 문제는 학업 성적에 영향을 미치고, 자존감에도 영향을 미칠 수 있다.

가정의 사회·경제적 배경도 낮은 수준이어서 교육적 지원이 약한 편이다. 교사나 학생들은 편견을 갖고 대하거나 존중하지 않는 태도를 보이는 경우가 있다.

이주가정 학생들의 재학률은 일반 학생들보다 낮은 것으로 보고되고 있다. 학생들의 재학률이 얼마나 되는지는 분명한 것 같지 않다. 교육부에서는 학생들의 학업중단율을 제시하지만 이주 가정 학생들 전체 중에서 어느 정도의 학생이 학교에 다니는지에 관한 자료는 제시하지 않고 있다. 이 때문에 재학률을 다음 〈표 9-13〉에서 우회적으로 찾아보아야 할 것 같다. 이 표는 다문화 가정 학생의 연도별·연령별 현황이다. 특이한 것은 행정안전부에서 제시하는 학생 수와 교육과학부(현 교육부)에서 제시하는 숫자가 다르다는 것이다. 왜 그런지 이유를 알아보아야 할 것이나 자료 조사에서 행정안전부는 해당 연령 인구 전체를 학생 수로 잡았을 가능성이 있다. 교과부는 학교를 중심으로 학생 수를 계산한 것이니까 두 숫자가 다를 수밖에 없을 것이다.

이 가정이 사실이라면 재학률은 재학생 수(46,954)를 해당 연령 인구 수(53,131)로 나눈 것이 된다. 계산해 보면 이주 가정 자녀의 재학률은 약 88.4%이다. 초등학교는 약 92.0%, 중학교는 약 82.3%, 고등학교는 약 75.8%가 된다. 일반 한국 학생들의 평균 재학률에 비하면 현저히 떨어지는 수치이다. 재학하고 있는 이주 가정 학생들의 교육도 중요한 문제이지만 학교 밖에 있는 이주 가정 자녀들을 속히 돌볼 수 있도록 하는 것이 대단히 중요한 일이다.

〈표 9-12〉 다문화가정 학생의 연도별, 연령별 현황

| | | 전체 | 영유아 | 소계 | 초 | 중 | 고 |
|---|---|---|---|---|---|---|---|
| | | | 만 0세~6세 | 초, 중, 고 | 만 7세~12세 | 만13세~15세 | 만16세~18세 |
| 2012 | 행안부(a) | 156,522 | 103,391 | 53,131 | 36,766 | 11,729 | 4,637 |
| | 교과부(b) | - | - | 46,954 | 33,792 | 9,647 | 3,515 |
| | a-b (비율) | - | - | 6,177 (11.6) | 2,974 (8.1) | 2,081 (17.7) | 1,122 (24.2) |
| 2011 | 행안부(a) | 151,154 | 95,537 | 57,617 | 37,590 | 12,392 | 7,635 |
| | 교과부(b) | - | - | 38,678 | 28,667 | 7,634 | 2,377 |
| | a-b (비율) | - | - | 18,939 (32.9) | 8,923 (23.7) | 4,758 (38.4) | 5,258 (68.0) |
| 2010 | 행안부(a) | 105,502 | 73,572 | 31,930 | 25,277 | 4,551 | 2,102 |
| | 교과부(b) | - | - | 31,788 | 24,701 | 5,260 | 1,827 |
| | a-b (비율) | - | - | 142 (0.4) | 576 (2.3) | -709 (-15.6) | 275 (13.1) |
| 2009 | 행안부(a) | 92,690 | 62,533 | 30,157 | 24,064 | 4,080 | 2,013 |
| | 교과부(b) | - | - | 26,015 | 21.466 | 3,294 | 1,255 |
| | a-b (비율) | - | - | 4,142 (13.7) | 2,598 (10.8) | 786 (19.3) | 758 (37.7) |

- 자료: 행정안전부(2009~2012). 외국인 주민 현황, 교육과학기술부(2006~2012). 다문화 가정 학생 현황
- 2012년 교육과학기술부 자료에는 초, 중, 고 학생 수에 각종 학교 학생 수가 포함됨
- 2011년 해정안전부 자료에는 한국인 부모('출생 시부터 한국인'인 부모 사이에서 출생하였으나 부(또는 모)가 이혼 후 '출생 시부터 한국인'이 아닌 자와 재혼한 경우)의 자녀 수가 포함됨
- 출처: 류방란 · 강일국 · 김경애 · 송혜정 · 이재분(2012). 중등교육 학령기 다문화가정 자녀 교육실태 및 지원방안. 한국교육개발원.

〈표 9-13〉 다문화가정 학생 학업 중단율(2009-2010)

(단위:명, %)

| 학년도 | 구분 | 초 | 중 | 고 | 계 |
|---|---|---|---|---|---|
| 2010학년도 ('10.3~'11.2) | 다문화가정 재학생 수 | 24,701 | 5,260 | 1,827 | 31,788 |
| | 다문화가정 학생 학업중단자 수 | 97 | 83 | 35 | 215 |
| | 학업중단률(%) | 0.39 | 1.58 | 1.92 | 0.68 |
| | 전체 학생 학업중단율 | 0.57 | 0.96 | 1.98 | 1.06 |
| 2009학년도 ('09.3~'10.2) | 다문화가정 재학생 수 | 21,466 | 3,294 | 1,255 | 26,015 |
| | 다문화가정 학생 학업중단자 수 | 114 | 84 | 25 | 223 |
| | 학업중단률(%) | 0.53 | 2.55 | 1.99 | 0.85 |
| | 전체 학생 학업중단율 | 0.33 | 0.78 | 1.76 | 0.83 |

- 초등학교, 중학교 학업중단자: 유예 및 면제자, 고등학교 학업중단자: 질병, 가사, 품행, 부적응 및 기타 사유에 의하여 제적, 중퇴 및 휴학한 자, 2009학년도의 경우, 학업중단자 223명 중 189명이 유예·면제 대상
- 출처: 류방란·강일국·김경애·송혜정·이재분(2012). 중등교육 학령기 다문화가정 자녀 교육실태 및 지원방안. 한국교육개발원

다문화 가정 학생들의 학업 중단율을 조사한 것이 〈표 9-14〉이다. 2010학년도 학업 중단율은 총 0.68%로 전체 학생 학업 중단율 1.06%보다 적다. 이것만 보면 다문화가정 학생이 학교생활에 더 잘 적응하고 있는 것으로 오해할 수 있다. 앞에서 살펴보았듯이 이미 많은 다문화 가정 학생들이 학교 밖에 있기 때문에 재학중인 다문화 가정 학생들의 학업 중단율은 떨어질 수밖에 없기 때문이다. 재학생들의 학업 중단율만 비교해서 결혼 이주 가정 학생이 일반 학생들보다 학교생활에 잘 적응한다고 말할 수는 없다.

### 1) 학교 수준별 다문화가정 학생 수 비율

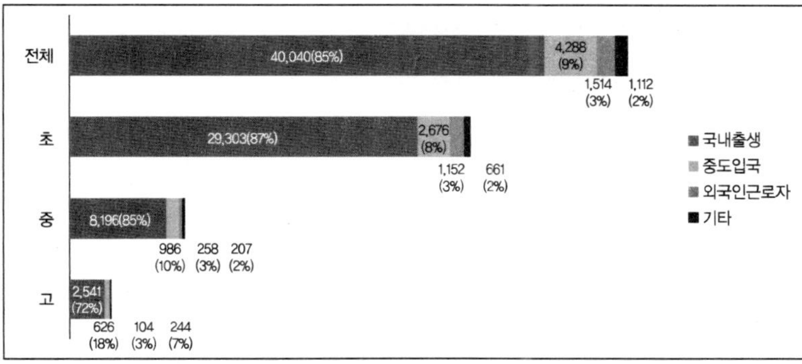


[그림 9-12] 학교 수준별 이주민 가정 학생 비율

출처: 류방란 · 강일국 · 김경애 · 송혜정 · 이재분(2012). 중등교육 학령기 다문화가정 자녀 교육실태 및 지원방안. 한국교육개발원

이주민 가정 학생은 한국 내 결혼 이주 가정에서 태어난 학생, 외국인 노동자 자녀, 중도 입국자녀로 구분할 수 있다. 각급 학교 마다 가장 큰 비율을 차지하는 것은 한국에서 태어난 학생들이다. 이들은 대부분 결혼 이주 가정에서 태어난 학생들이다. 그 다음으로는  중도입국 학생들이다. 중도입국자란 결혼 이주민이 재혼을 하는 경우에 모국에 있던 자녀가 한국에 귀국한 경우를 말한다. 중도입국 자녀는 한국어를 전혀 모를 뿐 아니라 이들을 안내할 제도가 없어서 한국 학교생활에  큰 어려움을 겪고 있다. 이주민 가정 자녀 중 중도입국 자녀가 9%의 비중을 차지하고 있어 결코 비중이 결코 적지 않음을 알 수 있다.

### 2) 도시 · 농촌지역 결혼 이주 가정 재학생 비율

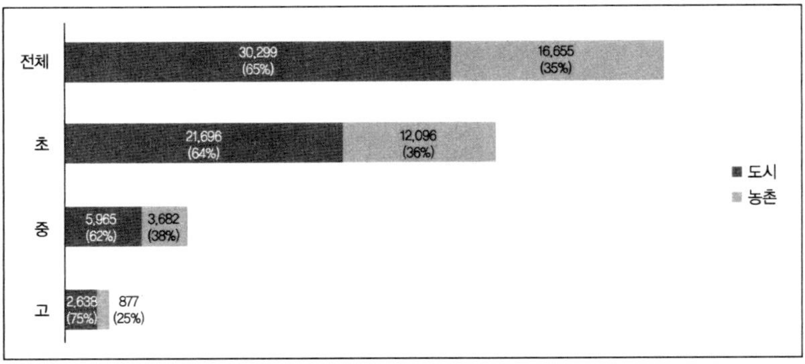


[그림 9-13] 도시 · 농촌 지역 이주 가정 학생 재학율

출처: 류방란 · 강일국 · 김경애 · 송혜정 · 이재분(2012). 중등교육 학령기 다문화가정 자녀 교육실태 및 지원방안. 한국교육개발원

이주민 가정 자녀를 도시 · 농촌 거주 지역으로 나누어 살펴보면 도시에 사는 학생이 65%로 농촌 거주 학생 수보다 많다. 이 통계를 조금 다른 시각으로 볼 수 있다. 한국은 도시 인구비율이 81.5%로 많은 인구가 도시에 집중되어 있다. 한국 전체 도시, 농촌 인구수에 비하면 상대적으로 농촌의 결혼이주 가정 학생 점유율이 더 크다고 볼 수 있다. 다시 말해 도시 농촌 인구 비율이 대략 8:2인데, 도시 · 농촌에 거주하는 결혼이주 가정 학생인구는 6.5:3.5이다. 전체 인구 비율과 비교해 보면 농촌에 있는 결혼이주 가정 학생의 비율이 상대적으로 크다는 것이다. 학생 인구수로 보면 도시가 대다수를 차지한다고 볼 수 있지만 인구비로 보면 농촌의 다문화 가정 학생의 비중이 크다는 것을 알 수 있다.

# 제 10 장

# 한국의 다문화 교육정책

## 1. 초기 다문화교육정책의 특징

다문화주의가 본격적으로 논의되기 시작한 것은 노무현 참여정부가 2006년 다문화주의를 선언하면서였다. 이 선언에 따라 2007년 교육부에서는 결혼이주 가정 자녀 교육지원계획을 세워 외국 이주민들을 지원할 방안을 마련하였다.

2007년 발표된 다문화가정 자녀 교육지원계획은 주로 언어 및 문화의 장벽을 해소하고, 우리 사회에 대한 귀속감을 갖게 해야 한다는 것과 선주민인 일반 한국인들이 다문화 감수성을 가질 수 있도록 해야 한다는 것이었다. 교육정책은 이주 배경이 있는 청소년을 대상으로 하였다.

결혼이주 가정 자녀 교육지원계획은 매년 내용이 조금씩 변화하였지만 기본적인 특징은 공통적으로 가지고 있었다. 추가된 것이 있다면 이중 언어 교육이 강화된 점과 중도 입국 청소년에 대한 지원이 강조되었다는 점이다. 교육부의 교육지원계획의 추이를 정리하면 〈표 10-1〉과 같다.

〈표 10-1〉 교육과학기술부 2006-2010년도 다문화가정 자녀 지원계획

| 년도 | 다문화가정 자녀 교육지원 핵심내용 |
|---|---|
| 2006 | 1. 부처 간 협력 체제 구축<br>2. 결혼이민자 가정 지원 협력체제 구축 지원<br>3. 학교의 결혼이민자가정 자녀 지원 기능 강화<br>4. 결혼이민자 가정 자녀 교육을 위한 교사 역량 강화<br>5. 교육과정 및 교과서에 대한 다문화 교육요소 반영<br>6. 대학생 멘토링 사업을 결혼이민자 가정 자녀에게로 확대 |
| 2007 | 1. 한국어와 한국문화에 대한 조기 습득을 통해 학교교육 및 사회생활에서의 소외감과 이질감<br>2. 결혼이민자 가정 자녀 자아정체감 확립 및 일반 한국인 다문화 이해 확대 |
| 2008 | 1. 우리 사회구성원에 대한 맞춤형교육 및 사회적응 지원확대<br>2. 학습능력 향상 및 학교 적응을 위한 수요자 중심 교육 강화<br>3. 다문화가정 학생 다언어 구사 능력 지원 |
| 2009 | 1. 다문화 관련 연구 · 개발 지원 및 교재 · 프로그램 연구 · 개발<br>2. 교대 등에 다문화 강좌 개설 및 동아리 운영<br>3. 다문화 가정 학생 멘토링 계획 수립(교육대생 대상)<br>4. 맞춤형 다문화 교육 지원(시 · 도교육청 대상) |
| 2010 | 제1장 다문화 가정 학생 맞춤형 교육지원<br>제2장 교사의 다문화 교육 전문성 제고<br>제3장 다문화 가정 학부모 지원 · 활용하여 이중언어 · 문해교육 강사 요원 양성<br>제4장 다문화 가정 유아 교육지원<br>제5장 동반 · 중도입국자녀 교육 지원(취학전 예비과정, 진로직업교육 지원강화)<br>제6장 다문화 교육 지원체제 강화 및 지역단위 다문화교육 네트워크 운영강화 |

출처: 조승호(2011). 다문화가정 자녀를 위한 교육정책 연구. 한양대학교 석사학위논문.

이명박 정부가 들어서면서 다문화 교육에 대한 기본 입장이 다소 다르게 변화하였다. 다문화주의에 입각하여 소수 집단의 권리와 정체성을 인정한다는 정신보다는 우리 사회에 동화시켜 우수한 인재를 양성한다는 동화주의의 입장이 강하게 나타났다.

이주 가정 학생들이 학교에 잘 적응하는 방안과 한국예절을 익히고 이 사회에 적응하는 것을 목적으로 하는 구체적 방안이 제시되었다. 졸업 후 진로 교육을 강조하고 있지만, 낮은 수준이더라도 일단 취업하는 것을 준비하도록 하는 방향이 우선적으로 고려되었다.

한 명의 학생도 놓치지 않는 교육이라는 구호아래 표준화된 평가를 통한 지원을 강조하였다. 한 명의 학생도 놓치지 않는 교육이란 미국의 낙오방지법인 NCLB(No Child Left Behind)법안을 연상케 한다. 성적을 학교 별로 검토하여 성적이 낮은 학교에 지원을 하여 이들의 성적을 올리도록 한다는 것이다. 성적이 낮은 학교는 대체로 소외된 계층이 다니는 학교이고, 이주민 집단이 많은 곳이니 자연스럽게 이주민에게 지원이 갈 것이라는 의도가 깔려 있다.

성적이 저조한 학교에 지원을 하여 이주민들을 지원할 것이라는 기대와는 달리 성적이 저조한 학교에 처벌을 강화함으로써 이주민들에게 이중의 피해를 입혔다. 사실 학생들이 낮은 성취를 얻게 되면 학교나 사회에서 주체가 되기보다는 주변화 되는 결과가 우려되는 것이 사실이다. 정부에서 지원을 하는 것이 아니라 오히려 징계를 하는 결과가 되어 하위 계층에게는 최악의 결과가 될 것이다.

또한 표준화된 평가는 문화적인 배경을 다양하게 고려하기 어렵다는 문제가 있다. 표준화된 문제에 대한 답은 하나의 답일 수밖에 없기 때문이다. 표준화된 평가 보다는 다양한 학습활동과 수행평가 등 다양한 평가가 필요하다.

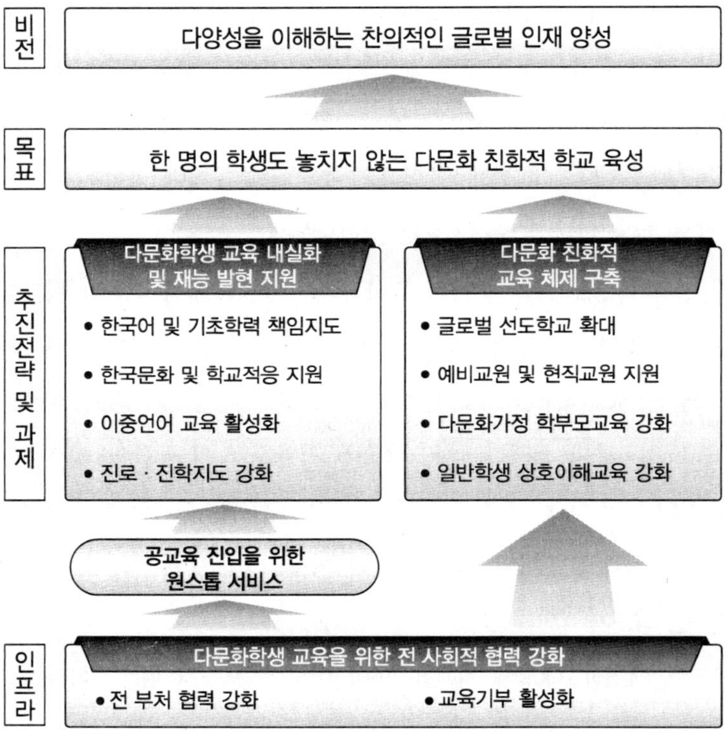


[그림 10-1] 다문화 교육 선진화 방안(2012년)

출처: 교육부 보도자료, '다문화학생 교육부 선진방안' 발표(2012.3.12.)

## 2. 이주 가정 학생교육 지원 정책

이주 가정 학생들은 한국어를 완전히 숙달하는데 어려움을 겪고 있다. 언어 학습이 중요한 시기인 유아기에 결혼 이주 여성인 어머니로부터 한국어를 배워야 하는데, 어머니도 아직 한국어를 유창하게 할 수 없기 때문이다.

한국어를 유창하게 하지 못하기 때문에 학습을 효과적으로 할 수 없을 뿐 아니라 동료 친구와의 관계도 어려워질 때가 많다. 이 때문에 이주 가정 학생들이 집단따돌림을 겪는 비율이 일반 학생들보다 크다.

정부는 한국어 습득을 책임지고 지도하기 위하여 다문화 학생의 능력에 맞는 단계별 KSL(Korean as a Second Language) 과정을 도입하였다. 다문화 학생의 여건에 맞는 KSL 교육 여건을 조성하고, 다문화 학생이 다수인 학교는 특별학급에서 실시한다. 단 예체능 등 통합이 가능한 교과는 일반학급에서 통합교육 원칙으로 한다.

다음으로 학습 능력을 높이기 위한 프로그램을 실시하고 있다. 이 프로그램들은 처음에는 이주 가정 학생들만을 대상으로 운영이 되었다. 우리나라의 편견과 차별이 심하기 때문에 따로 구분하지 않고 저소득 계층을 지원하되 이주 가정 학생들을 우선적으로 포함하는 형태를 취하고 있다.

소수 집단에 맞는 새로운 이름을 지었을 때 생기는 편견이 심하다. 원래 다문화라는 말은 이주 가정을 적극적으로 지원하기 위하여 새롭게 만든 용어였다. 정부는 '다문화 가족 지원법'도 제정하고 정책을 실시하였다. 정부의 의도와는 달리 다문화라는 용어는 이주 가정이나 이주 가정 학생들을 비하하는 용어가 되었다. 이주 가정 학생이라는 것이 드러나기만 해도 차별을 받을 수 있는 분위기에서 새로운 개념으로 규정하여 이들을 부각시켰기 때문에 이들은 이전보다 더 심한 차별을 경험하였다.

이런 현실에서는 이주 가정 학생들을 따로 구분하기 보다는 저소득 계층을 지원하는 형태로 바뀌었다. 이 프로그램에 이주 가정 학생들을 우선적으로 포함시키도록 하고 있다. 이제는 용어도 다문화라는 말보다는 이주 가정이라는 말을 더 선호하고 있다.

정부는 이주 가정 학생들이 방과 후 학교, 방학·주말지도 프로그램에 참여할 수 있도록 지원하고 있다. 방과 후 학교에서는 교과 외의 다양한 학습에 참여하는 정책을 실시하고 있다. 방학·주말 지도 프로그램은 주로 학기 중에 할 수 없는 체험 프로그램으로 운영되고 있다. 저소득층이 대부분인 이주 가정 학생들에게 다른 지역의 문화 등을 체험하고 한국문화를 배울 수 있게 하는 것이다. 자주는 아니지만 외갓집인 어머니 고향으로도 여행할 수 있도록 돕는 프로그램도 있다. 이들은 직접 어머니 모국을 찾아감으로써 어머니 모국에 대한 긍정적인 인상을 심을 것이라 기대하고 있다.

다음으로 멘토링을 강화하는 것이다. 이주 가정 학생들의 학업 성적은 일반 학생들보다 부진한 것으로 나타나고 있다. 또한 학교생활에서도 부적응하거나 집단 따돌림 당하는 경우가 더 많은 것으로 나타나고 있다. 이러한 문제를 해결하기 위하여 대학생들을 활용하여 멘토링을 실시하고 있다. 대학생들의 신청을 받아 이주 가정 학생과 일대일 면담 혹은 학습지도를 하게 하는 프로그램이다.

이 프로그램은 이주 가정 학생들에게 좋은 효과를 주는 것으로 보인다.

필자가 면담한 멘토 대학생이나 멘티 이주 가정 학생들의 말을 들어보면, 멘토링의 효과는 긍정적이었다. 친구가 별로 없는 이주 가정 학생들이 자신의 문제를 털어 놓을 수 있는 친구가 생긴 셈이기 때문이다.

문제가 있다면 이와 같은 긍정적인 효과를 지속적으로 운영할 수 없다는 것이다. 학생들은 1학기 정도의 단기 프로그램으로 참여하고 있고, 그나마 방학 중에 하다가 학기가 시작되면 그만 두는 경우가 있어서 멘토링 프로그램이 지속적으로 운영되고 있지 못하다. 자신의 마음을 열고 의지했던 멘토 선생님들이 떠나고 난 후에는 다른 멘토를 찾지 못하기 때문에 멘토링 프로그램의 효과가 이어지지 못하는 것이다. 이를 보완할 수 있도록 개선할 필요가 있다.

학교 친구를 멘토로 하는 또래 멘토링도 실시하고 있다. 학급 동료 한 사람과 짝을 지어 주어서 이 학생이 지속적으로 이주 학생을 돌보게 하는 것이다. 이 프로그램의 효과는 어느 정도인지 확신할 수 없다. 잘 도와주는 학생도 있지만, 학급에서 따돌림을 당하거나 외면을 받는 경우는 멘토 학생이 이런 편견을 거부할 만한 힘이 약하기 때문이다. 물론 이런 어려움을 극복하고 이주 가정 친구를 도와주는 사례를 필자가 본 적도 있지만, 그렇지 않은 경우도 상당히 있었다. 또래 멘토링은 교사의 지원하에 특정 방식으로 구체화하여 실시할 필요가 있는 것으로 보인다.

다음은 이중 언어 교육 활성화 정책이다. 이주 가정 학생 어머니의 모국어를 배우는 것은 이주 가정 학생의 정체성과 자존감을 높이는 데 기여할 수 있다. 외국에서도 이중 언어 교육은 중요한 것으로 생각하여 실시하고 있는 프로그램이다.

정부에서 실시하고 있는 이중 언어 학습 프로그램은 주로 방학과 주말에 이루어지고 있다. 2012년 현재 120명 수준인 이중언어 강사를 단계적으로 양성하여 2015년까지 1,200명 수준으로 확대할 계획이라고 한다. 이중 언어 교재는 베트남어, 태국어, 몽골어, 러시아어 등 소수 언어를 우선적으로 개발할 계획이다.

우리나라에서 이중 언어교육을 할 때는 신중을 기할 필요가 있다. 이주 가정 학생들이 어머니 모국어를 배우다가 자신이 이주 가정 학생이라는 것이 부각될 우려가 있기 때문이다. 이주 가정 학생들의 정체성을 확립하고 자존감을 높이려다가 자칫하면 이들을 더 소외시킬 가능성이 크기 때문이다.

강사 확보도 문제가 될 수 있다. 주로 결혼 이주 여성이 중심이 되는 경우가 많은데 이들의 교수 능력이 충분하지 않다면 오히려 부정적인 의식을 형성하거나 학습효과를 저하시킬 수가 있다. 결혼 이주 여성을 채용할 때는, 교직 과정을 이수했다든지 대학에서 관련 언어를 전공했다든지 하는 교수 능력을 입증할 수 있을 때 채용해야 한다. 또한 이들이 한국어로 교수 할 수 있도록 이들에게 한국어 교육과 교수 방법 등을 익힐 수 있는 프로그램을 제공해야 한다. 이럴 때만 이중 언어 학습의 효과가 나타날 것이다.

이중 언어 교육을 할 때 어느 정도 동기부여를 할 수 있는가 하는 것도 중요한 요건이다. 우리나라와 같은 학력경쟁 사회에서 학생들은 진학을 위한 학습에 집중하게 된다. 특별히 흥미가 있는 학습이 아니라면 굳이 시험 성적에도 도움이 되지 않는 것을 배우려 하지 않을 것이다. 언어 교육이라고 하는 것이 그렇게 매력적이지 않을 가능성도 있기 때문이다. 이를 위해서는 학교 교육과정과 연계하여 이중 언어 교육 이수가 좋은 장점을 가질 수 있도록 하는 방안도 필요하다.

이주 가정 여성이나 자녀 들은 우리 사회에 동화되는 것이 바람직하다는 의견이 다수이다. 다른 나라로 가지 않고 어차피 우리 사회에서 살 것이니 우리 사회의 문화를 익히고 우리나라 사람이 되는 것이 중요하다는 것이다.

이런 입장에서 나온 것 중 하나가 한국 문화 기초예절 교육 강화 정책이다. 학교에서 한국문화 교육 관련 지도서를 개발한다. 이 책 내용에는 인사하기, 학교에서 지켜야 할 사항, 공공질서 등 한국사회에 적응하기 위한 기본예절 등이 포함된다. 그리고 창의적 체험활동에서 한국 연극·영화보기, 시장보기 등 한국문화를 익히기 위한 기본적인 활동에 대한 지원을 강화하려는 것이다.

한국 문화를 익혀 한국사회에 적응해야 한다는 입장은 동화주의 입장이다. 이들은 가족 전체가 이주하여 온 이민 집단이 아니라 한국인과 결혼을 한 사람들이기 때문에 배우자를 따라 한국인으로 살게 하는 것이 더 낫다는 것이다. 이들이 속한 소수 집단의 정체성과 권리를 인정하려고 하다가 오히려 이들에 대한 편견만을 강화하여 이들이 우리 사회에서 더불어 살기 힘들게 만들 것이라는 주장이다.

외국 사례에서 동화주의가 문제를 일으킨 것은 미국의 흑인이나 캐나다의 선주민인 퍼스트 네이션, 그리고 프랑스의 마그레브, 독일의 이민자들이다. 모두 결혼 이민이 아닌 가족 전체가 이주하여 사는 사례들이다.

결혼 이주의 경우에는 동화주의가 적합한가, 다문화주의가 적합한가에 대해서는 논의가 더 필요할 것 같다. 결혼 이주민은 가족 전체가 이주한 이민자들과 달리 한 가정에 고립되어 있다. 배우자와 결혼하여 이주해 온 경우 자신의 문화적 정체성을 버리고, 한국인으로 전환하는 것이 필요하다고 볼 수 있는지 얼른 답하기 어려울 수 있다.

이념적으로는 결혼하여 혼자 한국인 집으로 시집왔더라도 자신의 정체성과 문화를 인정해야 하는 것은 자명한 일이다. 이주 단위가 개인이냐 집단이냐에 따라 소수 집단의 문화를 인정할 것인가 여부를 결정하는 것은 아니기 때문이다.

이론과는 달리 실제적으로는 자신의 정체성을 버리고 빨리 '시댁 식구'인 한국인이 되어야 한다고 볼 수도 있다. 이주 여성이 출신국에서 가졌던 문화, 사상, 태도 등을 주장하면 할수록, 가정에서 불화도 일어나기 쉬울 수 있기 때문이다.

이것은 어떤 측면에서 보면 여성의 권리와 유사한 측면이 있다. 봉건시대 여성들은 가부장 사회에서 억압당하여 살아왔다. 이들은 결혼 후 친정에서 배운 문화와 가치를 모두 버리고 시댁의 생활 습관과 가치를 익힐 것을 강요받았다. 여성의 가치관과 권리 뿐 아니라 그 여성이 자라왔던 집단, 즉 친정의 가치관과 권리도 포기하도록 강요받은 것이다.

근대 사회가 되어서도 여성의 권리에 대한 주장은 그리 탐탁지 않은 것으로 받아들여졌다. 가부장제도가 부당하게 여성을 억압하고 있다거나 가정에서 여성의 권리와 가치 · 문화를 인정받으려고 주장하면 괜히 분위기를 썰렁하게 만드는 사람으로 치부되기도 하였다.

이런 편견과 억압이 있어도 이를 개혁하기 위한 여성운동은 계속되었다. 여성에 대한 사회적 편견에 대해서 여성들이 부단히 외쳤기 때문에 이제는 그나마 어느 정도의 권리를 확보한 것이라고 볼 수 있다.

이런 점에서 볼 때 결혼 이주 여성의 가치관과 문화를 인정하는 것은 반드시 필요하다고 볼 수 있겠다. 이들이 한 가정의 소유물이 아니고 인간으로서 존중을 받는다면 당장은 힘들고 어렵더라도 이들의 가치관과 문화를 존중하는 것이 옳은 일이다.

이것과 함께 반드시 병행되어야 하는 것이 가족 특히 배우자에 대한 다문화 교육이다. 이들은 배우자인 결혼 이주 여성이 자신이 이해할 수 없는 행동을 할 때 그럴 만한 이유가 있다는 것을 생각하지 못한다. 한 번도 그런 경험을 해 본 적이 없기 때문이다. 이주 여성의 가족에 대한 다문화 교육이 병행될 때 이주 여성의 인권을 보호하고, 이들의 가치관과 문화를 존중할 수 있을 것이다.

그렇다면 한국 예절에 대한 교육은 일방적이서는 안 된다. 한국 예절을 학습함과 동시에 이주 가정 학생들 뿐 아니라 일반 학생들에게 아시아의 여러 예절을 가르쳐야 한다. 각 나라나 사회마다 예절과 풍습이 다르며, 그럴 만한 이유가 있다는 것을 이해할 때 서로 이해하고 존중할 수 있기 때문이다.

## 3. 중도 입국 학생 교육지원 정책

중도 입국 학생이 처음 한국에 입국에서 겪게 되는 중요한 교육문제는 입학이다. 정부는 중도 입국 학생이 손쉽게 한국 학교에 입학할 수 있도록  입학 절차를 개선하는 제도를 만들고자 하였다. 학교 입학 절차를 정리하면 [그림 10-2]와 같다.

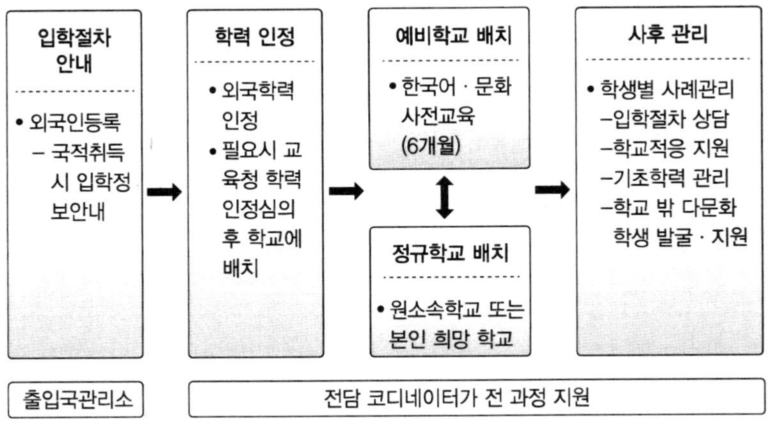


[그림 10-2] 학교 입학관련 절차 개선

출처: 교육부 보도자료. '다문화학생 교육부 선진방안' 발표(2012.3.12.)

외국인 등록이나 국적을 취득할 때 입학정보를 안내 한다는 것이다. 이전에 입국한 학생들을 보면 외국인 등록이나 국적 취득 시 입학정보를 안내하는 것이 충분히 이루어지지 않았다. 중도 입국 청소년이 입국하는 대로 따로 노력을 들이지 않아도 될 정도로 충분한 안내가 이루어져야 하는데 그렇지 못한 것이 현실이었다. 이에 대한 체계적인 안내가 필요하다.

다음으로 외국 학력을 인정하거나 교육청에서 학력 인정을 심의한다는 것이다. 중도 입국 청소년들은 한국어를 할 수 없고, 교육적인 수준도 가늠하기 어렵기 때문에 어느 학교에 배치하는가 하는 것도 쉬운 문제가 아니다. 중도 입국 청소년이 가지고 온 교육관계 기록물들은 우리나라와 판이한 경우가 많기 때문에 제대로 파악하기 어려운 경우도 많다. 한국에 오기 전에 학교를 다니지 않고 있었다면 학교배치가 더욱 어려워질 것이다.

초기에는 학교 배치 기준이 모호해서 그냥 교육청이나 교육관계자가 임의로 정하는 경우가 종종 있었다. 고등학교 연령인 중도입국 청소년이 초등학교에 가서 따돌림을 겪는 경우도 있다. 필자가 만난 학생들 중에 이런 사례를 드물지 않게 볼 수 있었다.

학교를 배치하는데 큰 문제가 되는 것은 한국어 능력이 거의 없다는 것이다. 중도 입국 청소년의 교육수준이 아무리 높다고 해도 한국어를 알지 못하면 한국 학교에서 학습이 어렵기 때문이다. 이러한 문제를 해결하기 위하여 특정한 학교에 다문화 예비학교를 설치하고 여기서 한국어와 한국문화를 가르친 다음에 일반 학교에 배치하겠다는 것이다. 약 6개월간 한국어 학습을 한 이후에 원래 소속된 학교로 복귀하게 하려는 계획이다. 이런 전 과정은 전담 코디네이터가 있어서 중도 입국 청소년들을 지원한다는 것이다.

다문화 예비학교는 지역마다 설치하고 있다. 2011년에는 서울·부산·광주 등 3개를 설립하였고, 2012년에는 전국에 확대하여 15개 지역, 26개교를 운영하고 있다. 이 학교에는 한국어 강사와 이중 언어 강사 및 상담교사를 배치하여 중도 입국 청소년들이 한국어를 익히는데 어려움이 없도록 하고 있다. 6개월 또는 그 이상의 기간 동안 과정을 이수한 후에 원 소속 학교로 돌아가거나 다문화 친화적인 타 학교로 전학을 가게 된다. 다문화 예비학교 운영계획을 정리하면 〈표 10-2〉와 같다.

〈표 10-2 〉 시·도교육청별 다문화 예비학교 운영 계획

| 지 역 | 예비 학교 수 | 예비학교명 및 지정 시기 | 운영 형태 |
|---|---|---|---|
| 서 울 | 3 | 다애다문화학교('11, '12), 지구촌학교('12) | 위탁 운영 |
| 부 산 | 1 | 아시아공동체학교('11) | 〃 |
| 대 구 | 1 | 초1('12) | 교육청 직영 |
| 인 천 | 2 | 가좌고('12), 초1('12) | 〃 |
| 광 주 | 1 | 새날학교('11) | 〃 |
| 대 전 | 2 | 다문화교육센터(동부, 서부, '12) | 〃 |
| 경 기 | 5 | 안산, 시흥, 부천, 수원, 구리남양주 각 1개교 ('12) | 교육청 직영 |
| 강 원 | 1 | 원주 YMCA 고등학교('12) | 위탁 운영 |
| 충 북 | 2 | 초1('12), 청명학생교육원('12) | 교육청 직영 |
| 충 남 | 2 | 차동초('12), 인주초('12) | 〃 |
| 전 북 | 1 | 초1('12) | 〃 |
| 전 남 | 1 | 한울고('12) | 〃 |
| 경 북 | 2 | 다문화교육센터(2개소, '12) | 〃 |
| 경 남 | 1 | 초1('12) | 위탁 운영 |
| 제 주 | 1 | 제주다문화교육센터('12) | 교육청 직영 |
| 합 계 | 26 | 교육청 직영 15개교, 위탁 운영 11개교 | |

출처: 교육부 보도자료. '다문화학생 교육부 선진방안' 발표(2012.3.12.)

### 1) 공립 다문화 대안학교

중도 입국 청소년들은 이미 청소년으로 성장한 이후에 한국에 거주하게 되었기 때문에 향후 진로가  급박하고 어려운 문제이다. 이들이 당장 학교를 졸업하더라도 한국어 뿐 아니라 직업교육을 받을 수 없기 때문에 우리 사회에서 생존이 가능한가 하는 정도로 심각한 문제가 될 수 있다.

이러한 문제를 해결하기 위하여 직업교육을 위한 공립 다문화 대안학교를 설립하였다. 이 학교가 다솜학교이다. 다솜학교는 2012학년부터 서울(서울 다솜학교), 충북(한국폴리텍 다솜학교) 지역에 설립하였다.

다솜학교와는 다르게 중도입국 자녀나 이주가정 학생들 중 적응을 하지 못하는 학생들을 위해 1년간 교육을 제공하는 인천 한누리 학교가 있다. 이 학교는 초·중·고 통합형으로 2013학년에 설립되었다.

〈표 10-3〉 공립형 다문화 대안학교 현황

| 구 분 | 서 울 | 충 북 | 인 천 |
|---|---|---|---|
| 이름 | 서울 다솜학교 | 한국 폴리텍 다솜학교 | 인천 한누리학교 |
| 모집인원 | 고교 120명<br>(수도권모집) | 고교 135명<br>(전국모집) | 초·중·고 210명<br>(전국모집) |
| 모집분야 | 컴퓨터 미디어과,<br>호텔관광과 | 컴퓨터기계과,<br>플랜트설비과,<br>스마트전기과 | 전공 없음<br>(위탁형 대안학교) |

출처: 교육부 보도자료. '다문화학생 교육부 선진방안' 발표(2012.3.12.)

## 2) 직업 교육 위탁과정

다솜학교 외에 요리, 미용 등 직업교육을 위탁할 수 있는 교육과정을 신설하였다. 수강 학생들에게 수강료·실습비 등을 지원한다.

〈표 10-4〉 직업교육 위탁과정 운영 계획

| 구 분 | 부 산 | 경 기 | 경 남 |
|---|---|---|---|
| 운영기관 | 부산정보관광고 | 경기 신흥대 | 공모 예정 |
| 모집인원 | 고 20명 | 고 20명 | 고 20명 |
| 모집분야 | 요리 | 미용, 요리, 자동차정비 | 미용, 요리, 간호 |

출처: 교육부 보도자료. '다문화학생 교육부 선진방안' 발표(2012.3.12.)

## 3) 글로벌 브릿지 사업

글로벌 브릿지 사업은 매년 우수 다문화학생을 4개 분야에 300명씩 육성하는 것이 목표이다. 2011년에는 수학·과학, 리더십 등 2개 분야에서 다문화 학생들을 모집하여 서울교대·카이스트·경남대(수학·과학), 광주교대(리더십) 등 4개 대학에서 교육을 받도록 하였다. 2012년에는 수학 · 과학, 리더십에서 언어, 예체능 분야를 추가하여 총 4개 분야에서 학생을 선발하였다. 이 학생들은 7개 대학에서 수학을 하였다. 이 사업을 진행하는 대학은 교육부의 공모로 선정되며 예산은 학교당 1억1천만 원이다.

선발 대상 학생은 부모 출신국이 중국, 베트남, 필리핀, 몽골 등 다문화가정 학생이어야 하고 초 4학년부터 중고생까지 이중 언어가 가능한 학생이어야 한다. 중고등학생을 30%이상 선발하도록 하고, 소외계층 우선배려를 위해 저소득층 또는 농어촌 지역 학생을 30% 이상을 우선 선발한다. 통합교육을 위해 일반학생도 선발 가능하나, 다문화학생 참여 보장을 위해 일반학생은 선발인원의 10% 이내로 제한한다.

학생 선발은 대학이 교육청 및 학교를 통해 추천을 받거나 대학에서 자체 공모를 통해 선발이 가능하다. 대학별로 50명 이상 선발하여야 한다. 선발 절차는 신청 서류(지원 신청서, 자기소개서, 학부모서약서, 추천서 등)를 심사하거나 면접, 캠프 활동 등 다양한 방식을 활용할 수 있다.

프로그램 운영을 보면, 학기 중에는 매월 2회 이상(토, 일요일) 운영하고, 방학 중에는 주 1회 이상 프로그램을 실시하여 연간 100시간 이상 운영한다. 2012년도의 경우 방학 중 64시간(4개월*4주*1회*4시간), 학기 중 48시간(6개월*2주*1회*4시간)을 실시하였다.

여러 반을 운영할 경우 각 반별로 지도교수를 배정하여 운영하고, 온라인 교육을 실시할 경우 전담인력을 배정하여 운영한다. 이 외에 다문화교육 또는 영재교육전공 교사나 대학(원)생을 멘토로 선발하여 1:1 또는 1:다(多) 멘토링을 실시하도록 한다.[65]

65) 교육부(2012). 2012년도 글로벌브릿지 사업계획안.

# 제 11 장

# 다문화 교육여건 및 교육과정

다문화가정이라는 개념이 결혼 이주 가정으로 국한하여 쓰이면서 혼란을 가져온 것이 사실이다. 다문화라는 것은 어떤 문화이든 여러 문화가 있다는 것을 의미한다. 원래 개념대로라면 이주 노동자도 당연히 포함되어야 한다. 더구나 이주 노동자들의 숫자가 결혼 이주민 보다 훨씬 많다는 것을 감안하면 이주 노동자들을 빼고 다문화라는 것을 이야기해서는 안 된다.

이런 현상이 생긴 것은 자본주의의 속성 때문이다. 이주 노동자들도 하나의 정체성과 문화를 가진 집단으로 인정하고 그들의 권리를 인정할 때 저임금 노동력을 들여와서 이윤을 확대하려는 원래의 목적을 실현할 수 없게 된다. 이런 점 때문에 이주 노동자의 권리를 철저하게 묵살하고 이들을 분리·차별하며 배제하게 된다. 반면에 결혼 이주민들은 분리·차별해서 이득이 생길 것이 없다. 우리 사회 구성원으로 이미 들어왔기 때문에 이들을 주류 사회에 편입시키는 것이 기존 체제를 잘 유지할 수 있는 방법이다.

이러한 이유 때문에 이주 노동자와 결혼 이주민에 대해서 철저하게 구별되는 정책을 실시하고 있다. 이주 노동자에 대해서는 분리·차별 정책, 배제 정책을 취하는 반면, 결혼 이주민에 대해서는 동화주의를 적용하고 있다.

겉으로는 동화주의임에도 다문화주의라는 용어를 쓰는 경우가 많다. 초기 참여 정부 때 다문화주의를 표방한 것은 우리 사회의 단일민족 이데올로기를 포기하고 소수 집단의 권리를 인정하겠다는 것을 선언한 것이다. 이것은 다문화주의의 원래 개념과 같은 의미였다.

이와 달리 이후에는 동화주의적인 정책들이 지속적으로 추가되었다. 단일민족주의 용어를 교과서에서 삭제하는 것이나 이중 언어 교육이 다문화주의적인 속성을 띠는 반면 한국 예절 교육이나 직업 교육과 같은 것은 다분히 동화주의적인 성격을 띤다. 이러한 모순에도 불구하고 우리는 여전히 다문화주의를 표방하고 있다.

이러한 현상은 외국의 사례에서도 나타나고 있다. 미국이나 호주, 프랑스, 독일과 같은 외국에서는 동화주의적인 정책들을 시행하고 있으면서 다문화주의를 표방하거나 이에 대한 긍정적인 입장을 나타내고 있다.

이런 현상이 나타나는 것은 먼저 소수 집단의 권리와 정체성을 존중한다는 것을 보이기 위한 것이다. 공식적으로 소수 집단을 차별하겠다고 발표할 수 있는 집단은 극우적인 신민족주의자들 뿐이다. 이들을 존중해야 한다는 것은 민주 사회의 기본 원칙이기 때문이다.

또 하나는 어느 하나의 정책만을 일관되게 시행하는 것이 불가능하기 때문이다. 동화주의를 추구하더라도 집단 간의 분쟁이 심하거나 소수 집단의 저항이 심할 경우 그들의 권리를 인정하는 방향의 정책을 도입할 수밖에 없다. 다문화주의를 표방하더라도 소수 집단이 오히려 불리한 결과를 맞게 된다면 동화주의적인 정책을 시행해야 한다. 예를 들면 소수 집단을 인정하여 이들이 주거할 수 있는 공간과 이들 고유의 문화를 인정했을 때 주류 사회의 언어를 능숙하게 습득하지 못해서 오히려 학업이나 취업에서 불리하게 작용할 수 있다. 이럴 때는 기존 사회의 언어 교육을 강화해서 이들의 언어 실력이 늘 수 있도록 해야 한다. 이런 경우가 독일의 사례이다. 독일은 독일어를 제대로 습득해야만 학교교육을 받게 하고 있다.

이와 같이 다문화나 다문화주의의 개념이 애매하기 때문에 겉으로 표방하는 것과 실제 어떻게 쓰이는 지를 구분하여 살펴보아야 한다. 이를테면 우리가 쓰는 다문화주의라는 것도 원래 다문화주의가 의미하는 것이라기보다는 여러 문화라는 의미 정도로 쓰이는 경우가 많다. 다문화주의를 여러 문화에 대한 이해 정도로 생각하는 것도 다문화에 대한 피상적 이해 때문이다. 여기서는 교육과 관련해서 다문화주의를 살펴보고자 한다. 먼저 교육조건으로서의 선언이나 규정을 살펴보고 우리나라 교육과정에서 다문화주의적인 특성이 어떠한 가를 살펴볼 것이다.

## 1. 이주민 교육 관련 규정

이주민에 대한 규정으로 기초적인 것은 유엔의 아동 권리 협약이라고 할 수 있다. 이 협약은 1989년 유엔이 결의한 것으로 우리나라도 가입하고 있다. 이 협약은 '자국 내의 모든 어린이는 신분에 따른 어떠한 차별 없이 존중 받아야 할 권리'를 명시하고 있다. 아동이 속한 가정이나 집단의 특성이 어떠하든지, 아동의 가정이 어느 지역에 있든지 상관없이, 아동은 교육을 받아야 한다고 선언한 것이다. 그리고 '이주 노동자 자녀들도 자기 자신을 위해서가 아니라면 부모와 헤어지는 일이 있어서는 안 된다.'(9조), '부모가 다른 나라에 살고 있으면 부모에게 돌아가 같은 나라에서 살 권리가 있다.'(10조)라고 규정하여 부모와 함께 정주할 수 있도록 하고 있다. 28조에서는 교육에 관한 권리를 규정하여, 아동은 기본적으로 교육받을 권리가 있으며, 점진적으로 기회균등의 기초 위에서 이 권리를 달성하기 위한 구체적인 교육권리 명시하였다. 모든 아동에게 초등교육을 무료로 제공할 의무가 있으며, 일반교육 및 직업교육에 대한 재정을 지원해야 한다는 것이다.

'모든 이주 노동자와 그 가족의 권리 보호에 관한 국제 협약'(International Convention on the Protection of the Rights af All Migrant Workers and Members of Their Families.)에서도 이와 같은 내용을 규정하고 있다. 이 협약은 1990년에 유엔이 결의한 것인데 우리나라는 가입하지 않고 있다.

이 협약에 따르면 '모든 이주 노동자와 그 가족은 모든 장소에서, 법률 앞에 사람으로서 인정받을 권리를 가진다.'(24조)고 규정하였다. 특히 '이주 노동자의 자녀는 그 나라의 국민과 평등한 대우를 기초로 교육을 받을 기본적인 권리를 가'지며, '그 자녀가 공립유치원 및 공립학교에 취학할 것을 원할 때, 그 자녀의 체류가 비합법적인 이유로 거부 또는 제한되지 않는다.'(30조)고 규정하였다.

우리나라 초 · 중등교육법에는 기본적으로 외국인 자녀에게 학교 입학을 허락하고 있다. 초중등 교육법 시행령 제19조의 내용을 보면 알 수 있다.

> 재외 국민 또는 외국인이 보호하는 자녀 또는 아동이 국내 초등학교에 최초 입학하거나 전입학하는 경우에는 거주지를 관할하는 해당학교의 장은 '전자정부법' 제21조 제1항에 따른 행정정보의 공동이용을 통하여 '출입국 관리법' 제88조에 따른 출입국에 관한 사실증명 또는 외국인 등록 사실 증명의 내용을 확인함으로써 제17조 및 제21조에 따른 입학 또는 전학절차에 갈음할 수 있다.(초 · 중등교육법 시행령 제19조)

재외 국민 또는 외국인을 보호하는 경우에 적용되므로 우리나라에 있는 외국인 노동자, 결혼 이주가정, 재외 동포에 해당된다. 단 외국인 등록 사실 증명의 내용을 확인해야 한다.

우리나라에서 미등록 노동자는 재한 외국인에 포함되지 않는다. 재한 외국인 기본법에서 재한 외국인의 개념을 '국적을 가지지 않은 자로서 합법적으로 체류하고 있는 자'로 규정하고 있기 때문이다. 또한  국적을 소유하지 않는 다문화가정 자녀라고 할지라도 본인의 의사가 있다면 초등학교의 입학이 가능하다고 규정하고 있지만 미등록 이주 노동자의 자녀인 경우 반드시 부모의 거주지를 등록해야 하기 때문에 사실상 교육을 받을 수가 없다. 만약 부모의 거주지를 밝히면 바로 추방을 당하기 때문이다.

이런 점에서 우리나라는 유엔 협약의 정신을 제대로 지키지 못하고 있다. 모든 아동은 어떠한 조건과 상관없이 교육받을 의무가 있다고 했지만, 우리나라에서는 미등록노동자(불법체류자)의 경우는 실제로 아동이 교육을 받을 수가 없다.

이외에 다문화 가족 지원법을 통하여 이주민에 대한 지원을 법적으로 규정하고 있다. 다문화가족 지원법 주요내용을 보면 먼저 이 법의 목적은 '다문화가족 구성원이 인간으로서 존엄이 유지되는 건강한 가정생활을 영위할 수 있도록 하는 지원 정책을 강화하여 다문화가족 구성원이 우리 사회에 조기 적응하고, 대한민국의 발전과 사회통합에 이바지하게'하는 것이다.

다문화 가족 지원법에 나타난 목적은 동화주의적인 입장을 반영한 것이다. '우리 사회에 조기 적응하고, 대한민국의 발전과 사회 통합에 이바지하게 한다'는 것은 마치 국민교육헌장을 보는 것 같다. '인간으로서 존엄이 유지되는 건강한 가정생활'이라는 표현에서 개인의 존엄성을 나타내고 있는 것처럼 보이지만 방점은 그 뒤의 '건강한 가정생활'에 찍혀있다. 개인이나 소수 집단의 권리와 정체성, 문화는 언급하지 않고 있어서 이를 지원하거나 보장하지 못하고 있다.

다문화 가족 지원법의 대상은 ① 결혼 이민자와 한국 출생 한국인이 결혼한 가족, ② 귀화자와 한국출생 한국인이 결혼한 가족, ③ 배우자가 한국인인 가족인 경우에만 해당된다. 그 조문을 보면 다음과 같다.

1. "다문화가족"이란 다음 각 목의 어느 하나에 해당하는 가족을 말한다.
   가. 「재한외국인 처우 기본법」 제2조제3호의 결혼이민자와 「국적법」 제2조부터 제4조까지의 규정에 따라 대한민국 국적을 취득한 자로 이루어진 가족
   나. 「국적법」 제3조 및 제4조에 따라 대한민국 국적을 취득한 자와 같은 법 제2조부터 제4조까지의 규정에 따라 대한민국 국적을 취득한 자로 이루어진 가족
2. "결혼이민자등"이란 다문화가족의 구성원으로서 다음 각 목의 어느 하나에 해당

하는 자를 말한다.
가.「재한외국인 처우 기본법」 제2조제3호의 결혼이민자
나.「국적법」 제4조에 따라 귀화허가를 받은 자

이 조문에 따르면 부부 중에 한 사람이라도 한국 출생 한국인이 있는 경우에만 해당된다. 부부 모두 외국인인 외국인 노동자 부부나, 귀화하지 않고 한국출생인 한국인과 결혼한 경우는 제외되는 것이다.

다문화 가족 지원법 내용을 보면 결혼 이민자등이 한국사회에서 생활하는 데 필요한 생활정보를 제공하고, 한국어, 사회적응, 직업, 가족교육 등 교육지원을 하겠다는 것이다. 그리고 평등한 가족관계의 유지를 위하여 가족상담, 부부교육, 부모교육, 가족 생활교육 등을 하고, 다문화가족 구성원 아동의 보육 · 교육을 지원한다는 것도 포함되어 있다. 이 외에 언어 통역 등 다국어에 의한 서비스를 제공하고, 법률적인 상담을 하며, 여러 분야의 행정적인 지원을 하겠다는 것이다.

다문화 가족 지원법은 법이라기보다는 일종의 선언과 같은 것이어서 구체적인 내용을 결여하고 있다. 예를 들어 '다문화 가족 이해 증진'이라는 규정에서 다문화 가족에 대한 편견을 예방하고 사회구성원이 문화 다양성을 인정할 수 있도록 다문화 이해 교육과 홍보를 실시한다고 하고 있지만 지나치게 포괄적이고 광범위한 규정이어서 실천여부를 판단하기 어렵다.[66]

교육 조건으로서 다문화와 관련된 규정을 살펴보았을 때, 아직 우리나

66) 김미선(2010). 다문화가정자녀의 교육권리-다문화가족지원법을 중심으로-. 한국교원대학교 석사학위논문.

라는 이주 가정 자녀의 교육권을 완전히 확보하지 못하고 있다고 볼 수 있다. 이들을 지원하는 법은 결혼 이주 가정에만 국한되어 있어 이주 노동자에게는 적용되지 못한다는 문제가 있다. 뿐만 아니라 실행을 강제할 수 있는 형태가 아니라서 이 법의 효력을 확신하기가 어렵다. 이주 가정 자녀가 적절하게 교육받을 수 있는 최소한의 요건을 마련하는 것이 시급하다고 볼 수 있을 것이다.

## 2. 다문화 교육과정

다문화주의적인 관점에서 교육과정을 운영한다는 것은 여러 차원이 있을 수 있다. 다른 문화 집단을 홍보하기 위해서 일종의 축제를 여는 정도나 이에 대한 선전문을 배포하는 정도가 있을 수 있다. 다문화주의적 입장이 강하게 반영되면 다문화 학생이든 일반 학생이든 모두가 다문화주의적인 사회를 위해 참여하고 운동하도록 교육할 것이다. 기존의 교육과정을 다문화주의적으로 개혁할 필요가 있을 것이다.

제임스 A. 뱅크스는 다문화과정 개혁을 4수준으로 제시하였다[67]. 첫 번째 단계는 기여적 접근법이다. 영웅, 공휴일, 개별적인 문화 등을 소개하는 단계이다. 요즘 종종 볼 수 있는 세계 음식을 소개하는 축제도 이런 유형이다. 특정 소수 집단의 영웅을 소개하고 그들의 역사를 이해하도록 하는 방식이다.

---

67) 제임스 A. 뱅크스(James A. Banks). 모경환 · 최충옥 · 김명정 · 임정수 공역(2009). 다문화교육 입문. 아카데미 프레스.

두 번째 단계는 부가적 접근법이다. 교육과정 자체를 변화시키는 것이 아니라 일부 내용을 첨가하는 방법이다. 현재 우리나라 교과서는 이런 형태로 구성되어 있다. 사회 교과의 한 부분으로 다문화 사회와 관련된 장을 추가하는 방식이다.

세 번째 단계는 변혁적 접근법이다. 학생들이 다문화주의적 안목을 형성하고 이 안목에 따라 현실을 분석할 수 있게 하는 것이다. 이를 테면 사회교과의 전체 내용이 다문화주의적 관점에서 벗어나지 않게 조정할 뿐 아니라 다문화주의적 관점을 형성하도록 교과를 구성하는 것이다. 관련되는 다른 교과에서도 이러한 안목을 형성하도록 할 수 있을 것이다. 예를 들어 국어나 음악, 미술과 같은 교과에서 다문화주의적인 안목을 형성하도록 교육내용을 구성할 수 있을 것이다.

마지막으로 사회적 행동 접근법이다. 다문화주의적인 관점을 터득한 학생들이 실제 문제를 해결하는데 참여할 수 있도록 교육과정을 구성하는 것이다. 학생들은 현실에서 일어나는 분리 · 차별의 문제를 인식하고 이를 개선하기 위하여 어떤 행동을 해야 하는지 탐색할 것이다. 학생들이 이러한 조사나 분석을 통하여 내린 방안으로 실제 운동에 참여하는 단계까지 나아가게 하는 수준의 교육과정을 말한다. 이것을 그림으로 정리한 것이 [그림 11-1] 이다.

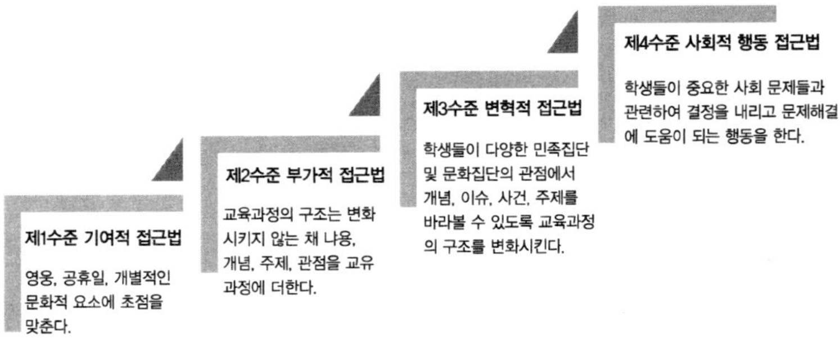


[그림 11-1] 제임스 뱅크스의 단계별 다문화 교육과정 개혁 접근법

## 3. 우리나라 교육내용의 다문화주의

우리나라가 단일 민족이 아니라는 것을 사람들이 알게 된 것은 그리 오래된 것이 아니다. 설사 일부 학자들이 알고 있었다 하더라도 공공연하게 말하기 힘들었을 것이다. 우리 민족이 단일 민족이 아니라고 주장하는 것은 마치 반민족적인 것으로 비난 받았을 것이기 때문이다.

앞에서 살펴보았듯이 우리나라는 단일 민족이 아니라 원래 다민족 국가였다. 전체 성씨 중에서 약 50%에 가까운 139개가 귀화 성씨이다.[68] 고구려의 경우 많은 이민족이 편입했다. 이들은 비류국, 행인국, 북옥저, 황룡국, 개마국 사람들이었다. 고려 초기 이미 8.5%의 외국인이 존재하였다. 고려는 발해 멸망이후 여진족(말갈)이 대거 이주하여 자치구를 허용할 정도였다. 그 이후에도 고려는 이민족을 받아들이는 정책을 지속하여 이주민과 공존하였다.

68) 장윤수 · 김영필(2012). 한국 다문화사회와 교육. 양서원.

고려 시기 귀화자 수가 얼마나 되는지 민족별로 정리한 연구도 있다.[69] 고려 시대에 있었던 시기별 · 민족별 고려 귀화인의 숫자를 정리한 것이 〈표 11-1〉이다.

〈표 11-1〉 고려 시대 귀화인의 시기별 분포

| 기간 | 漢系 | 女眞系 | 契系 | 渤海系 | 元系 | 日本系 | 합계 |
|---|---|---|---|---|---|---|---|
| 918~949 | 2 | 11,370 | | 72,135 | | | |
| 950~981 | 2 | | | 50,000 | | | |
| 982~1009 | 1 | 15 | | 3 | | | |
| 1010~1046 | 40 | 7,145 | 1,068 | 486 | | | |
| 1047~1083 | 22 | 19,259 | 26 | 1 | | | |
| 1084~1117 | 84 | 6,437 | 337 | 96 | | | |
| 1118~1146 | 3 | | | | | | |
| 1147~1170 | 1 | | | | | | |
| 1171~1200 | 1 | 19 | | | | | |
| 1201~1230 | | 20 | | | | 30 | |
| 1231~1270 | | | 2640 | | 22 | | |
| 1271~1308 | | | | | 210 | 200 | |
| 1309~1351 | | | | | 11 | | |
| 1352~1392 | 28 | 53,397 | | | 13,030 | 118 | |
| 합계 | 184 | 97,662 | 4,072 | 122,686 | 13,273 | 348 | 238,225 |

출처: 박철희(2007). 다문화 교육의 관점에 기초한 초등 사회 · 도더 교과서 내용에 대한 비판적 고찰. 교육사회학연구 17(1). 109-129. 117쪽.

이 표를 보면 역사 기록에 나타난 귀화인의 수는 약 24만 명 정도 되었다. 가장 큰 비중을 차지 한 민족은 발해계로 12만 여명이었고, 다음으로 여진계가 약 9만8천여 명이었다. 이들은 자신의 민족성을 포기하도록 강요받은 것이 아니라 새로운 성씨를 하사 받는 등, 자기 정체성을 유지

69) 박철희(2007). 다문화 교육의 관점에 기초한 초등 사회 · 도덕 교과서 내용에 대한 비판적 고찰. 교육사회학연구 17(1). 109-129. 117쪽.

할 수 있도록 하였다.

이렇게 이주민들을 보호한 것은 왕이 자신의 치적을 알리기 위한 것이었다. 다시 말하면 자신의 정치가 뛰어나기 때문에 이민족들이 귀화하여 온 것이라고 선전하기 위한 것이었다. 다른 한편으로는 이들의 충성심을 이끌어내기 위한 것이었다. 이들이 자신의 정체성을 잃지 않고 자긍심을 가지고 살아갈 수 있도록 할 때 고려에 대한 충성심이 더 커질 것이라고 본 것이다. 이러한 예측이 맞은 경우도 꽤 있다. 전쟁이 났을 때 귀화인들은 기존의 선주민보다 더 적극적으로 국가를 위해 싸웠기 때문이다.

우리나라가 단일 민족이라고 생각하게 된 것은 오래 된 일이 아니다. 민족이라는 말 자체가 19세기 일본에서 번역된 말이거니와 단일 민족이라는 것은 봉건 시대에는 생소한 표현이었다. 단일 민족은 정권이 국민들을 하나로 뭉치게 하기 위한 도구로 사용한 말이다. 해방 이후 1948년 손진태가 '국사대요(國史大要)'에서 '단일민족'이라는 표현을 쓴 후 보편화된 것으로 보인다.[70] 남한 단독 정부는 자신의 정권을 중심으로 국민들을 강하게 결집시키기 위한 이데올로기로 단일 민족이란 개념을 활용한 것이다.

이러한 민족주의적 개념은 이후에도 지속되어 하나의 정설로 자리 잡았다. 하나의 피를 기초로 이루어진 민족이라는 개념은 순혈주의적 사고방식을 낳았고, 이민족이나 이민자에 대한 배타적인 사고방식을 갖게 하였다.

2011년까지 단일 민족과 관련하여 우리나라 교과서에 실린 표현을 보

---

70) 장윤수 · 김영필(2012). 한국 다문화사회와 교육. 양서원.

면 〈표 11-2〉와 같다. 우리 민족이 하나의 피를 받았다는 순혈주의와 땅도 민족도, 말도 하나라고 하는 단일주의가 표현되어 있다.

〈표 11-2〉 우리나라 교과서에 나타난 단일 민족 관련 서술(2011년)

| 학교급 | 학년 | 과목 | 교과서 원문 내용 |
|---|---|---|---|
| 초등학교 | 2 | 생활의 길잡이 | 우리나라는 한 핏줄을 이어받은 한 민족으로 이루어져 있습니다. |
| | 6 | 도덕 | 우리는 본디 하나 땅도 하나 민족도 하나 말도 하나였습니다. |
| | 6 | 사회 | 우리는 생김새가 같고, 같은 말과 글을 사용하는 단일민족입니다. |
| 중학교 | 1 | 도덕 | 우리 민족은 단일민족으로서 오랜 세월~ |
| | 2 | 도덕 | ~바로 우리가 같은 핏줄을 이어받은 한 민족이라는~ |
| | 3 | 사회 | 민족, 언어, 문화가 같은 단일민족인 우리나라는 |
| 고등학교 | 1 | 도덕 | 본래 우리 민족은 동일한 언어와 문화, 혈통을 가진 단일민족으로서~ |
| | 1 | 국사 | 우리 민족은 세계사에서 보기 드문 단일민족국가로서 전통을 이어오고 있다. |
| | 1 | 정치 | 우리 민족은 ~ 단일민족 국가를 형성해 왔다 |

출처: 최충옥 외(2012). 다문화교육의 이론과 실제. 양서원. 144쪽.

한국사도 이러한 단일 민족의 시각으로 구성되어 있다. 하나의 단일 민족이 분열되었다가 다시 통일되는 식의 사고방식으로는 이주민에 대한 이해나 존중을 하게 만들 수 없다. 뿐만 아니라 이민족은 항상 적대적이서 우리를 침략하고 약탈하는 존재로 그려져 있다. 이들이 한반도에 정주하여 살면서 당시 국가를 위해 헌신한 것은 언급하지 않는다.

교육 내용이 이와 같이 구성되어 있기 때문에 우리 민족에 대한 왜곡된 신념과 환상을 갖게 하며 이민족이나 이주민에 대한 부당한 편견을 갖게 된다. 이러한 편견을 극복하려면 다문화주의적인 시각으로 교육내용이 재구성될 필요가 있다.

〈표 11-3〉 국제이해교육의 지도영역과 제재 예시 표

| 대영역 | 중영역 | 제재(예시) | |
|---|---|---|---|
| 세계와 우리 | 세계는 하나 | · 교통 · 통신의 발달과 좁아지는 | · 세계 국제적 교류와 협력 확대 |
| | 다양한 문화 | · 세계 여러 나라들의 의식주 생활<br>· 다양한 종족과 문화<br>· 세계 여러 나라 학생들의 생활 | · 다양한 언어와 역사<br>· 아름다운 지구촌 |
| | 세계인으로서의 예절 | · 공공장소에서의 예절<br>· 타국민에 대한 예절 | · 타국의 국가 상징에 대한 예절 |
| 세계의 공통 문제와 그 해결 노력 | 환경문제 | · 환경오염에 따른 생태계의 파괴<br>· 식량난과인구 문제 | · 환경 보호를 위한 국제적 활동 |
| | 국제기구의 활동 | · 유엔(UN)의 활동<br>· 유니세프의 구제활동 | · 한국 선명회 활동<br>· 유네스코의 교육, 문화, 과학활동 |
| | 세계 평화를 위한 노력 | · 대화와 타협으로 문제 해결<br>· 국가 간의 상호 이해와 존중 | · 공존과 번영을 위한 세계인의 협력 |
| 세계 속의 우리의 역사 | 세계 속의 찬란한 우리 문화 | · 우리의 세계 문화유산<br>· 우리의 민속놀이 | · 우리의 전통음식<br>· 우리나라 바로 알리기 |
| | 우리 문화의 계속적인 창조와 발전 | · 우리 문화에 대한 폭넓은 이해<br>· 외국 문화에 대한 수용 자세 | · 문화교류를 통한 상호 이해의 증진<br>· 우리 문화의 창조적 발전과 세계화 |
| | 세계 평화를 위한 우리의 노력 | · 우리나라의 국제기구 활동<br>· 우리나라를 자랑스럽게 한 세계 속의 한국인 | · 세계 평화를 위한 우리가 할 수 있는 일 |

출처: 최충옥 외(2012). 다문화교육의 이론과 실제. 양서원.

다문화 이해를 위해서 국제 이해교육을 지도하도록 하고 있다. 이 내용을 정리한 것이 〈표 11-3〉이다. 이 내용을 보면 대 영역은 셋으로 나누어서 '세계와 우리', '세계의 공통 문제와 그 해결 노력', '세계 속의 우리의 역사'로 구성하였다. '세계와 우리'는 세계 각 나라들 간의 교류가 활발해지면서 서로에 대한 이해가 필요하다는 내용이다. 다른 나라의 문화나 예절에 대한 이해를 제재로 삼고 있다.

두 번째는 세계의 공통 문제와 그 해결 노력이다. 세계가 겪고 있는 환경 문제나 평화 문제를 이해하고 이를 해결하기 위해 노력해야 한다는 것이다.

마지막으로 세계 속의 우리의 역사이다. 우리 문화의 우수성을 인식하고 이를 널리 알려야 한다는 것이다.

이러한 내용은 다문화라기보다는 세계화라고 해야 더 어울릴 것 같다. 다른 나라와 교류하기 위해 그들을 이해하는 것은 우리 사회에 거주하는 이주민들에 대한 이해와는 차원이 다르다. 다른 나라와의 교류는 대등한 입장이라면 우리 사회에 들어온 이주민은 약자인 소수 집단이다.

국제 이해 지도영역을 초등학교, 중학교, 고등학교 수준에 맞추어 교육내용으로 구성한 것이 〈표 11-4〉이다. 이 표에서도 다문화 교육내용을 세계화의 개념으로 정리한 것으로 보인다. 다문화주의를 다른 국가와의 교류를 활성화하는 것으로 해석하여 세계화와 연결한 것으로 보인다.

다문화를 타국가의 문화로 이해하여 세계화와 연결 짓는 것은 다문화주의에 대한 정확한 이해가 결여되어 있는 것이라고 볼 수 있다. 다문화주의란 국가 간 교류를 의미하기 보다는 한 사회 내에서 여러 문화가 공존하는 것을 뜻하기 때문이다.

인권의 존중은 가난한 나라 친구들의 고통으로 해석된다. 다문화주의적인 것으로 해석할 수 있는 것이 '사회적 차별', '인종주의에 대한 투쟁'이지만 전후의 내용이 달라서 다문화주의적인 것이라고 보기가 어렵게 되어 있다.

이처럼 국제 이해 교육은 다문화주의적 시각에서 논의되고 서술되기 보다는 다른 나라 문화를 이해하는 차원으로 구성되어 있다. 다문화이해를 다문화주의로 서술하지 않는 것은 다문화주의에 대한 개념을 정확히 파악하고 있지 못하거나, 동화주의적인 정책을 추구하고 있다는 것을 드러내고 싶지 않아서 일지도 모르겠다.

다문화 이해는 우리 사회에 거주하는 소수 집단을 이해하는 것이다. 약자의 위치에 있기 때문에 분리되고 차별 받으며 부당한 대우를 받고 있다. 다문화 이해는 이러한 소수집단의 문화와 가치를 존중하고 이들이 겪고 있는 부당한 처우를 개선하기 위한 것이어야 한다. 세계에 대한 이해를 다문화 이해정도로 생각한다면 우리 속의 이민자 집단이 겪는 분리·차별과 억압의 문제를 해결할 수 없다.

〈표 11-4〉 국제이해교육 교육과정의 학교급별 내용 체계

| 내용영역 | 초등학교 내용 요소 | 중학교 내용 요소 | 고등학교 내용 요소 |
|---|---|---|---|
| 다문화 이해 | (1) 타문화에대한 흥미와 관심<br>(2) 타문화에 이해와 수용<br>(3) 소중한 우리 문화 | (1) 다양한 문화의 이해<br>(2) 문화간 장벽 허물기<br>(3) 문화의 공통성<br>(4) 문하 교류와 체험 | (1) 문화의 총체적 이해<br>(2) 문화의 생성과 변화<br>(3) 다문화 이해와 공존<br>(4) 자연 및 문화유산의 보존<br>(5) 문화교류와 문화정체성 |
| 세계화 문제 | (1) 지구촌 우리 마을<br>(2) 세계화의 두 얼굴<br>(3) 세계화와 우리 | (1) 일상생활 속의 세계화<br>(2) 세계화의 빛과 그림자<br>(3) 세계화와 한국<br>(4) 세계화와 국제질서 | (1) 세계화와 우리의 삶<br>(2) 세계화와 지역화<br>(3) 세계화 시대의 도전<br>(4) 세계화 반대 움직임<br>(5) 세계는 나의 무대 |
| 인권 존중 | (1) 소중한 인권<br>(2) 편견과 차별없는 세상<br>(3) 더불어 살아가는 세상 | (1) 인간의 존엄성<br>(2) 가난한 나라 친구들의 고통<br>(3) 사회적 차별<br>(4) 인권 보호를 위한 노력 | (1) 민주주의와 인권<br>(2) 생활 속의 인권<br>(3) 지구촌 인권 상황<br>(4) 인종주의에 대한 투쟁<br>(5) 인권향상을 위한 국제연대 |
| 평화로운 세계 | (1) 생활 속의 갈등<br>(2) 전쟁, 분쟁이 주는 고통<br>(3) 평화를 어떻게 만들 것인가? | (1) 세계의 갈등과 분쟁<br>(2) 평화를 위협하는 요인<br>(3) 평화의 문화 확산<br>(4) 평화로운 세상 만들기 | (1) 평화의 이해<br>(2) 끝나지 않는 전쟁<br>(3) 평화적 질서는 가능할까?<br>(4) 평화를 위한 국제기구<br>(5) 한반도의 평화 |
| 지속 가능한 발전 | (1) 자연과 우리 생활<br>(2) 개발과 지구<br>(3) 지구와 더불어 사는 우리 | (1) 경제발전과 환경오염<br>(2) 몸살을 앓는 지구<br>(3) 지구를 살리는 운동<br>(4) 지구를 살리는 새로운 삶의 방식 | (1) 국경없는 환경문제<br>(2) 자원고갈과 인류의 미래<br>(3) 지속 가능성을 둘러싼 갈등<br>(4) 지속 가능한 발전을 위한 지구적 노력<br>(5) 자연으로 돌아가라 |

출처: 최충옥 외(2012). 다문화교육의 이론과 실제. 양서원.

## 4. 교과서에 나타난 다문화 교육

다문화주의에 대한 강조가 구체화되면서 우리나라 교과서에도 다문화 이해를 위한 내용이 추가되었다. 예를 들면 초등학교 3학년 도덕교과에 실린 '함께 어울려 살아요'라는 단원이나 6학년 도덕과 교과의 '다양한 문화 행복한 세상'이라는 단원이다.

'다양한 문화 행복한 세상' 단원의 교수안을 예시한 자료가 〈표 11-5〉이다. 이 표를 보면 3차시로 구성되어 있다. 1차시에 나타난 것은 세계 각국의 문화를 이해하고 존중하는 것을 학습하도록 하여 다른 문화에 대한 기본적인 인식을 하도록 하고 있다. 2차시의 경우 각 사회마다 전통적인 문화가 다른 배경을 이해하고, 관용적인 자세로 생활하는 것을 학습하도록 한다. 3차시에는 우리나라에 살고 있는 외국인 수의 증가의 의미를 파악하고, 이들에 대한 편견을 극복하고 공존하는 방법을 알아보게 하는 것이다. 이와 함께 다양한 문화를 통해 더욱 발전하는 방법을 알아보도록 하고 있다.

〈표 11-5〉 초등학교 6학년 도덕 교과 '다양한 문화 행복한 세상' 교수 내용

| 차시 | 교수·학습내용 | 교과서쪽 | 교수·학습자료 |
|---|---|---|---|
| 1차시<br>1. 다양한 문화의 이해와 존중 | · 단원 개관하기<br>· 세계 각국의 인사법의 차이 생각하기<br>· '다른 문화로의 여행'을 읽고 서로 다른 문화의 존재 이해하기<br>· 다른 문화에 대한 존중과 관용의 태도 이해하기<br>· 다른 문화를 이해하기 위한 방법 찾아 실천하기 | 도 126~133<br>생 112~117 | (교) 실물화상기 |
| 2차시<br>2. 서로를 이해하기 위한 올바른 생각 | · 전통 문화가 차이 아는 배경에 대해 생각하기<br>· '도현이와 세상 들여다 보기'를 읽고 판단하기<br>· 다르지만 같고 같지만 다른 이유에 대해 생각하기<br>· 관용적인 자세로 생활하는 마음 다지기 | 도 134~139<br>생 118~123 | (교) 실물화상기<br>농경, 유목문화 및 각 나라 문화 관련 사진<br>(학) 사계지도<br>보충자료:지혜의 샘터 |
| 3차시<br>3. 모두가 행복한 세상을 위하여 | · 우리나라에 살고 잇는 외국인 수 증가의 의미 생각하기<br>· 편견 극복의 방법과 다양한 문화가 공존하는 방법 알아보기<br>· 다양한 문화를 통해 더욱 발전하는 방법 알아보기<br>· 관용을 통한 다양한 문화 발견 방법 생각하기<br>· 단원 정리하기 | 도 140~145<br>생 124~129 | (교) 실물화상기 |

출처: 교육과학기술부(2011). 초등학교 도덕 6 교사용 지도서.

이러한 내용은 우리 사회 안에 있는 소수 집단에 대한 이해를 돕는 것으로 다문화주의적인 기준에 의거해서 구성된 것으로 볼 수 있다. 다른 국가나 사회의 문화에 대한 이해 수준을 높이고 이를 바탕으로 우리 사회 안의 외국인에 대한 이해와 관용을 학습하도록 구성되어 있다. 특히 관용을 통한 다양한 문화를 발견하게 함으로써 소수 집단에 대한 편견을 극복하고 그들의 모습을 있는 그대로 받아들이게 함으로써 실제 생활에 적용할 수 있게 하고 있다.

도덕 교과서에 실린 다문화에 대한 내용으로 네팔의 관습을 소개한 것이 있다. 네팔에서는 우리 사회와 전혀 다른 습관을 갖고 있는데 그 이유를 소개한 것이다. 네팔에서는 땀이 나더라도 씻으면 안 된다. 체온이 내려가 고산병에 걸릴 수 있기 때문이다. 이런 예화를 소개한 후에 다음과 같이 추론하도록 하고 있다.[71]

> **※ 도현이가 네팔에서 고민한 것을 함께 판단해 봅시다.**
>
> 1. 땀을 값이 흘리고 몸에서 냄새가 나는데도 가급적 씻지 않아야 하는 이유는 무엇입니까?
>
>    (답) 체온이 내려가 고산병에 걸릴 수 있기 때문입니다.
>
> 2. 우리가 고산지대에 가면 어떻게 적응해야 하고, 고산지대 사람들이 우리나라에 오면 어떻게 적응해야 합니까?
>
>    (답) 우리가 고산 지대에 가면 그곳 자연환경에 맞게 가급적 씻지 않아야 합니다. 고산지대 사람들이 우리나라에 오면 우리의 자연환경에 맞게 적응해야 합니다.
>
> 3. 고산지대에서 살아가는 사람들의 생활을 이해하려면 어떻게 해야 할까요?
>
>    (답) 서로가 처한 환경과 문화를 이해하고 존중하며 판단해야 합니다.

이 내용은 네팔이라는 나라의 특이한 행동 습관을 이해하는 것이다. 땀을 흘리더라도 씻지 말아야 한다는 것은 우리의 상식에 정반대되는 것이다. 한국에서는 씻지 않으면 어린이들이 야단을 맞을 것이기 때문이다. 이와 달리 네팔에서는 자주 씻으면 안 된다. 고산병에 걸리지 않기 위해서이다. 우리가 이해할 수 없는 행동이지만 그 행동의 배경을 보면 이해할 수 있다는 점에서 다른 문화를 이해하는데 좋은 내용이다.

다만 이렇게 재미있는 사례가 우리 속의 소수집단과 연결이 되면 좋을

---

71) 교육과학기술부(2011). 초등학교 도덕 6 교사용 지도서.

것인데 그렇지 못해서 다시 세계 각국에 대한 이해의 수준에 그치고 말았다. 다양한 문화를 이해하고 존중하기 위한 단계를 교과용 지도서에서는 다음과 같이 제시하고 있다.[72)]

> 도덕 132쪽의 내용을 보고 다양한 문화를 이해하고 존중하기 위한 행동을 생각하며 ( ) 안에 들어갈 알맞은 말을 보기에서 골라 봅시다.
>
> ( ) 안에 알맞은 말을 넣어 행동의 단계를 완성해 봅시다.
>
> 1단계: 다른 문화에 대해 공부하기
> 2단계: 다른 문화를 ( )하는 자세 갖기
> 3단계: 다른 문화를 존중하고 ( ) 하기
> 4단계: 다른 문화에 대해 바르게 판단하기
> 5단계: 우리의 좋은 문화를 지켜서 다른 문화를 받아들이며 발전하기

괄호 안에 들어갈 단어는 '이해'와 '관용'이다. 이것은 주로 다른 나라의 문화에 대해 적용된다. 다른 나라의 문화를 이해하고 관용하지만, '우리의 좋은 문화를 지'킨 후에 다른 문화를 받아들이며 발전한다는 것이다. 여기서도 소수 민족에 대한 언급이 없으며, 우리 문화를 단일한 것으로 여기고 있다.

다문화를 다양한 문화 정도로 이해하는 수준에 그쳐서는 안 된다. 서로 다른 문화가 서로를 인정하면서 공존할 수 있다는 내용으로 확장되어야 한다. 단지 서로 다른 문화가 아니라 우리 사회의 약자 집단, 소수 집단의 문화와 정체성이다. 이것은 쉽게 무시될 수 있으며 또 그렇게 되

72) 교육과학기술부(2011). 같은 책.

고 있다. 교과서의 다문화 관련 내용이 다문화주의적인 이념에 따라 충실하게 서술되어야 우리사회에 거주하는 소수 집단에 대한 이해와 관용을 배울 수 있을 것이다.

# 제 12 장

# 결혼 이주 가정 자녀 교육

결혼 이주 가정 자녀의 교육은 결혼하여 이주한 어머니가 겪는 어려움에서 시작된다. 결혼 이민 여성이 겪는 문제는 공통적으로 한국어 능력이 부족하다는 것이다. 언어능력의 문제는 이주 결혼 여성 자신의 문제일 뿐 아니라 자녀교육에도 중대한 영향을 미치게 된다. 영유아기 자녀가 언어 습득을 해야 할 때 충분하고 적절하게 지원하지 못하기 때문이다. 이 때문에 결혼 이주 가정 자녀는 상당 기간 동안 학습에 어려움을 겪게 된다.

결혼 이주 여성들은 가정 내에서도 적응하는 데 어려움을 겪는다. 대부분의 결혼 이주 가정의 경제적 사정이 어렵기 때문에 이를 극복하기 위하여 부업을 한다든지 생계를 꾸려나가야 하는 부담을 안게 된다. 2009년 조사에 따르면 결혼 이주 가정 월평균 가구소득 200만원 미만인 가구가 59.7%이다. 지역별로 보면 도시지역이 58.9%이고, 읍면지역 61.7%이다. 농촌에 사는 이주 가정이 경제적으로 조금 더 어렵다고 볼 수 을 것이다.[73)]

사회 편견과 차별도 결혼 이주 여성에게 어려움을 더해 준다. 특히 지역 사회에서는 외국에서 시집온 며느리로 보는 경우도 있지만 시선이 늘 고운 것만은 아니다. 외국에서 사들인 색시라든가, 언제 도망갈지 모르는 며느리로 보기도 한다. 이런 싸늘한 시선을 모두 느끼는 결혼 이주여성으로서는 지역 사회에 자연스럽고 편안하게 살아가는 데 어려움을 느낀다.

이런 조건에서 이주 가정 자녀가 성공적으로 학습하기가 쉽지 않다. 이주 가정 유아들이 겪는 어려움을 조사한 연구가 있다. 이 연구에 따르면 결혼 이민자 가정 유아들이 겪고 있는 어려움은 언어능력이 53.0%, 정체성 혼란이 18.4%, 따돌림 13.2%이었다. 별다른 문제가 없다고 응답한 비율은 5.3%에 불과했고 기타는 9.6%였다.[74] 이 조사는 결혼이민자 가정 유아를 현재 가르치고 있거나 주변에서 지켜본 경험이 있는 유치원 교사 및 보육교사들을 대상으로 조사한 것이어서 신뢰도가 높을 것으로 예상된다.

결혼 이민자 가정 아동이 유아 교육기관에서 부적응하는 이유에 대해서 34명이 응답했는데, 의사소통이 잘 안 돼서가 20.5%, 외모가 달라서 10.3%, 태도와 행동이 달라서 3.4%, 부모 중 한사람이 외국 출신이어서가 3.4%로 나타났다.

유아 교육기관에서 교사가 보았을 때 유아가 또래와 얼마나 잘 어울리는지에 대해서도 조사하였다. 그 결과 잘 어울린다고 응답한 비율이 58.3%인 반면, 자신에게 다가오는 유아와만 어울린다고 응답한 비율은

---

73) 조미영(2010). 다문화가정 어머니들의 영유아기 자녀교육지원을 위한 멘토링 과정 탐색. 성신여자대학교 박사학위논문.

74) 서현 · 이승은(2007). "농촌지역의 국제결혼가정 자녀가 경험하는 어려움에 관한 연구." 열린유아교육연구, 12(4), 25-47.

35.0%, 상호작용하는데 자신감이 없다고 응답한 비율은 5.8%였다. 따돌림을 당하고 있다고 응답한 비율은 1.0%였다.

유아교육기관에서 초등학교로 진학하면 어려움이 조금은 달라지지만 어렵기는 마찬가지이다. 이들은 자신이 누구인가 하는 정체성의 문제, 지역사회에서 자기를 보는 눈, 즉 사회적 지지, 그리고 또래 친구들의 인식 등이 영향을 준다. 학교 현장에서는 학습에 어려움을 겪는다든지, 교사의 문화 다양성에 대한 태도에 따라 어려움을 겪기도 하고 어려움을 잘 극복하기도 한다.

이번 장에서는 교육 장면에서 경험하는 결혼 이주 여성과 그 자녀들의 모습을 살펴보고자 한다. 먼저 어머니로서 결혼 이주 여성이 겪게 되는 교육 경험을 분석하고, 어머니의 양육과 학교 생활을 통해 이주 가정 아동이 겪는 경험을 분석할 것이다.

## 1. 결혼이주 가정 여성의 교육

### 1) 언어 능력의 문제

결혼 이주가정 여성들의 출신국에 따라서 자녀의 언어 학습 능력에 차이가 있는 것으로 나타났다. 조선족 출신의 어머니인 경우에도 생소한 단어나 문장 등으로 인하여 어려움을 종종 겪기도 하였다.

어머니의 언어능력이 부족하면 아동의 언어 발달이 지체될 가능성이 커진다. 베트남계 결혼 이주여성은 다음과 같은 사례를 말하고 있다.

지금 미현이는 3살인데 나 모르는 한국말 많아요. 미현이 말 할 때 나하고 똑 같이 해요. 내가 이거 줘. 하면 미현이도 "이거 이거"로만 말해요. 미현이 모르면 "음..." (손짓으로 사물을 가리키며 이렇게 말해요. (베트남계 결혼 이주여성, 2010년)[75)]

어머니가 적절한 표현을 하지 못하고 '이거 이거'라는 지시어만 사용하기 때문에 자녀도 그 이상의 말을 하지 못하고 지시어만 사용한다고 걱정하는 것이다. 물론 이 경우는 언어 발달 지체라고 까지 말하기는 어려울 것이다. 분명한 것은 어머니의 언어 능력이 조속히 발전하지 못하면 아동의 언어 능력도 지체될 가능성이 크다는 것이다.

다음은 한 일본계 결혼 이주 여성이 자녀의 언어 학습 속도가 늦어서 검사를 받은 경우이다. 이 여성은 자녀의 언어 능력이 조금 늦어도 이상이 없다고 생각했지만 실제 검사를 받아보니 자녀 둘 다 언어 발달이 지체된 경우이다.

주성이가 6살 때 유치원 선생님이 주성이가 말이 더디고 이해가 늦다고 언어 치료를 받아보랬는데 그 때는 크면 낫겠지 생각했어요. 그런데 주혁이도 언어발달이 늦다고 선생님이 이야기 해 주어서 검사를 받았는데 아이들이 다른 아이들 보다 2년 정도 말이 늦는다고 했어요. 지금은 둘 다 치료하고 있어요. 정말로 속상해 죽겠어요. 제가 한국말 몰라서 아이에게 말 별로 안 해주었어요.(일본계 결혼 이주여성, 2010년)[76)]

---

75) 출처: 조미영(2010). 다문화가정 어머니들의 영유아기 자녀교육지원을 위한 멘토링 과정 탐색. 성신여자대학교 박사학위논문.

76) 조미영(2010). 같은 책.

결혼 이주 가정 자녀가 모두 다 언어 발달 지체를 겪는 것은 아니지만 일반 학생만큼 언어가 숙달되지 못하고 있다는 것은 분명하다. 상급학교로 진학할수록 일상적인 용어 사용에는 문제가 없지만 학문적이거나 전문적인 용어를 사용하는 데는 일반학생의 수준을 따라가지 못하는 경우가 많다.

이주 결혼 여성들은 자녀를 양육할 때 양육과 관련된 지식이나 정보가 부족한 경우가 많다. 일상적인 생활에서도 조금 어려운 용어를 이해하지 못해 난처함을 겪는 경우도 있다. 한 여성은 병원에서 쓰는 용어를 이해하지 못해 불편한 적이 있었다고 이야기했다.

> 아이가 아파서 큰 병원에 갔었어요. 간호사가 "통원 치료"하세요 하면서 복용약을 가져가라고 했는데 그 때는 통원, 복용약이란 말을 몰랐어요. 그래서 또 다시 물어보고 그랬어요. 모르는 말 많아서 애기 아프면 더 답답한 거지요. 조은파(초음파), 깁스 이런 말 몰라요. (몽골계 결혼이주여성, 2010년)[77]

자녀가 학교에 가면 일상적인 용어 이외에도 알아야 할 말이 있는데 종종 이를 알지 못하는 경우가 있다. 가정 통신문의 경우 어려운 단어가 나와서 이해하기 힘들다고 호소하는 경우도 있었다.

> 성연 어머니(몽골): 어린이 집에서 뭘 자주 보내요(가정통신문). 가지고 온 종이 읽으면 모르는 말이 많아서 짜증이 날 때가 많아요.
>
> 승훈 어머니(일본): 나도 승훈이 유치원 때 가정 통신문 안 읽고 그랬어요.(중략)

77) 조미영(2010). 같은 책.

근데 아이들이 학교에 들어가면 키우기 더 힘들어요. 학교 숙제도 도와줘야 하는데 공부는 말하는 거하고 틀리잖아요. 승훈이 책에 보면 "옳지 않은 것은 무엇인가?" 이런 말 헷갈려요. 한국 속담, 역사는 외국 사람이 이해하기 힘들어요. 초등학교 1학년 책도 우린 어려워요. 아이들이 물어볼 까봐 겁난다니까요.(2010.7.23.)[78]

## 2) 경제적 문제

상당수의 결혼 이주 가정이 경제적 어려움을 겪고 있다. 생계 문제가 걸려있기 때문에 결혼 이주 여성들도 취업을 하는 경우가 많다. 자녀가 유·초등 학생인 경우 엄마가 보살피는 것이 무엇보다 중요한데 그럴 여유가 없어 보인다.

수민 어머니(중국). 옷 맹그는데서(의류제조공장) 일해요. 남편 150만원 가지고 와요. 시아버지, 애기, 나, 남편 같이 살아요. 남편 돈 벌어와(도) 힘들어. 애기 우유, 기저귀, 먹을 거, 이거 애기 병원 아파(서) 가요. 한 달 쓰면 돈 없어요. 한국은 다 비싸요. 애기 키우기 힘들어 죽겠어.[79]

사교육비가 없어서 사교육을 시킬 수 없는 것에 대해 걱정을 하기도 한다. 어머니가 직접 돌볼 수가 없어서 사교육이 필요하다고는 생각하는데 학원비를 감당할 수가 없어서 사교육을 시키지 못하는 경우가 종종 있다.

78) 조미영(2010). 같은 책.
79) 조미영(2010). 같은 책.

> 승훈 어머니(일본): 한국은 아이들이 유치원에 다니던 학교에 다니던 학원에 다 다녀요. 잘 살던, 못살던..... 정말 문제에요. 학원만 보내면 애들 잘 키운다고 생각하나 봐요. 난 학원 안 보내고 싶지만 나도 한국에 살고 있고 우리 아이들도 여기서 자라니까 아무리 돈 없어오 학원 안 보낼 수도 없고(하략)[80]

가정의 경제적인 문제는 생계의 문제이기도 하지만 어머니의 시간을 빼앗아서 자녀를 충분히 돌볼 시간이 없게 만드는 문제이기도 하다. 경제적 여건이 된다면 어머니가 돌보지 못하는 부분을 사교육으로 보충하고 싶지만 이것도 여의치가 않다.

### 3) 지역사회의 편견

지역 사회에서의 편견도 결혼 이주 여성에게 부담을 준다. 우리 사회는 결혼 이주 여성을 여전히 타자로 생각하는 경우가 종종 있다. 이주 여성 중에서 취업을 위해서 가정을 버리고 떠나는 경우가 가끔 있는데 이러한 사실 때문에 그렇지 않은 대다수의 이주 여성들을 편견으로 대하기도 한다고 한다.

> 미현 어머니(베트남): 우리 집 앞에 슈퍼 있어요. 맨날 거기에 한국아줌마들 앉아서 이야기해요. 나한테 "왜 한국으로 시집왔어", "어느 집에 베트남 여자가 시집왔는데 도망갔어." "도망가지 말고 잘 살아" 아줌마들이 얘기해요. 왜 나한테 그런 이야기하는지 모르겠어요. 베트남 여자 다 똑같지 않은데 다 도망한다고 생각해요.

80) 조미영(2010). 같은 책.

승민 어머니(몽골): 마트 가면 한국 아줌마들이 무시하는 느낌 받아요. 아이들도 무시당하면 어떻게 해요. 유치원 가서도 친구들이 안 놀아줄까봐 걱정도 되요.[81)]

이와 같이 결혼 이주 여성은 이중, 삼중으로 불리한 여건에 있다. 한국어가 유창하지 못하기 때문에 일어나는 문제는 모든 이주 여성들이 피할 수 없는 문제이다. 더구나 대부분 경제적 수준이 낮고, 거기다 사회적 편견으로 대하는 상황에 놓여 있기 때문에 결혼 이주 여성들이 자녀를 교육하는데 불리한 여건에 놓여 있다.

## 2. 결혼이주 가정 학생의 교육문제

이주 가정 학생들이 겪는 교육적인 문제는 다양하다. 자신의 정체성을 정립하는 개인적인 문제에서 동료와의 관계 교사와의 관계 문제, 그리고 학업 성적의 문제 등 여러 가지 측면을 살펴볼 수 있다.

이주 가정 학생들은 자신이 어느 나라 사람인지 자신의 정체성을 형성할 때 혼란을 경험한다. 처음에는 아버지와 어머니의 출신국이 달라서 자신이 어느 나라 사람인지도 혼란을 겪는 경우도 있다. 이주 가정의 아버지는 다음과 같이 말하고 있다.

81) 조미영(2010). 같은 책.

"제가 장남이에요. 우리 아들은 집안의 장손인데 당연히 한국 사람으로 자라야 해요. 애기 엄마는 필리핀에 대해서 말해 주려고 하는데 제가 못하게 해요. 그럴 필요가 없어요. 한국 사람이 한국만 알면 되는데 왜 필리핀을 알아야 되는지.... 필리핀 가서 살 것도 아닌데...."(2006. 000아버지와의 면담)82)

어머니의 모국에 대한 폄하로 인해서 어머니 존재를 폄하하는 결과를 낳기도 한다. 한국말도 못하는 어머니에 대한 무시나 갈등이 일어나는 것도 이러한 정체성 혼란과 관련이 있을 수 있다.

이후 성장과정에서는 어머니 출신국의 문화와 한국의 문화가 혼재된 상태에서 자녀교육이 이루어지게 된다. 두 나라의 문화가 혼재된 상태에서 가정 교육과 한국의 학교교육을 동시에 경험하지만 이에 대한 교육적인 조치가 부족한 형편이다. 결혼 이주 가정 자녀가 정체성을 정립할 때 어머니 모국의 문화를 폄하하지 않고 자랑스럽게 여길 수 있도록 교육할 필요가 있다. 그리고 어머니 모국의 문화도 우리 사회에 같이 있을 만한 훌륭한 문화라는 것을 인식하도록 해야 한다. 결국 이주 가정 여성과 자녀가 건강한 정체성을 가지고 살아갈 수 있기 위해서는 이런 다문화주의적인 교육이 없어서는 안 된다.

### 1) 사회적지지

이주 가정 학생들은 지역 사회에서나 학교에서 적극적인 사회적 지지

82) 오성배(2005). 코시안(Kosian) 아동의 성장과 환경에 관한 연구. 한국교육. 61~63)

를 받지 못하는 경우가 많다. 우리 사회의 구성원으로서 따뜻하게 수용되기보다는 이방인으로 보는 경향이 있기 때문이다. 특히 외모가 일반 한국인과 분명히 차이가 나는 경우에는 이런 경향이 더욱 강해진다. 조선족 출신 어머니의 자녀들과 달리 필리핀 출신 어머니의 자녀들은 외모의 특이함으로 인하여 차별적 대우를 받게 된다.

이런 차별적인 경험을 한 이후에는 소극적인 대인관계를 형성하기 쉽다. 여기에 새로운 언어와 문화를 접하면서 나타난 어머니의 대인관계의 소극적 형성이 다문화가정 아동의 성장과정에도 적지 않은 영향을 미치게 되고, 어머니와의 갈등이 심화되기도 한다.

물론 그렇지 않은 경우도 없는 것은 아니다. 필자가 면담한 한 교사의 말에 따르면, 이 교사가 가르치는 어느 학생이 외모가 일반 한국인과는 현저히 다르고 어머니도 외국 출신인 게 금방 드러날 정도로 외모와 말투에 차이가 났다고 한다. 이 학생은 움츠러들지 않고 더욱 자신감 있게 생활하며 공부하고 있다고 한다. 성적도 우수하여 동료들로부터 신임을 얻고 있다. 어머니가 학교 오는 것도 좋아하여 자랑스럽게 친구들에게 자기 어머니를 소개한다고 하였다.

이런 긍정적인 사례가 없지 않지만 일반적으로 이주 가정 학생들이 자신감 있게 대인 관계를 하기 어려운 여건에 있는 것은 사실이다. 차별적 대우를 극복하느냐의 문제가 아니라 이런 차별적 대우를 원천적으로 어떻게 개선하는가가 문제일 것이다. 여기서는 관련된 논문을 몇 편 소개하고 이 연구 결과가 어떤 의미를 갖는지 논의하는 형태로 서술하겠다.

## 2) 다문화가정 아동의 학교생활적응 관련변인

이주 가정 학생들이 학교생활에 적응하는 데 어떤 변인들이 중요한가를 밝힌 연구가 있다.[83] 여기서는 박계란 · 이민지의 연구를 소개하려고 한다.

이 연구에서는 부모의 양육태도, 사회적지지, 자아존중감이 학교생활에 어떤 영향을 미치는지 분석하였다. 대구 경상북도 초등학교 재학 중인 다문화가정 아동 177명에게 설문하였다. 이 학생들의 거주지는 도시 16.9%, 농촌 83.1%로 대부분 농촌에 거주하는 학생들이었다. 어머니의 출신 국가는 중국 30.5%, 일본 41.2%, 필리핀 18.1%, 베트남 6.2%, 태국 2.3%, 기타 1.1%였다. 어머니의 학력을 보면 고등학교 졸업이 40.%, 대학 졸업 이상 39.0%였고, 아버지의 학력은 고등학교 졸업이 45.8%, 대학졸업 이상이 27.7%였다.

이렇게 자세하게 연구 대상을 소개하는 것은 연구 대상에 따라서 연구의 결과가 다르게 나타나는 경우가 종종 있기 때문이다. 만약 특정한 조건에 있는 학생들 예를 들어 어머니가 조선족인 학생만 연구대상으로 삼는 경우와 어머니가 필리핀 출신인 학생만 연구대상으로 삼는 연구는 서로 다른 결과가 나올 수가 있다. 어떤 연구의 결과를 살펴볼 때 반드시 연구 대상이 누구였는지 살펴보아야 한다.

이 연구는 부모의 양육태도와 사회적 지지가 이주 가정 학생의 자아존중감에 영향을 미치고 자아 존중감은 학교생활 적응에 영향을 미칠 것

---

83) 박계란 · 이지민(2010). 다문화가정 아동의 학교생활적응 관련변인들 간의 관계구조 분석. 한국생활과학회지, 19(6). 981-991.

이라는 가정을 세웠다. 이 연구 모델과 그 결과를 나타낸 것이 [그림 12-1]이다.

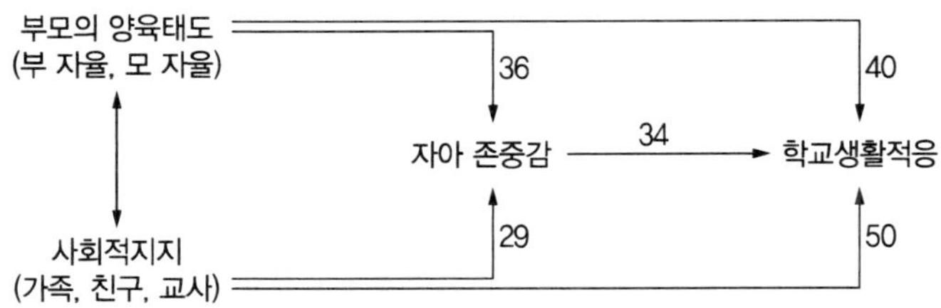


[그림 12-1] 이주가정 아동의 학교생활적응에 미치는 변인

출처: 박계란 · 이지민(2010). 다문화가정 아동의 학교생활적응 관련변인들 간의 관계구조 분석. 한국생활과학회지, 19(6). 981-991.

설문을 분석한 결과 위의 모델이 의미가 있는 것으로 나타났다. 특히 학교생활 적응에 가장 큰 영향을 미치는 것이 사회적 지지인 것으로 나타났다. 학교생활에 적응한다는 것은 대인 관계의 성공 여부가 결정짓는다고 해도 과언이 아닐 것이다. 가정 뿐 아니라 친구들과 교사의 지지가 중요하다는 것이 새로운 사실은 아니지만 문제 해결의 중심은 이주 가정 학생이 아니라 그 주변에 있는 사람들이라는 사실을 주목할 필요가 있다. 다문화주의 교육은 이주 가정 학생에게 실시해야 하겠지만, 이보다 더 중요할 수 있는 것이 이들 주변에 있는 친구와 교사들에 대한 교육이다.

다음으로 부모의 양육태도가 자녀의 학교생활 적응에 영향을 미친다. 이주 가정 아동이 지각한 부모의 양육태도가 자율적일수록 학교생활에 적응을 잘 한다는 것이다. 양육태도가 자율적이라는 것은 방치하는 것과는 다르다. 부모가 자녀의 의사를 존중하고 스스로 할 수 있도록 여건을 만들어 주는 것을 말한다. 부모가 모두 경제적 활동을 하며 자녀를 돌볼 시간이 부족할 경우 이런 교육을 할 수가 없다. 이주 가정 여성이 자녀를 돌볼 시간을 확보해 주는 것이 중요한 일이라고 볼 수 있다.

### 3) 동료들의 인식

이주 가정 학생들이 교실 내에서 어떤 사회적 관계를 갖는지 분석한 연구가 있다.[84] 이 연구에서는 초등학교 2학년 이주 가정 아동들이 교실 내에서 또래 및 교사회의 사회적 관계를 어떻게 맺고 있는가를 밝히고자 하였다. 다시 말해 이들의 사회적 관계에 미치는 영향이 무엇인지 밝히려는 연구였다.

연구대상은 면단위 지역으로 읍에서 자동차로 20분 정도 가야 하는 곳에 있는 학교 학생들이다. 이 초등학교에는 9개 학급이 있고, 전교 학생이 172명이고, 교사는 9명이다. 병설 유치원이 2학급이 있는데 유치원 교사는 2명이다. 체육 전담교사 1명 있고, 보건교사, 영양교사가 있다.

이주 가정 학생은 1학년 2명, 2학년 4명, 4학년 3명, 5학년 1명, 6학년 2명 총 12명이다. 전교생이 172명이니까 전교생의 약 7%가 이주 가정학생인 셈이다. 연구 참여 학생은 4명 모두 필리핀계 학생이었다.

연구 결과를 요약 보면 하면 대체로 크게 두 가지로 볼 수 있다. 하나는 편향된 상호작용이다. 이 연구의 연구대상이 된 이주 가정 학생들은 주로 단짝 하고만 대화하는 경향이 있었다. 집단따돌림을 당하는 경우는 없었지만 주변에 있는 친구들하고만 놀았다.

---

84) 정성배(2010). 다문화가정 아동의 교실 내 사회적 관계 연구. 광주교육대학교 교육대학원 석사학위논문

또한 주로 이주 가정 학생들과 어울리기 때문에 폭넓게 어울리지 못했다. 연구자는 이를 '빈익빈 부익부 현상'이라고 불렀는데, 친구를 제한하는 이주 가정 학생들은 점점 더 친구의 범위가 줄어든다고 보았기 때문이다.

집단 따돌림에 대해서는 연구 마다 편차가 있다. 조영달의 연구[85]에 따르면 이주 가정 아동의 20%가 집단 따돌림을 경험하였다고 한다. 다른 친구와의 마찰이 생기면 엄마가 외국인이라고 놀리는 경우도 있었다고 한다.

조영달의 연구와는 달리 정성배의 연구에서 집단따돌림이 없었다고 하는 것은 논의할 필요가 있을 것 같다. 집단 따돌림은  은밀하게 일어나기 때문에 아무도 모르는 경우가 종종 있다는 점을 감안할 필요가 있다. 연구자가 알아차리지 못했을 수도 있고, 그 이전에 경험한 적은 있지만 연구자가 있을 당시에는 따돌림 현상이 없을 수도 있을 것이다. 따돌림이 전혀 없는 경우도 있을 수 있다. 따돌림이 없이 잘 지내고 있다면 그 요인이 무엇인지 밝힐 필요가 있을 것이다. 이 연구에서 이주 가정 학생들이 제한된 친구 관계만을 형성하고 있다는 것으로 보아서는 따돌림 현상이 완전히 없었다고 보기는 어려울 것으로 보인다.

또 한 가지 특징은 이주 가정 학생들이 일정한 공간 안에서만 친구들을 사귄다는 것이다. 연구자는 이것을 '근접 공간 내 관계망 유지'라고 불렀다. 이주 가정 학생들이 주로 집 주변에서 동생과 놀거나 집 가까운 일부 친구들과 논다는 것이다. 이주 가정 학생이 생활하는 공간과 가까운 공간에 있는 친구들과 제한적으로 사귄다는 의미이다.

---

85) 조영달(2006). 다문화가정의 자녀교육 실태 조사. 교육인적자원부.

교사와 관계에서 이주 가정 학생들은 자신감이 부족한 것으로 보였다고 한다. 교사의 묻는 말에 대답을 하지 않거나 몇 번을 물어봐야 간단히 대답하는 식이다. 이것을 '쥐며느리'라고 명명했다. 쥐며느리는 사람이 만지면 죽은 시늉을 하거나 마치 공처럼 몸을 말아 자신을 방어하는 갑각류 동물이다. 필자가 어렸을 때는 이 동물을 공벌레라고 불렀는데 이 벌레도 쥐며느리과라고 한다. 이주 가정 학생들을 이렇게 부른 것은 교사와의 관계에서 자신감 없는 행동을 하거나 스스로 움츠려 드는 행동을 하기 때문이다.

이와 같이 이주 가정 학생들이 동료나 교사와의 관계를 원활하게 하지 못한다면 학교생활에 적응하기 어려울 것이다. 이 연구를 얼마나 일반화할 수 있을 것인가 하는 것은 여전히 논의의 여지가 있다. 일반적으로 이주 가정 학생들이 모두 이런 소극적인 관계를 맺고 있는가 하는 것은 좀 더 연구가 필요해야 일반화할 수 있기 때문이다. 중요한 것은 이주 가정 학생들의 학교생활 적응을 위해서는 친구와 교사의 태도가 중요하다는 것이며, 이들에 대한 다문화주의 교육이 더욱 강화되어야 한다는 것이다.

### 4) 학습 현장에서의 어려움

이주 가정 학생들이 학교에서 학습 현장에서 어떠한 행동적 특징을 나타내는지를 분석한 연구가 있다.[86] 이 연구에 따르면 이주 가정 학생들은 학습현장에서도 어려움을 느끼고 있다. 경기 지역 2개의 초등학교를

86) 배영주(2006). 이주노동자 자녀들의 교육복지 실태와 주요 쟁점. 아시아교육연구, 7(4). 49-85.

대상으로 연구하였다. 영세한 중소기업 공단 지역에 위치한 경기 A 지역 S 초등학교에는 주로 몽골, 페루, 파키스탄, 인도, 카자흐스탄, 우즈베키스탄 등의 여러 나라 출신 노동자들이 거주하고 있다. S 초등학교는 일반학급 30학급, 특수학급 1학급, 병설유치원이 있는 비교적 큰 규모의 공립학교이다. 12명의 이주 노동자 자녀들이 재학하고 있는데, 국적은 몽골 7명, 페루 3명, 카자흐스탄 1명, 우즈베키스탄 1명이다. 이중 페루 2명은 형제이고, 우즈베키스탄은 고려인 후손, 몽골 여학생 2명은 서로 이종 사촌 간이었다.

이 학생들은 학습 현장에서 몇 가지 특징을 보이고 있었다. 그 특징을 보면 먼저 수업 시간에 "조용히 묻혀" 있다는 것이다. 드러나지 않도록 최대한 자기를 숨기고 있다. 교사와의 관계는 "특별히 문제 되지 않"는다고 생각한다. 교사들은 무관심하지만 차별하지도 않는다고 생각하고 그게 낫다고 생각한다. 친구들과의 관계는 "처음엔 서먹했지만, 지금은 그저 그"렇다고 생각한다. 일반 한국인 친구들하고는 보이지 않는 벽이 있어보였다고 한다. 한국어 학습은 잘 하는 편이고 좋아하는 과목은 수학과 체육이며, 어려운 과목은 국어와 사회라고 응답했다.

한국 문화에 대해서는 부정적인 입장을 보였다. 나이 어린애들이 "나이 어린 애들이 반말하고 욕하는 게 싫"다고 말했고, 아시아인을 포함한 유색인종을 무시하는 한국문화에 부정적인 태도를 보였다.

이런 부정적인 태도와는 달리 본인은 "한국사람 될 거라"고 이야기한다. 자신의 정체성을 한국에 두고 있다. 이런 태도는 어머니 출신국가에 대한 경시와 회피로 나타나기도 한다.

이 외에도 이주 노동자 자녀들은 허용적인 입학과 졸업, 크게 문제되지 않는 학교생활을 영위하고 있지만, 또래보다 많은 나이와 '따돌림'으로 인한 학교 부적응의 문제와 정체성의 문제를 안고 있었다. 나이에 맞지 않는 학년 배정과 이로 인한 부적응, 학교 내 이들에 대한 지원체계가 없다는 점, 가정·학교·연계기관 간에 연계 체제가 형성되어 있지 않다는 점, 지원기관의 열악한 지원 수준도 문제가 되었다.

### 5) 교사의 문화다양성에 대한 태도

앞에서 언급한 바와 같이 이주 가정 학생에 대한 교사의 태도가 중요하다. 교사가 갖고 있는 다문화에 대한 생각이 이주 가정 학생에 대한 태도와 연관이 있을지 모른다. 박윤경은 교사의 문화 다양성에 대한 태도가 이주 가정 학생에 대한 태도와 관련이 있는지를 분석하였다.[87)]

이 연구는 국내 초·중등교사들이 우리사회의 문화다양성과 관련하여 어떤 태도를 지니고 있으며, 교사들의 문화다양성 태도가 결혼이주 가정 학생에 대한 태도와 어떻게 연관이 되는지를 밝히고자 하였다.

연구 대상은 전국 7개 지역 초·중·고등학교에 재직 중인 교사 894명이었고, 이들을 대상으로 설문하였다. 대도시 학교에 재직 중인 교사는 49.5%, 중소도시는 31.1%, 읍면지역은 19.4%였다. 다문화가정 학생 담임 경험이 있는 교사는 23.1%였고, 다문화 교사 교육경험이 있는 교사는 3.0%였다.

결혼이주 가정 학생을 가르쳐 본 교사들이 그렇지 않은 교사집단에 비

---

87) 박윤경(2008). 초·중등 교사의 문화다양성과 다문화가정 학생에 대한 태도. 시민교육연구, 40(3).

해 문화다양성 역역 전체에서 더 긍정적인 태도를 갖고 있었다. 또한 교사의 문화 다양성 태도가 결혼이주 가정 학생들에 대한 교사의 태도에 유의미한 영향을 미치고 있었다. 이것은 문화다양성 태도가 긍정적일수록 이주 가정 학생에 대한 관심, 수용, 기대, 배려가 증가하는 것을 의미한다.

특이한 점은 학교 소재지에 따라 교사집단이 문화 다양성 태도에 유의미한 차이가 나타난다는 점이다. 행동적 영역에서 문화 다양성에 더 긍정적인 지역은 읍면지역, 중소도시, 대도시 순으로 나타났다. 도시화가 덜 될수록, 즉 농촌으로 갈수록 문화 다양성에 대해 호의적이라는 의미이다. 읍면지역 교사 집단은 행동적 영역뿐만 아니라, 다른 문화에 대한 지식, 다른 인종, 민족을 이웃으로 받아들이기에 대한 문항에서도 모두 가장 긍정적으로 반응하였다. 다만 다른 문화에 대한 지식이 있는지를 묻는 문항에서만 예외적으로 대도시 소재 학교에 근무 중인 교사들이 중소도시 지역 교사들보다 더 긍정적으로 반응하였다.

요약하면 읍·면지역으로 내려갈수록 다문화에 대한 호감도가 높아지고 이주 가정 학생들에 대한 태도가 긍정적이라고 볼 수 있다. 반면에 다른 문화에 대해서는 대도시 소재 학교에 근무하는 교사일수록 더 많이 알고 있다고 응답하였다.

문화 다양성에 대해 긍정적일수록 이주 가정 학생들에 대해 관심을 가지고 대한다는 것은 상식에 맞는 일이다. 다만 학교가 소재하는 지역에 따라 다문화에 대한 교사들의 태도가 다르다는 것은 흥미로운 일이다. 읍·면지역 소재 학교에 근무하는 교사들이 이주 가정 학생들을 가까이 대해 본 경험이 많기 때문인지 아니면 농촌 문화의 고유한 특성이거나 소규모 학교에서 오는 친밀감 때문인지 추가적인 연구가 필요할 것이다.

### 6) 농촌 소규모 초등학교 사례

이주 가정 학생들을 모두 동일한 존재, 특히 많은 부분에서 문제를 지닌 존재로 판단하는 경향을 비판하면서 이주 가정을 유형별, 지역별 맥락에 따른 차이에 주목해야 한다는 연구가 있다.[88] 이를 테면 농촌지역, 그리고 소규모 학교라고 하는 맥락에서 국제결혼 가정 아동들의 학교생활이 어떠한지를 분석하였다.

이 연구 대상이 된 학교는 전교 학생 수가 36명이고 6개 학급으로 구성된 소규모 학교이다. 이 학교 소재지는 농촌과 산촌의 중간적 성격을 지닌 곳으로 이 학교 재직 교사의 판단에 따르면 경제적으로 "어려운" 지역이다. 논밭도 많은 편이 아니고 산 작물도 많지 않으며, 그렇다고 벽지도 아니다. 눈에 띠는 곳이라고는 버섯 농장 두 군데 뿐이어서 그 농장을 운영하는 가정의 생활은 좀 나을 뿐 다른 가정들은 대체로 어렵다. 대부분 아버지는 농사를 짓다가 일용직에 종사하고 어머니는 농사나 공공근로에 참여하는 경우가 많다. 이 지역에는 학생들이 다닐 수 있는 학원도 없으며 학원을 다니는 아이들은 1시간가량 버스를 타고 읍까지 나가야 한다. 학원을 다니는 학생은 거의 없고 6학년이 되어서야 10명 중에 3명 정도가 학원에 다니는 정도이다.

이 지역사람들은 "다문화 가정"아이들의 여건이 다른 아이들보다 좋다고 생각하기도 한다. 이 지역이 경제적으로 열악하여 사회·경제적·정서적으로 여유가 없는 가정들이 대다수이다 보니 결혼 이주 가정이라 하더

---

88) 서덕희(2011). 농촌 국제결혼 가정 아동들의 학교생활에 대한 맥락적 이해. -전남소규모 초등학교에 대한 질적 사례 연구. 교육사회학연구 21(2). 교육사회학회. 87-120쪽

라도 온전한 가정을 꾸리고 있는 경우 다른 가정에 비하여 나은 것으로 본다는 것이다.

이 연구에 따르면 이주 가정 학생들이 선행연구와 같이 또래 관계나 교사와의 관계에서 위축되지 않았고 오히려 적극적인 관계형성을 주도하였다. 이것이 가능한 것은 개인적 특성이나 가정 배경이 크게 달라서라기보다는 그들의 학교생활이 이루어지는 주요 맥락, 즉 교사, 학교, 가정과 지역사회가 도시 대규모학교의 맥락과는 다르기 때문이라는 것이다. 이 학교의 담당교사는 소수 학생들의 수월성 보다는 모든 학생들의 성취와 과정을 중시하였고, "모두 함께 나아가는 것"이 가능하다고 보고 이 교육관을 실현하였다. 이것이 가능한 것은 가정 방문 등을 통하여 부모의 교육적 지원 상태와 성향을 파악하여 적절한 교육적 조치를 취할 수 있는 소규모 학교였기 때문이라는 것이다. 물론 교사의 책임을 당연하게 받아들이는 교직문화와 학생의 특징에 맞는 교육을 강조하고 실천하는 교장의 학교 경영방침이 있었기 때문이었다.

이 연구는 선행연구들이 중요하게 생각했던 변인, 즉 학생의 가정배경, 부모의 사회경제적 수준, 결혼이주 가정과 같은 가족 구성형태 등으로 이주 가정 학생들의 학교생활을 설명하려는 것은 주요 변인들을 빠뜨릴 위험이 있다는 것이다. 학생들이 처한 상황을 맥락적으로 이해해야 한다는 것이다.

그것은 교육 현장에서 일어나는 교육적 맥락이라고 할 수 있을 것이다. 담당 교사가 어떤 교육관을 가지고 있는지, 이주 가정 학생이 재학중인 학교는 어떤 특징을 가지고 있는지, 다시 말해 학교의 규모나 문화적 특징은 어떤 것인지, 이주 가정을 바라보는 지역사회의 관점은 어떠한 것인지, 지역사회의 인구학적 특성은 무엇인지 하는 것 등이다.

이 연구에서 비판한 것과 같이 기존의 연구들은 이주 가정 학생들이 모두 동일한 속성을 가지고 있는 것으로 생각하는 한계를 갖고 있었다고 볼 수 있다. 같은 이주 가정 학생이고, 그 학생의 가정이 경제적으로 낮은 수준이라고 하더라도 어느 지역에 위치하는가, 예를 들어 주변의 사람들이 이주 가정보다 더 열악한 수준인가 아닌가에 따라서 이주 가정의 위상이 달라질 것이다. 이주 가정 학생의 외모가 일반 한국인과 다르더라도 그 학생이 속한 지역사회의 분위기가 어떠한가에 따라 이 학생의 자존감은 달라질 것이다.

물론 기존의 연구들이 이주 가정 학생들을 완전히 동일한 존재로 규정한 것은 아니다. 다만 몇 개의 변인으로 국한하여 설명하려고 했다는 점에서 한계를 지닌다는 비판은 의미가 있을 것이다. 이주 가정 학생의 학교생활을 분석할 때 고려해야 할 변인은 기존의 변인 이외에 학교 내에서 교사들의 인식, 학교의 규모, 지역사회의 특징과 같은 변인들을 추가해서 설명해야 설명력이 커질 것이다. 물론 이러한 변인들은 이주 가정 학생이 처한 환경에서 하나의 맥락으로 설명할 수 있어야 할 것이다.

# 제 4 부

# 중등연령 이주가정 청소년 교육의 특징

# 제 13 장

# 중등연령 결혼 이주가정 학생 교육

이주 가정이 확대된 지 15년이 넘어서면서 이주 가정 자녀들이 중등학교로 진학하는 비율이 눈에 띄게 늘어나기 시작했다. 초등학교 수준에서만 논의되는 다문화 교육이 이제는 중등연령 수준으로 확대될 필요가 생긴 것이다.

중학교로 진학할 정도가 되면 이주 가정 학생들은 언어 소통의 문제는 거의 없어지게 되지만 여전히 중학생 수준의 언어 수준으로는 부족한 면이 있어서 학습 부진을 겪는 경우가 많다. 이주 가정 학생들의 학습 결손은 초등에서부터 누적되어 온 경우도 있어 중등에서는 격차가 더 크게 나는 경향이 있다.

동료 학생과의 관계에서도 소원한 관계가 유지되는 경우가 종종 있다. 분명한 집단 따돌림보다는 은근하게 거리를 두는 소위 '은따'(은근한 따돌림의 속어)를 당하는 경우도 종종 있다고 한다. 예를 들어 특별히 놀리거나 괴롭히지는 않지만 같이 밥을 먹지 않는다든지 같이 있기를 꺼려하는 행동 유형이 나타나기도 한다.

이주 가정 학생들 본인의 학교생활 만족도는 더 높은 경향이 있는데 이것은 자신의 기대수준이 낮기 때문인 것으로 보인다. 중등학령기 이주 가정 학생을 분석한 한 연구에 따르면 학교생활 만족도가 높게 나타나지만 기대수준의 효과를 제거하면 더 낮은 것으로 나타난다고 한다.[89)]

이와 유사한 현상이 북한 이탈 주민에게서도 나타난다고 볼 수 있다. 북한 이탈 가정 학생들의 학교생활 만족도는 90%이상으로 높게 나타나는 보고가 있는데 이를 실제 만족도라고 보면 납득이 가지 않는 결과이다. 이들의 학교생활 적응도가 다른 학생들에 비해 낮기 때문이다.

이런 경우 한 가지 해석이 가능한 것은 북한에서 90% 만족이 갖는 의미가 우리가 생각하는 것보다 훨씬 낮은 만족도를 나타내는 것일 수 있다는 것이다. 북한에서는 100% 찬성이 찬성을 나타내는 것이다. 북한 수령을 뽑는 선거를 하면 100% 찬성으로 나오는 것이 일반적인 현상이다. 전체의 10%가 반대를 했다면 어마어마하게 강한 반대를 표시할 수도 있는 것이다.

이런 점에서 설문조사를 단순하게 해석하는 것은 오류를 범할 가능성이 크다. 이들이 의미하는 바를 실제 면담을 통해서 보완해야 할 필요가 있다.

중도 입국 학생도 점차 증가하고 있다. 중도 입국 청소년은 성인으로 사회에 진출할 시간이 얼마 남지 않았다는 점에서 우리 사회에 적응하느냐의 여부는 중요한 문제이다. 중도 입국 학생들의 현황과 이들이 처한

---

89) 류방란 · 강일국 · 김경애 · 송혜정 · 이재분(2012). 중등교육 학령기 다문화가정 자녀 교육실태 및 지원방안. 한국교육개발원

문제를 해결하는 방안을 모색할 필요가 있다.

이주 가정 학생들을 학교 수준별로 살펴보면 2012년 현재 이주 가정 학생의 72%가 초등학교에, 약 21%가 중학교에, 약 7%가 고등학교에 재학하고 있다. 결혼 이주 가정 학생의 증가폭이 가장 두드러진 학교 급은 중학교와 고등학교이다. 2011년 2012년 중학교는 전년대비 각각 47%, 25%의 증가세를 보이고 있다. 고등학교의 경우 2011년에는 32%, 2012년에는 46%의 증가세를 보였다.[90)]

조금 오래된 자료이지만 학교 밖에 있는 이주 가정 학생들은 2008년 현재 학령기 이주 가정 자녀 24,867명의 24.5%인 6,086명인 것으로 추정되고 있다. 이런 점에서 최근 결혼이주 가정 자녀의 학업중단율이 다소 감소(2010년 0.85%, 2011년 0.68%)하고 있다는 것은 그리 반가워해야 할 일이 아닐지 모른다. 그보다 훨씬 큰 수가 학교생활을 하지 못하고 있기 때문이다.

중등 학령기 이주 가정 학생들의 학습과 관련된 사항을 살펴볼 필요가 있다. 이들은 어느 정도 학습하고 있는지 자존감의 수준은 어떤지 또래 관계는 어떤지를 살펴볼 필요가 있다. 이들의 가정에서는 자녀들에 대해서 어떤 기대를 갖고 있는지도 중요한 변인이 될 것이다. 교사의 다문화 이해수준과 학생들과의 관계도 중요할 것이다. 여기서는 중등 학령기 이주 가정 학생들의 학습과 관련된 변인을 살펴보도록 하겠다.

---

90) 류방란 · 강일국 · 김경애 · 송혜정 · 이재분(2012). 중등교육 학령기 다문화가정 자녀 교육실태 및 지원방안. 한국교육개발원

## 1. 한글 이해 정도

먼저 중등 학령기 이주 가정 학생의 한글 이해가 어느 정도인지 살펴보았다. 〈표 13-1〉은 학생들에게 한글 이해와 사용이 어느 정도 되는 지 설문한 것으로 5점 만점 척도로 설문하였다. 고등학교로 올라갈수록 학생들의 한글 이해나 사용 정도가 올라가는 것으로 파악되었다. 중학교 학생의 경우 출신 국가별로 보면 조선족이 가장 높았고, 다음으로 일본, 중국, 동남아로 나타났다. 고등학교는 중국 한족계가 가장 높았고, 다음이 조선족, 일본, 동남아 순이었다. 동남아계 학생들은 중학교, 고등학교 수준에서 한글 이해나 사용정도가  가장 떨어지는 것으로 나타나 이에 대한 보완이 필요할 것이다.

한국 출생 이주 가정 학생들은 중도 입국학생보다 한글이해 및 사용 정도가 높은 것으로 나타났다. 중도 입국학생들은 거주 기간이 2년 이상인 학생이 2년 이하인 학생보다 한국어 실력이 좋아졌다. 거주 기간이 오랠수록 언어 실력이 좋아진다는 것은 당연한 결과이다.

출신국별로 살펴보면 중도 입국 2년 이하의 경우 조선족이 가장 높았고, 다음으로 중국 한족계, 동남아, 일본 순이었다. 이에 비해 중도 입국 2년 이상은 일본이 가장 높았고, 다음으로 중국 한족계, 조선족계, 동남아계 순이었다. 중도 입국 학생들이 출신국 별로 왜 이런 차이가 나는지는 분명하지 않다. 이것은 아마 한국에 입국한 직후 가정생활이나 학교생활에서의 적응과정 그리고 자신의 가치관의 변화 등이 영향을 미쳤을 것으로 보인다. 이에 대해서는 심화된 연구가 필요할 것이다.

도시와 읍면 지역의 차이를 보면 중국계는 조선족이나 한족이나 모두 읍면 지역에서 점수가 높은 반면 일본계와 동남아계는 도시 지역에서 점수가 높다. 이것은 지역이 이주 가정 학생들에게 미치는 영향이 있다는 의미인데, 읍면지역은 조선족이나 한족에게 유리한 반면, 일본이나 동남아는 불리하다고 볼 수 있다.

읍면 지역에서는 적은 규모의 학교와 사회이기 때문에 서로 친밀하게 잘 알고 지낼 수 있다는 장점이 있는 반면에, 개인적인 사실이 노출되기 쉽다는 특징이 있다. 즉 익명성이 보장되지 않는다는 점이다. 자신이 노출되더라도 비교적 영향을 덜 받는 집단이 조선족과 한족이고 노출될수록 불리한 집단이 일본과 동남아 출신이라고 가정할 수 있다. 이주 가정이라는 것이 노출된다는 측면, 즉 익명성이라는 측면에서 설명하는 것은 한 가지 방법일 수 있다.

이렇게 설명할 수 있는 것은 도시에 있는 집단이나 읍면 지역에 있는 집단이 동질한 집단이라는 것을 가정할 때이다. 만약 도시와 읍면지역에 있는 집단이 경제력이나 정부의 지원 등 다른 변인이 있을 경우 이러한 변인도 고려해야만 한다. 현재 이 자료로만 알 수 있는 것은 제한적이다. 분명한 것은 어떤 변인 때문이든 도시와 읍면지역에서 한글 이해 정도에 차이가 난다는 것이다. 이 원인에 대한 연구가 추후에 이루어져야 할 것이다.

〈표 13-1〉 다문화가정 학생의 한글이해 및 사용평균 차이

| | 어머니 출신국 | | | | F |
|---|---|---|---|---|---|
| | 중국(조선족) | 중국(한족) | 일본 | 동남아 | |
| 중학교 | 3.62 | 3.43 | 3.55 | 3.35 | 10.91** |
| 고등학교 | 3.75 | 3.78 | 3.74 | 3.69 | |
| F | | | | | |
| 한국출생 | 3.73 | 3.64 | 3.62 | 3.43 | 9.89*** |
| 중도입국 2년 이하 | 3.20 | 2.78 | 2.00 | 2.50 | |
| 중도입국 2년 이상 | 3.46 | 3.50 | 3.67 | 3.35 | |
| F | | | 3.65* | | |
| 도시 | 3.61 | 3.46 | 3.71 | 3.54 | 4.03* |
| 읍면 | 3.67 | 3.75 | 3.52 | 3.30 | |
| F | | | 2.74* | | |

~ : p<.10, * : p<.05, ** : p<.01, *** : p<.001

다음으로 이주 가정 학생들이 한국생활에 얼마나 긍정적인가를 설문하였다. 그 결과 한국 출생 이주 가정 학생이 중도 입국 학생들보다 더 긍정적인 것으로 나타났다. 대부분의 집단에서 2년 이하 거주한 중도 입국 학생들보다 2년 이상 거주한 중도 입국 학생들이 한국에 대한 인식이 긍정적이었다. 다만 한족의 경우는 2년 이하 거주할 때는 가장 긍정적으로 생각했으나 2년 이후가 되면 큰 폭으로 떨어졌다. 한국에 대한 중국계 학생들의 기대가 큰 반면 실망도 컸다고 볼 수 있다. 출신국가별로 보면 한국 출생인 이주 가정 학생들 중에 동남아 출신이 한국에 대해 가장 긍정적으로 인식하고 있었다. 다음은 조선족, 한족, 일본계 순서였다.

〈표 13-2〉 이주 가정 학생의 한국 생활에 대한 긍정적 인식

| | 어머니 출신국 | | | | F |
|---|---|---|---|---|---|
| | 중국(조선족) | 중국(한족) | 일본 | 동남아 | |
| 한국출생 | 3.92 | 3.85 | 3.81 | 3.96 | |
| 중도입국 2년 이하 | 3.49 | 3.67 | 3.33 | 3.00 | 6.63** |
| 중도입국 2년 이상 | 3.67 | 3.56 | 3.74 | 3.35 | |
| F | | | 0.74 | | |

~ : p〈.10, * : p〈.05, ** : p〈.01, *** : p〈.001

## 2. 이주 가정 학생의 학교생활 어려운 정도

이주 가정 학생들이 학교생활에서 얼마나 어려워하는지 설문하였다. 모든 이주 가정 학생들이 고등학교 생활을 더 어려워하는 것으로 나타났다. 고등학교에서 가장 어렵다고 응답한 집단은 중국 한족이었다.

중도 입국 학생들이 한국 출생 학생들보다 학교생활을 더 어렵게 느끼고 있었다. 대체로 시간이 지날수록 어려운 정도가 줄어든다고 응답하였다. 특이하게도 동남아계 학생들은 반대로 대답했다. 입국한 후 2년 이상 되었을 때가 그 전 시기보다 더 힘들다고 느낀다고 대답한 것이다. 중도 입국학생의 경우 동남아계 학생들은 시간이 지날수록 학교생활이 더 힘들어진다고 볼 수 있다. 동남아계 학생들은 외모에서 차이가 많이 나서 이주 가정 학생이라는 게 노출이 많이 된다. 또한 저개발국 출신이라는 편견을 받고 있다. 이 때문에 동남아계 학생들은 다른 집단 보다 더 어려움을 느끼는 것 같다. 처음 입국해서는 잘 모르던 문제를 시간이 지나면

서 더욱 분명하게 느낀다고 볼 수 있을 것이다.

도시와 읍면의 차이는 없는 것으로 나타났다. 학교생활을 어려워하는 것은 지역차이가 크게 영향을 미치지 않는 것으로 보인다.

〈표 13-3〉 이주 가정 학생이 학교생활을 어려워하는 정도

| | 어머니 출신국 | | | | F |
|---|---|---|---|---|---|
| | 중국(조선족) | 중국(한족) | 일본 | 동남아 | |
| 중학교<br>고등학교 | 2.41<br>2.59 | 2.52<br>3.22 | 2.37<br>2.56 | 2.62<br>2.69 | 9.48** |
| F | | | 3.80 | | |
| 한국출생<br>중도입국 2년 이하<br>중도입국 2년 이상 | 2.28<br>2.97<br>2.96 | 2.48<br>3.78<br>2.94 | 2.38<br>4<br>2.67 | 2.56<br>2.5<br>3.35 | 25.73*** |
| F | | | 3.85** | | |
| 도시<br>읍면 | 2.54<br>2.33 | 2.65<br>2.90 | 2.43<br>2.43 | 2.60<br>2.66 | 0.31 |
| F | | | 3.23* | | |

~ : p<.10, * : p<.05, ** : p<.01, *** : p<.001

## 3. 한국 문화에 서툰 것에 대한 이주 가정 학생의 우려 정도

이주 가정 학생이 한국문화에 서툴러 실수하는 것에 대해 얼마나 두려워하는지  물어보았다. 그 결과 중학교 학생들보다 고등학교 학생들이 이런 두려움이 적었다. 중,고등학교 학생 모두 조선족, 일본 학생들이 두려움이 적었다.

〈표 13-4〉 한국 문화에 서툰 것에 대한 이주 가정 학생의 우려 정도

| | 어머니 출신국 | | | | F |
|---|---|---|---|---|---|
| | 중국(조선족) | 중국(한족) | 일본 | 동남아 | |
| 중학교 | 2.05 | 2.15 | 2.04 | 2.18 | 5.35* |
| 고등학교 | 1.99 | 2.26 | 1.86 | 2.06 | |
| F | | | 2.24* | | |
| 한국출생 | 1.8 | 1.91 | 1.97 | 2.09 | 44.44*** |
| 중도입국 2년 이하 | 3.09 | 2.83 | 2.83 | 2.5 | |
| 중도입국 2년 이상 | 2.6 | 2.76 | 2.03 | 2.89 | |
| F | | | 3.30* | | |
| 도시 | 2.15 | 2.16 | 1.96 | 2.16 | 0.55 |
| 읍면 | 1.91 | 2.24 | 2.01 | 2.16 | |
| F | | | 2.58* | | |

~ : p〈.10, * : p〈.05, ** : p〈.01, *** : p〈.001

## 4. 어려움 극복 및 자기 효능감

이주 가정 학생과 일반 학생에게 어려움이 와도 극복할 수 있는가라는 질문에 5점 척도로 응답하게 하였다. 그 결과 중학교에서는 동남아계 학생들을 제외하고 모든 이주 가정 학생들이 일반 한국 학생들보다 점수가 높았다. 고등학교에서는 모든 이주 가정 학생들이 일반 한국학생들보다 높았다. 그 내용을 정리하면 〈표 13-5〉와 같다.

단순하게 이 결과를 보면 이주 가정 학생들이 일반 한국 학생들보다 어려움을 극복할 수 있다는 생각, 자기 효능감이 더 강하다고 생각할 수 있다. 이주 가정 학생들의 정신적인 자세가 훨씬 건강하고 강하다는 말이다.

이런 결과는 다른 연구와 일치하지 않을 뿐 아니라 면담을 통해서나 실제 현장에서 경험하면서 느끼는 것과 일치하지 않는다. 학생들은 정체성의 혼란을 느끼며 자신에 대한 존중이나 자기가 어려움을 극복할 수 있다는 생각이 일반 학생보다 약한 경향이 있기 때문이다. 다시 말해 자존감이나 자기효능감이 일반 학생보다 떨어진다고 볼 수 있다.

통계에서 이런 결과가 나오는 것은 이전 내용에서 언급한 것과 같이 기대치가 다르기 때문이다. 이주 가정 학생이 원하는 수준과 일반 학생이 원하는 수준이 다르기 때문에 그에 대한 평가도 다르다는 것이다. 필자가 어느 이주 가정 학생과 면담했을 때 이런 것을 느낄 수가 있었다. 이 학생은 성적이 낮은 수준이었는데 본인은 공부를 잘 한다고 언급하였다. 담임 교사나 학생 자신의 이야기를 들어보면 교우 관계가 제한적인데도 '자신의 평가 결과'는 '훌륭'한 것으로 나온다. '그 정도면 훌륭하다'는 것이다. 즉, 다른 학생들과 비교하면 낮은 수준일지 모르지만, 자기가 기대하는 수준에 비하면 훌륭하다는 말이다. '그 정도'라는 것이 이 학생의 기대수준이었다. 자신의 기대 수준이 일반 학생들보다 낮기 때문에 자신을 더 높이 평가하는 것이다.

필자가 만난 다른 이주 가정 학생들에게서도 이런 경우는 흔히 볼 수 있었다. 자신의 어머니가 어느 정도 한국말에 익숙한가 하는 말에 '잘 한다'는 대답이 대부분이었지만 자세히 들어보면 한국인 정도로 잘 하는 것은 아니라는 것을 알 수 있다. 일반 한국인들과 일상적인 대화를 하는 데는 '크게' 어려움이 없다는 뜻이었다. 이주 가정 학생들이 일반학생보다 자기 효능감이 높은 것도 이런 기대수준일 가능성이 높다.

〈표 13-5〉 이주 가정 학생과 일반 학생의 '어려움 극복 및 자기 효능감' 차이

| | 어머니 출신국 | | | | 일반학생 | F |
|---|---|---|---|---|---|---|
| | 중국(조선족) | 중국(한족) | 일본 | 동남아 | | |
| 중학교 | 3.61 | 3.56 | 3.56 | 3.42 | 3.44 | 12.14*** |
| 고등학교 | 3.65 | 3.75 | 3.72 | 3.76 | 3.49 | |
| F | 9.16*** | | | | | |
| 한국출생 | 3.63 | 3.57 | 3.6 | 3.46 | | 4.5** |
| 중도입국 2년 이하 | 3.63 | 3.56 | 3.22 | 3.5 | | |
| 중도입국 2년 이상 | 3.53 | 3.8 | 3.65 | 3.61 | | |
| 일반 학생 | | | | | 3.47 | |
| F | 2 | | | | | |
| 도시 | 3.59 | 3.59 | 3.64 | 3.65 | 3.48 | 3.92* |
| 읍면 | 3.64 | 3.7 | 3.58 | 3.33 | 3.44 | |
| F | 7.69*** | | | | | |

~ : p〈.10, * : p〈.05, ** : p〈.01, *** : p〈.001

자기 효능감을 출신국 별로 보면 중학교에서 자기 효능감이 가장 높은 집단은 조선족이었고 다음으로 중국 · 일본, 동남아 순이었다. 고등학교 때는 중국 한족이 가장 높았고, 다음으로 일본, 동남아, 조선족이었다. 중학교 때 효능감이 가장 높았던 조선족이 고등학교 때는 가장 낮았다. 이러한 현상은 고등학교 들어가면서 자신의 기대수준에 비해 자기의 역량이 낮다고 판단했기 때문이라고 가정할 수 있다.

## 5. 교육 포부 수준

이주가정 학생의 자기효능감과 관련된 필자의 추정이 어느 정도 믿을

만한 것인지 파악하기 위해서는 교육의 기대 수준에 해당하는 교육포부 수준을 참고하는 것이 좋을 것이다. 교육포부 수준이란 어느 수준까지 공부할 것인가에 관한 기대이다. 내가 고등학교까지 공부할 것인가 대학까지 마칠 것인가를 나타내는 것이 교육 포부수준이라고 볼 수 있다. 이주 가정 학생의 교육포부수준을 어머니 출신국 별로 정리하면 〈표 13-6〉과 같다.

이 표를 보면 조선족을 제외하면 한국 일반 학생들보다 이주 가정 학생들의 교육포부수준이 낮음을 알 수 있다. 조선족은 대졸 이상의 학력을 갖겠다는 비율이 61.22%로 일반 한국 학생들의 평균 포부수준보다 근소한 차이로 높다. 대학원 이상 졸업생의 경우 조선족이 일반 한국학생들보다도 거의 4%가 높다는 것을 볼 수 있다. 조선족 이주 가정 학생들의 교육 포부 수준이 높은 만큼 이에 대한 부담도 크고 자기효능감이 떨어질 것이라는 것을 예상할 수 있다. 이보다 교육포부수준이 낮은 일본이나 중국한족은 상대적으로 자기효능감이 높게 나타나는 것이 납득할 만하다. 교육포부 수준이 가장 낮은 동남아계 학생이 고등학교 때 자기효능감이 가장 높게 나타나는 것도 객관적인 자기효능감이라기 보다는 교육포부 수준과 비교해 볼 때 상대적으로 높게 나타나는 것임을 알 수 있다.

자기 효능감이라고 하는 것이 어차피 주관적이라면 교육포부수준과 비교하는 것이 당연한 것이라고 반문할 수 있다. 기대 수준과 관련을 지을 때만 자신이 어느 정도 능력이 있는가를 평가할 수 있다는 말이다.

〈표 13-6〉 이주 가정 학생의 출신국별 교육포부수준(단위: %)

| 교육포부수준 \ 출신국 | 한국 일반 | 조선족 | 일본 | 중국 한족 | 동남아 |
|---|---|---|---|---|---|
| 대학 졸 | 50.22 | 46.69 | 51.12 | 41.18 | 36 |
| 대학원 이상 졸 | 10.81 | 14.53 | 8.8 | 10.34 | 6.4 |
| 대학 이상 합 | 61.03 | 61.22 | 59.92 | 51.52 | 42.4 |

류방란 · 강일국 · 김경애 · 송혜정 · 이재분(2012). 중등교육 학령기 다문화가정 자녀 교육실태 및 지원방안. 한국교육개발원. 이 표는 190쪽의 자료를 연구자가 재구성한 것임.

하지만 자기 효능감을 분석할 때 단지 기대수준과 큰 차이가 나지 않게, 다시 말해 자기 현실에 맞게 또는 '자기 주제에 맞게'(?) 계획을 잡게 해서 자기 효능감을 높이겠다는 것이 아니다. 물론 비현실적인 계획을 현실적으로 조정하는 것이 필요하지만, 기본적으로 같은 정도의 어려움이 있을 때 얼마나 잘 극복할 수 있는가를 보려는 것이 자기 효능감 척도이다. 따라서 이주 가정 학생들의 자기 효능감이 일반 한국학생들보다 높다고 했을 때는 교육포부수준이 낮기 때문이라는 것을 짚고 넘어가는 것이 중요할 것이다.

## 6. 우울 · 불안 정도

가정의 교육포부 수준이나 기대와 관련 지어 생각할 수 있는 것이 우울 · 불안 정도일 것이다. 가족이나 주변의 기대수준이 높은 데 비하여 자신이 할 수 있는 수준이 낮다면 우울 · 불안 정도가 높아질 가능성이 높다. 이주학생과 일반학생의 우울·불안 정도의 차이를 정리하면 〈표 13-7〉과 같다.

〈표 13-7〉 이주 가정 학생과 일반 학생의 우울 · 불안 정도 차이

| | 어머니 출신국 | | | | 일반학생 | F |
|---|---|---|---|---|---|---|
| | 중국(조선족) | 중국(한족) | 일본 | 동남아 | | |
| 중학교 | 2.78 | 2.62 | 2.77 | 2.8 | 2.88 | 19.01*** |
| 고등학교 | 2.94 | 2.96 | 2.9 | 2.87 | 2.99 | |
| F | 3.92** | | | | | |
| 한국출생 | 2.81 | 2.73 | 2.84 | 2.79 | | 3.89** |
| 중도입국 2년 이하 | 2.76 | 2.74 | 3.11 | 2.67 | | |
| 중도입국 2년 이상 | 2.85 | 2.61 | 2.61 | 2.98 | | |
| 일반 학생 | | | | | 2.93 | |
| F | 0.46 | | | | | |
| 도시 | 2.85 | 2.7 | 2.79 | 2.74 | 2.9 | 3.29** |
| 읍면 | 2.77 | 2.72 | 2.83 | 2.87 | 2.97 | |
| F | 6.53*** | | | | | |

~ : p〈.10, * : p〈.05, ** : p〈.01, *** : p〈.001

전반적으로 이주 가정 학생들의 우울·불안 정도는 일반 한국학생들에 비해 낮았다. 일반 한국학생들의 우울·불안 정도가 그만큼 심하다는 것이다. 가족이나 주변의 기대에 비해 자신이 할 수 있는 수준이 낮기 때문일 것이다. 이것은 자기효능감이 낮은 것과 일치하는 현상이다. 물론 우울·불안에 미치는 요인은 어느 하나만으로 설명할 수 없기 때문에 주변의 기대와 자기 효능감으로만 설명하는 것은 왜곡의 우려가 있을 것이다. 우울과 불안에 미치는 변인들을 보다 체계적으로 선정해서 이 변인들이 미치는 영향을 분석하여야 할 것이다.

## 7. 졸업 후 계획

교육 포부수준과 관련지어 생각할 수 있는 것으로 졸업후 계획을 들 수 있을 것이다. 중등 학령기의 학생들에게 졸업 후 계획이 무엇이냐고 설문하였다. 이에 대하여 상급학교 진학이라고 답한 경우는 일본계 학생이 51.12%로 가장 높았고, 그 다음이 한국 일반학생, 조선족, 한족 순이었다. 취업이라고 응답한 것은 동남아계가 가장 높았고, 다음이 한족, 조선족, 일본 순이었다. 잘 모르겠다고 대답한 이주 가정 학생의 비율이 30% 내외로 일반 한국 학생들보다 거의 두 배 수준으로 높다. 이주 가정 학생들에 대한 진로 교육이 강화되어야 함을 알 수 있다.

〈표 13-8〉 졸업 후 학생의 계획: 부모 출신국별 비교

| | 어머니 출신국 | | | | 일반학생 | 전체 | |
|---|---|---|---|---|---|---|---|
| | 중국(조선족) | 중국(한족) | 일본 | 동남아 | | | |
| 상급학교진학 | 162 | 35 | 364 | 64 | 933 | 1,558 | |
| 열(%) | 46.69 | 41.18 | 51.12 | 32 | 50.22 | 48.66 | |
| 취업(일)하기 | 27 | 7 | 48 | 25 | 254 | 361 | |
| 열(%) | 7.78 | 8.24 | 6.74 | 12.5 | 13.67 | 11.27 | |
| 진학과 일 | 43 | 14 | 62 | 25 | 280 | 424 | |
| 열(%) | 12.39 | 16.47 | 8.71 | 12.5 | 15.07 | 13.24 | $x^2$=128.71*** |
| 잘 모르겠음 | 99 | 25 | 215 | 72 | 320 | 731 | |
| 열(%) | 28.53 | 29.41 | 30.2 | 36 | 17.22 | 22.83 | |
| 기타 | 16 | 4 | 23 | 14 | 71 | 128 | |
| 열(%) | 4.61 | 4.71 | 3.23 | 7 | 3.82 | 4 | |
| 전체 | 247 | 85 | 712 | 200 | 1,858 | 3.202 | |
| 열(%) | 100 | 100 | 100 | 100 | 100 | 100 | |

~ : p〈.10, * : p〈.05, ** : p〈.01, *** : p〈.001

## 8. 자아 존중감

이주 가정 학생의 자아존중감에 영향을 미치는 변인을 분석한 자료가 있다. 자아 존중감이라고 하는 것은 자기효능감과는 다른 개념이지만 서로 관련을 지어 생각해 볼 수 있다. 자기가 가치 있는 존재라고 생각하는 자아 존중감이 높은 것과 자기가 어려움을 잘 극복할 수 있을 것이라고 생각하는 것은 관련이 있을 거라고 가정할 수 있다.

이와 관련해서 자아 존중감에 영향을 미치는 변인을 분석한 연구를 살펴보는 것이 도움이 될 것이다. 자아 존중감에 영향을 미치는 변인을 분석하기 위해서 3단계로 분석하였다. 모형1에서는 출생관련 변인만을 보았고, 모형 2에서는 모형1에서 중고등학교 수준, 도시 · 읍면지역 여부, 성별, 친부모 등의 변인을 투입하였다. 모형 3에서는 모형 2에 부모, 교사, 친구의 지지를 투입하여 보았다.

그 결과 영향을 자아 존중감에 긍정적인 영향을 미치는 요인으로 부모, 교사, 친구로부터 지지를 받는가 하는 것이었다. 우리는 이것을 사회적 지지라고 부를 수 있을 것이다. 사회적 지지를 받는 사람일수록 자아존중감이 높아진다. 특히 친구의 지지를 받는 경우에 자아 존중감에 영향을 미친다고 볼 수 있다.

중고등학교 시절 친구의 지지를 확보하는 것은 발달 단계의 과업으로 중요한 일이다. 이주 가정 학생들은 제한된 수준에서만 친구를 사귀기 때문에 친구의 지지가 충분하지 않을 수 있다. 일반 학생들은 아직도 '다문화'하면 부정적인 이미지를 떠올리고, 거부감을 느끼기 때문에 이주 가정 학생들이 이들의 지지를 확보하는 일이 쉽지 않을 것이다. 일반 학생들에 대한 다문화 이해교육의 중요성을 알 수 있게 하는 부분이다.

학생의 자아 존중감에 대해서 교사의 지지가 학부모의 지지보다 더 큰 영향을 줄 수 있다는 점도 주목할 필요가 있다. 교사들의 다문화 이해정도가 아직은 미흡한 것으로 보인다. 필자가 면담한 교사들 중에 다문화주의가 어떤 것인지 정확하게 대답하는 경우가 드물었다. 대체로 다문화를 세계화와 유사한 뜻으로 이해하고 있거나 다양성 정도로 이해하는 경우가 많았다. 이주 집단이 기존의 정주민과 동일한 권리를 누리고 자기 정체성과 문화를 인정받게 해야 한다는 다문화주의적인 생각, 그리고 이를 기반한 교육적인 시각이 아직은 부족한 편이다. 교사들이 다문화주의를 개념적으로

〈표 13-9〉 이주가정 학생의 자아존중감에 영향을 미치는 변인

| | 모형1 | | | 모형2 | | | 모형3 | | |
|---|---|---|---|---|---|---|---|---|---|
| | 계수 | 표준오차 | | 계수 | 표준오차 | | 계수 | 표준오차 | |
| 한국출생 다문화 | 0.044 | 0.028 | | 0.068 | 0.030 | * | 0.043 | 0.025 | ~ |
| 중도입국 2년 이하 | -0.191 | 0.097 | ~ | -0.187 | 0.110 | ~ | -0.156 | 0.088 | ~ |
| 중도입국 2년 이상 | 0.068 | 0.049 | | 0.082 | 0.053 | | 0.003 | 0.043 | |
| 고등학교 더미 | | | | 0.040 | 0.029 | | 0.033 | 0.023 | |
| 읍면지역 더미 | | | | -0.072 | 0.028 | * | -0.041 | 0.023 | ~ |
| 여학생 더미 | | | | 0.010 | 0.028 | *** | -0.047 | 0.022 | * |
| 학교지원 더미 | | | | -0.031 | 0.037 | | -0.021 | 0.023 | |
| 친부모 더미 | | | | 0.164 | | | 0.074 | 0.030 | * |
| 부모의 기대와 지지 | | | | | | | 0.155 | 0.017 | *** |
| 교사의 관심과 지지 | | | | | | | 0.167 | 0.017 | *** |
| 친구의 지지 | | | | | | | 0.455 | 0.017 | *** |
| 상수 | 3.472 | 0.018 | *** | 3.359 | 0.045 | *** | 0.761 | 0.076 | *** |
| $R^2$ | | | | 0.013 | | | 0.364 | | |

~ : p<.10, * : p<.05, ** : p<.01, *** : p<.001

이해할 뿐 아니라 다문화주의의 평등성, 공동체성에 대한 확신과 열의, 그리고 헌신성이 필요하다. 이를 위한 체계적인 교사 연수를 지원할 필요가 있다.

## 9. 교사의 다문화 인식

이와 관련하여 교사들의 다문화 인식이 도시·농촌 지역에 따라 차이가 나는지를 살펴보았다. '다문화 교육이 부족하다', '다문화 학생 지도에 문제가 있다', '다문화 학생에 대한 추가 지원이 필요하다'는 문항에 대해서 도시 교사가 농촌 교사 보다 더 많은 응답을 하였다. 도시 소재 학교에 근무하는 교사들은 다문화 교육이 부족하다는 문제의식을 농촌 지역 교사보다 더 많이 가지고 있는 것이다.

농촌 소재 학교에 근무하는 교사들은 '다문화 가정 자녀 담임을 맡겠다'는 응답이 도시 지역 교사들보다 많았다. 그리고 농촌 지역 교사들은 도시 지역 교사들보다 동화주의가 필요하다는 인식이 많았다.

이것은 농촌지역에 결혼 이주 여성이 많이 거주하고, 도시 지역에는 이주 노동자가 많기 때문인 것으로 추정할 수 있다. 결혼 이주 여성은 한국인 가정에 시집온 것이므로 한국인으로 동화되어야 한다고 생각하는 경향이 크다. 이와 달리 이주 노동자들은 자신의 권리와 정체성을 확보하게 해야 한다고 인식할 수 있다. 이런 인식 때문에 농촌 소재 학교에 근무하는 교사가 더 동화주의를 찬성하고 있다고 볼 수 있을 것이다.

〈표 13-10〉 도시 · 농촌 지역 교사들의 다문화 인식 차이

| 인식 내용 | 도시 농촌 교사의 인식차이 |
|---|---|
| 다문화 교육 부족 정도 | 고등학교의 경우<br>도시 3.78 〉 농촌 3.64 *** |
| 다문화가정 자녀 담임 희망정도 | 중학교 농촌 3.23 〉 도시 3.13 *** |
| 다문화 학생에 대한 동화주의 필요 인식 | 중학교 농촌 〉 도시 ** |
| 다문화 학생 지도의 문제성 | 고등학교 도시 3.87 〉 농촌 3.13 *** |
| 다문화 학생의 사회 진출 시 차별 | 중학교 도시 3.68 〉 농촌 3.58 ***,<br>고등학교 도시 3.72〉 농촌 3.58 ** |
| 다문화 학생에 대한 추가 지원 필요 | 고등학교 도시 3.65 〉 농촌 3.55 * |

이주 가정 학생 지도에 문제가 있는가에 대한 교사의 응답을 알아보았다. 그 내용은 〈표 13-11〉과 같다. 응답한 교사 집단 간의 차이가 있는 곳은 고등학교였다. 이 연구에 따르면 고등학교에서 이주 가정 학생 담임을 해 본 교사는 담임을 하지 않은 교사보다 문제가 있다고 본 비율이 적었다. 이것은 담임을 해 본 교사가 이주 가정 학생 지도에서 문제점을 풀어나가는데 더 긍정적인 사고 방식을 가지고 있다는 것을 의미한다. 직접 학생들을 지도해 보면 밖에서 생각했던 것보다 더 긍정적이 된 것이라고 추정할 수 있다.

〈표 13-11〉 이주 가정 학생 지도의 문제에 대한 교사의 인식

| 구분 | | | N | 평균 | 표준편차 | t |
|---|---|---|---|---|---|---|
| 전체 | | | 2,567 | 3.19 | .673 | - |
| 학교급 | 중학교 | | 1,733 | 3.18 | .675 | -1.015 |
| | 고등학교 | | 834 | 3.21 | .670 | |
| 중학교 | 담당 경험 | 있음 | 674 | 3.16 | .689 | -1.035 |
| | | 없음 | 1,059 | 3.19 | .665 | |
| | 담당교과 | 국어, 사회 | 456 | 3.17 | .695 | -.144 |
| | | 그 외 | 1,271 | 3.18 | .669 | |
| | 지역 | 도시 | 999 | 3.19 | .676 | .956 |
| | | 농촌 | 734 | 3.16 | .673 | |
| 고등학교 | 담당 경험 | 있음 | 257 | 3.01 | .669 | -5.796*** |
| | | 없음 | 577 | 3.29 | .651 | |
| | 담당 교과 | 국어, 사회 | 254 | 3.20 | .656 | -.127 |
| | | 그 외 | 577 | 3.21 | .676 | |
| | 지역 | 도시 | 554 | 3.87 | .676 | 2.298** |
| | | 농촌 | 280 | 3.13 | .651 | |

~ : p<.10, * : p<.05, ** : p<.01, *** : p<.001

# 제 14 장

# 중도입국 청소년과 다문화 대안학교

중도 입국 청소년의 교육은 이주 가정 학생들의 교육 중에서도 가장 시급하게 해결해야 할 문제이다. 중도 입국 청소년의 숫자는 정확하지 않다. 처음부터 귀화를 신청하는 것이 아니기 때문이다. 일단 가족 비자로 입국한 후 생활하기도 하고 심지어는 관광비자로 오는 경우도 있다.

법무부 자료에 의하면 2012년 현재 중도입국자가 6천여 명이다. 이중 중고생이 52.3%이다. 2012년 중도 입국자 현황을 보면 〈표 14-1〉과 같다.

〈표 14-1〉 2012년 중도입국자 현황

(단위 : 명, %)

| | | 전체 | 영유아<br>만 0세~6세 | 소계<br>초,중,고 | 초<br>만 7세~12세 | 중<br>만 13세~15세 | 고<br>만 16세~18세 |
|---|---|---|---|---|---|---|---|
| 2012 | 중도입국(a) | 6,030 | 1,311 | 4,719 | 1,643 | 1,077 | 1,999 |
| | 전체(b) | 156,522 | 103,391 | 53,131 | 36,766 | 11,728 | 4,637 |
| | 비율(a/b) | 3.9 | 1.3 | 8.9 | 4.5 | 9.2 | 43.1 |

출처: 법무부(2012. 8). 중도입국 현환(법무부 제공 자료). 행정안전부(2012). 외국인주민 현황. 한국인 부모 자녀 수를 제외함

중도 입국청소년 가운데 귀화를 신청한 21세 이하의 청소년은 5,726명이다. 이 중 20세 이상이 전체 38.2%(약 2,187명)이고, 고등학교 연령대인 17~19세 27.3%(약 1,563명), 14~16세가 10.7%(약 613명), 10세 이하 16.4%(약 939명)이다. 중도 입국 청소년 중에 중등학교 학령기 이상이 절대 다수라는 것을 알 수 있다. 중도 입국 청소년 중에 90% 이상이 한국계 중국인(조선족)이거나 중국인인 것으로 추정되는데 대략 7천~1만 명인 것으로 보인다.[91] 이들을 위한 준비가 시급한 것은 이들이 이미 사회에 진출하였거나 몇 년 안에 한국 사회에서 성인으로서 생활해야 할 사람들이기 때문이다.

중도 입국자 청소년의 상당수가 학교생활에 적응하지 못하고 학교 밖에서 지내고 있다. 필자가 연구한 다문화 대안학교의 교사와 학생을 면담한 바로는 많은 중도 입국 청소년들이 가정에서도 환영받지 못하고 학교생활도 적응하지 못해서 주로 피시방이나 오락실에서 지낸다고 한다.

## 1. 중도 입국 청소년의 학교 부적응 변인

중도입국 청소년이 학교에 다니지 않는 이유를 분석한 연구가 있다.[92] 이 연구에 따르면 학교에 다니지 않는 이유가 '학교에 다니기 힘들기 때

91) 양계민 · 조혜영(2011). 중도입국청소년의 실태조사. 서울: 무지개청소년센터, 한국여성정책연구원. 여기서는 류방란 · 오성배(2012). 중도입국 청소년의 교육 기회와 적응 실태. 다문화 교육 연구, 5(1). 29-60.에서 재인용

92) 양계민 · 조혜영(2011). 같은 책. 79쪽.

문에' 라고 응답한 사례가 22.5%로 가장 많았다. 다음이 '돈을 벌기 위해'와 '학교 허가를 못 받아'가 각각 15.8%로 많았다.

'돈을 벌기 위해'라는 것은 두 가지 이유라고 볼 수 있다. 중도 입국 청소년의 가정이 경제적 수준이 낮은 경우가 많다는 것이다. 당장 자신의 가정이 자신의 생계를 보장해 주지 못하는 경우가 있을 수 있다. 또 한 가지는, 이들이 종종 '새 아버지'로부터 환영받지 못하기 때문이다. 한국 출생인 새 아버지는 결혼 이주 여성인 아내와 가정을 꾸리고 살고 있는데, 낯선 외국인 청년이 가족의 구성원이라고 찾아오기 때문에 이방인이라고 느끼는 경우가 많다는 것이다. 자기가 거처할 방도 제대로 없고, 생활비조차 장담하기 힘든 가정에서 자신이 있을 자리가 없는 경우가 종종 있다고 한다. 그래서 이들은 자신이 직접 돈을 벌 수 밖에 없는 경우가 많다.

학교의 허가를 못 받는다는 응답이 많은 것은 우리 교육의 현주소를 잘 알려주는 것이다. 한국어 능력이 안 되는 경우 고등학교 연령이라도 초등학교에 입학시키는 경우도 종종 있다. 본인은 고등학교 수업을 받고 싶은데 허가가 나지 않는 것이다.

이런 문제를 해결하기 위해서는 이들이 신속하게 한국어를 습득할 수 있도록 제도적 장치를 마련해야 한다. 앞에서 살펴보았듯이 이런 문제를 해결하기 위하여 중도 입국 청소년을 위한 한국어 교실을 운영하게 된 것이다. 공립형 다문화 대안학교도 이런 문제를 해결하기 위해서 설립되었다. 이런 정책의 도입이 의미 있는 것이지만 아직도 모든 중도 입국 청소년을 지원하기에는 턱없이 부족한 형편이다. 이러한 제도적 개선이 지속적으로 이루어져야 할 것이다. 중도 입국 청소년들이 학교에 다니지 않는 이유를 정리한 것이 <표 14-2>이다.

<표 14-2> 중도입국 청소년들이 학교에 다니지 않는 이유

| 이유 | 빈도(비율) | 이유 | 빈도(비율) |
|---|---|---|---|
| 학교 다니는 것이 힘들어 | 54(22.5) | 돈을 벌기 위해 | 38(15.8) |
| 학교 갈 필요성을 못느껴 | 42(17.5) | 기타 | 19(7.9) |
| 학교 허가를 못받아 | 38(15.8) | 무응답 | 58(24.2) |
| 한국어가 안되어 | 9(3.8) | 계 | 240(100.0) |

중도 입국 청소년이 학교를 재학하지 않는 비율은 나이가 들수록 커지고 있다. 초등학생 연령대에는 17.4% 이던 것이 중학생 연령대에는 39.5%, 고등학생 연령대에는 63.3%로 늘어나고 있다. 20세 이상의 대학생 연령대에는 81.7%가 학교를 다니고 있지 않다. 이것은 우리나라의 대학 진학률이 80%를 넘는 것과 비교할 때 엄청난 차이를 보이는 것이다. 중도입국 청소년의 연령대별 재학 현황을 정리한 것이 <표 14-3>이다.

<표 14-3> 중도입국 청소년의 연령대별 재학 현황

| 학교급＼연령 | 9~13세 | 14~16세 | 17~19세 | 20세 이상 | 합계 |
|---|---|---|---|---|---|
| 초등학교 | 34(73.9) | 6( 7.9) | - | - | 40( 9.9) |
| 중학교 | 4(8.7) | 32(42.1) | 7( 4.7) | 7( 0.8) | 44(10.9) |
| 고등학교 | - | 8(10.5) | 40(26.7) | 2( 1.5) | 50(12.4) |
| 대학교 | - | - | 8( 5.3) | 21(16.0) | 29( 7.2) |
| 학교 밖 | 8(17.4) | 30(39.5) | 95(63.3) | 107(81.7) | 240(59.6) |
| 계 | 46(100) | 76(100) | 150(100) | 131(100) | 403(100) |

출처: 양계민 · 조혜영(2011). 중도입국청소년의 실태조사. 서울: 무지개청소년센터, 한국여성정책연구원)

### 1) 한국어 습득의 어려움

중도 입국 학생들이 겪는 가장 큰 문제는 역시 한국어 습득이다. 한국어를 가르치는데 시간이 많이 걸리는 이유 중 하나는 가정에서 일상적으로 한국어를 사용하지 않기 때문이다. 한국에서 출생한 이주 가정 청소년들은 모두 한국어가 제1언어이지만 중도 입국 청소년은 그렇지 않다. 다음은 중도 입국 청소년을 가르친 어느 선생님의 말이다.

> 외국인 근로자든 재혼가정이든 이제 들어와서 아야어여라든지 우리가 알고 있는 엄마아빠라는 한국어도 학교에서 처음 배우고, 근데 집에 가서 쓸 일이 없어요. 집에 가서는 스리랑카어로 '앙아'라고 부르고. 그러니까 엄마를 배웠을 때 엄마란 말을 집에 가서 할 일이 없기 때문에 어휘력 신장이라고 하는게 다른 귀국자자녀가 집에 가서 엄마라고 불렀을 적에 엄마가 한국 엄마로서 그래 엄마야 라고 대답을 해주는 그런 상황이 전혀 안 되거든요. (I초 손교사)[93]

### 2) 또래 학생과의 경계

중도 입국 학생들은 또래와 친구맺기도 쉽지 않다. G중학교 중도입국 청소년의 경우에는 같은 학급의 학생보다 나이가 많았지만 일상적인 의사소통이 비교적 원활하여 학급동료들은 연령이 많은 사실을 알지 못하는 상황이었다. 그럼에도 불구하고 학급 동료들이 결혼이주 가정 청소년이라

93) 류방란 · 오성배(2012). 중도입국 청소년의 교육 기회와 적응실태. 다문화 교육 연구, 5(1). 29-60.

는 이유로 거리감을 두고 있었다.

> 제가 가끔씩 교실 들어가서 일부러 밥을 같이 먹고 그 아이들을 쓱 보면요, 저희 반이 유난히 파벌이 형성이 많이 돼있는 편이거든요. 여학생이 딱 크게 세 무리로 나눠져있어요. 그리고 나머지 네 번째 무리가 ○○와 ××(둘 다 중도입국 학생)에요. 둘이만 앉아서 밥을 먹어요. 그렇다고 아이들이랑 못 지내진 않아요. 그러니까 뭐. 얘기는 하고 지내나. 깊이 있는 얘기를 나누거나, 뭐 집에를 같이 간다거나, 하는 일은 하지 않아요. 그러니까 일반적으로 말하는 왕따라고 말할 수도 없는 게, 아이들도 ○○를 나쁘게 보거나○○를 나쁘게 소문을 내거나 해를 입힌다거나 하는 행동을 전혀 하지 않아요. 다만 서로 나눌 수 있는 대화가 깊이가 없는 것 뿐이에요. (G중 구교사)

### 3) 교사와의 관계: 이해와 정서적지지 부족

중도 입국 청소년을 어떻게 교육하여야 할 것인가에 대해 교육현장에서는 준비가 부족한 상황이다. 교사의 기존 태도나 인식을 변화시키는 과정이 뒤따르지 않는 경우에 문제가 발생하기도 한다. 새로운 학생을 맞는 교사의 입장에서 보면 호기심의 표현일 수 있으나, 해당 학생들의 입장에서는 불쾌감을 느낄 수 있기 때문이다. 한국 사회에 잠재적으로 편재된 해당 나라에 대한 무시, 비하를 이미 학생이 경험하기도 한다. 다음은 중도 입국 학생을 맡은 교사의 말이다.

> 외국인 학생 있구나... 근데 이제 수업 중에 '**(나라 이름)에서 왔지? ** 소개 좀 해봐. ** 말 좀 해봐.' 그거 되게 싫어해요 ** 학생들이.,..특히 그 학생은, ** 얘기만 들으면...내가 한 대 칠지도 몰라. ** 얘기 하면... 절대 ** 얘기 하지 말라고 그래요...그

런데 그걸 선생님이 하신 거에요. 그런데 아이가 말이 서투니 싫어요. 싫어요도 아니죠. 싫어. 이렇게 반말조로... 한번 충돌이 좀... 있었는데... 그게 아마 어떤 그 아이의 배경이나 상황을 모르셔서 그럴 수도 있어요. 그래서 충분히 이해를 시켰죠. ** 학생한테 이런 차이가 있고, 문화적인 차이가 있고, 모르는 부분이 있기 때문에. 그래서 갈등이 좀 있었고... 그 후에는 그다지 없었던 것 같아요. (Y고 마교사)

이와 같이 중도 입국 청소년들은 가정에서 적극적인 지원을 받기도 힘들고 학교에 적응하기도 힘든 상황이다. 이들은 학교 밖에서 아무런 보호를 받지 못한 채 스스로의 생존을 하루하루 이어나가야 할 형편이다. 이들에 대한 적극적인 지원과 배려가 있지 않는 한 이들이 겪게 될 어려움이란 상상조차 하기 어렵다. 이들이 한국에 대해서 갖게 될 생각에 따라 이들이 우리 사회에 긍정적인 기여를 할 수도 있고 그렇지 못할 수도 있다. 중도 입국 청소년에 대한 지원과 배려는 다문화 교육에서 가장 시급한 문제라고 해도 과언이 아닐 것이다.

### 4) 다문화 대안학교: 새날학교

정규 학교들이 이주 가정 학생이나 이주 노동자의 자녀들을 제대로 교육하지 못하면서 이들을 도우려는 대안학교들이 생겨나기 시작했다. 이런 학교들은 정부의 지원을 받지 못하기 때문에 재정적으로 어려움을 겪고 있고, 교사들을 구하기도 쉽지 않은 형편에 있었다. 이런 어려움에도 불구하고 다문화 대안학교는 성공적으로 중도 입국 청소년들을 교육하기도 한다. 여기서는 필자가 연구한 다문화 대안학교인 새날학교[94]를 소개하고자 한다. 이 학교는 정부의 지원 없이 중도 입국 학생들을 훌륭하게 이끌어 온 모범적인 사례이다. 이 학교의 성공 요인을 살펴본다면 이후에 중도 입국학생들의 교육에 대한 시사점을 얻을 수 있을 것이다.[95]

### 가) 학교 설립계기

이 학교는 외국인 이주 노동자 자녀들이 겪고 있는 급박한 어려움을 해결하는 과정에서 설립되었다. 설립자인 교장은 고등학교 영어 교사를 하면서 외국인근로자 문화센터 장으로 활동하고 있었다. 이 문화 센터에 있는 근로자들 중 자녀를 돌볼 수 없게 된 이들이 이 교장에게 자녀를 맡기고 돌아오지 않게 되면서 이들을 돌볼 수밖에 없게 되었다. 돌볼 사람이 없는 이 자녀들을 데리고 다니게 된 것이 다문화 대안학교를 설립하게 된 계기가 되었다.

> 새날학교 교장: 외국인 센터에서 온갖 월급 못 받은 사람, 한국에 살면서 문제가 생기면 나한테 다 와서 상담을 했거든요. 애기를 맡아 달라. 이 애기를 데리고는 도저히 일할 수가 없다. 내 차에다 태우고 다녔어요. '너 잠깐 차에 있어. 수업하고 올게' (중략) 우즈베키스탄, 필리핀, 파키스탄. 뭐 이런 애들이죠. 하다가 한 2-3년이 지나면서 이거 안되겠다 싶어서 비공식 학교를 시작하고 있었어요. 한글도 가르치고. 같이 놀아주기도 하고 그러다가 안 되겠다 싶어서 2007년도에 새날학교를 정식으로 발족을 시켰죠.

94) 강일국(2010). 다문화대안학교 '새날학교'연구: 농어촌 다문화가정 교육지원을 위한 기초연구. 교육과정연구. 28(4). 1-28.
95) 이 책 마지막에 필자의 글 전문을 실었으니, 독자들께서는 참고하시기 바란다.

#### 나) 새날학교 운영

처음에는 동사무소의 외국인근로자문화센터에서 학생 3명으로 시작하다가 학생이 많아지면서 한 초등학교의 교실을 빌려서 운영하였다. 나이가 많은 학생들, 특히 중도입국학생이 늘어나면서 초등학교에 있기가 곤란하였다. 학생 수가 점점 더 많아지면서 결국 2008년 10월에 근처의 폐교를 수리하여 지금의 장소로 이전하였다.

#### 다) 교육이념 및 교과과정의 구성

이 학교는 종교적 이념을 기초로 하여 학교 교육을 실시하였다. 매일 수업시작 전에 예배로 교무회의를 시작하였다. 학생들은 종교적 명상의 시간으로 일과를 시작하였고, 가끔 방과 후 기도회에 자발적 참석하기도 하였다.

강압적 이념 교육을 회피하였다. 교실의 정면, 칠판위에는 조그만 나무 십자가만 있을 뿐 태극기는 걸려 있지 않았다. 급훈, 교훈 등 다른 게시물들도 없었다.

#### 라) 교원의 특성

교사들을 구하기가 어려웠다. 이들은 거의 보수를 받지 못하고 일해야 했고, 할 일도 많았기 때문이다. 교장은 목사이기도 했기 때문에 주로 기독교인 중에서 선교에 관심이 있는 사람들을 설득하여 초빙하였다. 교감은 이교장이 운영하던 교회의 신도로 있다가 이교장의 권유로 결혼이주 가정 자녀를 도와야겠다고 결심한 사람이었다. 상당수 교사는 선배와 지도교수 등의 추천으로 근무를 시작하였다.

새날학교에서는 이중 언어교육을 실시하기 때문에 외국인 교사도 많이 있다. 외국인 교사는 총 6명으로 중국어교사 3명, 일본어 교사 1명, 영어 교사 1명, 네팔어 교사 2명이다. 이중 4명은 새날학교 학생의 학부모이다. 외국어 협력교사도 있다. 총 4명으로 일본어, 몽골어, 러시아어, 베트남어 각각 1명씩이다. 이들은 모두 결혼 이주 가정 여성이다.

### 마) 유연한 교육과정의 운영

새날학교 교육과정의 특징은 교육과정 운영이 유연하다는 것이다. 여기는 학생들이 수시로 들어오고 또 수준도 다르기 때문에 반편성이나 교육과정 운영이 자주 바뀔 수밖에 없다고 한다. 이런 사정이기 때문에 교육과정을 유연하게 운영할 수밖에 없는 것이다.

> 초등2반 교사: 어쩔 수 없어요. 아이들이 온 시기가 다 다르고, 수준이 다르잖아요. 지금 이 학생도 집에 3달 동안 갔다 왔어요. 학기가 시작해도 오질 않아요. 우리하고 너무 달라요....국가교육과정을 맞추기가 힘들어요. 아이들 수준에 따라 진도를 맞출 수밖에 없어요.

일반 교과과정은 국민기초공통교육과정을 준수하지만 한국어나 학습수준이 학생마다 다르기 때문에 기본적으로 학생들의 수준에 맞게 통합적이고, 유기적으로 운영한다. 학생들이 수시로 입학하기 때문에 수시로 반편성을 조정해야 한다.

일반교과 과정에서 초등학교 1학년과 4학년의 경우 각각 27시간, 29시간으로 편성되어 있지만 새날학교는 초등학교 1학년과 4학년을 모두 30

시간으로 편성하고 있다. 새날학교 교과과정과 일반 초등학교 교과과정을 비교하면 〈표 14-4〉와 같다. 96)

〈표 14-4〉 새날학교 및 일반 초등학교 교과과정 편성 비교

| | | 초1 | | 초4 | |
|---|---|---|---|---|---|
| | | 새날학교 | 일반 초등학교 | 새날학교 | 일반 초등학교 |
| 언어 | 과목 | 한국어(2),국어쓰기(3),국어말듣기(2),국어읽기(3),모국어(2),영어(3), | 국어(7) | 국어읽기(2),국어(1), 국어말듣기(2),한문(1),훈음(1),모국어(2) 영어(3) | 국어(5),외국어(1) |
| | 시수 | 15 | 7 | 12 | 6 |
| 일반 | 과목 | 수학(4),바른생활(1),슬기로운생활(2) | 수학(4),바른생활(2),슬기로운생활(3),즐거운생활(6) | 수학(5),도덕(1),사회(2),과학(1), | 도덕(1),사회(2),수학(4),과학(2),체육(3),음악(1),미술(2) |
| | 시수 | 7 | 15 | 8 | 15 |
| 예체능 및 기타 | 과목 | 음악(2),미술(1), 태권도(2),체육(1),성경(1),채플(1) | 재량활동(4),특별활동(1) | 음악(2),미술(2),체육(1),태권도(2),채플(1),성경(1) | 재량활동(4),특별활동(2),치료지원(2) |
| | 시수 | 8 | 5 | 9 | 8 |
| 총 시수 | | 30 | 27 | 30 | 29 |

새날학교 교육과정은 초등학교과정·중학교과정·고등학교과정으로 구분되어 있다. 초 · 중 · 고등학교 과정은 연령별로 나누지만 각 학년은 연령별이 아니라 한국어 수준으로 구분한다. 초등학교과정의 경우 초등1반은 한국어 학습에 중점을 두고 나머지는 한국어가 서툴러도 학습 가능한 교과

96) 강일국(2010). 다문화대안학교 '새날학교'연구: 농어촌 다문화가정 교육지원을 위한 기초연구. 교육과정연구. 28(4). 1-28.

를 배운다고 한다.

초등1반 교사: 저희 반은 이번 학기 동안 최대한 한국어를 집중적으로 하고요. 보강 수업을 많이 넣었어요. 그 외에 자원봉사로 오신 특기 같은 것들이 있어서 그 외 시간 빼고는 국어 읽기, 쓰기, 한국어, 그 외에 못 따라가는 시간은 개인적으로 불러서 한국어 또 해요. 못 따라가는 애들은. 최대한 한국어를 해서 내년에는 이 아이들이 자기 또래에 맞는 반에 들어가게끔 그게 목표에요.

한국어를 충분히 구사할 정도가 되면 정상적인 교과수업을 진행하는 반으로 '진급'하게한다. 한국어 수준에 따라 구분된 반 편성은 학생들의 사정에 따라 조정이 가능하도록 운영한다.

### 바) 줄다리기식 어머니 자녀 양육 방식

새날학교는 어머니의 마음으로 학생들을 양육하려는 방식으로 실시한다. 사랑을 기반으로 한 신뢰를 형성하고, 문제가 생겼을 경우 학부모와 즉시 연락하여 상의한다. 이런 교육방식은 일반적이기는 하지만 처음에 말도 통하지 않는 학생들이기 때문에 그 정도는 다를 것이라 생각된다.

교감: 네. 막 도망가서 자다가 와요. 숲에서. 그걸 끊임없이 선생님들이 끊임없이 찾아가지고는 하니까 완전히 인내 싸움이에요. 끊임없이 잡아다가 혼을 내야 되는데 우리 혼내는 거는 또 어떤 사람은 모르는 사람은 그래요. '다 혼내가지고서는 한국 애들처럼 몽둥이로 딱 때려봐. 정신 차리게.' 아휴. 그러면 애들 안다녀요. 때려도 적당선. 맨날 때릴 수도 없잖아요. 한 번 때리고선 한 번은 봐줬다가. 한 70% 잡았다가 20% 놔줬다가 다시 75% 했다가 이렇게 이렇게 해가지고 끌어서 되는 게 90%까지 되는데 수도 없이 반복하면서 90%까지 데려오는데 지네들도 미안하니까 안나와. 그걸

야단 안 칠 수도 없고, 매번 칠 수도 없고. 쳐가면서 안 쳐가면서 엄마한테도 한 번은 전화 했다가 한 번은 굽어 줬다가 한 번은 줬다가 딱 이러고. (중략) 저희 학교 여자 선생님 밖에 없잖아요. 모든 선생님이 하는 말이 이 학교는 여자선생님이 엄마 같은 사람들이 할 수밖에 없다....

일반 학교와는 달리 새날학교는 학교 규율이 강한 편이다. 교사는 종종 특별반이라는 형태나 가벼운 체벌로 학생을 통제한다. 일반 학교에 비해서는 이런 방식은 규율이 강하다고 볼 수 없지만, 학생의 자치를 강조하는 대안학교에 비하면 규율이 강한 편이라고 할 수 있다. 학생회 자치 기구도 없고, 학부모회도 없기 때문에 교사가 주도적으로 교육을 운영할 수밖에 없다. 교장은 종교적 카리스마로 학교를 운영하였다. 이 때문에 자칫하면 한 사람의 지도자가 전권을 행사할 우려가 있다. 새날학교의 특별반 활동의 내용을 정리한 것이 〈표 14-5 〉이다.

〈표 14-5〉 새날학교 특별반 활동 내용

| | 수요일 | 목요일 | 금요일 |
|---|---|---|---|
| 1교시 | 성경읽고 쓰기 | 성경읽고 쓰기 | 교무실청소 |
| 2교시 | 〃 | 〃 | 〃 |
| 3교시 | 반성 | 현관길 쓸기 | 현관길 쓸기 |
| 4교시 | 강당청소,<br>신발장 정리·청소 | 운동장 쓰레기 줍기 | 복도 1,2층 계단청소 |
| 점심 | 교무실청소 | 교무실청소, 신발장정리 | 강당청소 |
| 5교시 | 설거지, 청소 | 설거지, 청소 | 설거지, 청소 |
| 6교시 | 화장실(2층) 청소 | 화장실(1층) 청소 | 화장실(2층) 청소 |

### 사) 일반 학교 전학 및 진로

새날학교의 초등수준 학생들의 경우 한국어능력이나 학습수준이 일반 한국 학생과 비교하여도 손색이 없을 정도가 되면, 일반학교로 전학을 가기도 한다. 새날학교 초등수준 학생의 경우 어려서부터 한국어를 습득하였기 때문에 학습속도가 빨라서 일반학교에서도 잘 적응할 수 있는 수준이 되는 경우가 종종 있는 것이다.

이와 달리 대부분 중도입국학생들인 중학교 이상 수준의 학생들은 전학이 어렵다. 중도입국학생들은 한국어를 익히는데 어려움을 겪는다. 문장을 이해하는 속도는 빨랐지만 문장을 읽거나 쓰는 데는 여전히 익숙하지 못하여 학습량이 부족한 경우가 많다. 한국어를 능숙하게 하지 못하면 중등학교 해당 연령이 지나서도 새날학교에 재학하기도 한다.

졸업 후 취업을 위해서 비교적 구체적인 준비를 하는 경우도 있다. 한국어와 모국어를 동시에 할 수 있기 때문에 통역과 관련된 업종이 유망하다고 한다. 한 학생은 간호학원에 다니면서 관광의료통역사를 준비하고 있었다.

# 제 15 장

# 다문화 대안학교 연구 사례

이 장에서는 필자가 분석한 다문화 대안 학교 연구 원문을 제시한다. 앞 장에서 간략하게 살펴본 '새날학교'의 교육은 중도 입국 청소년들이 성공적으로 학교생활을 하기 위해 필요한 조건을 제시하고 있다. 이러한 조건들이 기존 학교 교육에 적용될 수 있는 방안을 모색하는 것은 이후 연구의 몫이 될 것이다.

## 다문화 대안학교 '새날학교' 연구

### 1. 연구의 목적 및 필요성

우리나라는 1990년대 이후 결혼이민자의 증가와 고용허가제의 도입에 따른 이주노동자의 증가로 이미 다문화사회에 접어들었다. 결혼이주 가정의 증가에 따라 다문화가정 학생 수도 크게 증가하여  2009년 외국계주민의 자녀가 121,935명이고 다문화가정의 학생도 24,745명에 이르고 있다(행정안전부,2010). 학교급별로 보면 초등학생이 65.7%, 중학생 24.2%, 고등학생 10.1%로 다문화 학생의 대부분이 초등학생이지만 중고등학교 학생의 비율도 증가하고 있다.

학생 수 증가에도 불구하고 정규교육을 받지 못하는 미취학자들도 30%에 달한 것으로 나타나 이들에 대한 교육적 지원이 시급한 것으로 나타나고 있다. 다문화가정 대부분 학생들(90.0%)의 어머니가 외국 출신이어서 어머니의 교육적 지원이 부족한 경우가 많다.

다문화학생 가정의 경제적 여건은 우리나라 최저수준에 해당한다. 결혼이주 가정 전체 가구의 52.9%가 최저생계비 이하의 소득수준에 있는 것으로 나타나 결혼이주 가정 가구의 절대빈곤문제가  심각한 것으로 조사되었다. 특히 가구소득이 최저생계비 50% 이하의 수준에 있는 경우도 절반에 가까운 44.2%나 되는 것으로 파악되었다. 차 상위 빈곤층이라고 할 수 있는 최저생계비 120% 이하의 규모를 보면 전체가구의 58.3%가 차상위계층에 해당하였다. (164) 가구소득이 최저생계비 50%에 미치지 못하는 가구의 비율은 비귀화자 가구가 45.2%로 귀화자 가구의 39.3%보다 5.9% 높게 나타났다(보건복지부,2005).

결혼이주 가정주부 중 지난 1년간 경제적 이유로 식비를 줄이거나 끼니를 거른 경험이 있는 가구가 전체 15.5%에 이르고 있었다. 이 중 경제적 문제로 매달 먹을 것을 걱정해야 하는 가구가 전체 가구의 4.5%에 이르고, 한 달에서 네 달까지 식생활에 어려움을 경험한 비중이 11.0%에 이르는 것으로 조사되었다(보건복지부,2005).

열악한 여건 하에 있는 다문화 학생들은 우리 사회에 직접적, 간접적으로 퍼져 있는 차별주의로 인해 어려움을 겪고 있다(김오남,2006;하 밍타잉,2005). 한국사회의 기저에 깔려 있던 배타적 문화와 단일민족사상은 이민자들에 대한 차별과 냉대의 형태로 표면화되고 있다.

다문화 학생들이 겪고 있는 문제점을 해결하고, 모든 구성원이 조화롭게 살기 위하여 학교에서도 다문화 교육을 시도하고 있다. 방과 후 학교를 통하여 한국어를 습득할 수 있도록 돕거나, 모든 학생들이 한국 문화뿐 아니라 다른 나라의 문화를 배울 수 있는 교육과정을 실시하려는 노력을 시도하고 있다.

하지만 아직도 대부분의 학교에서는 다문화 학생들이 정체성 형성이나, 원만한 대인관계 수립, 자아존중감의 형성에 어려움을 겪고 있다. 일반 한국 학생들에게 놀림이나 따돌림을 받으며, 다문화 학생들의 모국 문화를 한국문화와 동등한 입장에서 배울 수 있는 기회가 제공되지 않고 있다. 뿐만 아니라 시행되고 있는 다양한 다문화 정책방안들이 실제로 큰 실효를 보이지 않고 있거나, 시행되어야 한다는 당위만 있을 뿐 신속하게 실행되지 못하고 있다.

이와 달리 다문화 대안학교는 다문화 교육의 어려움을 극복하는 방안에 대한 시사점을 줄 수 있다. 다문화 대안학교는 학생들이 정체성을 확보하고, 대인관계에도 적극적일 수 있도록 교육을 실시하고 있는 것으로 나타나고 있다. 다문화 대안학교가 갖고 있는 다문화 교육의 특징은 무엇인가. 다문화 대안학교가 다문화 교육에서 갖고 있는 장점과 한계점은 무엇인가. 그리고 기존의 학교교육에 시사하는 점은 무엇인가. 이 연구의 목적은 다문화 대안학교인 ‘새날학교’가 실시하고 있는 다문화 교육의 특징을 분석하여, 기존의 학교교육이 다문화 교육을 개선하기 위해서 받아들일 수 있는 점이 무엇인지 탐색하려는 것이다.

## 2. 선행연구 검토

다문화 학생들은 경제적 여건이 어려운 만큼 교육문제에서 어려움을 겪고 있다. 첫째, 양육과 교육문제에 있어 극심한 어려움을 겪고 있다. 한국어 구사력이 불완전하고, 학습능력이 뒤떨어져 상급학교 진학률이 낮고, 심리·정서문제, 문화적 이질감으로 인한 학생들 간의 갈등이 표출되고 있어 학업 및 적응문제 등 다양한 문제들이 나타나고 있다(보건복지부,2005;정은희,2004). 부모의 이중 언어 사용으로 인한 적절한 언어습득이 되지 않거나 언어발달이 지연될 수 있고, 지능발달의 지연과 집중력·사회성 발달의 문제를 보인다(전라남도,2006). 특히 결혼이주 가정 자녀의 언어발달과 환경에 대한 연구(정은희,2004)에서 나이가 어릴수록 이해언어에 어려움을 가지고 있었고 표현 언어도 68% 아동이 지체가능성을 보이며 결혼이주 가정주부의 경우에도 한국어 학습경험이 충분하지 않아 한국어와 한국문화 강습이 요구되었다.

두 번째는 이중 언어의 문제이다. 결혼이주 가정 구성원은 서로 다른 언어로 인하여 언어소통이 자유롭지 못하여 문제가 발생한다. 다문화가정 부부 중 90% 이상이 한국어를 사용하며, 필리핀 부인은 53%가 영어를 한국어와 함께 쓰고 있다. 반면 베트남 부인들의 경우 9%는 부부간 대화가 거의 없는 것으로 나타났다. 베트남이나 태국출신 주부들이 다른 나라 출신에 비해 한국어 실력이 많이 떨어지는 것으로 나타났다(미래인력연구원, 2005).

또한 다문화가정 학생들의 언어 능력은 일반 학생들에 비하여 부족한 것으로 확인되었다. 특히 어머니의 출신국에 따라 자녀의 언어 학습능력은 차이가 나타났다. 조선족 출신의 어머니인 경우에도 생소한 단어나 문장 등으로 인하여 어려움을 종종 겪고 있었다. 필리핀 출신 어머니의 경우에는 더욱 열악한 것으로 나타났다. 다문화가정 학생들은 초등학교 저학년 아동들에게 일상적으로 이루어지는 받아쓰기와 일기쓰기에서 많은 어려움을 겪고 있었다. 학년이 올라가도 다문화가정 자녀들의 문어 사용 능력은 다른 아동에 비해 현저히 뒤떨어질 개연성이 크다. 보통의 한국 아동들도 우리말을 맞춤법에 맞게 표기하기 위해서는 부모의 지원을 바탕으로 한 본인의 노력이 많이 필요한데 다문화가정에서 양육책임이 한국어에 서툰 어머니에게 전적으로 위임되어 있을 때 특히 더 가중되고 있는 것처럼 보인다. 한편 언어적 차이에 따른 문제는 학부모와 담임교사의 소통이 잘 안 되는 원인으로도 작용하고 있었다. 한국의 학교 상황에서 학교와 가정 사이의 일상적인 소통은 가정통신문이나 알림장과 같은 문어를 중심으로 이루어지는 경우가 많다. 그리고 일반적인 가정통신문이나 알림장은 구어에서는 잘 쓰지 않는 문어적 표현이 사용되는 경우가 많았다(오성배,2005).

학교에서 다문화 학생들에게 시행되는 이중 언어 교육은 도입 취지와는 무관하게 영어나 일어 등 다른 나라의 언어를 습득하는 외국어 교육의 일환으로 운영되고 있다고 보고하고 있다(조영달 · 박윤경 · 성경희 · 이소연 · 박하나,2010). 예를 들어, 이중언어 교육을 정책과제로 시행하고 있는 C학교의 경우 다문화가정 학생들과 일반 가정 학생들에게 모두 프로그램을 제공하고 있다. 교사들은 1,2학년 아이들은 우리말 배우기 급급하고 우선 언어가 학습이 중심이 되어야 한다고 생각한다고 생각하기 때문에 1,2학년 중심보다는 3,4학년 중심으로 일본어·영어교실을 운영하고 있었다.

결혼이주 가정 학생들은 집단 따돌림을 경험하는 경우가 있다고 보고하고 있다. 자녀가 집단따돌림을 경험한 것을 인지한 경우를 142명의 부모에게 설문한 결과, 7.0%가 따돌림을 당했다고 응답했다(정기선 · 김영혜 · 박경은 · 이은아 · 박지혜 · 이승애 · 이지혜,2007). 그 이유는 '부모 중 한 사람이 외국 출신이어서'(4명), '말투, 억양, 발음 등으로 의사소통이 잘 되지 않아서'(2명), '특별한 이유 없이'(4명) 등이었다. 집단 따돌림은 아니더라도 크고 작은 놀림의 문제가 있는 것으로 파악되다. 또 다른 연구에서는 국내 이주여성 자녀의 학교적응문제에 있어서도 자녀가 또래 아이들로부터 집단따돌림을 경험했다고 응답한 비율이 17.6%였다(보건복지부,2005). 도시보다는 농촌에 거주하는 경우 이주여성의 자녀가 집단따돌림을 당할 가능성이 더 높았다.

집단 따돌림으로 인식되지 않더라도 실제 따돌림을 받는 경우가 더 많을 수 있다는 연구가 있다. 한 담임교사는 다문화가정 학생의 급우관계에 대해 긍정적인 평가를 내리고 있었지만, 이와는 달리 수업시간을 제외한 일상생활에서 동료학생들과 원만한 관계를 형성하지 못하는 사례를 보고하고 있다. 우리말을 못하고, 외국에서 온 아이라는 이유 때문에 일상생활에서 놀림을 받고 있었다. 이 사례에서는 노골적인 따돌림이 일어나는 것은 아니었지만, 반 아동들 중 어느 누구도 학우인 다문화학생에게 먼저 다가오는 경우는 없었다(김경근,2010). 다른 연구에서는 몽골출신 아동들의 약57%가 한국인들에 의한 차별을 경험한 것으로 응답한 것으로 나타났다(노충래·홍진주,2006). 이와 같은 연구를 보았을 때 많은 다문화 학생이 친구들로부터 따돌림을 경험하고 있음을 예상할 수 있다.

다문화 학생들 중 자신의 다문화 정체성이 확립되지 않은 경우가 상당수 있었다. 다문화 학생들이 어머니의 나라에 대해 아는 정도를 살펴본 결과 어머니의 나라에 대해 거의 알지 못하는 대상자가 30.9%였으며 어머니의 나라에 대해 부정적인 생각을 하는 대상자가 26.3%로 나타났다. 친구에게 아버지나 어머니를 소개시켜 주는 것을 전혀 좋아하지 않는 대상자도 29.1%로 나타났다(안은미,2006).

다문화 학생들의 자아존중감에 대해 살펴본 연구에 따르면, 결혼이주가정 자녀의 경우 대다수가 학업 및 생활적응의 문제를 갖고 있었다. 이는 가족 내 언어소통의 문제, 경제적 어려움에 기인하고 있는 것으로, 자녀의 숙제를 거의 봐주지 못하는 비율도 55%였다(보건복지부, 2005). 이주여성은 공통적으로 자녀를 돌보는 어려움 중 사교육비 및 양육비용의 어려움과 아동을 돌 볼 사람이 없는 문제가 가장 크게 나타났는데 취학자녀를 둔 경우에는 사교육비 및 양육비용의 어려움이 주된 문제로 제기되었다(보건복지부,2005;신경희,2004;하 밍 타잉,2006).

다문화 학생들이 일반 학교에서 어려움을 겪고 있는 것과는 달리 일부 연구(조혜영,2007;이재분,2009)에서는 다문화 대안학교에서는 학생들이 학습이나 인성적인 측면에서 긍정적인 모습을 갖고 있는 것으로 보고하고 있다. 부산의 한 다문화 대안학교에서 학생들은 한국어 수업 등 수업에 흥미를 갖고 있는 편이었고, 모국이 같은 학생들끼리 통역을 하며 가르치는 등 학우관계도 원만한 편이었다(조혜영,2007:74). 대부분 중간입국 청소년들은 처음에는 마음이 닫혀있고 학교에 적응을 하지 못하지만, 교사들의 사명어린 헌신으로 마음을 열었다. 처지가 비슷한 학생들은 서로 위로를 얻고, 모국어를 사용할 수 있어 편안함을 느끼며 다양한 친구들과 함께 생활하면서 다양성을 인정하는 열린 시각을 형성하고 있었다(이재분,2009:175).

다문화 대안학교의 학생들은 상당부분 중도입국자로 한국출생 다문화학생들보다 열악한 환경임에도 불구하고 학업이나 대인관계에서 긍정적인 결과를 얻고 있다는 점은 공교육하의 다문화 교육에 시사하는 점이 있다. 이러한 점이 무엇인지 살펴보기 위해서는 다음과 같은 질문에 대한 답이 필요할 것이다. 다문화 대안학교가 갖는 특징은 무엇인가? 다문화 대안학교가 다문화 학생들에게 긍정적인 교육효과를 갖는 까닭은 무엇인가? 다문화 학교의 한계는 무엇인가? 다문화 학교교육에서 공교육하의 다문화 교육에 적용할 수 있는 점은 무엇인가? 이 연구에서는 이러한 질문에 답함으로써 기존의 공교육에서 실시하고 있는 다문화 교육의 변화 방향에 대한 답을 찾고자 한다.

## 3. 연구 대상 및 방법

새날학교는 우리나라 최초의 다문화 대안학교이다. 새날학교의 학생은 대부분 중도입국자들이다. 이들은 어머니가 재혼하여 한국으로 이주한 후 일정기간이 지나 입국하였다. 이들은 이미 유년기를 지난 청소년으로서 한국어를 전혀 하지 못하는 상태로 한국에 왔기 때문에 자기 나이에 해당되는 일반 학교에 입학하여 학습할 수 없다. 뿐만 아니라 우리 사회 어디에서도 이들이 한국 생활에 적응할 수 있도록 돕는 곳이 없기 때문에 큰 어려움을 겪고 있다. 새날학교는 주로 이런 심각한 어려움을 겪고 있는 결혼이주 가정 학생들을 교육하고 있다.

새날학교 학생은 총 84명으로 중국계 39명, 몽골계 7명, 러시아계 5명, 필리핀계 5명, 네팔계 5명, 일본계 4명이다. 교원은 교장 1명, 교감 1명, 교사 7명, 교목 1명 등 총 11명이며, 나머지 외국어교육이나 한국어 교육을 담당하는 자원봉사 교사들이 다수 있다.

이 연구는 교장·교감 및 담당교사들과 중·고등반 학생들을 심층면담하고, 초등과정 반을 관찰하는 방식으로 이루어졌다. 심층면접은 주로 교장·교감 및 담당 교사들과 중·고등반 학생들을 대상으로 하였다. 교원들을 대상으로 하여 설립과정, 학교 이념, 학교운영방식, 수업 방식, 규율방식 등을 알아볼 수 있었다. 중·고등 과정 학생들과는 따로 시간을 갖거나 틈틈이 다양한 대화를 나눌 수 있었다. 심층면접은 주로 한국어를 잘 하는 고등학교 과정반 학생 3명을 대상으로 하였다. 이들은 중국, 우즈베키스탄, 키르기즈스탄 출신이었다.

초등학교 과정의 학생들은 주로 관찰의 대상이었다. 이 학생들은 어린 나이에 한국에 왔거나 한국출생이기 때문에 기존의 초등학교에 재학중인 다문화가정 학생들과 비교하는 것이 더 적절할 것으로 보았기 때문이다. 이들은 대체로 한국에 온지 1-3년 정도 되었고, 어머니가 국제결혼 이주여성이다. 초등교육과정은 2개 반으로 나뉘어져 있는데 이는 연령이 아니라 한국어 수준에 따라 나눈 것이다. 초등 1반과 2반의 학생들의 특징을 살펴보면 초등 1반 즉 한글기초반은 필리핀계 2명, 몽골계 4명, 베트남계 1명, 북한인 1명, 네팔계 1명, 중국계 1명 등 총 10명이다. 한국체류기간은 대부분 4-8개월이고, 대부분 2-6개월이다. 초등 2반 즉 한글상급반의 경우 중국계 3명, 필리핀계 2명, 일본계 2명으로 총 7명이다. 이 학생들은 한국체류기간이 1-3년이고, 새날학교 재학기간 역시 1-3년이다. 이들은 입학당시 한국어를 모르는 경우가 대부분이었고, 학습수준은 중·하 정도였던 것으로 평가되었다. 〈표 1〉은 초등학교 1,2반 학생들의 특성을 정리한 것이다. 초등학교 1, 2반을 담당하고 있는 담임교사들은 모두 2급 정교사 자격증을 소지하고 있었으며 새날학교에 온지는 대략 2년 남짓했다. 이들은 모두 기독교인으로서 30대 여성이었고, 이전에 교사 경력이 있었다.

이 연구는 약 2달 동안 8회에 걸쳐 심층면접 및 수업참관을 통한 사례연구 방식으로 이루어졌다. 연구자는 교장, 교감을 심층면접 한 다음에 수업과 학생들의 생활을 관찰하였다. 이후에 초등학교 담임교사 2명과, 한국어 기초반 교사, 자원봉사 교사 2명, 외국어 담당 교사 1명에 대한 심층면접을 하였다. 교장을 통해서는 학교 설립과정에 대한 내용으로 면담하였고, 교감을 통해서는 학교운영과 관련된 면담을 하였다. 이 후의 면담은 연구자가 학교 교육을 관찰하면서 필요할 때마다 면담을 요청하는 형태로 이루어졌다. 연구자에 대한 신뢰가 형성될 때까지 시간이 걸렸기 때문에 연구자가 연구하는 목적을 충분히 이해한 이후에야 면담이 가능하였다.

교감이 모든 수업을 개방했기 때문에 연구자는 원하는 대로 수업과 학생들의 생활을 관찰할 수 있었다. 초등학교 과정 학생들은 4명을 면접할 수 있었고, 고등학교 과정 학생들 중 3명을 면접할 수 있었다. 초등학교 학생들은 주로 간단한 대화를 하거나 수업을 관찰함으로써 살펴볼 수 있었다. 중고등학교 과정에 있는 학생들 중 한국어를 잘하는 학생들은 심층면담을 할 수 있었고, 한국에 온 지 얼마 되지 않은 학생들, 예를 들면 한국어 기초반 학생들은 수업에 참여하여 관찰할 수 있었다.

〈표 15-1〉 새날학교 초등반 학생들의 특성

| 반 | 번호 | 모 출신국 | 출생지 | 나이 | 부(모) 직업 | 한국체류 기간(년/월) | 재학기간 (년/월) |
|---|---|---|---|---|---|---|---|
| 1 | 1 | 필리핀 | 필리핀 | 12 | 병원 | | 0/5 |
| | 2 | 필리핀 | 한국 | 11 | 임업 | 0/8 | 0/2 |
| | 3 | 몽골 | 몽골 | 14 | 회사원 | 0/4 | 0/2 |
| | 4 | 몽골 | 몽골 | 15 | 운수업 | 0/4 | 0/2 |
| | 5 | 몽골 | 몽골 | 13 | 〃 | 0/4 | 0/2 |
| | 6 | 몽골 | 몽골 | 9 | 〃 | 0/4 | 0/2 |
| | 7 | 베트남 | 베트남 | 14 | 〃 | 0/4 | 0/3 |
| | 8 | 북한 | 중국 | 8 | 모-회사 | 0/6 | 0/4 |
| | 9 | 네팔 | 네팔 | 6 | 목사 | 1/6 | 1/6 |
| | 10 | 중국 | 중국 | 13 | 자영업 | | 1/0 |
| 2 | 1 | 중국 | 중국 | 10 | 자동차정비 | 1/6 | 1/6 |
| | 2 | 중국 | 중국 | 12 | 건설업 | 2/0 | 2/0 |
| | 3 | 중국 | 중국 | 11 | 유통업 | 3/0 | 3/0 |
| | 4 | 필리핀 | 한국 | 10 | 학원강사 | 한국출생 | 2/6 |
| | 5 | 필리핀 | 한국 | 10 | 용접 | 한국출생 | 1/3 |
| | 6 | 한국 | 일본 | 14 | . | 0/6 | 0/6 |
| | 7 | 한국 | 일본 | | . | 3/0 | 3/0 |

## 4. 새날학교의 교육적 특성

### 1) 학교 설립계기 및 교원의 특성

새날학교는 이천영 교장이 외국인근로자문화센터를 운영하면서 이들의 자녀들이 겪고 있는 급박한 어려움을 해결하는 과정에서 설립되었다. 이 교장은 영어 고등학교 교사를 하면서 외국인근로자 문화센터 장으로 활동하였다. 이 교장이 지원을 하던 외국인 근로자들 중 자녀를 돌볼 수 없게 된 이들이 이 교장에게 자녀를 맡기고 돌아오지 않게 되면서 이들을 떠맡게 되었다. 돌볼 사람이 없는 이 자녀들을 데리고 다니게 된 것이 다문화 대안학교를 설립하게 된 계기가 되었다.

> 교장: 외국인 센터에서 온갖 월급 못 받은 사람, 한국에 살면서 문제가 생기면 나한테 다 와서 상담을 했거든요. 애기를 맡아 달라. 이 애기를 데리고는 도저히 일할 수가 없다. 내 차에다 태우고 다녔어요. '너 잠깐 차에 있어. 수업하고 올게'(중략) 우즈베키스탄, 필리핀, 파키스탄. 뭐 이런 애들이죠. 하다가 한 2-3년이 지나면서 이거 안 되겠다 싶어서 비공식 학교를 시작하고 있었어요. 한글도 가르치고, 같이 놀아주기도 하고 그러다가 안 되겠다 싶어서 2007년도에 새날학교를 정식으로 발족을 시켰죠.

처음에는 동사무소의 외국인근로자문화센터에서 학생 3명으로 시작하다가 학생이 많아지면서 한 초등학교의 교실을 빌려서 운영하였다. 나이가 많은 학생들이 있어서 초등학교에 있기가 곤란하기도 했지만 학생 수가 많아지면서 결국 2008년 10월에 근처의 폐교로 이전하게 되었다.

학교를 구하는 것도 쉽지 않았지만 교사를 구하는 것은 더욱 어려운 일이었다. 교사들은 모두 같은 종교인으로서 이교장이 설득하여 초빙한 사람들이었다. 교감의 경우 이교장이 운영하던 교회의 신도로 있다가 이교장의 권유로 결혼이주 가정 자녀를 도와야겠다는 결심을 하게 되었다고 한다. 초등과정을 가르치고 있는 초등 1반 교사와 초등2반 교사는 선배와 지도교수의 추천을 받아 오게 되었다고 한다. 초등1반 교사의 경우 J대 미술과 교직을 이수하고 교원임용시험준비를 하면서 학교 시간강사로 근무하던 중 선배의 권유로 새날학교에 오게 되었다고 한다. 그 후 자원봉사로 근무하다가 상근 교사로 일하게 되었다. 초등 2반 교사의 경우는 지도교수의 추천으로 와서 일하던 중 이 학교에 근무해야겠다는 생각이 들어 시작했다고 한다.

초등2반: 원래 올 때부터 좋아했었어요. 일단은 다문화 아이들 이야기를 제가 많이 하잖아요. 이 아이들 상황이라든지 이런 상황을 제가 또 여기 있는 걸 되게 만족해하니까. 그 부분에 있어서는 물론 아이를 두고 집을 나온다는 거에 대해서는 어떤 사람은 '그 돈 받고 어떻게 아이를 두고 나가냐'라고 할 수도 있는데 아이 아빠는 적극적으로 밀어주더라고요. 하고 싶으면 끝까지 하라고.

대부분 다른 교사들은 종교 활동을 하거나 하려고 계획하고 있다가 종교사업의 일환으로 이곳에 오게 되었다고 한다. 외국인 교사들은 자녀가 새날학교 학생이거나 외국인근로자문화센터에서 이교장의 설득으로 오게 된 경우가 대부분이었다. 교장은 이 외국인근로자 문화센터를 활용해서 최대한 많은 자원을 확보하고자 하였다.

외국인 교사는 총 6명으로 중국어교사 3명, 일본어 교사 1명, 영어 교사 1명, 네팔어 교사 2명이다. 이중 4명은 자녀를 새날학교에 재학시키고 있다. 외국어 협력교사는 총 4명으로 일본어, 몽골어, 러시아어, 베트남어 각각 1명씩이다.

외국이주민 교사들을 제외하면 모든 교사들이 동일한 종교적 신념을 가지고 있다. 대체로 지인으로부터 권유를 받고 왔는데, 이 학교에서 학생들을 가르치는 것에 큰 의미를 느끼게 돼서 근무하게 된 경우가 대부분이었다.

> 중등 1반 교사: 그냥 어쩔 수 없이 어떻게 하다보니까. 선생님들이 다 크리스천이라서요. 이끌림으로 왔거든요. 원래 그 전에 하던 일이 있었는데 여기 오면 너무 행복해서.

교사들은 대부분 다문화 학생들을 교육하는 데 헌신하고자 자발적으로 왔고 교사들 간에는 일반 학교와 같은 위계가 분명하지 않았다. 덕분에 교사들은 거리낌 없이 활발하게 의견을 교환하였다. 교육관련 업무는 교무실에서 수시로 일어나는 활발한 의사소통을 바탕으로 하기 때문에 모든 구성원들의 의사를 반영하면서도 업무처리를 신속하게 처리하고 있었다.

> 초등 2반 교사: 저희는 일단 기본적으로 크고 작던 간에 교감 선생님한테 다 말씀드리는 편이거든요. 일반 학교처럼 상하 관계가 엄격하질 않아요. 교감선생님한테 말씀드리기 전에 교무 주임한테 말한다든지 아니면 이렇게 장 맡고 계신 분한테 한다든지 이런 것보단 아직 소규모기 때문에 교감선생님한테 말씀드리는 편이에요. 저희는 수시

로 편하게 이야기 하는 편이에요. 그리고 교감 선생님이 가장 잘 해결을 하세요. 한 문제가 있으면 다른 선생님들이 그거 가지고 다 이야기하고.... 저희는 다 보통 일이 다 아이들하고 관련된 일이라 다른 선생님들하고 트러블이 일어난 건 없는 것 같아요.

교사들은 공통적으로 기독교 신자들이었다. 거의 무보수라고 할 수 있는 월 25만원의 봉급을 받고 일하고 있음에도 종교적 열정을 갖고 있기 때문에 최선을 다하여 교직에 임하고 있었다. 교사 중에는 목사 1명이 있었고, 대부분 선교 경험이 있거나 선교에 뜻이 있는 사람들이었다. 외국어 교사의 경우는 대부분 결혼이주 가정주부들이었고, 일부는 새날학교 학생의 학부모인 경우도 있었다. 종교적 헌신을 하기 위해 교직을 하고 있다는 것을 서로 잘 알고 있었기 때문에 교사들 간에는 기본적인 애정과 존경심이 있었다.

중요한 결정사항은 교사들과 충분한 토론이 있은 후에 교감선생님의 결정에 의해서 이루어지기 때문에 특별한 갈등은 없어보였고, 갈등이 될 만한 문제가 생기면 수시로 이루어지는 의사소통으로 해결해 나가는 것 같았다. 예를 들면, 교감선생님이 충분한 논의를 거치지 않고 결정했을 경우 바로 이의제기가 되었다. 연구자가 교감의 허락을 받고 수업을 참관할 때 녹음을 하고 있었는데, 다음날 교사에게 사전 허락을 받지 않았다는 이유로 내게 녹음을 하지 말아달라고 말했다. 하루 만에 교사의 의견이 반영될 수 있었던 것을 보면 의사소통이 신속하고 활발하다고 볼 수 있었다.

교감: 이게 일반 학교랑 틀려요 이게. 수시로 듣고서 이걸 해결을 해야 되요. 우리나라 같음 학년에서 안 올라가잖아요. 무슨 일 있어도 그 안에서 선생님이 하든지 주임 선생님이 하든지 하면 되는데 우리는 각 나라 애들 나이도 틀리게 또 정말 여러 애들이 왔기 때문에 이걸 조금 소비자 위주로, 애들 위주로 해줄 수밖에 없어요.(중략) 첫째는 선생님이 있어가지고 항상 얘기를 해야 되고요. 엄마까지도 통합이 되어가지고 항상 수시로 이야기를 해야 되고. 애들한테 그런 식으로 학생이... 우리 학교 조직은 그렇게 얘기 하게 되어 있어요. 무조건 얘기해달라고 해요. 얘기해서 한 사람이 얼른 반 바꾸는 건 빨리빨리 바꿔야지.

## 2) 새날학교의 교육 프로그램

### 가) 교육이념 및 교과과정의 구성

새날학교는 종교적 이념을 기초로 하여 교육과정을 운영하고 있었다. 교무실은 매일 수업시작 전에 예배로 교무회의를 시작하였다. 예배 참여는 자발적으로 이루어졌고 목사인 교사의 인도로 이루어졌다. 기숙사에 있는 학생들은 종교적 명상의 시간으로 일과를 시작하였고, 방과후 기도회에 참석하기도 하였다. 이것 역시 자발적으로 운영이 되고 있기 때문에 참석을 강요받지는 않았다. 매주 금요일마다 이루어지는 모국어 교육은 성경을 공부하는 형태로 이루어졌다.

국가이념에 대해서는 크게 강조하지 않고 있는 것으로 보였다. 예를 들면 교실의 정면에는 교실 정면에는 칠판이 있고, 왼쪽에는 한국전도, 오른쪽에는 시간표와 게시판이 있었는데, 칠판 한 쪽 위에 조그만 나무 십자가만 있을 뿐 태극기는 걸려 있지 않았다. 그리고 급훈, 교훈 등 다른 게시물들도 없었다. 이런 점에서 새날학교는 일반 학교에 비해 국가이념이나 학교이념을 교육하는데 일반학교보다 덜 권위주의적인 측면이 있는 것으로 보였다.

일반 교과과정은 한국어나 학습수준이 학생마다 다르기 때문에 기본적으로 국민기초공통교육과정을 준수하지만 학생들의 수준에 맞게 통합적이고, 유기적으로 운영되고 있었다. 뿐만 아니라 학생들이 수시로 입학하기 때문에 수시로 반 편성을 조정하지 않으면 안 되었다. 이런 사정을 초등 2반 교사는 다음과 같이 언급하였다.

| 초등2반 교사: 어쩔 수 없어요. 아이들이 온 시기가 다 다르고, 수준이 다르잖아요. 지금 이 학생도 집에 3달 동안 갔다 왔어요. 학기가 시작해도 오질 않아요. 우리하고 너무 달라요....국가교육과정을 맞추기가 힘들어요. 아이들 수준에 따라 진도를 맞출 수밖에 없어요. |
|---|

일반교과 과정에서 초등학교 1학년과 4학년의 경우 각각 27시간, 29시간으로 편성되어 있지만 새날학교는 초등학교 1학년과 4학년을 모두 30시간으로 편성하였다. 새날학교 교과과정 편성을 일반학교의 교과과정 편성과 비교한 것이 〈표 15-2〉이다.

초등 1반의 경우 상당 부분의 교과과정을 한국어 학습과 관련된 것으로 편성한 반면, 초등 2반의 경우 일반 교과목을 포함하여 교과과정을 편성하였다. 수학이나 영어의 경우 한국말이 서툴러도 학습할 수 있기 때문에 초등 1반의 교과과정에 포함하였다. 초등 1반에서 실제 필리핀에서 온 한 학생은 한국어를 능숙하게 하는 편은 아니었지만, 영어 수준이 높아 다른 학생과 다른 교재를 학습하고 있었다. 대만에서 온 다른 학생은 한국어를 전혀 하지 못했지만 수학성적은 가장 좋았다. 이들 학생은 모국에서 이미 상급과정을 이수했기 때문이다.

〈표 15-2〉 새날학교 및 일반 초등학교 교과과정 편성 비교

| | | 초1 | | 초4 | |
|---|---|---|---|---|---|
| | | 새날학교 | 일반 초등학교 | 새날학교 | 일반 초등학교 |
| 언어 | 과목 | 한국어(2),국어쓰기(3),국어말듣기(2),국어읽기(3),모국어(2),영어(3), | 국어(7) | 국어읽기(2),국어(1), 국어말듣기(2),한문(1),훈음(1),모국어(2) 영어(3) | 국어(5),외국어(1) |
| | 시수 | 15 | 7 | 12 | 6 |
| 일반 | 과목 | 수학(4),바른생활(1),슬기로운생활(2) | 수학(4),바른생활(2),슬기로운생활(3),즐거운생활(6) | 수학(5),도덕(1),사회(2),과학(1), | 도덕(1),사회(2), 수학(4),과학(2),체육(3),음악(1),미술(2) |
| | 시수 | 7 | 15 | 8 | 15 |
| 예체능 및 기타 | 과목 | 음악(2),미술(1), 태권도(2),체육(1),성경(1),채플(1) | 재량활동(4),특별활동(1) | 음악(2),미술(2),체육(1),태권도(2),채플(1),성경(1) | 재량활동(4),특별활동(2),치료지원(2) |
| | 시수 | 8 | 5 | 9 | 8 |
| 총 시수 | | 30 | 27 | 30 | 29 |

**나) 교육과정의 운영**

이 학교는 초등학교과정·중학교과정·고등학교과정으로 나뉘어져 있어서 각기 자기 나이에 해당되는 수준의 과정에서 수학하고 있다. 초등·중등·고

등학교 과정이 연령에 따라 구분되는데 반해, 각 학년은 연령별이 아니라 한국어 수준으로 나뉜다. 초등학교과정의 경우 초등1반은 한국어 학습에 중점을 두고 나머지는 한국어가 서툴러도 가능한 교과를 가르치고 있었다.

> 초등1반 교사: 저희 반은 이번 학기 동안 최대한 한국어를 집중적으로 하고요. 보강 수업을 많이 넣었어요. 그 외에 자원봉사로 오신 특기 같은 것들이 있어서 그 외 시간 빼고는 국어 읽기, 쓰기, 한국어, 그 외에 못 따라가는 시간은 개인적으로 불러서 한국어 또 해요. 못 따라가는 애들은. 최대한 한국어를 해서 내년에는 이 아이들이 자기 또래에 맞는 반에 들어가게끔 그게 목표에요.

한국어를 충분히 구사할 정도가 되면 정상적인 교과수업을 진행하는 반으로 '진급'하게 된다. 초등 2반의 경우 한국어에 능숙한 학생들로 구성되어서 일반적인 교과과정으로 수업을 운영하고 있었다. 이러한 형태는 모든 과정에서 공통적으로 운영되고 있었다.

한국어 수준에 따라 구분된 반 편성은 학생들의 사정에 따라 얼마든지 조정이 가능하도록 운영되고 있었다. 학생들의 적응이나 급우들과의 관계가 원만하게 하도록 학생들이 반을 옮기는 경우도 가끔 있었다. 기초반에 한국어를 전혀 모르는 남자 형제들이 들어오면서 이들이 이 학생에게 장난을 치곤해서 어려움을 겪고 있었다. 교감과 교사들은 교무실에서 즉각적으로 논의를 하여 잠정적으로 반을 옮기기로 결정하였다.

> 초등 2반 교사: (그 학생이 문제를 느꼈을 때) 교감선생님이 말씀하시길 일단 이게 100% 딱 옮기는 게 아니라 이번에 중간고사에 옮기자고. 왜냐하면 걔네들(초등 1반)은

한국어를 해야 하기 때문에. 저희는 그리고 지금 교과를 나가는 반이고. 그래서 일단 이 학생이 그 반에서 적응이 너무 힘들다고 하니까. (우리 반으로) 오는 거에 대해서는 제가 괜찮다고 오케이 했어요. (그 학생 때문에) '아이들이 교과가 늦어지는 것 같다'. 그래서 중간고사 끝나고... (교감선생님께) 다시 한 번 말씀드려보자고 말씀 드렸어요. 초등 1반 선생님도 '그러게요' 하고 말씀하셨어요. (중략) (진도를 따라가기에는) 아직은 무리에요. 근데 저희 학교는 진도도 있지만 아이가 일단은 마음에 있어서 즐거워야 되잖아요. 다른 부분은 다 즐거운데 남자애들 속에서 그 적응을 못해서 힘들어 한다니까 일단은 빼내서 옮겨주는 것도 맞다는 생각이 들어요. 저희 반에서 굉장히 좋아하고 있어요. 표정도 밝아지고 좋아하더라고요. 그래서 일단 중간고사 끝나고. 초등반도 그런 말도 나왔었어요. 2반으로 나눌 게 아니라 3반으로 나눠야 되지 않을까. 그 말도 나왔어요.

한국어 수준에 따라 2반만으로 편성되어 있어서 학생들의 수준을 좀 더 반영할 수 있도록 3개 반으로 나누자는 의견이었다. 특히 한국에 입국한지 얼마 되지 않아서 전혀 한국말을 하지 못하는 학생들은 다른 학생들과 의사소통하는 것이 어렵기 때문에 이들을 따로 가르쳐야 할 필요를 느끼고 있기 때문이었다. 한국어 수준에 따라서만 반을 편성하였기 때문에 학생들의 나이와 학습수준이 달랐다. 자연히 학년과 학습수준에 따라 개별적인 수업을 하고 있었다.

일본어 교사: (학생들의) 수준차가 좀 많이 나는데. 저희들은 처음에는 굉장히 힘들었어요. 저희들 같은 경우에는 나름대로 연구를 해요. 이 아이는 수준이 수학이 1단계, 이 아이는 2단계, 이 아이는 3단계잖아요? 그럼 1단계, 2단계, 3단계 구분을 해요. 설명을 먼저 해주고, 저희가 뭐 해법수학이라든지 또 뭐 교재들이 있어요. 그런 교재들 사가지고 숙제를 그걸로 내줘요. 자기 단계에 맞게. 설명은 다 똑같이 가면서 애들이 설명은 똑같이 가는데 머리 회전이 틀리잖아요. 학생이 많으면 그냥 싸잡아서 잘하든 못하든 가잖아요. 일반학교도. 잘하는 애 있고 못하는 애 있기 때문에 그렇게 가는데 우리학교는 학생 수가 적기 때문에 이 아이가 모르고 가면 안 된다는 생각을 선생님이 꼭 해요.

이러한 수업운영방식은 수업참관을 통해서 확인할 수 있었다. 초등 2반은 연령에 따라 4학년 1학기 교과서와 3학년 1학기 교과서로 수업을 하고 있었다. 수학 보충수업시간의 경우, 학생들은 한국어 수준이나 수학 학습수준이 다 다르기 때문에 개별적인 과제가 부여되는 경우가 많았다. 숙제검사를 하는 동안 학생들은 각자 개별과제를 하고 있었다. 교사가 부진한 학생을 집중 지도하는 동안 다른 학생들은 짝을 지어 공부를 잘하는 학생이 동료 학생에게 설명해 주었다. 한국어로 설명하는 학생은 한국어 표현력이 늘게 되고, 설명을 듣는 학생은 실력이 자기보다 조금 나은 학생에게 듣기 때문에 이해를 잘 하게 되었다.

학생들은 읽기, 쓰기에 익숙하였고, 기행문의 의미를 잘 파악하고 있었다. 교과서를 읽는 것도 능숙하여 발음이 정확한 편이었다. 숙제 해오지 않는 학생들에게 "공부 안하면 집에 보낼거야"라고 하며 다소 위협적인 말을 했지만 분위기는 강압적이지 않았다. 학생들은 개인별 과제를 해나갔고, 자유로운 분위기에서 학습했다. 학생들은 국어나 사회에 대해서 크게 어려워하지 않는 것 같았다.

중등과정 학생들은 초등반보다 더 어려운 처지에 있었다. 이들은 모국에서 어머니와 떨어져 있었고, 한국에 와서도 새 가족과 적응하는데 어려움을 겪고 있었다. 한국학교에서는 아예 입학을 시켜주지 않거나, 자기 나이보다 더 아래 학년에 입학하였다. 상대적으로 많은 나이에도 불구하고 어린 학생들에게 외국인이라도 놀림을 받고 견디기 힘들어 새날학교로 온 학생들도 있었다. 이런 문제들과 함께 사춘기 나이의 청소년이 겪는 어려움도 있기 때문에 어린 나이에 한국에 온 학생들보다 어려움이 많았다.

한국어 기초반인 중등 1반은 그런 어려움을 잘 보여주고 있었다. 학생들은 집중을 하지 않고, 같은 모국의 학생들과 장난을 치거나 자기 나라 사전을 검색하고 있는 등 수업에 집중하는데 어려움을 겪고 있었다.

영어 수업의 경우 영어를 전공하지 않은 자원봉사 교사가 수업을 진행하고 있었다.[97] 새날학교는 늘 교사부족의 어려움을 갖고 있었기 때문에, 기존의 영어선생님이 그만두고 난 후에 후임을 구하지 못해서 잠시 이 자원봉사 교사가 영어를 가르치게 된 것이다. 한국말에 익숙하지 않은 학생들은 거의 수업에 집중하지 못했다. 교사는 중국계 학생들이 이해하기 쉽도록 한자를 써가며 영어수업을 했지만 별 효과가 없었다.

중등 1반의 학생들은 중학생 연령이후에 중도입국하여 한국어를 거의 하지 못한다. 교과과정은 대부분 한국어 교수에 집중되어 있어서 다른 과목을 일부 배우더라도 한국어를 배우는 데 초점을 둔다. 한국어로 진행되는 수업은 자음과 모음 등 한 글자를 배운 후, 문법과 관련된 내용을 가르치고 있었다. 학생들이 대부분 10대 중후반이기 때문에 단순한 내용을 반복적으로 가르치는 것에 종종 흥미를 갖지 못했다.

읽기 수업에는 하나의 문장을 칠판에 써놓고 소리 내어 읽는 수업이 진행되고 있었다. 한사람씩 읽게 해서 학생들은 활발하게 참여했지만, 한 문장 전체를 제대로 읽는 게 쉽지 않았다. 종종 학생들은 자기 모국어로 이야기하며 수업에 집중하지 못했다.

이에 반해 중국계 교사가 진행하는 한국어 수업은 학생들은 대단히 활기찼고, 질문이 끊어지지 않아 교사가 답할 시간이 부족할 정도였다. 대부분의 내용이 생활에 필수적인 기관 등의 전화번호나 주소, 그리고 실제

97) 자원봉사 교사는 대부분 다문화가정주부 협력교사와 외국인 협력교사이다. 그 외 일부는 일반 한국인 자원봉사 교사로 구성되어 있다.

활용하는 방법이었기 때문에 학생들이 절실히 필요로 하는 내용이었다. 예를 들면 응급상황에서 찾아가야 할 가까운 병원 등 주요한 기관명이나 응급상황에 대처해야 할 내용을 학습했다. 한글로 작성된 유인물에 밑줄을 치고 그 아래 한자로 뜻을 적었다. 학생들끼리 물어보면서 때로 소란스럽기도 했지만 이것은 더 효과적인 학습을 위한 것으로 보였다.

### 다) 규율

새날학교의 규율은 자유를 추구하는 자유형 대안학교와는 다른 형태로 운영되고 있었다. 한국에 온 지 얼마 되지 않아서 한국어에 익숙하지 않은 학생들이 많을 뿐 아니라 한국에 적응하지 못하고 학습에 흥미를 느끼지 못하는 학생들이 많기 때문이다. 교사들은 될 수 있으면 단기간에 학생들이 자존감을 되찾고 학습에 흥미를 느끼게 하려고 노력하지만 특히 새날학교에 온지 얼마 안 되는 학생들은 수업에 집중을 하지 못하거나 심지어는 학교를 벗어나서 게임방을 가는 등의 행동을 한다고 한다. 이 때문에 교사와 학생들은 일종의 '줄다리기'를 하게 된다고 한다. 교감은 이런 경험을 다음과 같이 이야기하였다.

> 교감: 네. 막 도망가서 자다가 와요. 숲에서. 그걸 끊임없이 선생님들이 끊임없이 찾아가지고는 하니까 완전히 인내 싸움이에요. 끊임없이 잡아다가 혼을 내야 되는데 우리 혼내는 거는 또 어떤 사람은 모르는 사람은 그래요. '다 혼내가지고서는 한국 애들처럼 몽둥이로 딱 때려봐. 정신 차리게.' 아휴. 그러면 애들 안다녀요. 때려도 적당선. 맨날 때릴 수도 없잖아요. 한 번 때리고선 한 번은 봐줬다가. 한 70% 잡았다가 20% 놔줬다가 다시 75% 했다가 이렇게 이렇게 해가지고 끌어서 되는 게 90%까지 되는데 수도 없이 반복하면서 90%까지 데려오는데 지네들도 미안하니까 안나와. 그걸

> 야단 안 칠 수도 없고, 매번 칠 수도 없고. 쳐가면서 안 쳐가면서 엄마한테도 한 번은 전화 했다가 한 번은 굽어 줬다가 한 번은 줬다가 막 이러고. (중략) 저희 학교 여자 선생님 밖에 없잖아요. 모든 선생님이 하는 말이 이 학교는 여자선생님이 엄마 같은 사람들이 할 수밖에 없다....

교사가 학생들을 교육하는 방법은 어머니가 자녀를 양육하는 방식을 취하고 있었다. 처음에는 학생들과 의사소통이 되지 않는 상태에서는 신뢰를 형성하는 것이 급선무인데 이 때 가장 필요로 하는 것이 어머니의 사랑이기 때문이었다. 학생들은 종종 수업에 딴 짓을 하거나 자기들끼리 장난을 치다가도 교사가 야단을 치면 별다른 저항 없이 받아들이는 것도 이러한 사랑이 밑받침이 되었기 때문에 가능한 것이었다.

교사의 사랑과 이를 밑거름으로 이루어진 신뢰는 교사의 노력 없이는 이루어질 수 없는 것이다. 교사는 이를 위해 학생들의 사정을 최대한 이해해야 하고, 이러한 이해를 바탕으로 교육해야 한다. 학생들을 충분히 이해하기 위해서 교사는 수시로 학부모에게 연락하여 학생들이 갖고 있는 어려움을 파악한다. 뿐만 아니라 학생들이 겪는 어려움을 해결하기 위해 학부모에게 구체적인 방안을 알려주기도 한다고 했다.

> 초등1반 교사: 어려움은, 선생님하고 학생하고 갈등이 많아요. 일반 고등학교에서 체벌을 한다거나 학교에서 뭐라고 하면 무서워서 뭐 좀 행동을 좋게 한다거나 그러잖아요. 그런데 저희 아이들은 그런 게 안 통했어요. 때린다든지 그런 걸로는... (중략) 선생님이 간섭을 해야 돼요. 이렇게 해라. (중략) 일거수일투족 가정문제까지 다 이해하고 있어야만... 부모님하고 생긴 문제까지 꿰뚫고 있어야 돼요. 애가 아빠와 사이에서 문제가 있다면, 선생님 말은 안 들어오거든요. '왜요. 왜 그래야돼요' 삐딱해요. 수업태도도 반항적이고. (중략) 일단 가정이 먼저 안 되어있기 때문에 여기 와서도 태도

가, 수업... 저기 그렇잖아요. 일단 가정이 편안하고 그래야. 그래서 그런 것까지 다 조정하는 거죠. 그리고 그게 이게 조정이 잘 되어야만 아이들도 공부를 하려고 하고.

수업시간에는 종종 손바닥을 때리는 정도의 가벼운 체벌이 이루어졌다. 특히 숙제를 하지 않은 경우에는 가벼운 체벌이 있었고, 때론 엄한 분위기로 수업을 진행했다. 이런 모습은 일반 학교에서 수업을 하는 분위기와 크게 다르지 않았다. 대부분의 학생들이 별다른 거부감을 느끼지 않는 경우도 있지만 모국에서 체벌의 경험이 없는 경우에 학생들의 저항을 경험하기도 한다. 가벼운 '한국식 체벌'을 하는 데까지는 많은 시간이 걸리고 한국문화나 교사와 학생의 신뢰가 형성된 이후에야 가능하다고 말했다.

일본어 교사: 체벌을 지금은 다 해요. 손바닥도 때리고 다 하는데 체벌을 할 때까지 엄청 많은 시간이 지나야지 체벌이 되더라고요. 그런데 애들이 중국 애들이 체벌을 안 받고 했나 봐요. 한국식으로 체벌을 못해요.

학생들이 상당한 정도의 말썽을 일으켰다고 판단하는 경우에 이 학생들을 지도하기 위하여 특별반을 운영하고 있었다. 연구자는 한 학생이 교무실 옆 복도에서 책상에 앉아 혼자 성경을 쓰고 있는 것을 볼 수 있었다. 여학생인 고등3반 학생1(키르키즈스탄계)은 다른 친구 부탁으로 친구를 때렸다는 이유로 '특별반'에서 수업을 하고 있었다. 특별반은 주로 성경을 쓰거나 청소를 하는 활동을 중심으로 하며 3일 동안 이루어진다. 이 과정은 〈표 15-3〉과 같다.

〈표 15-3〉 특별반 활동 일정

| | 수요일 | 목요일 | 금요일 |
|---|---|---|---|
| 1교시 | 성경읽고 쓰기 | 성경읽고 쓰기 | 교무실청소 |
| 2교시 | 〃 | 〃 | 〃 |
| 3교시 | 반성 | 현관길 쓸기 | 현관길 쓸기 |
| 4교시 | 강당청소,<br>신발장 정리·청소 | 운동장 쓰레기 줍기 | 복도 1,2층<br>계단청소 |
| 점심 | 교무실청소 | 교무실청소, 신발장정리 | 강당청소 |
| 5교시 | 설거지, 청소 | 설거지, 청소 | 설거지, 청소 |
| 6교시 | 화장실(2층) 청소 | 화장실(1층) 청소 | 화장실(2층) 청소 |

특별반의 규율은 그리 엄격하지 않은 것으로 보였다. 특별반 수업을 하고 있는 고3학생에게 특별반이 힘들지 않느냐는 질문에 웃으면서 그렇지 않다고 밝은 표정으로 대답했다. 선생님의 감독은 느슨한 편이었고, 학생들은 주로 자발적으로 특별반 수업에 임하는 것 같았다. 선생님이 항상 옆에서 지켜보고 있지 않았고, 활동의 결과를 엄격하게 감독하지 않기 때문이었다. 학생들은 상당히 자유롭게 활동하였고, 종종 다른 일이 생기면 다른 곳에 가서 일을 보고 오는 경우도 있었다. 종종 다른 학급에 자기가 가야할 일이 있으면 갔다 오기도 하고, 교무실에 들어가 간식을 먹기도 했다. 선생님들도 이런 행동을 자연스럽게 받아들이며, 특별반에 충실한 것에 대해 흡족하게 여기는 것 같았다. 교감은 특별반의 운영을 다음과 같이 설명하였다.

교감: 초등 수준에선 야단을 치면 듣죠. 정말 큰 애들은 안 듣더라고요. 안 듣는 애들은 특별반 운영하는데 청소하면서 한... 그래도 한국말을 학교에 있으면 훨씬 빨리 배우니까 배워가면서. (중략) 정말 수업을 정말 해보면 한 애 때문에 진도를 못나가요. 아주 그냥 폭탄 노릇을 해요. 그럴 때는 복도로 보내라고 해요. 복도로 보낸 애들 여기다 데리고 '니네는 그 반에서 나왔으니까 하루 종일 시키는 청소 하면서 하라'고 했더니 청소가 좋대잖아요.

이러한 방법을 쓰고 있지만 심한 경우에는 새날학교에서도 정학을 실시하고 있다. 정학은 공식적인 것은 아니지만 말썽이 생기는 경우 가끔 실시하기도 한다고 한다. 학생들은 부모에게 자신의 잘못이 드러나는 것을 가장 싫어하기 때문에 정학 당하는 것을 싫어한다. 정학기간동안에 부모와 대화할 수 있는 시간도 갖게 되어 학생들은 곧 태도를 고치게 된다고 한다.

퇴학은 시키지 않는 것을 원칙으로 하지만 이례적으로 한 번 퇴학을 명한 경우가 있다고 하였다. 퇴학당한 학생들은 모두 고등학교 학령을 넘은 성인들이었다. 한국어 교육을 받고 싶다고 하여 예외적으로 입학시켰으나 학생들에게 악영향을 끼칠 만한 행동을 하면 학교를 나가는 것을 조건으로 하였다고 한다. 이들 성인 학생들이 '적절하지' 않은 행동을 하였기 때문에 퇴학을 명할 수밖에 없었다고 한다. 이런 예외적인 사례를 제외하면 모든 학생들은 학교에서 겪는 문제들을 잘 해결하고 있다고 했다.

이러한 문제 해결이 가능한 것은 교사와 학부모들 간의 소통이 긴밀하기 때문이다. 학교에서 문제가 생겼을 때 이를 잘 풀어나갈 수 있다. 학부모나 학생이 한국말을 잘 하지 못하는 경우, 같은 모국 출신 학생 중 한국어를 잘 하는 학생을 불러 통역을 시키기도 한다.

교감: 제일 효과적이에요. 저희는 애를 야단칠 것 같으면 얘 야단칠 때 몽골어 잘 하는 애 알칸이 데리고 내려오라고 해서 '너 제대로 얘기하라'고 해서 하고. 그러니까 애들이 통역 공부 같은 건 배우죠. 미리 잘하는 애들은 거기서 통역을 많이 해가지고. 학교에서 많이 설명해줘요.

새날학교 규율은 어머니의 마음으로 학생들을 양육하는 것이다. 이것은 사랑을 기반으로 한 신뢰형성, 학부모와의 긴밀한 연락으로 가능한 것이었다. 때로는 특별반이라는 형태나 가벼운 체벌로 학생들을 통제하기도 하지만 이것은 이러한 사랑과 신뢰를 바탕으로 하지 않으면 불가능한 것이었다.

새날학교의 운영방식은 형식적인 대의기구를 갖추어서 모든 구성원의 의사를 반영하는 형태가 아니었다. 학생회 자치기구도 아직 구성되지 않았으며, 학부모회도 활성화되어 있지 않았다. 자유형 대안학교처럼 학생과 교사 전원이 모여 의사를 결정하는 회의기구도 없었다. 자칫하면 종교적 카리스마로 일부 지도자가 전권을 행사할 수 있는 위험이 있었다. 이런 위험을 극복할 수 있었던 것은 교사들 간의 평등하고 원활한 의사소통 구조를 가지면서 '어머니의 마음'으로 학생들을 양육하려는 태도가 정착되어 있었기 때문이었다. 교사들은 조급하거나 엄격한 마음으로 학생들을 대하기보다는 일관되고 지속적으로 그리고, 장기적인 안목에서 학생들을 대하고 있는 것도 자율적인 학교운영에 도움이 되었다.

### 라) 정체성 및 대인관계

새날학교에는 일반 학교에 다니다가 다른 학생들에게 놀림을 받아 새날학교로 온 경우가 꽤 있었다. 한 학생은 고등학생 정도의 나이임에도 초등학교에 갔다가 적응을 못해서 왔다. 이 학생은 다른 학생들이 자기 이름을 본 딴 말로 지속적으로 놀리거나 때려서 견디다 못해 새날학교에 전학을 왔다고 했다.

일반학교에 다니는 다문화학생들의 상당수가 따돌림을 받는 것과는 달리 이곳의 학생들은 자신의 출신국적 때문에 따돌림을 받는 경우는 없었다. 일반학교에서 따돌림을 받다가 새날학교에 온 학생들은 모두 새날학교의 생활에 대해서는 만족하고 있었다. 교감의 말에 따르면, 특정 출신국 학생이 많다고 해서 패거리를 이루거나 약한 학생을 괴롭히는 일은 없었다고 한다.

처음 학교에 온 경우 한국어를 못하기 때문에 같은 출신국 학생들끼리 친한 것은 당연하다고 한다. 3분의 2 이상이 중국학생들이어서 나머지 학생들은 출신국이 달라서 서로 친해진다고 한다. 이후 한국어를 잘하는 학생들이 중간역할을 하면서 점차 서로 친해지게 된다고 한다. 초등 1반 선생님은 다음과 같이 언급하였다.

> 초등1반 교사: 거의 2/3 이상이 중국 아이들이다 보니까 처음에는 몽골 애들 한명씩 있고 하면 소외되긴 한데 그 아이들 러시아애들끼리 친해진다든지 다른 나라 애들끼리 친해지더라고요. 근데 선이 완전히 나눠지긴 해요. 언어가 안 되기 때문에 아이들도. 친해지고 싶어도, 그 중에 한국어 잘하는 애들, 모범적인 애들이 중간 역할을 해주죠.

학생들이 자신을 어느 나라 사람이라고 생각하는지에 대한 입장이나 어머니 나라에 대한 학생들의 입장은 학생에 따라 달랐다. 어린 학생일수록 자신이 한국인이라고 생각하는 경향이 강한 반면, 나이가 들어서 온 학생은 자신의 출신국민이라고 생각하는 경우가 종종 있었다. 초등2반 교사는 자기 반 학생들은 대부분 자신을 한국인이라고 생각한다고 하였다.

> 초등2반 교사: 그게 국적이 나오고 나서 틀리긴 하더라고요. 일단 애들이 한국에 있으니까 학년 별로 틀려요. 저희 초등반 같은 경우는 한국 사람이라고 많이 생각을 해요. 특별히 '나는 중국인이다' 이러지는 않는 것 같아요. 왜냐하면 한국 국적이 나왔으니까. 한국 민증이 나왔고 한국에서 살아갈 거라고 생각을 하고. 그래서 저희 반 같은 경우는

중국계 고등3반 학생은 중국에서 온 지 3년 정도 밖에 되지 않아서 그런지 자신은 당연히 중국인라고 대답했다. 국적 취득과는 무관하게 자신의 정체성을 모국에 두고 있었다.

> 고등3반 학생2: 국적은 받았지만 모국은 중국이니까. 한국인도 그렇잖아요. 밖에 나가도 다른 사람이라고 해도 자기 한국인이다. 심정은 똑같아요.

자신이 한국인이라고 생각하거나 중국인이라고 생각하거나 상관없이 모두 자신의 모국에 대해서는 자부심을 갖고 있었다. 특별히 애국심이라고 할 것은 아니지만, 가고 싶은 나라, 재미있는 나라로 생각하고 있다고 한다.

> 초등2반 교사: 애들이 그거에 대해서 아직 엄마의 나라는 어쩌고 아빠의 나라는 어쩌고 이런 것 별로 없어요. 엄마의 나라 방학 때 중국 가면 재밌는 곳. 방학 때 중국 가면 재밌고 이러지, 엄마의 나라, 아빠 나라 이러진 않아요.

학생들은 서로 다른 출신국에 대해서 존중하면서 호기심이나 부러움을 갖고 있었다. 방학기간에 모국에 다녀오고 나면, 어떤 경험을 했는지, 어떤 것이 좋았는지 서로에게 물어보며 부러워했다. 다른 학생의 출신국을 비하하거나 무관심하기 보다는 호의와 호기심으로 존중하고 있었다.

학생들의 모국에 대해 자부심을 가질 수 있도록 매주 금요일은 모국어 교육을 하고 있었다. 같은 출신국 교사가 모국어로 수업을 진행하며 수업은 주로 모국어로 된 성경을 공부하거나, 모국 문화를 체험하는 활동을 하는 것으로 이루어졌다. 연구자가 참관한 중국어 수업에서는 학생들이 모여서 중국 음식을 만들어 먹고 있었다. 한국 음식이 입에 맞지 않는 학생들은 모국에 있었던 이야기를 하며 즐겁고 활기차게 대화를 나누었다. 이런 시간에는 모국문화에 대한 체험을 할 뿐 아니라, 학생과의 긴밀한 대화를 통해서 학생들이 겪고 있는 어려움을 상담할 수 있다고 하였다.

중국어 수업과는 달리 교사의 부족으로 모국어 수업이 잘 이루어지지 않는 반도 있었다. 우즈베키스탄과 같이 학생 수가 많지 않고 협력교사가 없는 경우 학생들은 그냥 한국어 수업을 해야 하지만 다른 학생 대부분이 모국어 수업을 하고 있었기 때문에 잘 이루어지지 못하고 있었다.

각종 외국계 협력 교사를 초빙하는 것은 새날학교의 큰 과제 중의 하나였다. 이교장의 노력으로 외국인근로자문화센터나 교회를 통해 외국인 교사를 섭외하기도 하지만 특정 국가 출신 교사를 구하기 어려운 경우가 종종 있었다.

### 마) 진로

처음 새날학교에 온 경우 많은 학생들이 한국어를 잘 하지 못할 뿐 아니라 한국사회에서 살아가는 데 도움을 받지 못하기 때문에 미래를 계획하는 것이 쉽지 않다. 모국이나 한국의 가정에서 제대로 돌봄을 받지 못한 경우에는 자존감이 낮을 뿐 아니라 자신의 진로를 계획할 의욕이 없는 경우도 있다. 새날학교에서 한국어를 배우고 안정을 찾게 되면서 향후 진로에 대한 생각을 하게 된다고 한다.

초등학교 학생들이 한국어에 능숙해지고 수업내용을 이해하는 데 어려움이 없게 되면 일반학교로 전학을 가는 경우가 종종 있다. 새날학교에서는 이렇게 일반학교로 전학 가서 적응하는 것에 대해서 거부감 없이 받아들이고 있었다.

초등학교 학생들의 경우 일반학교로 전학하는 경우가 종종 있고 이들은 큰 어려움 없이 잘 지내고 있다고 했다. 적응이 되지 않은 경우에는 간혹 다시 돌아오는 경우도 있지만 거의 대부분은 다시 돌아오지 않고 잘 지내고 있다고 한다.

이에 반해 중학교 이상 수준의 학생들은 전학을 생각하지 못하고 있었다. 이들은 이미 다 성장해서 왔을 뿐 아니라 한국어를 능숙하게 할 수 없기 때문이다. 이들은 여전히 한국어를 익히는데 어려움을 많이 겪고 있다. 문장을 이해하는 속도는 빨랐지만 문장을 읽거나 쓰는 데는 여전히 익숙하지 못했다. 이런 상태에서는 우리나라 중고등학교 학생의 학습량을 소화해 내기가 어렵다.

한국어를 능숙하게 하지 못하면 해당 연령이 지나서도 새날학교에 남는 경우도 종종 있다. 고등학교 졸업반의 경우 이미 해당 나이가 지났지만 아직 졸업을 결정하지 못하고 있었다. 어떤 경우는 새날학교가 정식학교로 인가가 나면 졸업장을 수여하기 위해 기다리는 경우도 있었고, 취업을 준비하면서 다니는 학생도 있었다.

졸업 후 취업을 위해서 비교적 구체적인 준비를 하는 학생들이 많았다. 이들은 한국어와 모국어를 동시에 할 수 있기 때문에 통역과 관련된 업종이 유망하다고 한다. 한 학생은 간호학원에 다니면서 관광의료통역사를 준비하고 있었다. 모국에서 온 이주민들이 의료서비스를 원활하게 받도록 돕는 일이다.

> 고등3반 학생1: 저는 꿈은 관광 의료 통역사하고요. 올해 말고 내년부터 간호 학원에 다녀볼라고 하는데. 올해 7월 달에 학교에서 의료 코디네이터를 교육을 받았었어요. 교육받고. 이제 또 많은 것을 배워야 되서. 좀 간호학원을 다니고.

이 학생은 구체적인 진로 계획을 가지고 실제로 이를 준비하고 있었다. 다문화 학생들이 갖고 있는 중요한 특성, 즉 다문화에 익숙하다는 점을 잘 활용한다면 향후 진로 전망은 어둡지만은 않다고 했다.

> 교장: 이렇게 우리 애들이 여기서 그냥 이렇게 버려지면 아무런 쓸모가 없지만 잘 가르쳐서 이런 자격증도 만들어서, 우리가 자체 자격증도 만들어서 주거든요. 그래가지고 이렇게 쓰니까 그 화순 전대병원에서도 굉장히 우리 학생들을 많이 활용해요. 몽골어, 우즈벡어, 그 다음에 러시아어, 이런 데. 일반 영어나 이런 것을 잘하는 사람들은 많잖아요. 그런데 특이한 언어, 뭐 네팔어, 스리랑카 어, 우리 학생들 할 수가 있잖아요. 그리고 외국인 환자를 우리가 유치하거든요. 각 나라에 외국인 환자를 유치하는 에이전시하고 협약을 맺었어요. 수십 개 기관들 하고요. 각 나라에 나가서. 그래가지고

그 외국인 환자들이 한국에 들어오면 서울로 안가고 광주로 데리고 와서, 인천공항으로 마중을 나가죠. 나가서 광주에 와서 이제 화순 전대병원이 안되면 이런 성형외과, 이런 데. 서울보다는 가격을 싸게. 그래서 우리도 지금까지 이걸 한 번도 해본 적이 없는, 광주 전남은 의료 관광에서 문외한이었어요. 한 번도 해본 적이 없는데 우리가 시도를 해가지고 광주 전남이 조금 의식이 깨었죠.

이중 언어를 유창하게 할 수 있고, 두 나라의 문화를 잘 이해하고 있다면 다문화 학생들이 할 수 있는 일은 이외에도 많을 것이다. 특히 교육, 관광, 의료, 외교 등 외국과의 소통이 필요한 곳이라면 어디든지 활동할 수 있다. 우리사회가 점차 다문화사회로 전환하면서 이런 학생들의 수요는 더욱 커질 것으로 보인다.

## 5. 논의 및 결론

### 1) 논의

#### 가) 새날학교가 일반 다문화 교육에 주는 시사점

새날학교의 특징으로 가장 먼저 꼽을 수 있는 것은 교원의 구성이다. 다문화 학교인 새날학교는 이천영 교장이 외국인근로자문화센터를 운영하면서 보호받을 길이 없는 자녀들을 양육하기 위하여 설립한 학교이다. 그는 자기가 목회하는 교회에서 자원봉사자를 발굴하거나 외국인근로자문화센터에서 교사들을 초빙하는 등 적극적으로 교원을 모집하였다. 교사들을 충원하여 자발적 헌신을 이끌어내고, 기독교 이념으로 학교를 운영하면서 하나의 교육공동체를 만드는데 이교장의 지도성이 절대적인 밑받침이 되었다. 교감은 이에 대해 이교장의 역할이 없었으면 새날학교의 운영은 불가능하였을 것이라고 단언하였다.

이교장의 지도성이 학교를 설립하는데 기여하였다면 열악한 학교환경에도 학교를 운영하는 데는 교원들의 자발적인 헌신 없이는 힘든 것이었다. 교원들은 사실상 봉급을 받지 못하면서도 같은 종교적 이념을 바탕으로 헌신하였고, 다문화학생들을 가르치는 것 자체를 보상으로 생각하였다.

이와 함께 교원들 간의 상호 신뢰를 바탕으로 끊임없이 소통함으로써 학교운영이 유기적으로 이루어지게 하였다. 교원들 간의 의사소통이 긴밀하였던 것은 같은 종교적 이념과 문화를 공유하고 있기 때문에 가능한 것이었다. 종교적인 내용 이외에 교육철학이나 방식과 관련해서는 정해진 것이 없기 때문에 이와 관련한 갈등이 일어날 여지가 크지 않았다. 또한 대부분 거의 무보수로 참여하고 있기 때문에 이권과 관련해서 갈등이 일어날 소지도 없었다.

종교 이념이외에 특별한 교육이념을 갖고 있지 않다는 것은 전통적인 교육방식으로 가르칠 경향성을 시사하는 것이었다. '어머니의 줄다리기' 교육방식은 우리나라 전통적인 교육방식의 특징을 갖고 있는 것으로 종교적 이념과 충돌하지 않는다. 뿐만 아니라 수업 방식은 일반 학교에서 이루어지는  교육방식과 크게 다르지 않았다. 다만 일반 학교에서는 '사랑의 매'가 통제의 수단으로 전락한 반면, 새날학교의 '어머니 줄다리기'는 전통적 가정에서 어머니가 양육하는 방식을 그대로 살리고 있다는 점이 차이점일 것이다.

두 번째로 꼽을 수 있는 새날학교의 특징은 일반 한국 학생과는 분리하여 다문화 학생을 가르친다는 것이다. 이 덕분에 다문화학생들을 외국문화에 대한 적대시로부터 보호할 수 있었다. 학생들은 외부 시선을 의식하지 않고 어눌한 상태에서부터 한국어를 배울 수 있을 뿐 아니라 자신들만을 위한 수업을 받을 수 있었다. 모두 같은 처지에 있었기 때문에 서로를 적대적으로 대하는 경향이 적었고 쉽게 친구가 될 수 있었다.

특이한 점은 학생들 중 3분의 2 이상을 차지하는 중국학생들이 자기들만의 패거리를 형성하지 않고 다른 출신국의 학생들과 잘 어울려 지내고 있다는 것이다. 이것은 억압적이지 않고 수용적인 교육방식에 기인하는 것으로 보였다. 학생들은 일반 학교 학생들처럼 학교에서 스트레스를 받는 것이 아니라 자신이 갖고 있는 정신적 문제나 상처에 대한 위안을 받고 어려움으로부터 보호받기도 한다.

학교에서 학생들 간의 폭행이 일어난 적이 있었다. 같은 출신국 학생들이 처음 새날학교에 들어와서 힘겨루기를 하면서 일어난 일이었던 것 같다고 한다. 이들은 자신의 나라에서는 힘으로 문제를 해결하는 것이 자연스러운 일이라고 생각하고 있었다. 이들 어머니조차도 자연스러운 일이라고 생각해서 선생님들이 어려움을 겪은 적이 있다고 했다.

이러한 갈등은 같은 또래인 다른 출신국 친구가 들어오면서 자연스레 해결되었다고 한다. 처음엔 같은 출신국 학생들끼리만 소통할 수 있었지만 점차 다른 문화의 학생들과 소통하게 되면서 같은 출신국 학생들 사이에서만 느꼈던 문제를 해소하는 계기가 되었다.

다문화 학생들만을 분리하여 교육하는 것에 대한 이견이 많다. 한국사회에서 적응하고 살아야 한다면 언제까지 학생들에게 보호막을 쳐줄 수 없기 때문이다. 학생들을 분리하기 보다는 어려서부터 문제에 직면하고 스스로 해결해 나갈 수 있도록 해야 한다는 것이다. 새날학교 교사들도 언제까지 학생들을 새날학교에 잡아둘 수 없다는 것을 잘 알고 있었다. 다만 학생들이 상처를 받지 않고 적응할 수 있도록 준비시킬 수 있는 기간이 필요하다는 것이다. 새날학교 학생들은 학교 안에서 문제없이 잘 지내지만, 학교 밖으로 가면 여전히 자신이나 자신의 어머니가 외국출신이라는 것 때문에 고통 받는 경우가 종종 있었다.

> 초등2반 교사: 이 애들은 어차피 한국에서 태어나고 한국에서 자라고 한국 국적을 가지고 끝까지 가야될 애들인데 그 말씀도 나와서 이런 건 아닌 것 같은데. 이 학생 같은 경우가 약간 따돌림도 당하고 그랬다고, 그 전에. 지금도 놀이터에 가면 맞는데요. 지금도 막 아이들이 놀리고 그래서 놀이터 혼자 못 간대요. 그런 실정에서 일반학교를 가기가 어떻게... 겁이 나죠.

교사들은 적어도 한국어에 능통해서 한국어 사용에서는 다른 한국인과 차이가 나지 않을 정도는 되어야 전학을 갈 수 있다고 보았다. 한국어 사용과 함께 자기 모국에 대한 자부심과 이중문화를 기반으로 한 자신의 정체성을 확립하는 것도 중요하다고 보았다. 일반학교가 다문화학생을 받아들일 준비가 되어 있지 않고 그 시기가 금방 오지 않는다면 먼저 다문화 학생들이 자신을 보호할 수 있는 최소한의 기간과 교육이 필요하다는 것이다.

> 초등2반교사: 통합도 좋고 다 좋아요. 그렇지만 일단 이 아이들만의 공간을 마련해 주고 그 다음에 그건 아이들한테 선택에 맡겨주고 싶어요. 일반학교에 갈 수 있도록, 가보고 싶으면 가라. 우리가 절대 잡지는 않아요. 이 아이가 거기서 적응을 못했을 때 다시 돌아올 수 있는 쉼터 같은 곳이 필요하지 않을까 싶어요.

새날학교의 학생들 중 어릴 때 입학한 학생일수록 한국어와 다른 학습에서 효과를 보이고 있었다. 가장 어린 나이에 온 한 학생은 다른 학생들과 비슷하게 2년 정도 학교를 다녔지만 한국말은 누구보다도 유창하게 하고 있었다. 다문화학생들은 유아기부터 한국어 교육을 받아야 한다는 것을 보여주고 있었다.

또한 일반학교에 전학한 학생들은 거의 대부분 어렸을 때 입학한 학생들이었다. 이들은 새날학교에서 한국말을 충분히 익힌 다음 일반학교로 전학을 가서 잘 적응하고 있다고 한다. 이 학생들의 가정은 대체로 좋은 편이어서 가정의 지원을 많이 받고 있어서 일반 학교에서 겪는 어려움을 잘 극복하고 있는 것으로 보였다.

### 나) 새날학교 다문화 교육의 한계점

새날학교가 다문화 교육에서 많은 장점을 갖고 있음에도 여전히 해결해야 할 숙제들이 있는 게 사실이다. 첫째 가장 중요하게 논의될 점은 분리교육의 문제다. 새날학교는 일종의 온실처럼 일반 한국학생들의 차별적 시선으로부터 다문화학생을 보호하는 역할을 하고 있다. 상당수 학생들은 새날학교 초등학교를 졸업하고 다시 새날학교 중학교 과정에 진학하고자 하였다. 일반 학교로 돌아가는 것이 여전히 부담스럽기 때문이었다.

다문화 학생들을 일반학교 한국학생과 분리하여 교육하는 것이 바람직한지, 얼마나 오랫동안 분리해서 교육해야 하는지는 논의의 여지가 있다. 일반 학교에서는 다문화교육의 준비가 아직도 미흡하다. 다문화의 내용을 이제 도입하고 있지만 간단히 소개하거나 다른 나라의 문화를 체험하는 수준에 그치고 있다. 학생들 역시 다문화에 대한 이해가 부족하여 다른 문화 집단을 수용하고 공존하려는 의식이 부족한 편이다. 이런 여건에서 다문화학생을 일반학교에 재학하게 하는 것은 교육적으로 부정적인 결과를 피할 수 없다.

이에 반해 새날학교의 경우 다문화학생들을 분리하여 교육하는 것이 긍정적인 기능을 하고 있는 것으로 보인다. 이들은 모두 중도입국자들이기 때문에 한국어를 전혀 모르지만 우리나라 어디에서도 한국어를 배울 수 있는 학교가 없기 때문이다. 한국어를 교육하기 위해 자기 나이에 맞지 않게 초등학교에 가도록 하는 것은 도움이 되지 못했다. 이들은 새날학교에서 선주민(先主民) 학생[98]들로부터 놀림이나 따돌림을 받지 않고 한국어와 다른 과목을 학습할 수 있으며, 다문화학생들이 각자의 모국을 존중하는 법과 다른 문화집단과 공존하는 법을 배울 수 있었다.

하지만 다문화 학생들만을 위한 교육이 오랫동안 지속되는 것은 이들이 한국사회에서 건강하게 살아가는 데 부정적인 영향을 미칠 것이다. 분리해서 교육을 받더라도 일반 한국 학생들과 지속적인 교류를 할 수 있도록 해야 한다. 새날학교 학생들의 경우  여전히 자신이 다문화 학생임을 숨기고 있었다. 자신이 다문화 학생임을 밝히면 바로 따돌림의 대상이 될 것을 두려워하고 있기 때문이다. 당장 어려움이 있더라도 다문화 한국인임을 자신 있게 밝히고 다문화가 공존하는 사회를 이루어 갈 수 있도록 해야 한다. 이를 위해서는 일정 기간이 지난 후에는 통합교육을 하는 방안을 강구해야 하며, 분리교육이 실시되는 중에라도 선주민(先主民) 학

98) 이주 가정 학생들 이외의 학생들을 일반 한국 학생들이라 하지 않고 선주민(先主民) 학생이라는 표현을 사용하였다. 일반 한국 학생이라는 표현은 이주 가정 학생들이 일반적이지 않다는 편견을 심어줄 수 있기 때문이다.

생들과 교류하도록 하는 것이 좋을 것이다.

둘째 새날학교의 학교운영방식이다. 교육이나 학교운영의 권한은 모두 교사의 권한이지 학생은 참여할 수 없게 되어있다. 학생 자치 역시 실시되지 않고 있다. 새날학교가 다문화학생들의 쉼터가 될지는 몰라도 학생들이 주체적으로 이루어가는 자치공간이 되지 못하고 있다. 새날학교의 교육이 학생들이 주체가 되기보다는 지도자의 리더십과 교사들의 지도로 이루어지고 있기 때문이다. 기존의 공교육이 갖고 있는 문제를 극복하기 위해서는 학생들이 주체적으로 학습하고, 학교생활을 이끌어 갈 수 있도록 해야 한다. 먼저 모든 학생들이 자신들의 의견을 반영하여 추진할 수 있는 기구를 만들어야 하고, 나아가서는 학생과 교원이 평등하게 만나서 학교의 전반적인 사항을 의논하고 결정할 수 있는 기구를 만들어야 한다. 이를 통해 다문화가 갖는 차별을 극복하는 교육을 할 뿐 아니라, 기존의 공교육이 갖고 있는 문제를 극복하는 대안적인 교육을 할 수 있어야 한다.

셋째, 한국어를 배우는 방식이 다문화학생의 처지나 문화를 고려하지 못하고 있다. 새날학교 학생들은, 선주민(先主民) 학생들이 외국어를 배우는 것과는 달리, 외국어로서의 한국어를 당장 실생활에서 쓰지 않으면 안 되는 절박한 필요를 갖고 있다. 단기간 내에 한국어를 배워야 하고 실생활에서 쓸 수 있어야 하지만 한편으로는 한국어 수업을 따라갈 수 있어야 하기 때문에 부담이 크다. 기존의 교재에서 한국어를 가르치는 방식은 한글의 자음과 모음을 익히고 책을 읽는 학습형태가 많기 때문에 학생들은 곧잘 흥미를 잃는 경우가 많았다. 새날학교 교사들은 기존의 교재가 너무 현실에 맞지 않아서 새로 교재를 만들었다.

학생들의 현실적인 필요에 더 접근하려는 교사들의 노력에도 불구하고 여전히 학생들은 한국어를 이해하기 힘들어 하는 것 같았다. 다문화 학생들의 문화와 사고방식을 반영한 내용으로 한국어를 배울 수 있다면 더욱 효율적으로 가르칠 수 있을 것이다. 자신의 문화와 사고방식이 한국의 문화나 사고방식과는 다르기 때문에 흥미도 떨어지고 이해도 어려울 수 있기 때문이다.

재정과 교원 수급의 문제는 새날학교가 공립형 대안학교로 전환되지 않는 이상 무거운 부담으로 남을 수밖에 없을 것 같았다. 교원들 특히 교장의 노력으로 교육청이나 시민단체, 그리고 자발적 기부자들에게서 후원금을 얻는 것으로 재원을 조달하고 있지만 재정난은 새날학교 운영에 큰 짐이 되고 있었다. 교원 수급도 외국인근로자 문화센터와 교회 등에서 자원자를 발굴하여 상당 수 교원을 확보하고 있지만 아직도 부족한 편이다. 이러한 문제를 해결하기 위해서는 새날학교를 공립형 대안학교로 전환하여야 할 것이다. 단, 공립형 대안학교로 전환하더라도 새날 학교가 갖고 있는 장점을 잃지 않도록 해야 한다. 이를 위해서는 먼저 교육과정을 유기적으로 운영할 수 있도록 교육과정 운영권을 허락해야 한다. 또한, 교사들의 경우 새날학교에서 필요한 교원을 초빙할 수 있는 자율권을 최대한 확보해야 한다. 요컨대, 새날학교에 대한 지원을 국가가 하면서도 새날학교가 교육과 관련된 권한을 최대한 확보하여 고유한 교육력을 잃지 않도록 해야 한다.

### 2) 결론

새날학교는 설립자인 교장의 지도력, 헌신적인 교사들을 통하여 운영되고 있었다. 자발적인 교원의 구성은 성공적인 학교운영에 가장 큰 원동력이 되었다. 또한 학생들을 다문화 학생들로만 구성하여 일반 한국 학생들과 분리된 교육을 하고 있었다. 분리교육이 선주민(先主民) 학생과의 교류를 막을 위험이 있었지만, 이들만을 위한 교육을 실시하여 한국어 학습, 정체성 형성 등에 긍정적인 효과를 낳고 있었다. 이중 언어를 기반으로 하는 수업 방식과 모든 학생들이 다문화를 자연스럽게 받아들일 수 있도록 하는 학교 분위기가 이들에게 긍정적인 영향을 미치고 있었다.

반면에 분리교육으로 일반 학생과의 교류를 통한 통합교육이 어렵다는 문제를 갖고 있었다. 특히 중도에 입국한 학생의 경우 일정기간 분리교육이 필요하지만, 어떤 방식으로 통합교육을 할 것인지 방안을 가지고 있지 않았다. 또한 새날학교 운영방식이 교사 중심으로 되어 있어 학생들의 자율성이 훼손될 우려가 있다는 점, 이들에게 외국어로서의 한국어 교육이 충분히 이루어지지 못하고 있다는 점 등이 한계점으로 나타났다. 비인가 학교로 운영되고 있다는 점 또한 장애로 작용하고 있었다.

이러한 특징으로 볼 때, 새날학교는 다문화 대안학교로서 우리 사회에 적응하지 못하는 다문화 학생들을 대상으로 교육을 하며, 이들이 자신의 정체성과 자존감을 세워가는 데 큰 도움을 주고 있다. 선주민(先主民) 학생들로부터 받는 소외감을 차단하고 다문화 공동체를 만들어 학생들이 우리 사회의 일원이 되도록 교육하는데 일정한 성공을 거두고 있었다.

이 연구의 결과는 외국에서 출생한 후 한국에 입국한 결혼이주 가정 학생들이 재학하고 있는 다문화 학교를 대상으로 하였기 때문에 이 학교의 장단점을 곧바로 일반학교 운영에 적용하기는 힘들다. 새날학교의 교육이 시사하는 점은 중도 입국한 다문화 학생들을 교육할 때 검토해야 할 것이다. 외국에서 출생하여 중도 입국한 많은 학생들이 마땅하게 교육받을 곳이 없어 사각지대에 놓여 있다는 점을 감안하면 이들을 위한 대안학교 설립이 절실하다. 최근 시도되고 있는 공립형 대안학교가 하나의 방안이 될 수 있을 것이다.

새날학교가 중도입국자만을 대상으로 하는 다문화 학교라는 특징과 한계를 분석할 수 있다면, 새날학교가 갖는 장점을 일반학교 다문화 교육에도 반영할 수 있는 방안을 모색할  수 있을 것이다. 무엇보다도 다문화 학생들에 대한 한국어 교육이 중요하고, 주로 유년기나 초등학교 저학년 시기에 이루어진다는 점을 감안하면, 유년과 초등학교를 연계하여 한국어를 집중적으로 교육할 수 있는 프로그램이 마련될 필요가 있다. 이를 위해서는 새날학교 교육이 교육적 조건, 학교교육의 특성, 교육결과 등에서 일반학교와는 어떤 공통점과 차이점을 보이는지 분석하여, 일반학교에서 다문화 교육을 개선하는데 어떤 시사점을 줄 수 있는지 비교연구를 할 필요가 있을 것이다.

# 제 16 장

# 나가며

지금까지 다문화사회와 다문화 교육에 관하여 살펴보았다. 여기서는 앞에서 살펴본 내용을 정리하고 다문화 사회, 다문화 교육에서 향후 연구해야 할 문제나 추진해야 할 정책이 무엇인지 검토한다.

먼저 인류의 역사와 사회의 일반적인 특징에 대해서 살펴보았다. 다문화란 것이 인간의 역사와 인간 사회 속에서 이루어지는 것이어서 이것을 살펴보는 것이 의미가 있다고 생각했기 때문이다.

인류의 역사는 지배와 피지배계급의 대립과 갈등으로 이루어져왔다고 볼 수 있다. 생산력을 소유한 집단은 강한 힘을 소유하여 다른 집단을 억압하고 착취해 온 것이 인류의 역사라고 볼 수 있다.

생산력이 발전함에 따라서 사회가 발전해 왔지만 이런 지배 · 피지배 관계는 변하지 않았다. 고대 노예제 사회에서나 지금의 자본주의 사회에서도 약자 계급에 대한 지배계급의 억압은 여전히 지속되고 있다.

이러한 지배 · 피지배 관계가 서로 다른 민족 간에서도 이루어진다. 두 민족이 만날 때 강한 민족이 약한 민족을 지배하는 것이다. 다문화라고 하는 것은 다른 민족이 접촉하면서 일어나는 현상이라고 볼 수 있다.

역사에서 식민지 개척이라는 미명하에 선주민을 침략하고 지배한 것이 아메리카 대륙이다. 유럽인들은 아메리카 대륙을 침략하고 선주민들을 지배하고 착취하였다. 미국이나 캐나다나 모두 선주민인 아메리칸 인디언들을 억압하였다. 그것도 모자라 아프리카에서 살고 있는 주민들을 끌고 와 노예로 삼았다. 백인 이주민들은 주류 집단을 형성하여 선주민과 아프리카계 이주민들을 분리하고 차별하였다. 선주민과 아프리카계 이주민이 자신의 권리를 찾기 까지는 아주 오랜 시간이 걸렸다.

선주민이 소수 집단인 경우인 아메리카와는 달리 선주민이 주류집단인 유럽의 경우 다문화주의 정책을 취하지 않는 경우가 많다. 프랑스의 경우 공화주의적 동화주의라는 독특한 형태의 동화정책을 가지고 있고, 독일의 경우에는 차별하지 않는 분리정책을 취하고 있다.

유럽에서 이민자의 문제가 심각하게 대두된 것은 자본주의 발달에 따라 노동인구가 이동하면서 생긴 경우가 많았다. 이러한 경우 자본주의 체제하에서 자본가와 노동자의 지배·피지배 관계에서 살펴보아야 한다.

자본주의 사회가 발전하면서 그 사회에 있는 노동자의 임금이 올라가게 되는데, 임금 상승은 이윤을 저하시키는 요인이 된다. 욕심의 한계가 없는 자본은 이윤을 상승시키기 위하여 저임금 노동력을 해외에서 유입하게 되는 것이다.

선주민이 주류집단이냐 약자 집단이냐에 따라 다문화 사회의 유형이 다르게 나타나는 것은 두 집단의 권력관계에 따라 사회 지배 구도가 달라지기 때문이다. 소수 집단에 대한 지배와 통제가 강할 때는 철저한 분리·차별정책이 시행되지만, 소수 집단의 권력이 강해짐에 따라 차별은 완화되고 이들을 평등한 사회 구성원으로 인정하게 된다.

소수집단을 사회 구성원으로 인정하면서도 이들에 대한 통제가 가능할 때는 동화주의적 입장을 취하는 경우가 많다. 주류 집단의 권력이 흔들리지 않고 소수 집단을 포섭하려 하기 때문이다.

소수 집단의 권리가 확대되어 일방적인 통제나 억압이 어려워지면 다문화주의 정책을 취할 수밖에 없게 된다. 미국의 경우 소수 집단의 권리가 확대되어 미국 백인 문화의 우월성을 주장하기가 어려워지자 다문화주의 정책을 실시하기 시작했다.

캐나다의 경우는 약간 달랐다. 주류 집단과 소수 집단 간의 갈등이 아니라 영국계와 프랑스계의 갈등으로 다문화주의 정책이 도입되었다. 프랑스계 집단의 반발로 캐나다가 분열될 위기를 맞게 되자 프랑스계 집단의 문화와 주체성을 인정하지 않을 수 없게 된 것이다. 이런 분열 위기를 해결하기 위하여 영어와 프랑스어를 모두 공식 언어로 채택하고 모든 집단의 문화를 인정하는 다문화 정책을 도입하게 되었다.

이와 같이 다문화 사회의 특징은 동화주의나 다문화주의와 같은 한 두 개의 모델로 환원하기 어려운 특징을 가지고 있다. 동화주의라 하더라도 같은 형태가 아니며, 다문화주의라고 하더라도 다른 정책을 취하는 경우가 많기 때문이다.

프랑스의 동화주의는 일반적인 동화주의와 다른 특성을 가지고 있다. 미국이 백인 문화를 중심으로 동화하자는 것과 달리 프랑스는 공화주의적 이념으로 통일하고자 하였다. 어떠한 집단의 문화도 주류 문화로 인정하지 않고 모든 사람의 자유와 문화가 인정받는 민주사회를 추구하고 있다.

공화주의적 이념은 모든 개인이 어떠한 종류의 구속도 받지 않는 개인주의에 기초하고 있다.

공화주의적 이념이 이상적인 민주적 공동체를 지향하고 있음에도 불구하고 실제로는 주류 집단의 문화, 즉 백인의 문화, 상층 자본계급이 지배하고 있다. 소수 집단은 공화주의적 이상과는 달리 차별을 받고 있다. 공화주의적 이상에 따라 소수 집단을 구별하여 지원하지 않기 때문에 이러한 차별은 더욱 심화되어 왔다. 프랑스 정부는 이런 점을 만회하기 위하여 소수 집단을 지원하는 정책을 도입하였지만, 일반적인 하층계급을 지원하여 소수 집단도 혜택을 받도록 하는 간접 지원정책을 취하기 때문에 큰 효과를 거두지 못하고 있다.

독일의 경우 소수집단을 분리하지만 차별하지 않는 정책을 취하였다. 다른 나라에 비해 빨리 이주민의 노동권 및 기본권리를 인정하되 이런 정책을 통하여 이주민의 귀화를 촉진하고자 하였다. 독일 정부의 의도와는 달리 이주민들은 본국으로 귀국하지 않았고 독일에 정주하고자 하였다. 결국 독일 정부는 이주민들이 독일인으로 쉽게 귀화하는 것을 허용하는 정책을 시행하면서 다문화주의적인 정책을 도입하게 되었다.

우리 사회에서는 어떤 이주민 정책을 실시하여야 할지를 생각해 보아야 할 것이다. 이주민인 소수 집단의 정체성을 인정하게 될 경우 장점과 단점이 있기 때문에 다문화주의적인 방향이 이상적임에도 불구하고 이에 대한 보완적인 정책을 생각하지 않을 수 없다.

일단 소수 집단에 속한 구성원들이 부당한 차별을 받지 않도록 보호해야 하는 것은 선택의 여지가 없이 받아들여야 하는 가치이다. 이들의 문화와 권리도 인정하지 않을 수 없다. 프랑스와 같이 모든 사람의 권리를 인정하기 위하여 소수 집단을 인정하지 않을 경우 실제적인 차별을 막을 수 없기 때문이다. 프랑스 다문화 정책의 이상과 현실의 괴리를 극복하기 위해서는 소수집단이라는 칸막이가 필요하다.

문제는 소수 집단이 그 구성원을 억압할 경우 소수 집단으로부터 이 구성원들을 보호할 수 없다는 것이다. 이 경우 주류 집단의 민주적 가치와 소수 집단의 가치가 충돌할 가능성이 크다. 예를 들면 이슬람 여성의 복장, 아프리카의 여성 할례문제 등이다. 이런 점에서 소수 집단의 문화를 인정하고 권리를 확보하면서도 소수 집단이 개인을 억압하는 것을 막을 수 있는 방안을 마련하여야 한다.

소수 집단의 권리는 소수 집단이 갖고 있는 힘과 비례한다. 이들이 경제적 · 정치적인 힘을 가질 때 이들에 대한 정책과 인식, 문화가 달라지기 때문이다. 소수 집단의 문제를 해결하기 위해서는 법적 · 제도적 보호 장치를 마련하는 것과 함께 이들의 경제 수준이 향상될 수 있는 정책을 실시하여야 한다.

자본주의 사회가 지배 · 피지배의 권력관계에서 벗어날 수 없다는 것을 생각해 본다면 소수 집단의 권리가 저절로 확보될 수 있다고 생각하는 것은 비현실적이다. 노동자이며 하층계급인 소수집단의 권리를 확보하기 위해서는 이들이 정치적 · 경제적 힘을 얻도록 시민운동을 전개할 필요가 있다. 이러한 운동을 담당할 수 있는 집단은 시민단체나 종교집단이 될 것이다. 여기에 학자들도 이런 운동에 가세할 수 있을 것이다. 미국의 경우 민주화에 크게 기여한 것은 사법부였다. 우리나라의 경우 사법부가 진보적인 판결을 내린다면 소수 집단을 보호하는 보루가 될 수도 있을 것이다.

앞에서 살펴본 바와 같이 한국 사회의 다문화는 이주 노동자와 결혼 이주민이 큰 축을 이루고 있다. 이주 노동자는 저임금 노동력 부족을 해결하기 위한 방안으로 1990년대부터 유입되기 시작하였고, 결혼 이주민은 주로 농촌의 결혼 배우자 부족 문제를 해결하기 위하여 이주하였다.

두 집단에 대한 정책은 차별적으로 진행되었다. 이주 노동자에게는 분리·차별 정책을 시행하였다. 정주권을 불허하고, 한국 노동자들이 갖고 있는 노동권을 인정받지 못한 상태에서 부당한 노동을 강요하였다. 산업연수제에서 고용허가제로 변경되었지만, 본인이 직장을 구할 수 없게 하고 있고, 직장 이전을 3회로 제한하여 사용자가 이주 노동자에게 부당한 노동을 강요하는 것을 막지 못하고 있다. 이주 노동자에 대한 제도가 변경되었음에도 이주 노동자에 대한 부당한 대우는 여전히 지속되고 있는 것이다.

이주 노동자와는 달리 결혼 이주민들은 우리 사회의 일원으로 받아들여, 이들을 동화하는 정책을 추진하고 있다. 이들이 사회에서 적응하는데 초점을 맞추고 있는 것이다. 일부 다문화주의 정책을 실시하고 있으나 주류 집단인 선주민들의 이해가 개선되지 않은 상태에서 실시하고 있어 원래의 의도대로 시행되지 못하는 경우가 많다.

예를 들면 이주 가정 여성이나 이주 가정 학생들에 대한 지원이 확대되었지만 선주민들은 이것이 이들에게만 주어지는 특혜라며 불만을 나타내는 경우가 늘어나고 있다. 이중 언어 교육을 확대하고 있지만 정작 이주 가정 학생들이 이주 가정 출신이라는 것이 알려지면 선주민 학생들에게 피해를 입을 우려가 있다. 선주민 학생들이 다문화주의를 충분히 이해하고 수용하지 않는다면 이중 언어 정책은 이주 가정 학생들을 구분하고 차별하는 결과를 낳을 우려가 있다.

이주 노동자와 결혼 이주민 등 이주민들은 모두 경제적으로 최하의 수준에 머무르고 있다. 결혼 이주민은 법적인 권리를 보장받고 있지만, 이주 노동자들은 그마저 보장받지 못해서 사실상 인권을 보장받지 못하는 상태이다.

이러한 문제를 해결하기 위해서는 먼저 이주 노동자들이 시민으로서 최소한의 인권을 보장받을 수 있는 법적·제도적 장치를 마련하여야 한다. 결혼 이주 가정의 경우 경제적 어려움을 극복할 수 있게 하고, 문화적 정체성을 인정받을 수 있는 방안을 마련하여야 한다.

선주민들이 다문화주의를 이해하게 하는 정책이 필요하다. 단일 민족주의나 순혈주의가 갖고 있는 편견을 극복하여야 하며, 우리 사회가 이미 다문화 사회임을 인식하도록 해야 한다. 소수 민족을 존중하고 약자를 배려하는 태도가 중요함을 인식하도록 해야 한다. 소수 집단을 보호하는 것이 이들만을 위한 것이 아니라 우리 사회 전체에 유익하다는 것을 선주민들이 인식할 수 있도록 해야 한다.

이주 노동자의 경우 이들이 시민의 권리를 확보하는 정책을 시행할 수 있도록 정부에 압력을 넣는 운동이 필요하다. 자본의 속성상 자신이 손해를 보면서 이주민의 권리를 확보하지는 않을 것이기 때문에 정부가 나서지 않으면 안 된다. 이를 위해서 이주민을 위한 시민단체의 활동이 필수적이며, 이에 대한 공감대 확보를 위한 노력이 필요하다.

소수 집단의 권리확보 운동은 우리 사회에 존재하는 약자들의 권리를 확보하는 것과 연결된다. 소수집단의 권리 확보운동은 부당한 자본의 독점을 타파하고, 불공정한 제도로 인해 양산된 사회적 약자 계층의 권리를 확보하는 운동으로 확대되어야 한다.

여기서 우리가 한 가지 짚고 넘어가야 할 것은 소수 집단의 권리를 확보하는 운동과 하층 계급을 위한 운동이 연결은 되지만 동일하지는 않다는 것이다. 프랑스의 경우 소수 집단의 권리 확보를 사회적 약자 계층에 대한 지원으로 환원할 수 있다고 생각하여 이주 노동자 집단을 구분하여 지원하지 않고 하층계층에 대해서만 지원을 하였다. 이주민 집단은 우리 사회의 약자 집단일 뿐 아니라 선주민과 구별되는 또 다른 약자라는 것을 간과한 것이다. 결국 이주민 집단의 문제를 해결하지 못하고 이들의 저항에 직면하게 되었다.

학교 교육에서 선주민 교사와 학생들에 대한 다문화주의 교육이 강화되어야 한다. 교사의 다문화주의 인식에 따라서 이주 학생들에 대한 태도가 달라진다는 연구에서 볼 수 있듯이 교사의 태도가 다문화 교육에 절대적인 영향을 미치는 것은 분명한 사실이기 때문이다.

일반 한국 학생들에 대한 다문화주의 교육도 강화되어야 한다. 지금처럼 단편적으로 외국 문화를 소개하거나 세계화와 유사한 형태로 다문화주의를 소개하는데 그쳐서는 안 된다. 우리 사회에서 일어나는 약자 집단, 소수 집단에 대한 바른 인식을 갖도록 하는 것이 중요하며, 주류 집단이 갖고 있는 기득권을 행사하는 것에서 벗어나 소수 집단과 공존해야 한다는 것을 인식하도록 해야 한다.

이주 가정 학생들에 대한 연구나 지원이 초등수준에 집중되어왔지만 점차 중등 연령 학생들이 늘어나고 있다. 이제는 중등 연령 이주 가정 학생들에 대한 연구와 지원이 강화되어야 한다. 이들이 일상적인 의사소통에 문제가 없다는 것에 만족할 것이 아니라, 학습에 필요한 전문적인 개념이해에 어려움이 없도록 언어 능력이 보강되어야 할 것이다. 청소년기에 겪을 수 있는 정체성 혼란의 문제를 해결하는데 도움을 줄 수 있는 상담지원도 이루어져야 한다. 이들을 지원하는 교사들이나 담당 상담사가 다문화주의에 대한 이해를 철저히 할 수 있게 하는 정책을 실시해야 한다.

이 중에서도 가장 시급하게 실시해야 할 정책이 중도 입국 청소년들에 대한 지원이다. 최근 이루어지고 있는 다문화 대안학교를 확대하거나 기존의 학교에 다문화 대안교육을 실시하는 방안을 강구하여야 한다. 한국어 교육을 효율적으로 할 수 있도록 중도 입국 청소년과 출신국가가 같은 원어민 교사를 보강하여야 한다.

중도 입국 청소년들이 취업을 할 수 있도록 지원하는 다문화 대안학교뿐 아니라 학력을 제고할 수 있는 지원이 필요하다. 이를 위해서는 모국어와 한국어를 같이 사용하는 이중 언어 교육이 반드시 필요하다.

중도 입국 청소년들이 긴급한 지원을 필요로 할 때 긴급하게 지원할 수 있는 제도를 마련하여야 한다. 예를 들면 청소년 긴급전화에 다문화 청소년을 위한 채널을 마련하여 이들이 자신의 언어로 지원을 요청할 수 있는 제도를 마련하여야 한다. 이와 함께 중도 입국 청소년들이 긴급하게 피할 수 있는 쉼터나 구제할 수 있는 센터 설립이 필요할 것이다.

지금까지 다문화 사회를 주류집단의 지배와 소수집단의 피지배 관계와 연결하여 살펴보고자 하였다. 이런 사회적 특징 하에서 일어나는 교육의 특징을 개괄하고자 하였다. 필자가 이 두 가지를 명쾌하게 나타내기는 아직 역부족인 것 같다. 다만 이러한 시도가 하나의 계기가 되어 추후에 다문화 사회가 갖는 문제와 가능성을 보다 심층적으로 분석하게 되기를 바라며 이글을 마친다.

## 참 고 문 헌


강일국(2010). 다문화대안학교 '새날학교'연구: 농어촌 다문화가정 교육지원을 위한 기초연구. 교육과정연구. 28(4). 1-28.

경향신문. 2013.4.17. '비정규직 노동자의 비극. 현대·기아차 비정규직 노동자 잇단 자살·분신'. 강현석 기자 samemind@kyunghyang.com.

고경남(2012). 다문화가정 자녀 멘토로서 예비교사의 멘토링 경험에 관한 연구. 인하대학교 석사학위논문.

고유미·이정윤(2009) 다문화가정 아동의 학교생활적응과 관련된 요인. 청소년 상담연구, 17(1). 1-16.

곽영초(2007). 한국의 화교정책과 한국화교의 사회적 적응에 대한 연구. 전남대학교 석사학위논문.

교육과학기술부(2011). 초등학교 도덕 6 교사용 지도서.

교육과학기술부(2012). 2012년도 글로벌브릿지 사업계획안.

교육과학기술부(2012). 보도자료. '다문화학생 교육부 선진방안' 발표(2012.3.12.)

교육부(2006). 다문화가정 자녀 교육지원 대책. 2006. 5.

교육부(2006~2012). 다문화 가정 학생 현황.

김경근(2010). 국제결혼가정아동의학교적응에 관한 연구. 한국교육학연구, 16(1). 215-245.

김미선(2010). 다문화가정자녀의 교육권리-다문화가족지원법을 중심으로-. 한국교원대학교 석사학위논문.

김미숙(2009). 지역사회 다문화가족 교육지원 현황과 과제. 교육개발원.

김수행(2010). 청소년을 위한 자본론. 두리 미디어.

김정규(2010). 미국 · 캐나다 · 호주의 다문화주의 비교연구. 사회이론 봄/여름. 159-280.

김정원 · 이주영 · 김경본(). 다문화가정 부모 및 유아교사의 다문화 교육에 관한 인식. 유아교육 · 보육행정연구, 13(2). 7-26.
김종백·탁현주(2011). 교사의 다문화 교육인식과 다문화 가정 학생의 학교 적응과의 관계; 교사-학생관계의 매개효과를 중심으로, 청소년학 연구, 18(10). 161-185.
김형인(2007). 미국의 다문화주의의 향방: 세계화와 9 · 11의 여파. 국제지역연구, 11(2). 175-202.
김희경(2011). 다문화가정 중학생의 학교적응요인에 관한 연구. 경기대학교 박사학위논문
남정희(2011). 다문화가정 아동의 학교생활적응실태에 관한 연구. 광주대학교 석사학위논문.
노충래·홍진주(2006). "이주노동자 자녀의 한국사회 적응실태 연구 : 서울경기지역 몽골출신 이주노동자 자녀를 중심으로." 한국아동복지학, 1(22). 127-159.
류방란·오성배(2012). 중도입국 청소년의 교육 기회와 적응실태. 다문화교육 연구, 5(1). 29-60.
류방란 · 강일국 · 김경애 · 송혜정 · 이재분(2012). 중등교육 학령기 다문화가정 자녀 교육실태 및 지원방안. 한국교육개발원
마르코 마르티니엘로 저, 윤진 옮김(2002). 현대사회와 다문화주의. 한울
매일노동뉴스. 2013. 8. 8. "전자산업 노동권 착취로 성장…하청노동자 조직화 시급"
모경환(2009). 다문화 교사교육의 현황과 과제. 한국교원교육연구, 26(4). 245-270.
미래인력연구원(2005). 국제결혼 이주 여성 실태조사 및 보건· 복지 지원 정책방안 발표회 자료집.
박계란·이지민(2010). 다문화가정 아동의 학교생활적응 관련 변인들간의

관계구조 분석. 한국생활과학회지, 19(6). 981-991.

박병권(2009). 외국인 고용허가제의 문제점과 해결방안 연구. 고려대학교 석사학위논문.

박상영(2011). 프랑스 다문화 학교교육 정책 분석. 전남대학교 박사학위 논문

박상철·윤희원·조영달(2007). 우리나라 다문화가정 자녀 교육실태 연구. 교육연구와 실천.

박성혁(2008). 다문화교육정책 국제비교 연구. 교육과학기술부.

박성혁·곽한영(2009). 다문화교육비교연구. 시민교육연구 41(2). 97-127.

박윤경(2008). 초·중등 교사의 문화다양성과 다문화가정 학생에 대한 태도. 시민교육연구, 40(3). 1-28.

박재영(2008). 유럽 다문화사회의 문화충돌 - 영국 · 프랑스 · 독일을 중심으로. 다문화연구 창간호. 107-138.

박진경 · 임동진(2012). 다문화주의와 사회통합 –캐나다와 호주를 중심으로-. 한국정책학회보, 21(2). 123-151.

박철희(2007). 다문화 교육의 관점에 기초한 초등 사회 · 도더 교과서 내용에 대한 비판적 고찰. 교육사회학연구, 17(1). 109-129.

박호범(2012). 다문화가정 아동의 학교생활 적응 요인에 관한 연구. 경북외국어대학교 복지상담대학원 석사학위논문.

배영주(2006). 이주노동자 자녀들의 교육복지 실태와 주요 쟁점. 아시아교육연구, 7(4). 49-85.

보건복지부(2005). 국제결혼 이주여성 실태조사 및 보건 · 복지 지원정책 방안.

서덕희(2011). 농촌국제결혼가정아동들의학교생활에대한맥락적이해전남소규모초등학교에대한질적사례연구. 교육사회학연구, 21(2). 교육사회

학회. 87-120쪽.

서울대 불어문화연구소(2004). 프랑스 하나 그리고 여럿. 도서출판 강.

서울신문. 2008-06-13 18면, "캐나다, 선주민 탄압 공식 사과", 이순녀 기자.

서현·이승은(2007). "농촌지역의 국제결혼가정 자녀가 경험하는 어려움에 관한 연구." 열린유아교육연구, 12(4). 25-47.

선남이(2006). 외국인 노동자의 사회적 배제원인 분석. 경기대학교 석사학위논문

설동훈(2001). 한국의 미등록외국인 노동자 실태와 대책. 한국신학연구소

송경섭(2010). 한국의 다문화교육정책 분석 및 발전방향 탐색. 경기대학교 교육대학원 석사학위논문.

수랭 오트 공바야르(2008). 다문화가정 교육실태와 개선방안 연구 -한·몽골인의 인식도 차이를 중심으로 - . 경기대학교 대학원 석사학위논문.

신경희(2004). 국제결혼가족의 부부갈등요인에 관한 연구: 한국남성과 필리핀 여성의 부부관계를 중심으로. 조선대학교 정책대학원 석사학위논문.

신재주(2010). 일본 · 독일 · 호주의 다문화정책에 관한 비교연구. 사회과학연구. 17(3).

심우엽(2010). "초등학생의 다문화 아동에 대한 인식과 태도." 초등교육연구, 23(4). 43-63.

안은미(2006). 농어촌 국제결혼가정 자녀의 학교적응에 영향을 미치는 요인에 관한 연구. 이화여자대학교 대학원 석사학위논문.

양순미(2007). 농촌지역 다문화가족의 초등학생들의 학교생활적응과 가족생활행복에 작용하는 요인. 한국심리학회지:여성, 12(4). 559-576.

양영자(2007). 한국 다문화교육의 개념 정립과 교육과정 개발 방향 탐색. 이화여자대학교 박사학위논문.
에밀 뒤르껭 저. 황충선 역(1994). 자살론. 청아출판사.
여성주의 저널 일다. 2007-08-31. '헌재, 산업연수생 관리지침 위헌 판결.' 부깽(bouquins) 기자. Copyrights © www.ildaro.com, . (네이버뉴스)
오경석 외(2007). 한국에서의 다문화주의. 한울.
오마이뉴스 기사. 2003. 5.7. '휴가지, 강원도의 3가지 '비극''
오성배(2005). "코시안(Kosian) 아동의 성장과 환경에 관한 사례 연구." 한국교육, 32(3). 61-83.
이경미(2010). 프랑스 사회를 통해 살펴본 한국 다문화정책. 조선대학교 석사학위논문.
이두휴(2004). "농어촌지역 학교의 교직문화연구." 교육사회학연구, 14(1). 69-99.
이민경(2010). 한국 다문화 교육정책 전개과정과 담론 분석. 한국교육개발원.
이선옥(2005). 한국 이주노동자운동의 형성과 성격변화 - 고용허가제 도입시기 명동성당 농성단 사례를 중심으로 - . 성공회대학교 석사학위논문.
이용승(2009). 다문화주의 정책유형 결정요인 분석. 고려대학교 박사학위논문
이재분(2009). 학교에서의 다문화가족 교육지원 실태 및 요구조사. 한국교육개발원.
이종희(2012). 다문화사회와 사회통합: 독일사례를 중심으로. 한독사회과학논총, 22(2). 53-83.
이찬·박한규(2010). 농촌학교현황분석 및 활성화사례연구. 한국농업교육

학회 학술대회 발표 자료집.
이혜경(2007). 이민정책과 다문화주의: 정부의 다문화정책 평가. 한국사회학회 동북아시아시대위원회 용역과제 7.
임형백(2009). 한국과 서구의 다문화 사회의 차이와 정책비교. 다문화사회연구. 2(1).
임형백(2012). 미국의 이민정책 연구. 한국정책연구, 12(2). 273-290.
장윤수 · 김영필(2012). 한국 다문화사회와 교육. 양서원.
장인실(2003). 다문화 교육이 한국 교사 교육과정 개혁에 주는 시사점. 교육과정연구, 21(3). 409-431.
장인실 · 서덕희 · 이지현(2012). 재혼 국제결혼 이주 여성의 삶과 적응에 관한 사례연구: 중국출신 여성들을 중심으로. 한국교육학연구. 안암교육학회, 18(2). 143-175.
장한업(2009). 프랑스의 상호문화 교육과 미국의 다문화교육 비교연구. 프랑스어문교육, 32. 105-201.
전라남도(2006). 전남지역 국제결혼 이주여성 복지실태조사 보고회 자료집.
전세화(2008). 프랑스 국적취득조건의 변화 -프랑스 공화주의 모델의 관점에서-. 연세대학교 석사학위논문
전용환(2003). "초등교사의 직무만족 수준과 과제: 선행연구를 중심으로". 신라학연구소, 7. 21-42.
정기선 · 김영혜 · 박경은 · 이은아 · 박지혜 · 이승애 · 이지혜(2007). 경기도 내 국제결혼 이민자가족 실태조사 및 정책적 지원방안연구. 경기도 가족여성개발원.
정성배(2010). 다문화가정 아동의 교실 내 사회적 관계 연구: 전남 소규모 초등학교를 중심으로. 광주교육대학교 석사학위논문.
정은희(2004). 농촌지역 국제결혼 가정 아동의 언어발달과 언어환경. 언

어치료연구, 13(3). 33-52.

정인철 · 배미애(2007). 도시정책논리에 의한 사회공간적 배제: 프랑스 ZUS를 사례로. 대한지리학회, 42(1). 63-81.

정철영·이용환·송해균·이무근·김진구(1995). “농촌학교의 소규모화에 따른 대응전략.” 한국농업교육학회지, 27(3). 13-30.

제임스 A. 뱅크스(James A. Banks). 모경환 · 최충옥 · 김명정 · 임정수 공역(2009). 다문화교육 입문. 아카데미 프레스.

조경원 외(2004). 서양교육의 이해. 교육과학사.

조미영(2010). 다문화가정 어머니들의 영유아기 자녀교육지원을 위한 멘토링 과정 탐색. 성신여자대학교 박사학위논문.

조상식(2009). 비판이론의 관점에서 본 다문화 교육의 한계. 교육철학, 44. 139-155.

조성오(2007). 철학 에세이. 동녘.

조승호(2011). 다문화가정 자녀를 위한 교육정책 연구. 한양대학교 석사학위논문.

조영달(2006). 다문화가정의 자녀교육실태조사. 교육인적자원부

조영달 · 박선운 · 박윤경 · 김재근(2012). 시민교육연구, 44(2). 163-197.

조영달 · 박윤경 · 성경희 · 이소연 · 박하나(2010). “학교 다문화교육의 실태 분석.” 시민교육연구, 42(1). 151-184.

조현상(2009). 한국다문화주의의 특징과 정책방향에  관한 연구. 원광대학교 박사학위논문.

조혜영(2007). 다문화가족 자녀의 학교생활실태와 교사·학생의 수용성 연구. 경제·인문사회 연구회 협동연구총서.

조혜영(2011). 미국의 이주 아동 · 청소년 적응 지원 프로그램 및 시사점에 관한 연구. 청소년복지연구, 13(1). 1-25.

조혜영·서덕희 · 권순희(2008). 다문화가정 자녀의 학생수행에 관한 문화

기술적 연구. 교육사회학 연구, 18(2). 105-134.
중앙일보. 2005.11.30. "국가틀 벗는 게 이익" 유럽에 분리주의 바람", 파리=박경덕 특파원. 출처: 박경덕 기자의 블로그
중화민국 한국 연구학회(1983). 한국화교사화. 여한 60년 견문록(旅韓60年 見聞錄).
최종렬 외(2008). 다문화주의의 이론적 패러다임과 국가별 유형비교. 경제.인문사회연구회 협동연구 총서 08-17-02. 한국여성정책연구·한국사회학회.
최충옥 외(2012). 다문화교육의 이론과 실제. 양서원.
최혜양(2010). 캐나다의 이민과 다문화주의 이해. 다문화콘텐츠연구 4(9). 209-239.
출입국 외국인 정책 본부. 통계 월보 2012년 12월호.
통계청 보도자료(2012). 다문화 인구 통태 통계
통계청 보도자료. 다문화인구동태 통계. 2011.11.3
통계청(2012). 외국인고용조사 결과.
피터 퍼타도 외(2009). 죽기 전에 꼭 알아야 할 세계 역사 1001 Days, 마로니에북스.
하 밍 타잉(2005). 1992년 이후 한국과 베트남 사이의 국제결혼에 대한 연구:베트남 여성의 문화적 적응을 중심으로. 서울대학교 국제대학원 석사학위논문.
한겨레 신문. 2014.2.10. 홍 사무총장 운영 박물관에서 이주 노동자들 착취  이정애 기자
한상우(2010). 독일 다문화 사회통합정책과 시사점. 한독사회과학논총, 20(3). 65-86.
한송이(2008). 교사의 인식에 나타난 대안교육의 성격: 거산초등학교 교사를 중심으로. 공주교육대학교 석사학위논문.

한스 피터 마르틴·하랄드 슈만 저, 강수돌 역(1997). 세계화의 덫. 영림카디널.

한승준(2008). 프랑스 다문화정책의 위기와 재편에 관한 연구. 한국행정학보, 42(3). 463-486.

행정안전부(2009-2012). 외국인 주민 현황.

행정안전부(2010). 2010년 지방자치단체 외국계주민현황 조사결과. 행정안전부.

허진영(2012). 프랑스 다문화정책과 다문화교육 사례 연구. 교육사상연구, 26(3). 211-228.

홍정미(2008). 다문화 가정 자녀의 학교생활 적응에 영향을 미치는 생태체계 변인. 숙명여자대학교 박사학위논문.

## 다문화사회와 교육 강해

2014년 2월 24일 인쇄
2014년 2월 28일 발행

**저 자** | 강 일 국
**발 행 자** | 오 동 석

**발 행 처** | 강현출판사
**주 소** | 서울 중랑구 숙선옹주로 3길 40 제1호
**전 화** | 02) 965-4955, 010-5712-9630
**등 록** | 2007년 5월 21일(제307-2007-29호)
E-mail | oods1205@hanmail.net

**정가 : 18,000원**

ISBN : 978-89-94320-46-5(93370)

☞ 잘못된 책은 교환해 드립니다.

* 이 책의 판권은 강일국과 강현출판사에 있습니다.
* 지은이와 협약에 의하여 인지를 생략합니다.
* 잘못된 책은 바꿔드립니다.